GÊNERO

CB136045

CÓPIA NÃO AUTORIZADA É CRIME
ABDR
ASSOCIAÇÃO BRASILEIRA DE DIREITOS REPROGRÁFICOS
RESPEITE O DIREITO AUTORAL

Dados Internacionais de Catalogação na Publicação (CIP)
(Câmara Brasileira do Livro, SP, Brasil)

Lips, Hilary M.
Gênero : uma introdução / Hilary M. Lips ; tradução de Levindo Pereira. – Petrópolis, RJ : Vozes, 2025.

Título original: Gender
ISBN 978-85-326-7258-2

1. Antropologia 2. Gênero e sexualidade I. Título.

25-278549 CDD-305.3

Índices para catálogo sistemático:
1. Diversidade sexual : Relações de gênero : Sociologia 305.3

Eliete Marques da Silva – Bibliotecária – CRB-8/9380

Hilary M. Lips

GÊNERO

uma introdução

Tradução de Levindo Pereira

EDITORA VOZES

Petrópolis

© 2019, Hilary M. Lips.
Tradução autorizada da edição em língua inglesa, publicada pela Routledge, membro da Taylor & Francis Group.

Tradução do original em inglês intitulado *Gender – The basics*

Direitos de publicação em língua portuguesa – Brasil:
2025, Editora Vozes Ltda.
Rua Frei Luís, 100
25689-900 Petrópolis, RJ
www.vozes.com.br
Brasil

Todos os direitos reservados. Nenhuma parte desta obra poderá ser reproduzida ou transmitida por qualquer forma e/ou quaisquer meios (eletrônico ou mecânico, incluindo fotocópia e gravação) ou arquivada em qualquer sistema ou banco de dados sem permissão escrita da editora.

CONSELHO EDITORIAL

Diretor
Volney J. Berkenbrock

Editores
Aline dos Santos Carneiro
Edrian Josué Pasini
Marilac Loraine Oleniki
Welder Lancieri Marchini

Conselheiros
Elói Dionísio Piva
Francisco Morás
Teobaldo Heidemann
Thiago Alexandre Hayakawa

Secretário executivo
Leonardo A.R.T. dos Santos

PRODUÇÃO EDITORIAL

Anna Catharina Miranda
Bianca Gribel
Eric Parrot
Jailson Scota
Marcelo Telles
Mirela de Oliveira
Natália França
Priscilla A.F. Alves
Rafael de Oliveira
Samuel Rezende
Verônica M. Guedes
Vitória Firmino

Editoração: Piero Kanaan
Diagramação: Guilherme Ayres
Revisão gráfica: Alessandra Karl
Capa: Larissa Brito

ISBN 978-85-326-7258-2 (Brasil)
ISBN 978-1-138-03689-5 (Reino Unido)

Este livro foi composto e impresso pela Editora Vozes Ltda.

Para Marian, Karen e Tom:
irmãos que são também amigos.

Sumário

Lista de figuras

Agradecimentos

Sou grata a Gerhard Boomgaarden, da Routledge, o primeiro a sugerir que eu assumisse esta segunda edição, e que me passou orientações preciosas. Também agradeço a ajuda e o incentivo de Mihaela Diana Ciobotea. Sou grata igualmente aos pareceristas da proposta inicial e dos capítulos pilotos, que deram sugestões e ideias que aprimoraram este livro.

Tenho uma dívida especial de gratidão com Wayne Andrew, que elaborou todos os gráficos e figuras deste livro e cuja participação atenciosa e entusiasmada neste e em tantos outros projetos ao longo dos anos os deixou melhores, mais significativos e mais divertidos.

Por fim, agradeço aos meus colegas, que sempre me apoiaram, e aos meus alunos, com suas questões difíceis e inevitáveis, chamando-me a atenção quando as coisas não estavam claras e incentivando-me a encontrar o que eu não sabia.

Hilary Lips,

Junho de 2018.

Sobre a tradução

Adotou-se aqui a convenção gramatical (de modo algum socialmente desinteressada ou apolítica) do uso do masculino como termo *não marcado* da relação entre os gêneros linguísticos – o que faz do feminino o gênero *marcado*, isto é, aquele que recebe flexão (muitas vezes assinalada pela vogal diacrítica "a"). Convenção cuja justificação estritamente *linguística* mostrou-se, contudo, tanto mais desafiadora quanto mais o texto explora diferenciações, oposições, vieses ou discriminações *sociais* de gênero. Assim, em casos específicos – assinalados e justificados em nota –, optou-se pela declinação de gênero no feminino ou pelo registro da pertinência de ambos os gêneros. O recurso generalizado a esse detalhamento mostrou-se, no entanto, desaconselhável: em certos contextos, não houve como deduzir com precisão o gênero aludido pela autora, uma vez que a língua inglesa não faz uso de desinências nominais de gênero em seus substantivos, adjetivos ou mesmo em certos tipos de pronome.

Por outro lado, tratou-se igualmente de evitar tanto a proliferação de subespecificações em que a pertinência de ambos os gêneros pareceu presente – o que, como dissemos, nem sempre foi possível fazer – quanto a profusão de notas do tradutor. Quanto à flexão de número, os plurais estarão, via de regra, no masculino (conforme a convenção mencionada acima), o que não quer dizer necessariamente que o referente seja um conjunto exclusivo de homens ou que remeta exclusivamente ao gênero masculino. Contudo, sempre que foi possível inferir a pertinência de um ou outro gênero gramatical, ou de ambos – isto é, na imensa maioria das vezes –, o texto o assinala com clareza.

Levindo Pereira

1
Gênero
Todos temos/fazemos

Anos atrás, Ursula Le Guin (1969)[1] descreveu um mundo fictício no qual não havia "mulheres", nem "homens", apenas indivíduos. Não havia nessa sociedade categorias de *gênero* – exceto por alguns dias no ciclo mensal de cada um, quando os desejos sexuais passavam a ser insistentes e os indivíduos se tornavam "femininos" ou "masculinos" pelo tempo necessário para um intercurso sexual. Mesmo assim, não havia nenhuma persistente tendência biológica ou social à masculinidade ou à feminilidade: um indivíduo poderia ser o pai de certas crianças e a mãe de outras.

Meus alunos ficaram intrigados, mas também desconcertados com essa fantasia. A maioria diz que não consegue imaginar um mundo sem categorias de gênero. Seria chato, sem graça, protestam. Todos seriam iguais; os relacionamentos seriam desinteressantes. E como se decidiria quem deveria fazer o quê? A maioria demonstra uma perplexidade e uma resistência semelhantes quando peço que se imaginem "ainda como sendo 'você', mas agora de gênero diferente". Eles argumentam que não seriam, não poderiam ser, a mesma pessoa se fossem de um gênero dife-

1. Há tradução para o português: *A mão esquerda da escuridão*. Publicada pela editora Aleph em 2015 [N.T.].

rente – e, de qualquer forma, seriam desajeitados, inábeis, para fazer o que se supõe que o outro gênero deve fazer.

Essas reações apontam para a preeminência das categorias de gênero em nossas vidas. Também sugerem que concebemos o gênero não como uma categoria que alguém simples e biologicamente "tem", mas como algo que indivíduos fazem ou desempenham. Então, o que é exatamente gênero?

Gênero e sexo: há diferença?

A maioria de nós costuma dividir as pessoas em duas categorias: feminina e masculina. Se formos pressionados, podemos dizer que a distinção está baseada na biologia pura e simples: homens e mulheres têm aparências diferentes, têm órgãos reprodutivos diferentes. Mulheres têm seios. Homens podem ter barba. Uma mulher pode engravidar e dar à luz. Um homem pode inseminar uma mulher – mesmo contra a vontade dela.

Entretanto, também sabemos que mulheres e homens, tomados individualmente, variam muito quanto a sua proximidade aos ideais de feminilidade e masculinidade estabelecidos pela sociedade. O simples fato de ser biologicamente uma mulher não garante que essa pessoa seja "feminina", assim como o simples fato de ser biologicamente homem não significa que a pessoa seja "viril". Algumas pessoas que são claramente homens podem não ser muito masculinas; algumas mulheres são consideradas pouco femininas. Claramente, há algo mais complicado do que classificar pessoas em categorias biológicas discretas. Com efeito, no que diz respeito a essas questões, parece-nos que é possível classificar os indivíduos em duas grandes dimensões: a biológica e a sociocultural.

Tomando como base essas duas dimensões, alguns estudiosos das diferenças e semelhanças entre mulheres e homens fazem uma distinção entre sexo e gênero. O termo *sexo* é usado para designar o que é feminino e o que é masculino em termos biológicos, ao passo que o termo *gênero* remete às expectativas e papéis mediados pela cultura associados à masculinidade e à feminilidade (Oakley, 2015; Unger, 1979). Embora essa seja a perspectiva geral deste livro, devemos reconhecer que não é possível separar nitidamente as dimensões biológica e social que definem mulheres e homens. O fato biológico de que a mulher pode engravidar, por exemplo, contribui na formação das expectativas sociais sobre a feminilidade. A propensão biológica a uma compleição corporal maior e mais forte é alimentada pelas normas sociais que encorajam os homens a ficarem fortes e que os recompensam por isso. Nesse sentido, sexo e gênero estão entrelaçados, sendo geralmente impossível separá-los completamente. Por sinal, uma pesquisadora sugeriu que usemos *gênero/sexo* como:

> [...] termo guarda-chuva tanto para gênero (socialização) quanto para sexo (biologia, evolução) [...], refletindo posições ou identidades sociais em que gênero e sexo não são fácil ou totalmente desemaranhados (Van Anders, 2015, p. 1.181).

Além disso, o próprio gênero é multidimensional. Uma de suas dimensões é a *identidade de gênero*: conceber-se como homem, mulher, ou como alguém que não se encaixa nitidamente nessas categorias. Outra dimensão é a do *papel de gênero* ou *expressão de gênero*: comportar-se de forma considerada apropriada para mulheres ou homens numa determinada cultura. Uma outra dimensão é a da *orientação sexual*: atração por pessoas do próprio gênero e/ou de outros gêneros.

O gênero vem "embutido" ou nós o construímos?

Como ficará evidente em nossa análise das teorias sobre gênero no capítulo 2, uma porta de entrada para as discussões que envolvem o gênero é o debate sobre a força de suas raízes na biologia. Nossos corpos nos predispõem a ser diferentes, a nos sentir diferentes e nos comportar diferentemente caso sejamos homens e caso sejamos mulheres? Até que ponto a maneira como somos criados, a cultura em que crescemos, afetam essas diferenças? A oposição entre natureza e criação [*nature versus nurture*] tem assombrado todos os estudiosos dos aspectos do comportamento humano; mas, no campo do gênero, ele é particularmente desconcertante e complicado. E quanto mais exploramos o papel da natureza e da cultura, mais nos deparamos com a conclusão de que praticamente nada no desenvolvimento do gênero é resultado apenas de uma dessas forças. Natureza e criação não podem ser separadas: elas estão interligadas e trabalham juntas em todos os estágios do desenvolvimento humano. Nesse sentido, a maioria das pessoas que tem estudado profundamente essas questões defende a posição *interacionista*: não se debate o grau de influência da natureza ou da criação sobre aspectos específicos do desenvolvimento, mas busca-se descobrir *como* os dois feixes de influências interagem para produzir determinados resultados.

O papel da biologia

As etapas da diferenciação sexual humana

O caminho em direção às categorias "homem" ou "mulher" começa na concepção. Por meio de uma série de etapas de desenvolvimento, um óvulo fertilizado se dirige para o desenvolvimento de um corpo que será classificado como masculino ou feminino:

- Passo 1: *Cromossomos*. Quando o espermatozoide encontra o óvulo para produzir a fertilização, cada um normalmente contribui com 23 cromossomos, que se emparelham para formar a base genética do novo indivíduo. O vigésimo terceiro par, conhecido como cromossomos sexuais, é o par que determina inicialmente o sexo. Via de regra, esse par compreende um cromossomo X fornecido pelo óvulo da mãe e um cromossomo X ou Y fornecido pelo espermatozoide do pai. Se o par for XX, há uma predisposição de o padrão de desenvolvimento ser feminino; se for XY, há uma predisposição para o padrão ser masculino. Se ocorrer uma combinação incomum, como XO ou XXX, o desenvolvimento tende a prosseguir na direção feminina – desde que não haja cromossomo Y presente. Somente o espermatozoide, não o óvulo, pode contribuir com um cromossomo Y. Portanto, a base genética do sexo é determinada pelo pai;
- Passo 2: *Gônadas*. Nas primeiras sete semanas após a concepção, o embrião desenvolve gônadas "neutras" (protogônadas), e surgem estruturas reprodutivas internas femininas e masculinas. Até aqui, o embrião tem o potencial de seguir qualquer caminho, de desenvolver equipamentos reprodutivos femininos ou masculinos. Na oitava semana, se um cromossomo Y estiver presente, o gene SRY nesse cromossomo promove a organização da gônada neutra em um testículo embrionário. Se não houver cromossomo Y, a gônada neutra começa a se tornar um ovário;
- Passo 3: *Hormônios*. Uma vez formados, os testículos ou os ovários começam a secretar hormônios sexuais, e esses hormônios influenciam as etapas restantes da diferenciação sexual. Os testículos secretam testosterona, que influencia o desenvolvimento do trato reprodutivo masculino, e a Substância Inibidora Mülleriana (MIS), que causa o atrofiamento e o posterior desaparecimento do trato reprodutivo feminino. Já os ovários secretam estrogênio e progesterona, que organizam o desenvolvimento do sistema reprodutor feminino;

- Passo 4: *Trato reprodutivo interno*. Nas quatro semanas seguintes, os hormônios sexuais organizam gradualmente as estruturas reprodutivas internas no sentido masculino ou feminino. Sob a influência da testosterona, esses dutos internos tornam-se o duto deferente, o epidídimo, as vesículas seminais, a uretra e a próstata. Se nenhuma quantidade significativa de testosterona estiver presente, as estruturas internas se diferenciam na direção feminina: trompas de falópio, útero e vagina;
- Passo 5: *Genitália externa*. Também no final da décima segunda semana, a genitália externa, que com oito semanas não permite distinguir os sexos, diferencia-se como masculina ou feminina. Sob a influência da testosterona, a genitália "neutra" desenvolve-se em pênis e saco escrotal; sem a influência da testosterona, a genitália desenvolve-se em clitóris e lábios.

O leitor atento deve ter notado um padrão geral nessas etapas: em cada estágio, sem o efeito de um cromossomo Y ou de um hormônio sexual masculino, o desenvolvimento aparentemente prossegue na direção feminina. Isso também é válido para outros mamíferos. Alguns biólogos gostam de dizer que o padrão básico de desenvolvimento dos mamíferos é feminino – a menos que a testosterona interfira.

Embora tenhamos a tendência de pensar que masculino e feminino sejam duas categorias distintas e não sobrepostas, o fato de o sexo se desenvolver por meio de diversas etapas sequenciais mostra que é possível que essas categorias sejam porosas. Se, por exemplo, um macho genético (XY) atingir a etapa 3, na qual a testosterona está sendo secretada, mas tiver uma condição hereditária (síndrome de insensibilidade a andrógenos) que torna suas células incapazes de responder à testosterona, a etapa 4 não seguirá a trilha do desenvolvimento masculino. Ao nascer, o bebê provavelmente terá a aparência de sexo feminino e será classificado como tal; a conformação genética masculina e os testículos podem não se exteriorizar até a idade adulta. Há várias possibilidades de as etapas da diferenciação sexual serem inconsistentes, produzindo um indivíduo cujos indicadores de sexo biológico estejam misturados. Esses indivíduos *intersexuais* representam de 1 a 4% da população.

Há dois outros aspectos da jornada rumo à masculinidade ou feminidade que parecem ainda mais complexos do que o desenvolvimento de um corpo que pode ser classificado como masculino ou feminino. Um diz respeito à diferenciação sexual do cérebro. O outro refere-se às diferentes maneiras pelas quais o indivíduo é tratado e ensinado depois de ter sido classificado como feminino ou masculino.

Cérebros femininos e cérebros masculinos?

Se níveis diferentes de hormônios pré-natais podem afetar o desenvolvimento da genitália interna e externa, não seria também possível que eles afetem o cérebro em desenvolvimento – produzindo em mulheres e homens diferentes tipos de cérebro? Durante décadas, livros e artigos populares defenderam o argumento de que mulheres e homens pensam e se comportam de forma diferente porque seus cérebros são diferentes. Em termos gerais, não se trata de uma ideia nova. No final do século XIX, dizia-se que as mulheres eram intelectualmente inferiores aos homens porque tinham cérebros menores. Quando foi demonstrado que o cérebro das mulheres era proporcionalmente maior do que o dos homens em termos de peso, o argumento mudou para o tamanho de determinadas áreas do cérebro – primeiro, os lobos frontais e, depois, quando isso se mostrou insustentável, os lobos parietais – que se dizia serem menores nas mulheres. Mais recentemente, os pesquisadores examinaram o tamanho, a forma e a densidade de várias estruturas cerebrais em mulheres e homens, e encontraram algumas evidências de diferenças entre os sexos no corpo caloso (estrutura que conecta os hemisférios direito e esquerdo do cérebro), por exemplo. Como há uma enorme variação individual no tamanho e na forma do cérebro, é difícil chegar a conclusões definitivas sobre as diferenças entre os sexos pela via da morfologia cerebral. Além disso, não está claro a importância funcional dessas diferenças. Por fim, não se sabe ao certo se as diferenças são "inatas" ou se são resultado de diferentes experiências de vida, uma vez que os cérebros são muito plásticos e sensíveis à experiência.

A complexidade das questões é ilustrada pela história de um grupo de pesquisadores (Wood *et al.*, 2008) que se propuseram a encontrar uma diferença cerebral que se encaixasse na notória descoberta de que as mulheres demonstram ter uma atenção interpessoal mais apurada do que a dos homens. Depois de examinar o cérebro de 30 mulheres e de 30 homens com idade e QI equivalentes por meio de ressonâncias magnéticas (RM), eles concluíram que uma estrutura cerebral específica, o giro reto (GR) – parte de uma região cerebral que já havia sido associada à capacidade de interpretar sinais não verbais – era proporcionalmente maior nas mulheres. Além disso, os pesquisadores correlacionaram o tamanho do GR com as pontuações em um teste de percepção interpessoal. Até aqui, parece se tratar de um caso claro de diferenças de sexo na estrutura cerebral, causando diferenças de sexo em uma determinada habilidade. Mas não é tão simples assim. Nesse estudo, o tamanho do GR e as pontuações de percepção interpessoal foram também correlacionados com uma terceira variável: as pontuações dos entrevistados num gradiente de feminilidade e masculinidade psicológica. Os entrevistados (tanto do sexo feminino quanto masculino) que se descreveram com qualidades mais "femininas" tenderam a obter escores de percepção interpessoal mais altos e a ter GR maiores. Ademais, um estudo posterior que examinou os cérebros de crianças de 7 a 17 anos descobriu algo surpreendente: o GR era maior nos meninos do que nas meninas, e as pontuações de percepção interpessoal estavam associadas a GR menores, e não maiores (Wood; Murko; Nopoulos, 2008). Nessa amostra mais jovem, tanto a maior consciência interpessoal quanto os GR menores estavam associados a escores mais altos no quesito feminilidade psicológica. Esse complicado conjunto de descobertas indica como pode ser arriscado tentar tirar conclusões abrangentes sobre diferenças entre os sexos na estrutura cerebral e sua relação com diferenças comportamentais entre homens e mulheres. Esses resultados sugerem, por exemplo, a possibilidade de que as experiências infantis como meninos ou como meninas possam afetar o desenvolvimento do cérebro. Isso nos leva a pensar se os GR maiores das mulheres resultam de muitos anos de sensibilidade social ou se a sensibilidade social delas decorre de seus GR maiores – ou se ambas as possibilidades são verdadeiras.

Outro aspecto importante da pesquisa é a exploração de possíveis diferenças entre os sexos na organização de várias habilidades cognitivas na estrutura cerebral. Os pesquisadores não conseguem detectar essa organização examinando diretamente o cérebro; eles então pedem aos entrevistados que realizem tarefas específicas – ler, ouvir e reconhecer objetos –, e utilizam vários métodos para determinar quais partes do cérebro são ativadas e mobilizadas para realizar as tarefas. A partir dessa abordagem, alguns pesquisadores chegaram a resultados compatíveis com a ideia de que mulheres e homens podem diferir na forma como habilidades básicas, como a linguagem, distribuem-se nos dois hemisférios do cérebro ou entre as diferentes áreas dentro dos hemisférios. As descobertas geralmente apontam para pequenas diferenças, que são complexas e muitas vezes contestadas. Portanto, não é possível sintetizá-las em generalizações sucintas. Essa complexidade não impediu a divulgação na mídia de manchetes enganosas, como "Mulheres usam bem mais o lado direito do cérebro do que homens".

Como seria se houvesse diferenças na organização do cérebro feminino e masculino? Durante décadas, esforços foram feitos para entender até que ponto os hormônios pré-natais podem estar envolvidos e organizar o cérebro em desenvolvimento de forma a produzir diferenças médias entre meninas e meninos em relação a determinados interesses e a comportamentos sociais. Essa área também é complicada, mas uma quantidade razoável de evidências sugere que os níveis de androgênios pré-natais estão associados a níveis futuros de determinados interesses (interesse em bebês, por exemplo) e comportamentos (por exemplo, brincadeiras toscas) mais associados a um gênero do que ao outro. Um estudo mediu os níveis de testosterona no líquido amniótico (o líquido no qual o feto está imerso no útero) e testou a associação entre esses níveis e os níveis de brincadeiras típicas de meninos, medidas quando as crianças tinham de seis a dez anos de idade (Auyeung *et al.*, 2009). Os pais relataram mais atividades e interesses masculinos típicos para aquelas crianças – tanto meninos quanto meninas – cujas amostras de líquido amniótico no útero indicaram níveis mais altos de testosterona. A associação entre os níveis de hormônios pré-natais e o comportamento posterior não prova definitivamente que um causa o outro. Porém, esse e outros estudos foram usados para sugerir que as concentrações pré-natais de hormônios sexuais podem contribuir para as diferenças comportamentais entre homens e mulheres, e que os hormônios, desde que responsáveis por essas diferenças, podem contribuir para grandes diferenças individuais nessas qualidades tanto *entre* meninas quanto *entre* meninos.

Quando tomamos conhecimento das descobertas científicas sobre diferenças no cérebro de homens e mulheres em qualquer amostra específica – descobertas que envolvem técnicas sofisticadas como a neuroimagem – é tentador concluir que algo realmente definitivo foi comprovado sobre as diferenças entre os sexos na estrutura cerebral. No entanto, os especialistas alertam que é prudente manter o ceticismo. Os resultados da neuroimagem podem ser afetados por variáveis exógenas, como frequência respiratória ou ingestão de cafeína – um problema se as amostras forem pequenas. Além disso, é difícil interpretar a importância funcional das diferenças no tamanho das estruturas cerebrais ou da maior ou menor ativação de uma determinada área do cérebro. E a tentativa dos cientistas de vincular as diferenças cerebrais a comportamentos "femininos" ou "masculinos" requer que eles definam quais comportamentos se enquadram nessas categorias – uma tarefa desafiadora e controversa.

O papel dos fatores biológicos na produção de comportamentos relacionados ao gênero é complexo e fascinante – aqui apenas arranhamos sua superfície. Ademais, ainda há muito mais pesquisas a serem feitas. A biologia de cada espécie sempre funciona em interação com o ambiente, e essa interação é sempre um "trabalho em andamento" à medida que os indivíduos se desenvolvem (Berenbaum; Beltz, 2016). Conforme observou um grupo eminente de resenhistas (Berenbaum; Blakemore; Beltz, 2011, p. 814),

> [...] a biologia não é um destino. Os genes são ativados ou suprimidos por fatores ambientais. É quase certo que os hormônios e o funcionamento do cérebro sejam influenciados pelos diferentes ambientes em que meninas e meninos são criados, por seus diferentes comportamentos e pelo efeito conjunto de genes e ambiente social.

O papel da cultura

Socialização: aprendendo a ser generificado[2]

Aos seis meses, os bebês conseguem distinguir as vozes femininas das masculinas; aos nove, a maioria consegue diferenciar quais imagens são de homens e quais são de mulheres – e em algum momento entre os 11 e os 14 meses de idade, demonstram a capacidade de associar com precisão vozes femininas a imagens de mulheres, e vozes masculinas a de homens (Martin; Ruble, 2004). Claramente, as crianças aprendem muito cedo as categorias de gênero e rapidamente se tornam competentes para resolver quem se encaixa em cada categoria.

As crianças não apenas discernem essas categorias muito cedo, elas também rapidamente cultivam a habilidade de asso-

2. Ao longo do livro, optamos de ordinário por traduzir a expressão "*gendered*" como "inflexão de gênero", "marcado por gênero" e correlatos. Em alguns casos, como este, lançamos mão do neologismo anglicizado [N.T.].

ciar atividades e itens ao gênero pertinente. Na metade do segundo ano de vida, a criança vê com confiança um rosto feminino quando acompanhado de imagens de fitas e vestidos, por exemplo, e para um rosto masculino quando apresentado ao lado de imagens de capacetes de bombeiros e martelos (Eichstedt *et al.*, 2002). Nessa idade, as crianças também aprendem a associar qualidades mais metafóricas e abstratas aos gêneros. Crianças desse mesmo estudo associaram ursos, pinheiros e a cor azul-marinho a homens; e corações, gatos e rosa-choque a mulheres. É improvável que tenham visto todos esses itens associados a mulheres e a homens (por exemplo, a maioria dos bebês nunca viu um homem junto a um urso); no entanto, elas podem ter aprendido a associar os atributos desses itens aos gêneros. Por exemplo, um urso pode ser visto como forte e feroz; um gato pode ser visto como macio e quieto. Até mesmo crianças muito pequenas absorveram a mensagem de que essas características estão conectadas ao gênero. As crianças pequenas também parecem absorver estereótipos culturais que associam uma capacidade intelectual muito elevada mais aos homens do que às mulheres. Um estudo norte-americano constatou que, entre as crianças de seis anos, a probabilidade de as meninas acreditarem que os membros de seu próprio gênero são "muito, muito inteligentes" era menor do que a dos meninos. Em contraste com os meninos, as meninas nessa idade também começaram a evitar atividades que eram descritas como para crianças "muito, muito inteligentes" (Bian; Leslie; Cimpian, 2017).

Como elas chegam a essas conclusões? De acordo com psicólogos, essas crianças respondem a instruções, recompensas e punições de pais, professores e colegas, por exemplo, que as informam sobre a maneira de agir como meninas ou meninos e tentam moldar seu comportamento conforme as expectativas de gênero. Um menino pode ser elogiado por agir "como um homenzinho"; uma menina pode receber aprovação por se comportar "igual a mamãe". Os colegas podem provocar um menino por "brincar como uma menina"; os professores podem criticar uma menina por "não ter modos". Para obter aprovação e evitar críticas, as crianças alinham seu comportamento às expectativas de gênero que lhes são comunicadas. Entretanto, as crianças não reagem simplesmente a recompensas e punições; elas não são meros objetos nas mãos dos agentes socializadores. Pelo contrário, está claro que as crianças buscam ativamente pistas sobre como se comportar de maneira adequada ao gênero.

A descoberta da existência de dois grupos de gênero e de que se pertence a um deles parece ter consequências importantes na vida das crianças. Elas começam a avaliar seu próprio grupo como melhor do que o outro (embora esse efeito possa se limitar a qualidades consideradas apropriadas ao gênero): crianças a partir dos três anos de idade gostam mais de seu próprio grupo de gênero, atribuem mais qualidades positivas aos membros desse grupo e demonstram uma forte preferência por brincar com amigos do mesmo gênero. Elas também demonstram mais interesse em informações sobre seu próprio grupo e tendem a mobilizar estereótipos de gênero para formar impressões sobre os outros. Elas não parecem precisar de muita pressão para se adequar às expectativas de gênero; ao contrário, parecem motivadas a aprender o máximo que puderem sobre essa importante categoria social – o gênero –, tão significativa para sua identidade social. Assim, as instruções, a presença de modelos de adultos ou colegas que podem ser imitados, as recompensas e as punições, tudo isso é usado pelas crianças como fontes de orientação para fazer o melhor trabalho possível de se encaixar na categoria "menina" ou "menino". Com efeito, as crianças tornam-se bastante rígidas por um tempo enquanto tentam entender isso. Durante a primeira infância, crianças tentam consolidar seu conhecimento sobre gênero em categorias rígidas; essas categorias podem ser muito inflexíveis, principalmente entre os cinco e sete anos de idade. Durante esse período, as crianças estão propensas a fazer juízos rápidos e decididos sobre as pessoas baseadas apenas no gênero, e é provável que tenham "certeza" de que mulheres e homens não podem fazer certas coisas (Martin; Ruble, 2004). Depois dos sete anos, as crianças tendem a afrouxar um pouco as categorias e a serem mais flexíveis.

A socialização não termina com a infância. É um processo contínuo que afeta a forma como as pessoas entendem e encenam [*enact*] o gênero em cada fase da vida. À medida que as crianças se aproximam da adolescência, elas vão se tornando cada vez mais influenciadas pelos seus pares do que pelos pais. As crianças mais velhas e os adolescentes que não são "típicos" em relação a seu gênero costumam sentir a pressão de seus pares para se adequar às normas de gênero; quando isso acontece, ficam vulneráveis à baixa autoestima e à depressão. É menos provável que adolescentes que se consideram atípicos em termos de gênero, mas que se sentem aceitos pelos seus pares, enfrentem essas dificuldades. A mídia apresenta às crianças, adolescentes e adultos um fluxo contínuo de expectativas e modelos de gênero a serem imitados. Um estudo examinou as representações de personagens masculinos e femininos em 500 filmes de maior bilheteria nos Estados Unidos lançados entre 2007 e 2012. Eles descobriram que, em 2012, os personagens masculinos superaram os femininos em 2,51 para 1 – a menor porcentagem de mulheres na tela nesse período de tempo (Smith *et al.*, 2013). Em 2015, os personagens masculinos tiveram duas vezes mais tempo de tela e falaram duas vezes mais do que os personagens femininos nos 100 filmes de maior bilheteria nos Estados Unidos (Geena Davis Institute, 2016). Os pesquisadores que analisaram filmes estadunidenses também descobriram que era mais provável que os personagens femininos fossem retratados como jovens, como mães, como mulheres casadas ou em um relacionamento estável (Smith *et al.*, 2010). Os homens tinham maior probabilidade de serem retratados como fortes e engraçados; já as mulheres, de serem caracterizadas como fisicamente atraentes. Tanto os personagens masculinos quanto os femininos tinham maior probabilidade de exercerem um ofício tradicionalmente associado a seus respectivos gêneros. Outro estudo (Paek; Nelson; Vilela, 2011) examinou as representações de gênero na publicidade televisiva em sete países e constatou que os homens desempenhavam papéis visuais e auditivos mais proeminentes do que as mulheres, e que tanto as mulheres quanto os homens eram usados para anunciar produtos generificados. Um estudo sobre a representação de mulheres em 15 dramas televisivos árabes e em três turcos constatou que as mulheres eram sub-representadas, tinham menos probabilidade de ter empregos prestigiados e uma maior probabilidade de serem retratadas em trabalhos, tarefas e cenários generificados (Kharroub; Weaver, 2014). Em geral, pesquisas mostram que em programas e comerciais de televisão, *videogames* e filmes populares, sejam eles criados para crianças, adolescentes ou adultos, há mais personagens masculinos do que femininos e que os estereótipos de gênero são muito comuns (Collins, 2011). Nadamos em um mar cultural de imagens generificadas e, em cada estágio, o desejo de "se encaixar" leva as pessoas a se adequarem a essas imagens.

A influência da hierarquia de gênero

Pode parecer que a socialização de gênero trata de encaixar as pessoas em uma divisão relativamente arbitrária de atividades e qualidades rotuladas como masculinas e femininas. A bem dizer, uma análise das diferentes prescrições de gênero entre diferentes culturas ou períodos históricos sugere a forte presença da arbitrariedade. Em algumas culturas, os homens usam roupas longas e esvoaçantes como algo natural, mas em outras, a ideia de um homem com "vestidos" é vista com prevenção. Em certas culturas, homens que são bons amigos andam pela rua de mãos dadas; mas em outras, esse comportamento é considerado uma violação das normas de masculinidade. Houve uma época na América do Norte em que o mantra hoje familiar de que "rosa para meninas, azul para meninos" foi invertido e o rosa foi considerado uma cor forte, "masculina".

Sem embargo, nem todas as prescrições de gênero são arbitrárias. Muitas, de fato, contribuem para a manutenção de uma hierarquia na qual os homens detêm mais poder do que as mulheres. Entre os comportamentos, as qualidades pessoais e as aparências considerados desejáveis para homens, muitos remetem à força, dominância e liderança; já os considerados desejáveis para mulheres associam-se à delicadeza, flexibilidade e afabilidade – havendo uma inclinação a se adaptar a uma situação em vez de se assumir o controle. Um homem geralmente demonstra sua masculinidade ao exercer o poder; uma mulher pode indicar sua feminilidade ao se comportar de forma submissa. Assim, quando as pessoas violam normas de gênero, elas geralmente estão desafiando a hierarquia de gênero.

Por exemplo, há uma tendência ao entrelaçamento dos papéis tradicionais de gênero com os tipos de trabalho realizados por mulheres e homens. A expectativa de que as mulheres sejam afetuosas e cuidadosas significa que elas são consideradas adequadas para empregos ou tarefas que enfatizam o zelo e o apoio a outras pessoas. A expectativa de que os homens sejam eficientes e assertivos implica que serão vistos como bons candidatos para cargos que demandam liderança e tomada de decisões. A *teoria dos papéis sociais*, de Alice Eagly (1987), sugere que esperamos das mulheres gestos calorosos e compassivos, assim como criamos a expectativa de que os homens sejam duros e decididos *porque* frequentemente os observamos desempenhando papéis que exigem essas qualidades. A divisão de trabalho por gênero é baseada em estereótipos e confere credibilidade a eles. Além disso, argumenta Eagly, os requisitos desses papéis reforçam essas qualidades: mulheres em papéis "femininos" têm mais oportunidade de praticar a compaixão e, portanto, desenvolvem-se nessa direção; homens em papéis "masculinos" têm mais espaço para gestos de determinação e, portanto, acostumam-se e tornam-se proficientes nesse comportamento. Nesse sentido, os estereótipos de gênero reproduzem a si mesmos: pessoas são selecionadas para papéis congruentes com os estereótipos de gênero e aprendem a atualizar os requisitos desses papéis, reproduzindo, assim, os estereótipos de gênero e contribuindo para a manutenção tanto dos estereótipos quanto da divisão de trabalho por gênero. Ao manter a divisão de trabalho por gênero, esse processo circular também preserva a hierarquia de gênero, uma vez que os papéis que exigem qualidades estereotipadas masculinas, como a liderança, propiciam muitas vezes um *status* mais elevado e um salário maior do que aqueles papéis que exigem qualidades estereotipadas femininas, como cordialidade e flexibilidade.

Uma outra perspectiva, a *teoria da dominância social* (Pratto; Walker, 2004), sugere que, em sociedades que dão relevo a arranjos sociais hierárquicos, os valores que informam a socialização masculina são valores que reforçam a hierarquia e que colocam em primeiro plano a promoção de interesses dos grupos poderosos. As mulheres, por outro lado, são incentivadas a adotar valores que atenuam a hierarquia – valores que enfatizam a igualdade e minimizam as diferenças de *status* e poder entre grupos. A expectativa de que homens e mulheres tenham valores diferentes promove sua perceptível adequação a diferentes tipos de trabalho: homens para funções que envolvam o exercício de poder e influência, mulheres para funções que envolvam o apoio e a capacitação de outras pessoas. Com efeito, mesmo um rápido exame das estatísticas trabalhistas de países ocidentais indica que os homens têm muito mais probabilidade do que as mulheres de ocupar cargos influentes e de maior *status*, cargos de liderança corporativa, profissional e política; ao passo que cargos de assistente social, terapeuta, secretário e enfermeiro, associados à ajuda e ao apoio a outras pessoas, são dominados por mulheres.

Os estereótipos e papéis de gênero, portanto, representam mais do que a expressão de diferenças sexuais biológicas e mais do que uma distribuição social acidental ou aleatória de qualidades e comportamentos nas categorias "feminino" e "masculino". São expressões de valores culturais, construções sociais que ajudam a organizar o comportamento e a manter as estruturas de poder de uma sociedade. Como o gênero é socialmente construído, há espaço para variações em sua definição.

O gênero precisa ser binário?

Historicamente, as culturas diferem na acomodação de pessoas que não se sentem à vontade com o gênero que lhes foi atribuído ou que não se encaixam nitidamente no gênero feminino ou masculino. Entre muitos povos originários americanos, por exemplo, há uma tradição de conceber essas pessoas como tendo "dois espíritos". Pessoas com dois espíritos podem ter corpos masculinos e se identificarem e viverem como mulheres; podem possuir corpos femininos e se identificarem e viverem como homens; podem ser pessoas de ambos os sexos que se sintam sexualmente atraídas por outras do mesmo sexo ou por qualquer pessoa alheia às definições tradicionais de gênero ou que combine elementos dos gêneros feminino e masculino. Ter dois espíritos tem sido tradicionalmente considerado um dom especial nessas culturas. Pessoas com dois espíritos são respeitadas e, em certos grupos, papéis especiais em cerimônias religiosas lhes são atribuídos.

Exceções formais ao sistema simples de dois gêneros e às categorias de gênero fluidas têm uma longa e variada história. Estudiosos observaram que muitas vezes a fluidez de gênero caracterizava os deuses antigos e que o nome oculto de Deus, YHWH, de quatro letras hebraicas, usado pelos antigos israelitas, significava "Ele/Ela"; concebia-se Deus como tendo dois gêneros (Sameth, 2016). Em certas regiões da Polinésia, a categoria *mahu* abrange pessoas de corpo masculino que adotam uma aparência feminina e realizam trabalhos femininos. Na Índia, as *hijras* são mulheres transgênero [*transgender*] que pertencem a uma seita religiosa dedicada a uma deusa específica. Elas são frequentemente chamadas para abençoar cerimônias de casamento e de nascimento, por exemplo. Alguns pesquisadores entendem que pessoas de dois espíritos – *mahu*, *hijras* e outros grupos semelhantes – pertencem a categorias de gênero à parte, referindo-se a elas como *terceiro* gênero. Argumentam que essa classificação é apropriada, uma vez que elas não estão completamente integradas ao gênero feminino ou ao masculino, e vivem em conformidade com regras e expectativas próprias. Classificar todos esses grupos da mesma forma provavelmente é muito simplista, dadas as muitas diferenças entre eles. A bem dizer, que as categorias de gênero não precisem se limitar a masculino e feminino salienta a ideia de que o gênero é uma construção social, mantida por convenção pelos membros de uma cultura.

Se o gênero como um conceito binário é uma construção social, as pessoas podem resistir, modificar ou transformar essa construção? Nos últimos anos, muitos jovens disseram que sim. Uma pesquisa com *millennials* entre 18 e 34 anos feita nos Estados Unidos revelou que metade dos entrevistados (57% das mulheres e 44% dos homens) disseram que o gênero se estende em um espectro e que nem todos se encaixam perfeitamente nas categorias feminino ou masculino (Rivas, 2015). Uma pesquisa com mil adolescentes no Reino Unido mostrou que apenas 78% dos homens se identificaram como integralmente homens e 80% das mulheres se identificaram como totalmente mulheres (Barr, 2016). A partir de uma amostra de mais de dois mil adultos, pesquisadores israelenses descobriram que mais de 35% relataram que sentiam pertencer, até certo ponto, ao outro gênero, ou a ambos, ou a nenhum (Joel *et al.*, 2014). Esses resultados levaram esses pesquisadores a propor "uma nova conceituação de gênero, mais afim à multiplicidade e à fluidez da experiência de gênero" (Joel *et al.*, 2014, p. 291). O desconforto com as categorias binárias tradicionais fica evidente com o surgimento de termos como gênero fluido, inconformidade de gênero, *genderqueer*, a-gênero, bigênero e pangênero – todos eles marcadores que expressam a resistência à ideia de que todos se identificam de forma clara, fácil e permanente seja como mulher, seja como homem. Mas o que constitui a identidade de gênero de uma pessoa?

Como a identidade de gênero é constituída?

No início deste capítulo, consideramos a dificuldade de se imaginar como pertencente a um outro gênero. Para a maioria das pessoas, trata-se de um exercício muito difícil talvez por causa de fortes mensagens culturais, segundo as quais cada indivíduo deve se enquadrar em apenas uma das categorias de gênero binárias e discretas. A identidade de gênero, a forte convicção de que se é mulher ou homem, ou de que não se encaixa em nenhuma dessas categorias de gênero, desenvolve-se muito cedo na vida da maioria das pessoas. O que é responsável por essa convicção? Será que a maioria das crianças simplesmente aceita a categoria à qual lhes disseram pertencer? Elas tentam descobrir qual é a "melhor" categoria? Existem suportes biológicos para a identidade de gênero? Uma coisa que sabemos com certeza é de que existem limites para o grau de aceitação passiva da criança à categoria de gênero que se lhe atribui. Em um caso célebre, um acidente durante a operação de circuncisão inutilizou o pênis de um menino quando ele tinha apenas sete meses de idade (Diamond; Sigmundson, 1997). Seguindo o que acreditavam ser o melhor conselho dos especialistas, os pais dessa criança decidiram criá-la como uma menina. A partir dos dezessete meses de idade, "John" passou a se chamar "Joan". Essa criança tinha um irmão gêmeo idêntico e, nos primeiros anos, o médico que supervisionava seu caso fez relatórios otimistas sobre o desenvolvimento das duas crianças: uma delas como um menino convencionalmente masculino e a outra (redesignada) como uma menina bem-ajustada e feminina. O caso foi apresentado como prova da maleabilidade da identidade de gênero em indivíduos com menos de 24 meses de idade: em uma idade tão precoce, dizia-se, a criança irá adotar a identidade de gênero que lhe foi dada, independentemente de fatores biológicos.

Contudo, esse caso não teve um bom desfecho. Quando adolescente, "Joan" – que, de acordo com sua família, nunca foi feliz como menina, apesar dos melhores esforços feitos pelos pais no sentido de dar suporte a essa identidade e de socializá-la numa direção feminina – descobriu a história verdadeira e exigiu recuperar sua identidade de gênero masculina. Ela passou por uma cirurgia genital, adotou um nome masculino e começou a viver conforme essa nova identidade. Acabou se casando, tornando-se pai de filhos adotivos. Ele falou sobre sua experiência em uma tentativa de proteger outras crianças do que considera uma trágica manipulação por parte da comunidade médica. Porém, seus traumas o acompanharam pelo resto de sua vida e, em determinado momento, suicidou-se.

Relatos pessoais de muitos indivíduos que se identificam como *transgênero* ou *trans* – pessoas cuja identidade de gênero não corresponde à configuração de seu corpo – reforçam a ideia de que a identidade de gênero é fixada muito cedo e de que não é fácil mudá-la. A maioria das pessoas que escreveram sobre essa experiência relatam que estavam conscientes desde a infância de que seus corpos não correspondiam à sua convicção interior sobre seu próprio gênero e que não conseguiam de maneira alguma modificar essa íntima certeza, apesar da considerável pressão externa. Uma terapeuta que coletou narrativas como essas relatou que 85% de seus clientes reconheciam que suas identidades de gênero e seus corpos eram discrepantes mesmo antes de ingressar na escola primária (Brown; Rounsley, 1996).

A questão *trans* tem se tornado cada vez mais um tópico de discussão popular, em parte devido à grande repercussão midiática da transição de gênero de Caitlyn Jenner em 2015 e à celebridade de outras pessoas *trans*, como Laverne Cox e Jazz Jennings. Com a crescente conscientização a respeito das pessoas transgênero, as controvérsias são inevitáveis. Nos Estados Unidos, houve um forte e violento debate em torno da obrigação ou não de alunos do ensino médio usarem os banheiros da escola conforme o sexo registrado em sua certidão de nascimento – à qual se submeteriam mesmo aqueles que vivenciam e se identificam com outro gênero. Uma decisão recente dos Escoteiros da América de admitir o ingresso de garotos *trans* gerou tanto reações negativas ferozes quanto uma aprovação entusiasmada. Aqueles que reagem de forma hostil estão apreensivos – trata-se apenas de classificar as pessoas *trans* de acordo com sua identidade de gênero? Ou estariam eles apenas se disfarçando? Alguns pais argumentam, por exemplo, que não querem que a filha tenha de usar um banheiro no qual possa encontrar um homem (talvez abusador) com aparência de mulher. Entretanto, todas as evidências disponíveis apontam para a conclusão de que as pessoas *trans* não estão se disfarçando, mas expressando sua profunda convicção de que pertencem a um gênero que não corresponde ao sexo que lhes foi atribuído. O que os fatos ainda não nos disseram são as *origens* dessa convicção tão profunda e poderosa.

Se a consciência da incompatibilidade entre a identidade interna e a forma corporal ocorre tão cedo e é tão infensa a tratamentos, pode existir algum fator neurobiológico atuando na definição da identidade de gênero? Algumas pesquisas de caráter ainda incoativo sugerem haver pequenas diferenças entre o cérebro de pessoas transgênero e o de pessoas *cisgênero* (cuja experiência de gênero se alinha com o gênero que lhes foi atribuído) (cf., por exemplo, Kruijver *et al.*, 2000), mas as amostras são pequenas e as conclusões apoiadas apenas em correlações. Não há prova definitiva de que essas diferenças estejam comumente presentes ou que causem variações na identidade de gênero (Smith *et al.*, 2015). É razoável supor, porém, que a biologia e o ambiente interajam em processos complicados para produzir a identidade de gênero – mas que ainda não compreendemos completamente os detalhes.

A complexidade cresce ainda mais com a sugestão de certos relatos de que, em algumas circunstâncias, a identidade de gênero mostrou-se flexível. Em outro caso, um bebê do sexo masculino de dois meses, vítima de um acidente cirúrgico em seu pênis, foi redesignado como menina aos sete meses de idade. Esse indivíduo, que também foi acompanhado na idade adulta, adotou aparentemente com sucesso uma identidade de gênero feminina (Bradley *et al.*, 1998). Os pesquisadores especularam que essa transição bem-sucedida para uma identidade de gênero feminina deveu-se à idade precoce (sete meses) em que foi redesignado, em contraste com a idade mais avançada (dezessete meses) no caso malsucedido descrito previamente.

Já variações na diferenciação sexual pré-natal tendem a ter consequências mistas sobre a identidade de gênero. Um estudo com quatorze indivíduos biologicamente masculinos que foram considerados meninas ao nascer porque não possuíam um pênis normal verificou que oito deles mais tarde se declararam homens (Reiner; Gearhart, 2004). Em outro conjunto de casos, crianças da República Dominicana nascidas com genes masculinos (XY) e genitália ambígua foram criadas como meninas, mas depois mudaram para uma identidade de gênero masculina na puberdade, quando características sexuais secundárias masculinas se desenvolveram (cf. Imperato-McGinley *et al.*, 1979). Nesses casos, argumentam alguns pesquisadores, a identidade de gênero inicial das crianças não foi "definida" como feminina porque sua genitália ambígua levou a comunidade a reconhecê-las como membros de uma categoria especial: "primeiro mulher, depois homem". Essa ambiguidade abriu caminho para que elas deslizassem facilmente de uma identidade de gênero feminina para a masculina. Claramente, as causas, os processos e a cronologia da formação da identidade de gênero central ainda precisam ser esclarecidos.

A tensão entre, de um lado, a ideia de que o gênero se comporta de uma forma mais fluida e mais gradual (distribuindo-se ao longo de um espectro) do que de um modo binário e; de outro, o desejo muitas vezes inelutável das pessoas *trans* de "aderir" à categoria de gênero com a qual se identificam mostra a complexidade da identidade de gênero. Claramente, em termos de identidade de gênero, ter um corpo masculino não faz de alguém um homem, e ter um corpo feminino não faz de uma pessoa uma mulher. Entretanto, o desejo de mudar o corpo para que corresponda à identidade sugere que a experiência do corpo é extremamente importante. Contudo, mesmo que a mudança corporal seja alcançada, outras pessoas podem rejeitar a autocategorização, considerando-a uma fraude. Por exemplo, quando Caitlyn Jenner foi escolhida a "Mulher do Ano" de 2015 pela *Glamour Magazine*, alguns comentaristas protestaram por não ser ela uma mulher "de verdade". Mesmo dentro dos movimentos feministas cujo objetivo declarado é desmantelar sexo/gênero como uma categoria limitante, debates sobre incluir ou não mulheres *trans* na categoria mulher não deixaram de ocorrer e de gerar desconforto. Identificar-se como mulher, tomar hormônios femininos e ter uma vagina construída cirurgicamente qualifica um indivíduo como mulher? Ou a pessoa precisa nascer com cromossomos XX e ter ovários para se qualificar? Se a determinação for baseada na biologia, isso não reforça a noção mesma contra a qual os movimentos feministas vêm lutando há anos – a de que mulheres e homens estão biologicamente destinados a papéis diferentes? E como um movimento de mulheres pode florescer se persistir a discordância sobre quem conta como mulher? Talvez, conforme sugere Lee (2010, p. 43-44, acréscimo nosso):

> [...] a construção do movimento deva se concentrar menos sobre a identidade e mais sobre imaginar um mundo habitável, independentemente da posição que assumimos sendo mulheres, ou homens, ou *gays*, ou negros, ou brancos, ou indígenas, ou deficientes, ou *trans*. [No entanto] esse argumento parece ignorar questões urgentes representadas por essas posições, a saber, a subjugação de seres humanos e, entre estes, daqueles que ocupam corpos que não se conformam à [...] lógica binária.

A interseção do gênero com outras categorias

O gênero é mais do que a experiência básica e privada de pertencer a uma categoria de gênero. As maneiras pelas quais essa categoria é definida e expressa podem variar muito em ambientes sociais e culturais.

Há alguns anos, duas pesquisadoras (Sugihara; Katsurada, 1999) pediram a um grupo de estudantes universitários japoneses que preenchessem o *Bem Sex Role Inventory* (BSRI), um teste comumente usado na América do Norte para avaliar a masculinidade e a feminilidade psicológicas. Nas amostras norte-americanas, os homens geralmente pontuam como mais "masculinos" e as mulheres como mais "femininas", o que significa que homens tendem a se descrever como mais parecidos com os homens estadunidenses e mulheres como mais parecidas com as mulheres estadunidenses a partir das quais o teste foi desenvolvido. No caso dos alunos japoneses, entretanto, essas diferenças não apareceram. Não houve diferenças entre as mulheres e os homens japoneses nas escalas de masculinidade ou feminilidade do BSRI, e ambos os gêneros obtiveram escores mais altos na escala de feminilidade do que na escala de masculinidade. Os autores observaram que as características desejáveis para mulheres e homens no Japão podem ser diferentes daquelas consideradas desejáveis na cultura norte-americana, observando que "os japoneses descreveram a mulher 'ideal' como '*Yamato-nadeshiko*', que representa uma mulher gentil, tranquila e dotada de força interior". Já o homem ideal é alguém com "força interna em vez de força física" (Sugihara; Katsurada, 1999, p. 645). Em um estudo posterior usando uma escala desenvolvida especificamente para entrevistados japoneses, essas autoras mais uma vez encontraram diferenças mínimas entre as autodescrições das mulheres e dos homens. Elas observaram que, diferentemente das culturas ocidentais, as expectativas sobre a personalidade de gênero no Japão podem ser significativas somente quando consideradas dentro de contextos sociais (Sugihara; Katsurada, 2002).

Está claro que os ideais e as normas de feminilidade e masculinidade não são idênticos em todas as culturas. As pesquisas também mostram que, mesmo no interior de uma cultura, as identidades raciais e étnicas cruzam-se com as normas de gênero. Por exemplo, um pesquisador (Tabar, 2007) descreve uma categoria cultural de masculinidade etnicizada denominada *habiib* mobilizada por jovens libaneses-australianos de segunda geração. O termo *habiib* destaca não só as relações de parentesco e a experiência compartilhada entre jovens australianos de ascendência libanesa, mas também, de acordo com os informantes de Tabar, "uma masculinidade hipersexualizada com um estilo particular de se vestir, de se postar e até de falar".

Normas, estereótipos e expressões de gênero também se cruzam com o fator idade, classe social, orientação sexual, habilidade/deficiência. Por exemplo, há evidências vindas de várias fontes de que as mulheres adquirem mais confiança e poder à medida que entram na meia-idade. Pesquisas também mostram que os estereótipos de gênero são diferentes para mulheres de classes sociais baixas e médias. Exploraremos essas interseções com mais detalhes em capítulos posteriores.

A ênfase nas diferenças

Às vezes, o foco das pesquisas sobre gênero e sexo parece incidir inteiramente na definição das diferenças entre categorias. Talvez isso não surpreenda; os acadêmicos sabem que uma maneira segura de publicar os resultados é mostrar uma diferença "significativa" entre dois grupos. Com efeito, pesquisas cujos resultados apontam para a ausência de "diferença" geralmente definham, não publicadas nem reconhecidas, nas gavetas de arquivos acadêmicos.

A questão da diferença é, porém, muito complexa: em muitas épocas e lugares, as mulheres foram excluídas de cargos e da participação em aspectos da vida pública *devido* a supostas diferenças em relação aos homens que as teriam tornado inadequadas para essas atividades. Nesse sentido, estudiosos voltados para a igualdade de gênero geralmente têm como propósito mostrar que mulheres e homens *não* diferem em habilidades e qualidades temperamentais importantes.

Todavia, a ênfase exclusiva em desbancar diferenças pode nos fazer negligenciar algumas questões importantes? O foco apenas na exemplificação das diferenças pode solidificar estereótipos de gênero e manter o *status quo*. Já o foco exclusivo em mostrar semelhanças pode resultar no encobrimento de questões importantes: diferenças entre mulheres e homens de diferentes culturas, etnias, identidades raciais, sexualidades, idades e classes sociais; diferentes recursos e fontes de poder disponíveis para mulheres e para homens; ou necessidades distintas de mulheres e homens ante aspectos relativos à biologia, como saúde, reprodução e longevidade.

É evidente que a ênfase exclusiva em diferenças ou em semelhanças deixará passar algo importante. A pesquisadora canadense Meredith Kimball (1995) frisou a importância de não se escolher uma ênfase em detrimento da outra – em vez disso, trata-se de colocar em prática "visões duplas" e de trabalhar com a tensão entre as duas abordagens. Manter essa perspectiva é difícil, mas é mais compatível com as complexidades da vida de homens e mulheres e com as formas de entrelaçamento e de conexão entre eles. Nos capítulos a seguir, à medida que expormos as premissas e as ideias subjacentes aos estereótipos e preconceitos de gênero, nos depararemos com frequência com essa tensão entre perceber semelhanças e diferenças.

Para quem quiser se aprofundar mais

Judith Blakemore; Sheri Berenbaum; Lynn Liben. *Gender development*. Nova York: Psychology Press; Taylor and Francis Group, 2009. Esse livro detalhado, mas de fácil leitura, oferece uma visão fascinante e equilibrada de diferentes aspectos do desenvolvimento de gênero. Os capítulos sobre a história do campo e sobre abordagens biológicas, sociais e cognitivas contribuem para entendimento de como o gênero toma forma e deixarão o leitor bem-informado.

Jennifer Boylan. *She's not there*: a life in two genders. Nova York: Broadway Books, 2003. Esse livro vivaz e pessoal é uma das muitas autobiografias interessantes escritas por pessoas que, já adultas, fizeram a transição para uma expressão de gênero diferente.

John Colapinto. *As nature made him*: the boy who was raised as a girl. Nova York: Harper Collins (2000)[3]. Um jornalista conta a fascinante história do famoso caso "John/Joan".

Anne Fausto-Sterling. *Sexing the body*: gender politics and the construction of sexuality. Nova York: Basic Books (2000). Uma bióloga usa sua experiência para combater interpretações exces-

---

3. Há edição em português: *Sexo trocado:* a história real do menino criado como menina, publicada pela Ediouro em 2001 [N.T.].

sivamente simplificadas sobre diferenças sexuais biológicas. A ideia de que deveria haver apenas dois gêneros e a noção de que a linguagem científica é neutra estão entre as controvérsias abordadas por ela.

Cordelia Fine. *Delusions of gender*: how our minds, society, and neurosexism create difference. Nova York: W. W. Norton, 2010. Uma crítica acessível da pesquisa sobre a relação entre diferenças sexuais e o cérebro.

Rebecca Jordan-Young. *Brain storm*: the flaws in the science of sex differences. Cambridge: Harvard University Press, 2010. A autora apresenta uma análise sofisticada dos problemas metodológicos de pesquisas que relacionam hormônios pré-natais a diferenças de sexo no cérebro. Ela desafia os pesquisadores a criar um novo e dinâmico modelo que se concentre nos processos de desenvolvimento, em vez de tentar mensurar diferenças "essenciais" entre homens e mulheres resultantes, presume-se, de diferenças hormonais pré-natais.

Eleanor Maccoby. *The two sexes*: growing up apart, coming together. Cambridge: Harvard University Press, 1998. Respeitada pioneira na psicologia do desenvolvimento de gênero, Maccoby mostra como as "duas culturas da infância" segregadas por sexo fundem-se gradualmente em uma cultura adulta mais integrada quanto ao gênero – e alguns dos problemas resultantes.

2
Quadros teóricos para pensar o gênero

Há mais de quatro décadas, muitas feministas nos Estados Unidos adotaram uma sucinta, mas poderosa, expressão para designar a experiência de começar a ver o mundo de forma diferente: *click*! Enunciado pela primeira vez por Jane O'Reilly (1971) na edição inaugural de *Ms. Magazine*, um momento de "clique" expressava uma mudança repentina na visão de mundo. Eureca! – o momento em que uma mulher percebia, de forma visceral, o quanto tudo estava organizado em torno da premissa de que os homens eram mais importantes, mais competentes do que as mulheres, e o abalo decorrente dessa percepção. Trata-se do momento em que as mulheres se davam conta, por exemplo, de que se presumia que as funcionárias de um escritório só podiam ser secretárias; de que o fato de o marido realizar tarefas domésticas era considerado uma "ajuda" e não uma divisão de tarefas; de que as férias em família não eram férias para ela, dona de casa. No dizer de várias mulheres, o momento do "clique" correspondia ao instante em que se radicalizavam – quando deixavam a perspectiva androcêntrica (centrada no homem) e passavam a se definir como feministas.

Vemos nosso mundo a partir dos quadros fornecidos por nossa cultura, nossas famílias e nossos pares. Transformar esses quadros culturais, suscitados seja por um único evento crítico, seja por um longo período de reflexão e análise, obriga-nos a interpretar o que observamos de novas maneiras, a perceber outras coisas. Quase sempre só tomamos consciência dos quadros que nos cercam no momento em que se transformam. Desse modo, examinar possíveis quadros com o intuito de interpretar e dar sentido ao que está acontecendo ao nosso redor pode ajudar. Esses quadros, muitas vezes chamados de teorias, são formas sistemáticas de atribuição de sentido ao que observamos.

Transformações nos quadros ou nas teorias que mobilizamos podem mudar as perguntas que fazemos quando tentamos entender uma questão – e é por isso que discussões sobre perspectivas teóricas podem ser tão intensas, mesmo que as questões teóricas pareçam secas e abstratas. No que diz respeito às mulheres e ao gênero, uma tarefa fundamental da teoria tem sido tornar "o gênero problemático e visível nos contextos sociais íntimos", desafiar as pressuposições sobre arranjos sociais aceitos como normais (Allen, 2016). Naomi Weisstein (1971), por exemplo, deflagrou o início da revolução nos estudos psicológicos sobre mulheres e gênero apenas com a publicação de "Psychology constructs the female". Nesse estudo, Weisstein criticou os psicólogos por presumirem acriticamente que as diferenças comportamentais entre homens e mulheres eram "naturais" e derivavam meramente de diferenças biológicas. Na esteira de seu apelo para que os psicólogos considerassem o impacto do ambiente social sobre as diferenças de gênero, muitos outros estudiosos começaram a estudar em que medida as diferenças entre os comportamentos de homens e de mulheres decorreriam da experiência de diferentes expectativas, oportunidades e recompensas. De modo similar, mudanças nos estudos históricos sobre mulheres e gênero foram catalisadas pela publicação e recepção de *Hidden from history*, estudo inovador de Sheila Rowbotham (1976). Nesse trabalho, ela questionou o que era considerado digno de estudo e documentação histórica e apontou a tendência generalizada de se omitir as atividades de mulheres do registro histórico. Seu trabalho estimulou pesquisas históricas a respeito de diversos aspectos da vida das mulheres e contribuiu para um ainda maior reconhecimento da importância do contexto social/histórico na formação dos papéis das mulheres. Esse foco nas experiências femininas, por sua vez, contribuiu decisivamente para o reconhecimento de que diferenças de raça, de classe, de etnia, de orientação sexual e de idade entre mulheres também devem fazer parte da análise (Hannam, 2008).

Em todas as disciplinas acadêmicas que abordam o gênero, as preferências teóricas mudam e se transformam ao longo do tempo sob a influência de forças e de movimentos políticos e sociais, como o *feminismo* e o antirracismo. Neste capítulo, examinaremos algumas das perspectivas teóricas que têm conformado o estudo de mulheres e gênero.

Teorias sobre gênero

Há tantas teorias diferentes abordando o gênero que é impossível contemplar todas elas em um breve capítulo. Não apenas cada disciplina tem suas próprias teorias dominantes, como as disciplinas não se limitam necessariamente ao escopo de suas teorias ou aos critérios usados para caracterizar uma teoria como proveitosa. Nas ciências, na biologia e na psicologia, por exemplo, uma teoria útil é aquela que pode ser testada para determinar se está ou não de acordo com as observações. Todavia, em certas áreas das humanidades, como a filosofia, uma teoria útil é aquela que oferece uma maneira sistemática e lógica de analisar e explicar uma determinada situação, mas que pode não ser realmente testável. A teoria política, uma outra abordagem, pode, às vezes, referir-se a um conjunto de crenças sobre como processos políticos e de governo devem funcionar ou como se dá a legitimação de um governo. Nas seções a seguir, examinaremos as teorias de gênero a partir de duas grandes categorias: as teorias que versam sobre como e por que categorias de gênero se desenvolvem, são vivenciadas e atuadas [*enacted*], e aquelas teorias sobre como e por que as desigualdades de gênero se mantêm.

Teorias sobre as causas e os modos do desenvolvimento do gênero

Teorias voltadas a compreender as diferenças entre mulheres e homens têm uma longa tradição. Algumas são centradas na ideia de que as mulheres são seres humanos deficientes ou não completamente desenvolvidos, enquanto outras baseiam-se na ideia de que homens e mulheres seriam opostos complementares, ainda que relativamente iguais. Entre os partidários da ideia de "deficiência", encontramos filósofos, teólogos e cientistas ocidentais como Aristóteles, Tomás de Aquino e Sigmund Freud. Entre os defensores da ideia de oposição complementar estão teóricos e praticantes de antigas formas de medicina, para quem os órgãos reprodutivos masculinos e femininos são os mesmos, só que "invertidos"; filósofos chineses, segundo os quais o *yin* (escuro, frio, feminino) e o *yang* (quente, brilhante, masculino) são duas energias complementares que devem estar adequadamente equilibradas em cada pessoa; e diversos teóricos (de Carl Gustav Jung aos psicólogos contemporâneos) que entenderam a noção de *androginia* como a reunião de qualidades femininas e masculinas numa única pessoa. Abordagens hierárquicas e complementares podem se superpor, como nos casos em que se argumenta que as mulheres possuem qualidades especiais (altruísmo, por exemplo) complementares às dos homens, embora não sejam suficientemente competentes ou fortes para assumirem postos de liderança.

Teorias psicanalíticas

A *teoria psicanalítica* elaborada por Sigmund Freud (1920) é frequentemente associada à controversa ideia de que "anatomia é destino". Ele postulou que a criança aprende a se identificar com seu gênero por meio de complicados processos ocorridos durante a infância que giram em torno da resposta da criança à questão de se ter ou não um pênis. Segundo Freud, esse processo – durante o qual crianças de três a cinco anos de idade de ambos os sexos atribuem um alto valor à presença do pênis (os meninos aprendendo a temer a castração e as meninas desenvolvendo uma "inveja do pênis") – resulta na identificação feminina ou na masculina. Ainda de acordo com sua teoria, os meninos reprimem a atração inicial por suas mães e se identificam com seus pais porque temem que estes últimos os considerem rivais e os castrem. A identificação das meninas com suas mães seria algo como uma estratégia de recuo ou resignação: elas percebem que não podem ter um pênis próprio, então nutrem a expectativa de atrair um homem e ter um filho (não uma filha).

A teoria de Freud, rejeitada por qualquer um que questione a ideia de que as meninas se sentiriam automaticamente inferiores por causa de sua anatomia, tem sido modificada ao longo dos anos por muitos teóricos. Karen Horney (1926), por exemplo, antiga aluna de Freud, defendia que eram os meninos, e não as meninas, que sentiam inveja anatômica. Os homens, argumentou, invejam inconscientemente o útero feminino e tentam compensar essa falta por meio de outras formas de criatividade. Mais tarde, a psicóloga Ellyn Kaschak (1992) propôs que, nas famílias patriarcais, sentimentos inconscientes de que os homens estão no centro e as mulheres na periferia são desenvolvidos tanto por meninos quanto por meninas – assim, para que estabeleçam relacionamentos maduros, é preciso que ambos resolvam e superem esses sentimentos. A socióloga Nancy Chodorow (1978) também mobilizou a psicanálise em sua análise das relações familiares e seu impacto no desenvolvimento do gênero. Segundo ela, o arranjo ocidental tradicional de família – a mãe como principal cuidadora e educadora e o pai como alguém mais distante – contribuiu para criar uma situação em que as meninas têm mais facilidade em tecer laços íntimos, ao passo que os meninos, movidos pela necessidade de se separar da mãe para formar uma identidade masculina, aprendem a desvalorizar as mulheres e a feminilidade. Todas as versões da teoria psicanalítica consideram que as relações entre pais e filhos e os processos inconscientes originários são fatores fundamentais no desenvolvimento do gênero.

Teorias evolutivas

As teorias de gênero baseadas na *psicologia evolutiva* são igualmente controversas. Essas teorias, derivadas de Charles Darwin, postulam que todas as espécies, inclusive a humana, transformam-se ao longo do tempo devido a mudanças genéticas transmitidas através de gerações. Qualidades que aumentam a probabilidade de sobrevivência têm mais chances de serem transmitidas porque os indivíduos que as possuem têm uma maior probabilidade de atingir a maturidade, encontrar um parceiro e se reproduzir. De acordo com essa perspectiva, algumas qualidades importantes para o sucesso reprodutivo são diferentes para machos e fêmeas; a teoria situa as diferenças entre homens e mulheres nas distintas estratégias de acasalamento que contribuem para o sucesso reprodutivo de cada um. Essa abordagem sugere, por exemplo, que a melhor aposta do homem para reproduzir seus genes, já que possui milhões de espermatozoides, é espalhá-los o mais amplamente possível, acasalando-se com muitas mulheres. As mulheres, por outro lado, têm de dedicar muito tempo e energia a cada gravidez e nascimento; elas, portanto, maximizam suas chances de transmitir seus genes ao serem cuidadosas e seletivas na escolha do parceiro. Segundo a lógica dessa teoria, os homens evoluíram para serem promíscuos; e as mulheres, seletivas.

As teorias evolutivas tradicionais foram questionadas e ampliadas para acomodar tudo aquilo que simplesmente não se encaixava na noção tradicional de que os machos evoluíram para competir pelas fêmeas e acasalar promiscuamente, enquanto as fêmeas evoluíram para serem mais seletivas. A primatóloga Sarah Hrdy (1981), por exemplo, escreveu sobre os muitos casos em que primatas fêmeas acasalavam com vários parceiros para aumentar as chances de sobrevivência de sua prole. O biólogo Bruce Bagemihl (1999) observou que a teoria evolutiva tradicional não explicava, nem mesmo contemplava, a atração e o relacionamento entre indivíduos do mesmo sexo ou outras formas de diversidade sexual. Ele reuniu uma grande quantidade de evidências do que chamou de exuberância biológica – uma grande e complexa variedade de expressões sexuais e de gênero no mundo animal que não se encaixa perfeitamente na ideia de que toda evolução é impulsionada pela competição e orientada para o estreito objetivo de reproduzir os genes dos indivíduos. Tentando desenvolver uma teoria mais inclusiva, a bióloga evolutiva Joan Roughgarden (2004) propôs a ideia de seleção social, argumentando que a evolução favorece não apenas traços que atraem um parceiro, mas também traços que favorecem o vínculo social (traços que facilitam a aceitação por um grupo). O laço entre duas fêmeas não permite a transmissão bem-sucedida de genes de um indivíduo; entretanto, em certas espécies e em algumas situações, esse vínculo pode contribuir para o acesso do indivíduo a recursos. Nesse sentido, os traços que facilitam o vínculo entre duas fêmeas podem ser adaptativos em termos evolutivos. Todas as versões da teoria evolutiva baseiam-se na noção de que, ao longo de muitas gerações, os traços que conferem vantagens de sobrevivência têm maior probabilidade de serem passados adiante – de serem "selecionados". Se certos pressupostos culturais a respeito das diferenças naturais entre homens e mulheres enviesaram as abordagens tradicionais, as abordagens mais recentes deixaram claro que o impacto das pressões evolutivas não pode se reduzir à simples ideia de que os homens são promíscuos e as mulheres seletivas.

Teorias da socialização

Uma terceira categoria de teorias de desenvolvimento de gênero contempla a *socialização*. Essas abordagens enfatizam que as crianças aprendem por meio de sua cultura a se identificarem como menino ou como menina e a se comportarem de maneira masculina ou feminina. Como vimos no capítulo 1, esse aprendizado pode vir diretamente de pais, professores e outras crianças, ou simplesmente ser absorvido pela via da observação. Essas teorias partem do pressuposto de que a conformidade às expectativas sobre ser feminino ou masculino é motivada pelo desejo das pessoas de "se encaixarem" e de serem socialmente competentes. Para a *teoria social cognitiva*, as crianças primeiro aprendem os papéis de gênero por meio de recompensas e punições externas, mas depois aprendem a controlar seu próprio comportamento por meio de recompensas e punições internas (Bandura, 1986). Já a *abordagem cognitiva do desenvolvimento de gênero* sugere que a adoção de papéis de gênero pelas crianças resulta da identificação com uma categoria de gênero e do desenvolvimento de ideias sobre qual é o comportamento adequado para essa categoria (Martin; Ruble; Szkrybalo, 2002). Em "Gender schema theory", Sandra Bem (1981) sugere que, desde a infância, indivíduos desenvolvem representações ou esquemas mentais relacionados ao gênero e mobilizam esses esquemas para organizar seu pensamento e comportamento. De acordo com essa teoria, quanto maior a ênfase na dicotomia de gênero na formação de uma criança, mais ela elaborará e mobilizará o esquema de gênero. Para todas essas abordagens teóricas, a criação da criança e o ambiente social moldam o desenvolvimento do gênero.

Teorias socioculturais

Por fim, as *teorias socioculturais* analisam como o comportamento de homens e mulheres é moldado pela distribuição de poder na cultura como um todo. Segundo essas teorias, como muitas culturas atribuem mais *status* e poder aos homens, o comportamento associado à masculinidade tende a ser potente e o comportamento feminino tende a ser impotente. Essas abordagens não têm como foco a anatomia, a biologia ou a aprendizagem infantil para explicar o desenvolvimento do gênero, mas o impacto direto do ambiente sociocultural sobre o comportamento de homens e mulheres. Elas sugerem que, no processo social de acomodação da atribuição de papéis mais poderosos e de maior *status* aos homens e papéis menos poderosos às mulheres, os homens tendem a desenvolver comportamentos mais dominantes, diretivos e controladores, enquanto as mulheres tendem a desenvolver comportamentos mais submissos, conciliadores e cooperativos. A *teoria dos papéis sociais* e a *teoria da dominância social*, descritas no capítulo 1, são exemplos de teorias socioculturais. Essas teorias sugerem que as diferenças de gênero no comportamento decorrem de diferenças culturais contextuais – e que as diferenças de gênero no comportamento provavelmente serão maiores em sociedades que enfatizam a dominância masculina e a organização hierárquica (cf., por exemplo, Pratto, 1996; Sanday, 1981).

Teorias feministas: quadros para entender a desigualdade de gênero

O *feminismo*, enquanto movimento social, tem como objetivo eliminar as desigualdades entre homens e mulheres. As teorias feministas têm como foco, portanto, analisar e compreender os motivos das desigualdades de gênero e descobrir as melhores estratégias para atingir esse objetivo. A maioria dessas teorias parte da ideia de que a desigualdade de gênero é produzida e reproduzida dentro de uma estrutura de poder chamada *patriarcado* (literalmente, o governo do pai), um sistema de dominação masculina caracterizada por figuras masculinas de autoridade na família e em outros lugares, relacionamentos competitivos entre os homens e a exclusão ou restrição das mulheres (Lerner, 1986; Ortner, 2014). Entretanto, com a proliferação de vozes e de pontos de vista,

> [...] a questão da dominação masculina ou do patriarcado tornou-se, por um lado, menos vocal e, por outro, mais complicada, mais entrelaçada com outras formas de desigualdade, como as desigualdades de raça, classe e sexualidade (Ortner, 2014, p. 533).

A quantidade e a variedade de teorias feministas podem parecer impressionantes, e não há consenso sobre como caracterizá-las. Uma boa recensão de teorias feministas descreve treze grandes abordagens teóricas para compreender e combater a desigualdade de gênero (Lorber, 1998). Ela classifica as diversas abordagens em três categorias gerais de feminismo: reforma de gênero, resistência de gênero e rebelião de gênero. Iremos seguir essa configuração neste capítulo.

Teorias de reforma de gênero

Algumas das primeiras tentativas de classificar os feminismos (cf., por exemplo, Jaggar; Struhl, 1978) identificaram o que Lorber (1998) chamou de teorias reformistas: *feminismo liberal, feminismo marxista* e *feminismo socialista*. Esses tipos de feminismo fizeram parte de alguns dos primeiros movimentos pelos direitos das mulheres (a "primeira onda"). De acordo com Lorber, as teorias que visam a reforma baseiam-se na noção de que existem dois grupos de gênero tratados de forma desigual, e exploram maneiras de entender as razões dessa desigualdade, de tornar justo o sistema, de eliminar as desvantagens acumuladas pelas mulheres (desigualdade salarial, discriminação no emprego, distribuição injusta do trabalho doméstico etc.). As teorias dessa categoria propõem análises distintas sobre as causas fundamentais das desigualdades de gênero, mas todas partem da aceitação da ideia de que há dois grupos de gênero e que os homens têm vantagens sobre as mulheres.

O *feminismo liberal* tem como foco a igualdade econômica e política. Essa abordagem estabelece que a diferença entre os padrões de vida em que meninas e meninos são socializados, a divisão do trabalho doméstico e ocupacional entre homens e mulheres, a desvalorização das mulheres e de seu trabalho e a menor margem de escolha entre as mulheres do que entre os homens contribuem para a desigualdade de gênero e devem ser questionadas. O fio condutor dessa abordagem teórica aponta para uma maior neutralidade de gênero na divisão de oportunidades, desafios e recompensas. É possível caracterizar essa abordagem a partir de um comentário de Ruth Bader Ginsburg, juíza da Suprema Corte estadunidense – para ela, sua vida foi "dedicada, não digo aos direitos das mulheres, mas ao princípio constitucional da igualdade de cidadania entre homens e mulheres" (Carmon; Knizhnik, 2015, p. 43). Essa perspectiva – necessária e eminentemente prática – sobre a luta pela igualdade de *status* e oportunidades para homens e mulheres tem, entretanto, algumas limitações. Argumentou-se, por exemplo, que essa abordagem pode ser androcêntrica – que ela corre o risco de fazer dos homens e da masculinidade o modelo ou a meta a serem aspirados pelas mulheres. Ela tende a privilegiar a importância do trabalho remunerado e a dar menos atenção à importância do trabalho familiar e doméstico não remunerado tradicionalmente realizado pelas mulheres, à violência sexual e às diferenças de raça, classe e etnia entre as mulheres (Lorber, 1998).

O *feminismo marxista* vê a desigualdade de gênero não como uma questão isolada, mas como um sintoma de um problema maior: a desigualdade de classe generalizada. Segundo essa abordagem, um fator decisivo para a subordinação das mulheres é sua exploração enquanto trabalhadoras não remuneradas no ambiente doméstico. O trabalho gratuito das mulheres dá condições para que as empresas paguem menos aos funcionários homens, pois não precisam considerar o custo de cuidar dos filhos, de cozinhar, de limpar a casa e outras necessidades domésticas. Outra fonte de desigualdade de gênero, conforme essa teoria, é o uso de mulheres como exército de trabalho auxiliar ou de reserva – contratadas e demitidas ao sabor das forças econômicas flutuantes e recebendo menos do que seus colegas homens. Essa análise é importante porque destaca a importância econômica do trabalho doméstico feminino não remunerado. Com efeito, tem se mostrado difícil erradicar a desigualdade de gênero, mesmo quando os governos ou as empresas assumem mais responsabilidade financeira em relação à atenção infantil (disponibilizando creches e/ou concedendo licença paternidade e maternidade). Entretanto, a responsabilidade pelos cuidados infantis e pelo trabalho doméstico continua recaindo mais sobre as mulheres do que sobre os homens, mesmo quando esses serviços são oferecidos.

A teoria feminista marxista costumava ignorar as diferenças entre as mulheres do ponto de vista de fatores que não os de classe. Sem embargo, estudos mais recentes avançaram teorias abertas à possibilidade de se considerar a classe econômica como racializada e também generificada – levando em conta que a subordinação de gênero e de grupos raciais ou étnicos é parcialmente criada e mantida por práticas de contratação que privilegiam jovens mulheres brancas para determinados empregos, ou que imagens e estereótipos de gênero e de raça estão associados a determinadas ocupações (Acker, 2006).

A *teoria feminista socialista* parte da teoria marxista para desenvolver um novo enfoque sobre as complexas desigualdades entre pessoas e grupos permeados de diferenças que remetem a várias e importantes dimensões: gênero, raça, classe e etnia. Essa teoria enfatiza que os efeitos dos *status* associados a cada uma dessas dimensões estão imbricados; assim, uma mulher branca e rica que se torna uma pesquisadora tem um *status* diferente (e experiências diferentes, obstáculos diferentes) de uma mulher negra e rica ou de um homem branco e rico cuja profissão é a mesma. Os efeitos combinados desses diferentes *status* e a maneira como operam em conjunto na produção de diversas camadas de *status* e de relações de vantagem e desvantagem ficaram conhecidos nos últimos anos como *interseccionalidade*. O peso das responsabilidades familiares e domésticas sobre as mulheres é levado em conta nas complexas desigualdades de gênero, raça/etnia e classe. Esse peso recai de forma generalizada sobre as mulheres, mas mulheres de diferentes classes econômicas e de diferentes grupos raciais ou étnicos o experimentam e lidam com ele de forma diversa. A análise feita pelo feminismo socialista dessa injustiça acentua que a intervenção do governo seria capaz de oferecer possíveis soluções por meio, por exemplo, de políticas públicas baseadas no reconhecimento de que o cuidado infantil é uma responsabilidade da sociedade como um todo, e não apenas dos pais tomados individualmente.

Teorias feministas têm se tornado cada vez mais complexas e matizadas à medida que se expandem para abranger uma gama mais ampla de questões. Nesse sentido, uma das mais recentes abordagens associadas aos feminismos reformistas vem a ser o *feminismo transnacional*. A partir desse quadro, tem-se explorado a interação entre as forças da globalização econômica e a desigualdade de gênero. As relações são complicadas e resumi-las não é uma tarefa fácil. De todo modo, busca-se compreender principalmente como os movimentos globais de pessoas e mercadorias, a produção de mercadorias e as ideias são generificados. Por exemplo: mulheres e homens emigram ou fogem de seus países em taxas diferentes, sob diferentes tipos de pressão e por diferentes motivos. Fábricas se mudam de países desenvolvidos para países onde podem pagar menos aos trabalhadores – e mulheres jovens, solteiras, casadas e mais velhas são contratadas por diferentes tipos de fábricas. Mulheres têm maior probabilidade de serem traficadas como profissionais do sexo. A violência contra as mulheres assume diferentes formas em diferentes culturas, e certas formas de violência podem acompanhar as mulheres mesmo quando mudam para novos países. As ideias sobre os direitos das mulheres e a igualdade de gênero também atravessam fronteiras – e as mulheres de países do Terceiro Mundo podem se ressentir das questões e os modos de abordá-las priorizados e pressupostos pelas feministas ocidentais. O desafio de teorizar sobre gênero desde uma perspectiva transnacional é enorme, mas em um mundo cujas fronteiras nacionais estão cada vez mais permeáveis, e onde as pressões para maximizar os lucros por meio da globalização podem exacerbar as desigualdades de gênero, muitas teorias feministas acreditam que se trata de uma tarefa de suma importância.

Teorias de resistência de gênero

De acordo com Lorber (1998), as teorias de resistência de gênero têm em comum a ideia de que, para que a igualdade de gênero seja alcançada, não basta simplesmente equilibrar as oportunidades de homens e de mulheres. As abordagens que afirmam o contrário ignoram os aspectos culturais positivos da feminilidade, e tendem a equiparar as mulheres aos homens na luta por igualdade. Teorias psicológicas como as de Jean Baker Miller (1976) e de Carol Gilligan (1982), por exemplo, enfatizaram os pontos fortes e a importância das qualidades tradicionalmente atribuídas às mulheres, como o cuidado, a criação responsável dos filhos, a cooperação, a acomodação e a proteção. Essas autoras e muitas outras argumentaram que o simples fato de tentar colocar cada vez mais mulheres em cargos de maior *status* tradicionalmente reservados aos homens sub-repticiamente desvaloriza as qualidades das mulheres e reforça a ideia de que os homens e a vida masculina são o modelo a partir do qual as mulheres devem ser julgadas. Em contraste, as teorias de resistência de gênero celebram as qualidades e as experiências das mulheres e enfatizam a importância de se considerar a perspectiva das mulheres. Lorber inclui nessa categoria as seguintes abordagens teóricas: o *feminismo radical*, o *feminismo lésbico*, o *feminismo cultural* e o *feminismo de ponto de vista*.

O *feminismo radical* identifica a opressão das mulheres pelos homens como a forma mais básica de opressão. O foco de suas análises está em revelar o desinteresse, a *misoginia* e a violência contra as mulheres intrínsecos aos sistemas institucionais de direito, medicina, religião, ciência, mídia, educação e outras estruturas sociais. Dentro dessa abordagem, tem se procurado sobretudo compreender o controle, a exploração e a objetificação dos corpos das mulheres, expressos na pornografia, na prostituição, no estupro, na agressão sexual, no assédio e nas restrições às escolhas reprodutivas das mulheres. De acordo com as defensoras dessa perspectiva, mesmo se as mulheres alcançarem a igualdade salarial e de oportunidades, elas continuarão vulneráveis a essas ameaças, o que faz dessa igualdade uma miragem. Mas suas proponentes não analisam a sexualidade das mulheres simplesmente em termos de vitimização, e argumentam, em vez disso, que um aspecto importante da igualdade de gênero é a compreensão e o respeito à agência e ao prazer sexual femininos. Se as mulheres não fossem vistas como subordinadas aos homens, observam, não seriam consideradas como "troféus" ou como promíscuas quando se relacionam sexualmente com homens, mas sim como parceiras que escolhem partilhar de um ato prazeroso. A teoria feminista radical também aponta as importantes qualidades positivas associadas aos papéis tradicionais relativos ao cuidado e à nutrição, e sustenta que tais qualidades não devem ser colocadas em segundo plano nos esforços de criação de uma cultura de apoio às mulheres. A celebração dessas qualidades femininas se estende ao cuidado com o meio ambiente (ecofeminismo).

O feminismo radical tem gerado muitas controvérsias. De acordo com algumas feministas radicais, como a sociedade tem promovido a dominação masculina e a exposição sexual das mulheres, a maioria dos homens tem o potencial de praticar violência contra mulheres, e os relacionamentos heterossexuais são quase sempre potencialmente perigosos para elas. Esses argumentos – que não se demoram nas diferenças entre os próprios homens e na possibilidade de que eles, assim como as mulheres, sejam capazes de reconhecer e de transcender coerções culturais –

têm sido muitas vezes dolorosos para homens e mulheres em relacionamentos heterossexuais. O feminismo radical também pode sugerir que algumas instituições culturais estão tão impregnadas de misoginia que não podem mais ser reformadas, devendo, ao contrário, ser rejeitadas e recriadas de modo inteiramente diferente. A teóloga Mary Daly, por exemplo, tendo criticado a tradição cristã por seu *sexismo* generalizado e buscado reformá-la, chegou eventualmente à decisão de que precisava se afastar da instituição e desenvolver uma filosofia e espiritualidade feministas fora da Igreja (Daly, 1968).

Alguns comentadores argumentam que o foco nas qualidades femininas positivas de cuidado e nutrição seria uma idealização irrealista das mulheres – e que talvez não esteja tão longe dessa idealização a velha ideia condescendente de que as mulheres devem ser protegidas e mantidas em um pedestal. Mulheres que não se veem enquadradas no estereótipo feminino do cuidado e acolhimento podem se sentir desconfortáveis com essa abordagem. Por fim, argumenta-se que uma teoria centrada nas qualidades positivas das mulheres, embora ofereça uma correção necessária ao androcentrismo, pode inadvertidamente reforçar a noção de que mulheres e homens são essencialmente diferentes e contribuir para a polarização de gênero (Bem, 1993).

As *teorias feministas lésbicas* partem da ideia de que a organização das instituições da sociedade em torno da heterossexualidade é o que sustenta o gênero. Se não houvesse o pressuposto da heterossexualidade, se os relacionamentos de casais heterossexuais não fossem considerados a norma, se não houvesse a expectativa de que todos encontrem um parceiro do sexo "oposto", por que haveria tanto investimento em papéis femininos e masculinos, em identidade masculina ou feminina? Tal como acontece na teoria feminista radical, essa abordagem é pessimista a respeito dos relacionamentos heterossexuais; e vai um passo além ao sugerir que a igualdade de gênero tem mais chances de ser alcançada quando as mulheres concentram sua energia em relacionamentos íntimos com outras mulheres. A sexualidade lésbica é celebrada nessa abordagem, assim como a potência dos laços emocionais de amizade e as comunidades de mulheres.

As *teorias feministas culturais* reverberam as teorias feministas lésbicas na medida em que sublinham a importância dos relacionamentos entre mulheres e espaços sociais femininos. Essa abordagem também enfatiza a importância da arte, da literatura e da música como formas de celebrar as experiências femininas e de se opor a uma visão sobre o mundo dominada pelos homens. Essas duas abordagens são objeto de algumas críticas que apontam certa tendência à idealização dos relacionamentos femininos, dando a parecer que as mulheres são mais compreensivas, atenciosas e compassivas com outras mulheres do que talvez realmente sejam. Alguns dados relativos a esse ponto serão discutidos nos capítulos 4 e 7. Outras críticas abordam o separatismo implicado nessas teorias. Se as mulheres se retirarem de seus próprios espaços sociais, elas podem se sentir mais confortáveis, mas a dominação masculina pode não ser questionada.

As *teorias feministas de ponto de vista* [*standpoint feminist theories*] enfatizam que a igualdade de gênero depende, em grande medida, do desenvolvimento de uma sociedade na qual os pontos de vista das mulheres sejam contemplados e valorizados tanto quanto os dos homens. A ciência, a medicina, o mundo dos negócios e o direito, por exemplo, precisam incluir as mulheres para que suas experiências possam informar as decisões sobre quais problemas são importantes e devem ser abordados. Essa inclusão deixaria claro que muitos pressupostos androcêntricos têm sido tratados como fatos e não como inferências derivadas de pontos de vista limitados. Essa abordagem teórica faz uma importante contribuição ao sugerir que uma determinada situação pode muito bem não ser vista da mesma forma por mulheres e por homens, e que é fundamental evitar privilegiar automaticamente as perspectivas masculinas. Porém, ao destacar a importância de pontos de vista diferentes, essa abordagem também expõe um problema muito maior: a existência de grandes diferenças entre as mulheres, e o mesmo acontece entre os homens. O ponto de vista de uma mulher negra norte-americana de classe média provavelmente será bem diferente do ponto de vista de um homem da classe trabalhadora do sul da Europa.

Teorias de rebelião de gênero

As teorias desse grupo compartilham o princípio de que uma ordem social baseada em um sistema binário composto de duas categorias de gênero distintas não é dada e pode ser questionada. Seu enfoque recai sobre o modo como criamos e mantemos as categorias de gênero por meio de nossas ações – e sobre como uma interrupção nas formas de fazer e *performar* o gênero pode abalar o sistema social de gênero. Essas teorias argumentam que o gênero não é necessariamente uma categoria útil, já que é cruzado por muitas outras dimensões (raça, etnia, classe, idade, sexualidade). Em vez de se concentrarem simplesmente na conquista de um tratamento igual para homens e mulheres, elas levantam as seguintes questões: O que é uma mulher? O que é um homem? Por que precisamos dessas categorias?

Entre as abordagens teóricas pertencentes a esse grupo estão o *feminismo construtivista social*, o *feminismo multirracial/multiétnico*, os *estudos feministas da masculinidade*, o *feminismo pós-moderno* e a *teoria queer* (Lorber, 1998).

De acordo com o *feminismo construtivista social*, as categorias de gênero são criadas e mantidas por comportamentos e estruturas organizacionais sociais que enfatizam as diferenças entre duas categorias não sobrepostas: masculino e feminino. Como se viu no capítulo 1, o sexo biológico não se divide nitidamente em duas categorias discretas. No entanto, nossa sociedade se organiza em torno da dicotomia de gênero masculino/feminino (roupas, brinquedos, livros e cortes de cabelo diferentes para meninas e meninos; times de meninas e meninos, profissões diferentes, atividades de lazer e comportamentos considerados apropriados para mulheres e homens), e se espera que as pessoas encaixem seu comportamento e sua identidade em uma das duas categorias – construindo, assim, o gênero. "Ao fazer o gênero, inserimos divisões categóricas em um *continuum* fisiológico e comportamental" (Lorber, 1998, p. 204). As categorias "masculino" e "feminino" têm estatuto legal (daí, por exemplo, a exigência usual de registrar o sexo de uma pessoa nos documentos de identidade e a insistência muitas vezes feroz de que o casamento deva ser juridicamente definido como a união entre um homem e uma mulher). Elas também são um fundamento para a divisão do trabalho entre casa e locais de trabalho. O feminismo construtivista social teoriza que, se as categorias binárias de gênero fossem rompidas, se houvesse várias categorias e/ou uma recusa ter de se encaixar perfeitamente nas expectativas de feminilidade e masculinidade ao fazer o gênero, a ordem social que serve de apoio para a atribuição de *status* superior a um grupo em detrimento do outro não poderia mais ser mantida. Contudo, esse tipo de rebelião contra as categorias binárias de gênero não é fácil de ser realizada. Um caso interessante é a história de dois psicólogos que se esforçaram ao máximo em criar seus filhos num contexto em que o gênero não era importante, obtendo um sucesso apenas parcial (Bem, 1998).

Outras abordagens teóricas também enfatizaram a importância de fazer romper uma ordem social baseada em categorias. As *teorias feministas multirraciais/multiétnicas* interessam-se pelos efeitos da interseção entre múltiplas categorias de identidade, *status* e dominância: não apenas gênero, mas raça, etnia, classe social, sexualidade e outras. Essa abordagem reconhece simultaneamente as experiências particulares de grupos específicos (o grupo formado por mulheres afro-americanas, por exemplo) e analisa a teia de forças opressivas que produzem as injustiças infletidas sobre muitos grupos. Como observa Patricia Hill Collins (2000, p. 22), umas das primeiras cronistas dessa abordagem,

> [...] dado que as mulheres negras não podem ser totalmente empoderadas a menos que as opressões intersecionais sejam eliminadas, o pensamento feminista negro apoia princípios amplos de justiça social que transcendem as necessidades específicas das mulheres negras norte-americanas.

Os *estudos feministas da masculinidade* também oferecem uma abordagem que examina estruturas interligadas de poder e subordinação baseadas nas categorias de gênero, raça, classe, etnia, sexualidade e outras. Uma das preocupações capitais dessa abordagem são as relações de dominação entre os próprios homens, os fatores que dão a alguns homens poder sobre outros homens. Não obstante, seu principal foco está em investigar, como, no *interior* de categorias como raça e classe, as perspectivas masculinas tendem a preponderar. Como Jensen (2017, p. 59) observa,

> [...] o patriarcado é um sistema que proporciona benefícios materiais aos homens, ainda que de forma desigual, dependendo de outros atributos (como raça, classe, orientação sexual, nacionalidade, país de origem) e da disposição dos homens de se adaptarem aos valores patriarcais; em contrapartida, o patriarcado restringe todas as mulheres.

Um conceito-chave no estudo feminista da masculinidade é o de *masculinidade hegemônica*. Esse conceito se refere a um ideal cultural sobre a condição masculina [*manhood*] ou à forma de masculinidade [*masculinity*] predominante no interior da hierarquia de gênero (que envolve força, firmeza, potencial para a violência, heterossexualidade e capacidade de prover) que fundamenta a dominação masculina sobre as mulheres e a dominação de alguns homens sobre outros homens (cf., por exemplo, Connell; Messerschmidt, 2005). O ideal dominante de masculinidade pode ser encenado [*enacted*] e reforçado por meio de rituais culturais presentes em atividades esportivas, em fraternidades e na produção de visibilidade e importância concedidas a grupos de líderes políticos ou empresariais exclusivamente masculinos. A tendência reflexa em defender esse ideal quando ameaçado é bem captada pelo título de um livro escrito por uma atleta bem pensante: *Quanto mais fortes as mulheres, mais os homens amam o futebol* (Nelson, 1994). Alguns pesquisadores argumentaram de forma convincente que as análises da masculinidade são fundamentais para o avanço da justiça social (Jensen, 2017; Kilmartin, 1994; Marche, 2017).

Talvez as abordagens teóricas mais inquietantes e desafiadoras para qualquer um que esteja acostumado a pensar as categorias de gênero como binárias, essenciais e estáveis sejam as *teorias feministas pós-modernas* e as *teorias queer*. Uma teoria inovadora nessa abordagem foi desenvolvida por Judith Butler (1990), que desenvolveu e articulou a ideia de *performatividade* de gênero: a noção de que o gênero não é algo que se tem, mas algo que se faz. Butler argumentou que as categorias de gênero não são essências; são ficcionais – são construídas pelo comportamento das pessoas no esforço de se adequarem às estruturas culturais de poder e saber que organizam os seres humanos em categorias binárias de feminino e masculino. Em outras palavras, não se age como homem ou como mulher por causa de suas identidades internas de gênero; em vez disso, as próprias identidades são construídas pelas categorias culturais e pelos esforços para encená-las [*enact*]. De acordo com Butler, não é porque as pessoas se identificam como homens ou como mulheres que há as categorias masculina e feminina; é porque as categorias existem e são impostas pelas normas culturais que as pessoas se identificam como homens ou como mulheres (e *performam* a masculinidade ou a feminilidade). As identidades não produzem as categorias; as categorias produzem as identidades e as *performances* dessas identidades.

As *teorias queer* levam a ideia da arbitrariedade dos limites de gênero ainda mais longe e questionam as dualidades de sexo (mulher-homem), de gênero (feminino-masculino) e de sexualidade (heterossexualidade-homossexualidade). Elas argumentam que essas fronteiras categoriais são imprecisas, mudam com o tempo e as circunstâncias e, portanto, não oferecem uma base lógica para dividir as pessoas e para privilegiar determinado grupo em detrimento de outro. Essa abordagem, cuja proposta passa por ignorar as categorias sexo/gênero/sexualidade, representa um questionamento fundamental a todo o sistema de gênero. Conforme vimos no capítulo anterior, as evidências sugerem que, para muitas pessoas, de fato, a experiência de gênero não se encaixa perfeitamente em um sistema binário e que as categorias dicotômicas de gênero não apreendem a complexidade da experiência de gênero.

As teorias pós-modernas e *queer* têm chamado a atenção para o amplo espectro de *performances* de gênero e sexualidades – deixando claro que existem muitas variações do "normal". Todavia, essa abordagem tem sido criticada por não oferecer um arcabouço útil para um ativismo político que questiona a discriminação sexual, por exemplo. É difícil combater a discriminação contra as mulheres se todos estiverem discutindo sobre o significado da categoria "mulher" ou se a distinção entre mulher e homem é ou não válida. Outra crítica provém das experiências e do ativismo das pessoas *trans*. Como apontamos no capítulo 1, as pessoas *trans* podem se identificar fortemente com um gênero que não corresponde ao sexo que lhes foi atribuído ou à anatomia feminina ou masculina. Elas podem, por exemplo, ter *performado* uma masculinidade durante a maior parte de suas vidas sem nunca haver reivindicado uma identidade masculina. Esses exemplos dificultam a argumentação de que as identidades são simplesmente produtos da representação de gênero. Em contrapartida, a política *trans* parece questionar mais radicalmente a ideia de que o gênero seria uma essência, algo fixo e binário. A possibilidade de se fazer a transição de uma vida como mulher para uma vida como homem indica que os limites entre o masculino e o feminino são fluidos, que uma infinidade de fatores desconhecidos afeta as identidades de gênero individuais e que as categorias nítidas e dicotômicas que a sociedade considera como dadas são fundamentalmente suspeitas.

Qual é a importância das teorias?

Como vimos, o líder da Igreja Católica Romana, o Papa Francisco, comentou algo subliminarmente que a teoria de gênero seria um ataque à família (Reuters, 2016). Ele não especificou qual teoria de gênero seria tão perigosa, mas provavelmente não era a teoria conservadora de gênero segundo a qual as diferenças comportamentais e de identidade entre homens e mulheres são biológicas e seus papéis familiares (a mãe como nutriz, o pai como provedor e autoridade), divinamente inspirados. Seu comentário deixa claro que a forma como pensamos, entendemos e analisamos os problemas pode ter consequências importantes na forma como vemos o mundo. É também um lembrete de que, embora tenhamos a tendência de definir as teorias como conjuntos de ideias frias e racionais sobre como o mundo funciona, podemos estar emocionalmente vinculados a elas. Cientistas e acadêmicos costumam ter discordâncias pontuais, ou mesmo raivosas, sobre quais teorias estão corretas. Quando o domínio teórico em questão é o gênero – um tópico já bastante sensível para muitas pessoas –, os debates podem se tornar muito acalorados. Entre os cientistas que estudam o desenvolvimento de gênero, certamente é possível haver disputas ferozes sobre o papel da biologia nas diferenças comportamentais entre os gêneros, por exemplo; as acadêmicas feministas podem discordar apaixonadamente sobre quais abordagens teóricas – feminista liberal, transnacional ou construtiva social – são mais úteis, entre outras coisas, para compreender e atenuar as desigualdades de gênero. Para algumas pessoas, uma teoria pode ficar mais parecida com uma ideologia ou doutrina, não suscetível a evidências contrafactuais ou argumentos lógicos. Discordâncias sobre teorias podem ser o ponto de partida para insultar ou rejeitar outras pessoas que estão tentando resolver os mesmos problemas ("ela não é uma feminista de verdade"), mas o diálogo provavelmente é mais útil.

Com efeito, independentemente do tempo e do empenho que possamos dispensar sobre as teorias descritas neste capítulo, é impossível determinar uma que seja "correta". A maioria das pessoas envolvidas no estudo aprofundado de gênero e desigualdade de gênero vai encontrando peças do que parece ser verdade em muitas abordagens teóricas diferentes. Além disso, elas modificam suas ideias em resposta a novos argumentos, novas evidências e novas perspectivas. O modo mais proveitoso de analisar as relações de gênero pode variar de acordo com a questão específica em estudo, o contexto histórico e cultural e novas ideias singulares e colaborativas daqueles que formulam as análises. A compreensão de um problema complicado demanda de nós uma abertura a uma infinidade de perspectivas.

Para quem quiser se aprofundar mais

Sandra Bem. *The lenses of gender*: transforming the debate on sexual inequality. New Haven: Yale University Press, 1993. Nesse livro, Bem, uma psicóloga, argumenta que a desigualdade de gênero é mantida por meio de nossa adesão a três noções básicas:

as diferenças entre mulheres e homens proveem da biologia; os homens são superiores às mulheres; a sociedade deve ser organizada em torno dessas diferenças. Ela questionou essas ideias, argumentando que o foco na diferença sexual leva a equívocos, e que o papel do sexo biológico não é necessariamente fundamental para a identidade e a sexualidade de uma pessoa.

Judith Butler. *Gender trouble*: feminism and the subversion of identity. Nova York: Routledge, 1990[4]. Nesse livro pioneiro, Butler questiona a visão binária de gênero e sugere que ele, em vez de ser "quem somos", existe somente quando o *performamos*. Segundo ela, o gênero e a sexualidade são fluidos, e devemos sempre questionar o que é supostamente normal em relação a eles.

Patricia Hill Collins. *Black feminist thought*: knowledge, consciousness, and the politics of empowerment. 2. ed. Nova York: Routledge, [1990] 2000[5]. A autora explora o impacto da interseção de opressões sobre as experiências das mulheres negras e vincula o ativismo das mulheres afro-americanas ao pensamento feminista negro.

Feminist theory website. Center for Digital Discourse and Culture, Virginia Tech University. Esse *site* contém informações históricas em inglês, francês e espanhol sobre feministas e seu trabalho em muitos países. Cf.: www.cddc.vt.edu/feminism/index.html.

Sarah Hrdy. *The woman that never evolved*. Cambridge: Harvard University Press, 1981. Hdry, primatóloga e teórica do evo-

4. Edição brasileira: *Problemas de gênero:* feminismo e subversão da identidade, publicada pela Civilização Brasileira em 2003 [N.T.].

5. Edição brasileira: *Pensamento feminista negro:* conhecimento, consciência e a política do empoderamento, publicada pela Boitempo em 2019 [N.T.].

lucionismo, reorienta a teoria evolutiva em direção às estratégias femininas de reprodução e sobrevivência, questionando, assim, muitos pressupostos da teoria evolutiva tradicional. Também escreveu sobre os aspectos sociais da evolução em livros posteriores, especialmente em *Mother and others: the evolutionary origins of mutual understanding* (publicado pela Harvard University Press em 2009). Nesse livro, ela se concentra na importância da criação parental cooperativa, em oposição à criação por um único cuidador, na evolução da tendência humana à cooperação e ao envolvimento com os outros.

Robert Jensen. *The end of patriarchy*: radical feminism for men. North Melbourne: Spinifex Press, 2017. O autor aplica a teoria feminista radical a uma análise das comunidades humanas e advoga a favor do fim da dominação masculina e de um reexame e renovação das estruturas patriarcais.

Judith Lorber. *Gender inequality*: feminist theories and politics. Nova York: Oxford University Press, 1998. A autora, uma acadêmica com profundo conhecimento da sociologia e dos estudos sobre mulheres, apresenta uma visão geral de treze teorias feministas, categorizadas por ela como teorias de reforma, de resistência e de rebelião.

Joan Roughgarden. *Evolution's rainbow*: diversity, gender and sexuality in nature and people. Los Angeles: University of California Press, 2004. A autora, bióloga evolucionista, critica a teoria evolutiva por privilegiar a seleção sexual e postula, em vez disso, uma teoria de seleção social, que se concentra na cooperação dos parceiros sexuais em busca de benefícios mútuos. Ela continua o desenvolvimento dessa última abordagem em um livro posterior, *The genial gene: deconstructing Darwinian selfishness* (publicado pela University of California Press, em 2009). Sua abordagem, que desafia as perspectivas evolutivas tradicionais sobre sexo, gênero e sexualidade, é controversa entre os biólogos, mas muito provocativa.

3
Poder, desigualdades e preconceito

As crenças sobre as diferenças entre homens e mulheres têm consequências. Em uma demonstração desse princípio, dois pesquisadores canadenses (Funk; Werhun, 2011) selecionaram alguns homens em seu laboratório e pediram que apertassem um dinamômetro com toda a força. Depois disso, alguns deles foram informados de que haviam apertado "feito uma garota". Esse juízo faria esses homens se sentirem mal? Interferiria no desempenho posterior? Sem dúvida. Em testes posteriores, os homens que receberam esse comentário sentiram-se com a masculinidade ameaçada, tiveram desempenho reduzido em uma tarefa cognitiva e um menor autocontrole da atenção do que aqueles homens cuja força de preensão não foi alvo do comentário "você apertou feito uma garota". E quando os homens do primeiro grupo tiveram outra chance de usar o dinamômetro, apertaram com mais força do que os do outro grupo – como se tentassem provar sua masculinidade. O fato de terem acreditado que não corresponderam às expectativas de gênero aparentemente abalou sua autoconfiança, interferiu em sua capacidade de pensar com clareza e os motivou a se esforçar mais para provar sua masculinidade.

Saber que os estereótipos de gênero podem exercer tais efeitos é um indicador de seu grau de integração com as normas sociais. Esses estereótipos são tão difundidos que muitas vezes nem os vemos como estereótipos, mas sim como "a maneira como as coisas são".

Estereótipos de gênero: instrumentalidade *versus* expressividade

Décadas atrás, dois sociólogos (Parsons; Bales, 1956) caracterizaram os principais temas das expectativas estereotípicas de gênero para a feminilidade e para a masculinidade. Seu estudo apontou que as mulheres são mais expressivas, e suas qualidades mais evidentes são a emoção e os relacionamentos; que os homens são mais práticos, e suas qualidades remetem à ação, liderança e realização. A composição básica desses estereótipos aparece repetidamente, mesmo de uma cultura para outra. 75% dos adultos pesquisados em 25 países associaram seis adjetivos (aventureiro, dominante, vigoroso, independente, masculino, forte) aos homens e três (sentimental, submissa, supersticiosa) às mulheres (Williams; Best, 1990).

Os estereótipos de gênero mudam com o passar do tempo, embora de forma relativamente lenta. O estereótipo feminino parece estar mais fluido nas últimas décadas. Entre 1973 e 1993, a atribuição de qualidades estereotipadas masculinas a mulheres universitárias estadunidenses aumentou significativamente, enquanto a atribuição de qualidades estereotipadas femininas a homens não mudou (Twenge, 1997). Quando perguntados sobre como as mulheres e os homens seriam no futuro, as pessoas entrevistadas estimaram que as mulheres assumiriam mais qualidades e papéis estereotipados como masculinos (Diekman; Eagly, 2000). Pesquisas na Espanha (Lopez-Zafra; Garcia-Retamero,

2012) e na Alemanha (Wilde; Diekman, 2005) também mostraram que as ideias sobre os papéis e as características das mulheres estão mudando mais rapidamente do que as ideias sobre os papéis e as características dos homens.

As pessoas ajustam suas expectativas e visões de si mesmas para acomodar as mudanças sociais nos papéis de gênero (Diekman; Johnston; Loescher, 2013). Nos Estados Unidos, as mulheres têm participado cada vez mais na força de trabalho remunerada e assumido papéis ocupacionais anteriormente desempenhados por homens, ao passo que os papéis dos homens não mudaram tanto. Não causa surpresa, portanto, que apenas as imagens que as mulheres têm de si mesmas e as percepções sobre elas tenham mudado. Em países como o Chile e o Brasil, mudanças sociais impeliram homens e mulheres a ambientes mais urbanos e industriais e ao aprimoramento da competência tecnológica, o que acarretou uma maior ênfase nas qualidades masculinas de independência e habilidade de resolução de problemas. Nesse sentido, não surpreende que o aumento das características associadas a estereótipos masculinos tenha sido percebido tanto em mulheres quanto em homens nesses países (Diekman *et al.*, 2005).

Descrições e prescrições

Os estereótipos de gênero podem ser descritivos na medida em que supõem crenças sobre como são as mulheres e os homens típicos. Os *estereótipos de gênero descritivos* influenciam nossas expectativas e até mesmo o que notamos ou deixamos de perceber em homens e em mulheres. Em contrapartida, os estereótipos de gênero também têm um elemento prescritivo muito importante. Os *estereótipos de gênero prescritivos* especificam como as mulheres e os homens *devem* ser; são regras não escritas, mas poderosas, que versam sobre o que as mulheres e os homens devem fazer para se adequarem às expectativas da sociedade sobre feminilidade e masculinidade. Para os homens do experimento supracitado cuja força foi comparada com a de "uma garota", a mensagem implícita é não apenas de que eram diferentes do homem típico, mas também de que violaram uma das prescrições de masculinidade por serem fracos. Não se admira que eles mal conseguiam raciocinar direito!

Os aspectos prescritivos dos estereótipos de gênero podem ser divididos em categorias (Prentice; Carranza, 2002). As *prescrições fortes* são qualidades positivas consideradas especialmente desejáveis tanto em homens quanto em mulheres. Na América do Norte, por exemplo, as mulheres devem ser acolhedoras, gentis e se interessar por crianças. Essas qualidades também são julgadas positivamente quando associadas aos homens, mas para as mulheres elas são mais importantes. As *prescrições fracas* são qualidades positivas vistas como desejáveis para qualquer pessoa, mas cuja ausência ou deficiência são mais facilmente perdoadas tanto no caso feminino quanto no masculino. A inteligência, por exemplo, é valorizada tanto em homens quanto em mulheres, mas as mulheres são julgadas com menos severidade do que os homens se forem vistas como não muito inteligentes. Já as *proscrições fortes* são qualidades desagradáveis, vistas como especialmente indesejáveis em um ou outro gênero. A promiscuidade, por exemplo, é vista como algo ruim, mas as mulheres promíscuas são alvo de maior desaprovação do que os homens promíscuos. Por fim, as *proscrições fracas* são características socialmente indesejáveis, mas que recebem menos desaprovação quando exibidas por um gênero do que pelo outro. Seria difícil argumentar, por exemplo, que é bom ser tímido, mas essa qualidade tem maior probabilidade de ser relevada em uma mulher do que em um homem.

Há implicações importantes na noção de que um gênero pode ter maior probabilidade do que o outro de ser estigmatizado ou punido por uma determinada qualidade indesejável. Considera-se mais importante para as mulheres do que para os homens ser esteticamente atraente – e um fator fundamental de atratividade nas culturas ocidentais é a magreza. O excesso de peso é considerado indesejável, sobretudo para as mulheres. Os empregadores associam preguiça, instabilidade emocional, incompetência, falta de autodisciplina e baixo potencial de supervisão a mulheres com sobrepeso (Puhl; Brownell, 2001). Além disso, a massa corporal das mulheres (mas não a dos homens) está associada a salários mais baixos e menor sucesso na carreira (Glass; Haas; Reither, 2010). É menos provável que mulheres com sobrepeso tenham formação universitária do que outras mulheres (Glass; Haas; Reither, 2010). Para os homens, em contrapartida, o fator peso parece não ter relação com o nível de escolaridade. Por que mulheres acima do peso teriam menos probabilidade de concluir a faculdade? Talvez porque seus professores e colegas do ensino médio as julgassem com mais severidade e fossem menos inclinados a incentivá-las. Os estereótipos podem parecer efêmeros e sem importância, mas eles têm consequências bem visíveis.

O estereótipo prescritivo masculino parece mais rígido do que o feminino. Com efeito, uma forma significativa e muito perturbadora de assédio para um homem é a afirmação de que ele "não é homem o suficiente" (Waldo; Berdahl; Fitzgerald, 1998). Homens jovens e adultos reagem fortemente à opinião de que são desviantes em relação ao gênero: um estudo mostrou que os homens informados de que obtiveram um escore alto em um teste feminino de conhecimento recusaram-se a divulgar suas notas, e seus interesses em temas masculinos se intensificaram depois disso (Rudman; Fairchild, 2004). Em outro estudo, a probabilidade de assediar as colegas, enviando-lhes material pornográfico era maior para os homens a quem foi dito falsamente que seu escore de personalidade era semelhante ao de uma mulher típica do que para os demais homens (Maass *et al.*, 2003). A associação entre qualidades comunitárias e feminilidade cria barreiras tanto culturais quanto psicológicas para que homens adotem carreiras associadas a estereótipos femininos, como educação infantil e atividades de atenção à infância (Croft; Schmader; Block, 2015).

Tanto as mulheres quanto os homens passam por situações de *duplo vínculo* [*double bind*] onde o estereótipo prescritivo de seu gênero entra em conflito direto com as prescrições de um papel ocupacional ou social que estão desempenhando. Uma mulher em uma posição de liderança deve demonstrar determinação e dureza, qualidades antitéticas ao papel feminino. Se ela parecer muito dura e decidida, terá sua feminilidade criticada. Já um homem que trabalha como enfermeiro, por exemplo, pode achar que o altruísmo e a receptividade necessários para o desempenho dessa função sinalizam para os outros que ele não é suficientemente masculino.

"Verdade" e estereótipos

Alguns argumentam que nos estereótipos há um "grão de verdade". No que diz respeito aos estereótipos de gênero, é difícil avaliar essa posição, sobretudo porque eles são um tanto dinâmicos. As diferenças entre as autodescrições de mulheres e as autodescrições de homens são menores do que suas avaliações sobre as diferenças entre homens e mulheres em geral. Aparentemente, as pessoas não se veem de uma maneira que corresponde aos estereótipos, mesmo que considerem esses estereótipos convenientes para os outros. Janet Swim (1994) constatou que as avaliações das pessoas entrevistadas sobre as diferenças de gênero espelhavam bastante os resultados da pesquisa, mas também que elas subestimavam o impacto das situações sobre essas diferenças. Um estudo internacional comparou percepções de diferenças de gênero em traços de personalidade (ou seja, estereótipos de gênero) com as avaliações de diferenças de gênero feitas pelas próprias pessoas entrevistadas e pelos observadores em relação a esses mesmos traços. As percepções e as avaliações de diferenças de gênero foram relativamente similares e bastante consistentes entre grupos etários e nacionalidades (Löckenhoff *et al.*, 2014). As informações daí derivadas sugerem que há certa precisão e universalidade nos estereótipos de gênero. Todavia, tanto as diferenças de gênero avaliadas quanto as percebidas foram pequenas e refletiram as respostas agregadas de muitas pessoas. É provável que os estereótipos de gênero individuais sejam menos precisos do que os estereótipos consensuais compartilhados por muitas pessoas. Além disso, os estereótipos de gênero tendem a ser maiores em países onde as diferenças de gênero medidas também são maiores, o que sugere que a cultura afeta tanto a expressão quanto as atitudes sobre o gênero. Com efeito, esse é o principal problema da avaliação da precisão dos estereótipos. Vimos no capítulo 2 que muitos atributos associados às mulheres e aos homens não são aspectos essenciais e constitutivos da personalidade, mas respostas às condições e expectativas sociais que diferem entre os dois gêneros. Como argumentamos no capítulo 1, se o gênero é, em certa medida, uma construção social, então os estereótipos de gênero também são construções sociais.

O impacto da mídia sobre os estereótipos de gênero

Em um episódio da antiga série de televisão *Friends*, Ross, um pai recém-divorciado, passa um tempo cuidando do filho pequeno. Desanimado ao ver que o menino está agarrado a uma boneca Barbie, Ross tenta despertar seu interesse em um boneco dos Comandos em Ação. A mensagem de que meninos não brincam com bonecas (e que, se brincam, na verdade não são "bonecas", mas "bonecos de ação") é transmitida em alto e bom som. Embora brinque com os estereótipos de gênero, o episódio também reforça os aspectos descritivos e prescritivos dos estereótipos. Ele faz lembrar aos espectadores que meninos não brincam com bonecas; apontando sobretudo que, no ambiente social da criança, o interesse de um menino em bonecas causa *sim* preocupação nos adultos.

Um fluxo constante de imagens transmitidas em programas de televisão e em filmes reforça a distinção estereotípica entre instrumental e expressivo entre homens e mulheres. Análises de conteúdo de programas de televisão, comerciais e filmes veiculados em horário nobre vêm mostrando há anos que personagens masculinos são retratados com mais frequência em papéis associados ao mundo do trabalho, ao passo que personagens femininos tendem a ocupar papéis interpessoais associados a romances, amizades e ao universo familiar. Tanto os personagens femininos quanto os masculinos têm maior probabilidade de assumirem funções e empregos tradicionalmente associados aos respectivos gêneros (Smith *et al.*, 2013). As ocupações dos personagens femininos geralmente são administrativas ou de prestação de serviços, e é improvável que desempenhem papéis de autoridade e se comportem de maneira instrumental. Essas representações afetam os espectadores: uma série de estudos em diferentes países mostrou que quanto mais os espectadores jovens assistem à televisão, maior é sua aceitação de crenças estereotipadas sobre o gênero. É difícil ver como os estereótipos de gênero podem mudar se as representações da mídia não mudarem.

Estereótipos e comportamento: trabalho e brincadeiras tipificados por gênero

A exposição a estereótipos afeta não somente as atitudes, mas também o comportamento. As diferenças nas brincadeiras de meninas e meninos estão em parte ligadas à exposição a estereótipos de gênero, por exemplo. Pesquisadores mediram o tempo em que crianças em idade pré-escolar assistiam a programas de super-heróis na televisão; após um ano, examinaram a relação entre assistir a esses programas e o comportamento das crianças (em brincadeiras conforme estereótipos masculinos e com armas) (Coyne *et al.*, 2014). A exposição dos meninos a programas de super-heróis permitiu prever suas brincadeiras com estereótipos masculinos e com armas um ano depois. Quanto mais os meninos assistiam a programas desse tipo, mais suas brincadeiras ficavam tipificadas por gênero – e não se poderia dizer apenas que esse resultado se deu porque aqueles meninos já inclinados a brincadeiras estereotipadas simplesmente teriam escolhido assistir a mais programas de super-heróis, já que os pesquisadores controlaram os níveis de exposição inicial. Assistir a programas de super-heróis também afetou as meninas: elas tornaram-se mais propensas a participarem de brincadeiras com armas, embora não de outras brincadeiras tipificadas por gênero masculino.

Os resultados da pesquisa também associam os estereótipos de gênero às escolhas profissionais. Os estereótipos "não femininos" dos cientistas da computação aparentemente impedem que muitas mulheres invistam na ciência da computação como carreira. Estudantes universitários estadunidenses consideram que os profissionais de ciência da computação não têm habilidades interpessoais e que eles são rigidamente focados em computadores, não em pessoas – características incompatíveis com a feminilidade estereotipada (Cheryan *et al.*, 2013). Depois de ler artigos que demolem a imagem "não feminina" dos cientistas da computação, as estudantes se disseram mais interessadas em ingressar na ciência da computação.

Os estereótipos de gênero também influenciam o comportamento ao afetar as expectativas dos outros sobre nós. Um estudo mostrou que, quando as provas de matemática de alunos do ensino fundamental foram avaliadas anonimamente por examinadores externos, as meninas obtinham notas mais altas do que os meninos, mas nas provas avaliadas por professores que sabiam o nome dos alunos, os meninos se saíam melhor (Lavy; Sand, 2015). As expectativas mais altas dos professores em relação aos meninos no ensino fundamental pareciam resultar não apenas no melhor desempenho acadêmico imediato dos meninos, mas também, a longo prazo, em uma maior probabilidade de serem selecionados para cursos avançados de matemática e ciências no ensino médio (Lavy; Sand, 2015). Entretanto, no caso das meninas, tais expectativas por parte dos professores suscitaram um desempenho inferior, além de uma menor probabilidade de serem selecionadas para cursos avançados de matemática e ciências no ensino médio. Para os pesquisadores, o significado disso é muito importante, já que irá reverberar nas escolhas profissionais no futuro.

Contra-atacando: criação de filhos sem estereótipos de gênero?

Poderíamos criar os filhos sem as sanções dos estereótipos de gênero, isto é, deixando cada pessoa encontrar e desenvolver seus próprios interesses, inclinações e aspirações? Alguns pais, para o próprio desgosto, chegaram à conclusão de que isso não é tão fácil quanto parece. Os psicólogos Daryl e Sandra Bem (1998) tentaram diligentemente criar seu filho e sua filha de uma maneira tal que eles não olhassem para si mesmos ou para os outros "por uma lente polarizadora de gênero", e que não pensassem nos homens como normativos ou como "os personagens principais no drama da vida social" e nas "mulheres como coadjuvantes" (Bem, 1998, p. 179). Também os criaram para não serem *heteronormativos* – para que vissem o amor e a sexualidade entre pessoas do mesmo sexo tão normais quanto o amor e a sexualidade entre pessoas do sexo oposto – e para terem uma atitude positiva em relação ao sexo, apreciando seus próprios corpos e desejos corporais e sendo responsáveis por eles. Seus filhos cresceram e tornaram-se mais flexíveis do que a maioria no que diz respeito à expressão de gênero, mas jamais tiveram a sensação de que haviam transcendido completamente o gênero. Não importa o grau de esforço dos pais para neutralizar as categorias de gênero enquanto base legítima para a construção de si ou para julgar os outros – as crianças crescem em uma cultura de gênero.

Mas os esforços dispensados na criação de crianças livres de estereótipos de gênero também tem seus momentos de sucesso – certa mãe contou que a escola incumbiu seu filho de sete anos de fazer um desenho mostrando a "mamãe na cozinha". A cena de fato mostrava a mãe na cozinha, mas a seu lado o garoto desenhou, de forma espontânea, o pai lavando a louça (Bates, 2015).

Mulheres são maravilhosas, mas incompetentes? Avaliando mulheres e homens

Os estereótipos de gênero prejudicam realmente as mulheres? As qualidades estereotipadas atribuídas às mulheres tendem a ser bastante desejáveis: acolhedoras e atenciosas, empáticas e solidárias. Em contrapartida, as qualidades masculinas (assertividade, dominância, busca pela liderança) podem não parecer tão agradáveis. Essas reflexões servem para lembrarmos que os estereótipos não se limitam a informar a crença sobre as qualidades associadas a determinados grupos – eles também envolvem sentimentos de encorajamento, aprovação, admiração e simpatia. Em outras palavras, eles implicam juízos, avaliações. Quando passamos da noção de que mulheres e homens têm certas qualidades para a ideia de que gostamos, admiramos ou desprezamos mulheres ou homens por causa dessas qualidades, estamos passando do estereótipo para o preconceito. Juízos avaliativos baseados no gênero das pessoas representam um tipo de preconceito descrito pelo termo *sexismo*.

Há muitas evidências de que as mulheres são alvo frequente de discriminação sexista. Historicamente, elas têm sido excluídas de papéis, lugares e comportamentos. Nos dias atuais, elas estão sub-representadas nos cargos de maior poder, seus salários são menores se comparados aos dos homens e, em diversas regiões do mundo, têm menos acesso do que os homens à educação, à assistência médica e ao poder político. Estranhamente, isso não parece indicar que as pessoas *gostem* menos das mulheres do que dos homens. Com efeito, tanto as mulheres quanto os homens avaliam as mulheres enquanto um grupo de forma mais favorável do que o de homens – um achado que tem sido chamado de efeito "mulheres são maravilhosas" (Eagly; Mladinic; Otto, 1991). Contudo, gostar não se traduz necessariamente em respeitar, e as atitudes favoráveis em relação às mulheres não se traduzem na certeza de que elas terão um bom desempenho em situações que exijam competência, resolução ou liderança. Da mesma forma, estereótipos desfavoráveis que retratam os homens como menos empáticos e sensíveis do que as mulheres podem respaldar o raciocínio de que, se os homens são menos aprazíveis do que as mulheres, eles, no entanto são melhores líderes. As qualidades masculinas podem ser menos "aconchegantes", mas estão associadas ao poder. Para um grupo de pesquisadores, os estereótipos e preconceitos de gênero podem ser resumidos na frase "os homens são péssimos, mas audazes, as mulheres são fantásticas, mas frágeis" (Glick *et al.*, 2004, p. 714).

Estereótipos e status

Os psicólogos sociais Laurie Rudman e Peter Glick (2008) argumentaram que o aspecto prescritivo dos estereótipos de gênero está radicado sobretudo em dois fatores: uma estrutura social que atribui aos homens mais poder e *status* do que às mulheres, e uma profunda interdependência dos papéis de gênero. Os estereótipos masculinos prescritivos guarnecem a hierarquia de gênero ao garantir o treinamento e a assimilação de comportamentos que assegurem mais *status* e poder a homens de todas as idades: liderança, tomada de decisões, dominância, realização de objetivos. Os estereótipos femininos prescritivos salvaguardam a hierarquia na medida em que pressionam mulheres de todas as idades a assumir papéis tradicionais de apoio e cuidado. Oportunidades não faltam para reforçar esses estereótipos prescritivos, uma vez que esses dois conjuntos de papéis diferenciados por *status* são interdependentes e contribuem em larga medida para o contato social diário orientado por papéis de gênero (interações entre secretárias e executivos, entre as auxiliares de saúde bucal e odontólogos, entre assessoras e líderes políticos, por exemplo).

Estereótipos de gênero prescritivos que circundam o poder e a emotividade afetam a atração heterossexual. Um estudo disponibilizou aos entrevistados imagens de adultos do sexo feminino e masculino felizes, orgulhosos, envergonhados ou exibindo nenhuma emoção. Em todas as etnias e entre faixas etárias diversas, os entrevistados[6] consideraram os homens sexualmente mais atraentes quando demonstravam orgulho e menos atraentes quando expressavam felicidade. Em contraposição, as mulheres pareciam mais atraentes quando demonstravam felicidade e menos atraentes quando exibiam orgulho (Tracy; Beall, 2011).

Diferentes reações a líderes políticos homens e mulheres refletem o impacto da associação entre poder e *status* e masculinidade. Participantes de um estudo reagiram negativamente a polí-

---

6. Na língua inglesa, não há *desinência* nominal de gênero em "*respondents*" – na medida em que se trata de um substantivo –, podendo ser legitimamente traduzido tanto como "entrevistados" quanto como "entrevistadas" (a partir do contexto original, não foi possível inferir com precisão). Como em português tal flexão é muito frequente, isso acaba por criar algumas dificuldades na tradução de um livro sobre gênero, justamente. Adotamos aqui o plural convencional, no masculino (cf. a nota sobre a tradução no início do livro) [N.T.].

ticas mulheres exprimindo interesse pela busca de poder, mas as intenções de buscar o poder dos homens retratados não afetaram as reações dos participantes a essas imagens (Okimoto; Brescoll, 2010). Os entrevistados não apenas expressaram menor desejo de votar em uma mulher política "em busca de poder" do que em uma mulher percebida como não ambiciosa em termos de poder, como também estavam mais propensos a sentimentos de indignação moral diante da imagem de uma política em busca de poder: desprezo, raiva e nojo (cf. Figura 3.1).

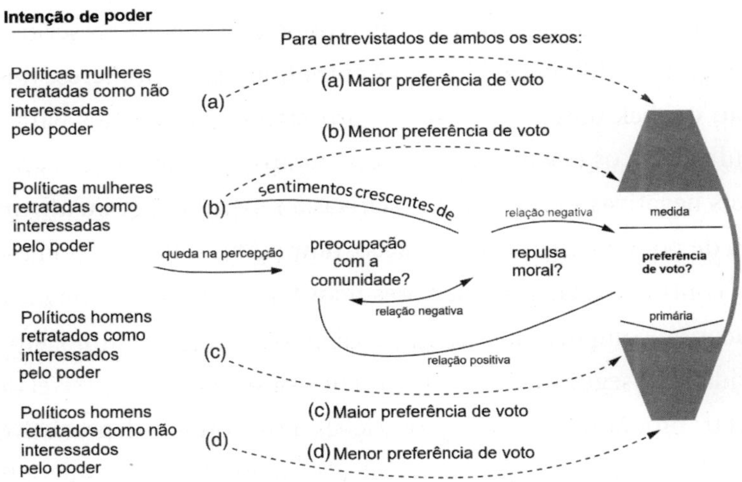

Figura 3.1. Busca de poder por mulheres que atuam no mundo da política e efeito rebote contra elas. A diferença entre as reações dos entrevistados dependeu da manifestação de interesse ou de desinteresse pela busca de poder por parte de uma política hipotética. Se ela estava interessada em buscar o poder, era vista pelos entrevistados como menos preocupada com a comunidade e menos atenciosa. Os mesmos respondentes também ficaram mais relutantes em votar nela e sentiram mais emoções negativas em comparação com o cenário de desinteresse pelo poder. Já os políticos (homens) não foram penalizados quando se mostravam interessados pelo poder. Fonte: Okimoto e Brescoll (2010, Estudo 2).

A conclusão a que chegaram os pesquisadores foi que essa indignação moral estava baseada na violação da prescrição de que uma mulher que trabalha com a política deve priorizar a comunidade. Reações de indignação ao comportamento ambicioso ou que visa o poder demonstrado por mulheres, impedem-nas de ocupar posições de poder e conservam uma diferença de *status* entre mulheres e homens. Por outro lado, no entanto, homens que são vistos como muito modestos – violando assim normas prescritivas de masculinidade – também são objeto de preconceito e aversão (Moss-Racusin; Phelan; Rudman, 2010).

Em apoio à ideia de que estereótipos de gênero prescritivos reforçam as diferenças de *status* entre homens e mulheres, Rudman e Glick observaram que as proscrições mais fortes para as mulheres – os traços ou comportamentos que geram as reações mais negativas – são aquelas relativas à reivindicação ou afirmação de poder: rebeldia, obstinação, dominância. Para os homens, em contrapartida, as proscrições mais fortes estão relacionadas a traços ou comportamentos que abalam o poder masculino: emotividade, insegurança, esmorecimento, desistência. É possível detectar nitidamente essas proscrições nos rótulos depreciativos atribuídos a pessoas que não se encaixam: mulheres consideradas "metidas"[7] são chamadas de "vadias" [*bitches*]; homens "muito tranquilos" e que não lançam mão de prerrogativas masculinas de poder são rotulados de "frouxos".

7. O termo original é "*uppity*". Há uma inflexão racial no emprego estadunidense dessa palavra que talvez mereça um breve comentário. Historicamente, ela tem sido usada para designar pessoas negras cujos comportamentos e atitudes são vistos como "não apropriados", como se viessem de pessoas que não estariam "em seu devido lugar" – noção que não é de todo captada pela tradução proposta, e tampouco por termos alternativos como "arrogantes", "presunçosas" e afins [N.T.].

Como os homens provavelmente são os mais favorecidos por uma hierarquia de gênero que os coloca no topo, faz sentido que seus estereótipos de gênero prescritivos sejam mais fortes do que os das mulheres. As pesquisas confirmam essa previsão. Os homens são mais propensos do que as mulheres a endossar papéis de gênero tradicionais e a reagir mais negativamente a pessoas que violam prescrições de gênero (Glick *et al.*, 1997; Glick *et al.*, 2004).

Temos discutido o endosso de estereótipos de gênero que se dá de forma ostensiva, mas os pesquisadores também demonstraram que os estereótipos podem operar de modo implícito – isto é, mostraram que eles operam imperceptivelmente. Os *estereótipos implícitos* orientam nossas reações e juízos a respeito dos outros, mesmo quando contrários às crenças que exprimimos publicamente. Por exemplo: as mulheres podem rejeitar ostensivamente a ideia de que devem ser submissas, mas a probabilidade de demonstrarem reações negativas automáticas a mulheres que agem de forma decidida, ambiciosa ou competitiva é a mesma dos homens (Rudman; Glick, 1999). Assim, tanto as mulheres quanto os homens reforçam, conscientemente ou não, as prescrições de gênero por meio de suas reações negativas às pessoas que as transgridem.

O sexismo é complicado

Existem vários tipos de preconceito. Podemos pensar no racismo, por exemplo, ou no *etarismo*, ou no preconceito de classe... Cada um deles é um juízo reativo baseado no pertencimento da pessoa julgada a um determinado grupo. Todo tipo de preconceito é complicado, mas o sexismo talvez seja mais complicado do que a maioria. Isso ocorre porque, diferentemente de formas de preconceito em que é possível que a pessoa preconceituosa evite o contato com o grupo-alvo, aqueles que entretêm crenças sexistas geralmente estão em contato próximo ou até íntimo com membros do grupo-alvo. Esses homens e mulheres sexistas convivem de perto com membros do outro gênero – trabalham juntos, criam os filhos juntos, tomam decisões em conjunto e frequentemente têm prazer com essa convivência, mas ainda assim continuam apegados firmemente a suas crenças sexistas. Isso tem feito teóricos e pesquisadores se esforçarem para analisar o sexismo e suas diferentes manifestações.

Sexismo antiquado versus *sexismo moderno*

Com que frequência ouvimos declarações visivelmente sexistas, como "as mulheres não têm cabeça para política" ou "os homens são uns bebês crescidos"? Trata-se de comentários abertamente depreciativos e que refletem um flagrante sexismo, mas que com o passar dos anos foram se tornando menos aceitáveis, menos "politicamente corretos". Isso quer dizer que o sexismo está diminuindo? Talvez, mas é igualmente provável a possibilidade de que continua existindo, porém de modo subterrâneo. Comentários explicitamente sexistas que endossam juízos estereotipados a respeito de mulheres e homens e o tratamento diferenciado destinado a cada um são a personificação do *sexismo antiquado* e são geralmente objeto de desaprovação. Entretanto, pesquisadores identificaram um preconceito mais sutil, o chamado *sexismo moderno* (Swim *et al.*, 1995) ou *neossexismo* (Tougas *et al.*, 1995). O sexismo moderno se define pela ausência de apoio a políticas públicas criadas para promover a igualdade de gênero, pela oposição ativa a demandas de mulheres por acesso e inclusão e pela negação da existência atual da discriminação de gênero. Declarações do tipo "sou totalmente favorável aos direitos das mulheres, mas suas demandas contra a discriminação no trabalho estão indo longe demais – são muito insistentes e irracionais" são um exemplo possível de sexismo moderno.

Sexismo hostil e benevolente

Um avanço na compreensão da persistência de atitudes sexistas, mesmo no contexto de relacionamentos íntimos, foi obtido quando pesquisadores voltaram sua atenção para a ambivalência que geralmente caracteriza as atitudes relacionadas ao gênero. Lembra-se do dado de que as pessoas gostam mais das mulheres do que dos homens, ainda que não necessariamente respeitem suas capacidades ou seu potencial de liderança? Esses sentimentos contraditórios apontam para o *sexismo ambivalente*: uma constelação de atitudes feita de sentimentos tanto hostis quanto benevolentes ao outro gênero.

Enquanto a maioria das teorias sobre o preconceito tem se concentrado apenas na hostilidade aos endereçados, Peter Glick e Susan Fiske (1996) desenvolveram uma análise do sexismo que explora como as pessoas mantêm o equilíbrio entre a dominância masculina e a estreita interdependência em relacionamentos entre mulheres e homens. Eles identificaram dois conjuntos de atitudes mutuamente imbricados que sustentam ideologias de gênero: o *sexismo hostil* e o *sexismo benevolente*. Se o sexismo hostil envolve crenças depreciativas sobre o outro gênero, o sexismo benevolente, em contrapartida, caracteriza-se por atitudes mais amigáveis, mas ainda assim condescendentes.

O sexismo hostil dirigido às mulheres caracteriza-se pela crença (e atitudes a ela correlatas) de que os homens devem ser responsáveis pelas mulheres, ou de que as mulheres são incompetentes e indignas de confiança, ou ainda de que os relacionamentos heterossexuais com mulheres são perigosos e cerceadores. O sexismo benevolente endereçado às mulheres caracteriza-se pela crença (e atitudes respectivas) de que os homens devem ser protetores e cavalheirescos com as mulheres, ou de que convém colocá-las em pedestal, ou ainda de que um homem precisa de um relacionamento íntimo com uma mulher para ser completo.

Já o sexismo hostil direcionado aos homens envolve o ressentimento pelo controle e domínio presumidamente exercido por eles, a crença de que os homens são incompetentes em determinados domínios, ou a ideia de que os relacionamentos entre homens e mulheres tendem a ser agonísticos. O sexismo benevolente atinente aos homens caracteriza-se pela crença de que eles precisam receber cuidados, ou de que são naturalmente melhores em algumas coisas (especialmente em coisas perigosas ou difíceis), ou ainda de que as mulheres só se sentem realizadas com um homem romântico ao seu lado.

Por que atitudes hostis e benevolentes coexistem? Apesar dos ressentimentos que podem acompanhar o relacionamento hierárquico entre homens e mulheres, cada gênero obtém algo desse relacionamento e, portanto, tem algum interesse em mantê-lo e sente-se bem com ele (Rudman; Glick, 2008). O papel de gênero masculino tradicional e o papel de gênero feminino tradicional são interdependentes: apesar de se ressentirem do comportamento dominador dos homens, as mulheres podem depender deles e se sentirem gratas por sua proteção; apesar de considerarem as mulheres incompetentes e, portanto, sentirem-se superiores a elas, os homens podem depender delas e se sentirem gratos pelo calor, cuidado e carinho das mulheres.

A probabilidade de as mulheres assumirem atitudes sexistas hostis às próprias mulheres é, sem dúvida, menor do que a dos homens. Todavia, as mulheres nem sempre consideram atitudes sexistas benevolentes como problemáticas, e muitas vezes as endossam com intensidade igual ou mesmo maior do que a dos homens. É tentador pensar que o sexismo benevolente não pode ser tão prejudicial assim, já que envolve sentimentos positivos em relação ao endereçado. Entretanto, conforme argumentam Rudman e Glick (2008), o sexismo benevolente engendra um comportamento paternalista, mesmo que afetuoso – "trato as mulheres como um animalzinho de estimação ou uma mascote, algo não muito distinto do amor que eventualmente possa nutrir por aquele cãozinho ou aquele gatinho de estimação particularmente desajeitado e não muito esperto, mas cuja incompetência me cativa". O comportamento paternalista abala a autoconfiança de seu alvo e suscita uma sensação de superioridade no complacente e de inadequação no endereçado, reforçando efetivamente o domínio de um sobre o outro. Atitudes benevolentes direcionam-se principalmente às mulheres que se conformam à feminilidade tradicional – as mulheres que "quebram as regras" não são necessariamente vistas como merecedoras de cavalheirismo ou proteção. Além disso, o sexismo benevolente, aparentando ser positivo e "afável", pode minar a resistência das mulheres à desigualdade de gênero.

Tanto o sexismo hostil quanto o sexismo benevolente dirigidos aos homens tendem igualmente a apoiar a dominação masculina tradicional. A forte hostilidade endereçada aos homens está associada à ideia de que a dominação masculina é inevitável, mesmo que desagradável – um mal necessário com o qual as mulheres têm de lidar. É interessante notar que as mulheres com escores mais altos de hostilidade aos homens tendem a não ser feministas, mas sim mulheres cujas atitudes são mais tradicionais quanto aos papéis de gênero e cujo grau de apoio ao feminismo está entre os mais baixos. Uma visão agonística sobre os homens por parte de mulheres pode se associar a uma postura manipuladora em relacionamentos heterossexuais, presente, por exemplo, na ideia de que os homens precisam ser "atraídos" para o casamento. Esse tipo de ação é compatível com o sexismo benevolente relativo aos homens, e envolve a concepção de que a mulher precisa de um homem para sustentá-la e protegê-la – mesmo que ela tenha de cuidar dele.

As atitudes sexistas hostis e benevolentes – visando homens e mulheres – são mais fortes em sociedades com menores níveis de igualdade de gênero (Glick *et al.*, 2004). Nessas culturas, as mulheres são estimuladas a aceitar a dominação masculina em troca de proteção, e os homens incentivados a assumir o papel de provedores em troca de apoio emocional, cuidados e submissão.

Sexismo na avaliação do trabalho

Que tipo de pessoa nos vem à mente quando pensamos em enfermeiros?[8] Ou em pilotos de avião? Ou em presidentes de empresas multinacionais? A maioria de nós gera automaticamente imagens que estão de acordo com as expectativas de gênero: uma

8. Cf. a nota sobre a tradução no início do livro [N.T.].

enfermeira, um piloto, um líder corporativo. Essa tendência não seria problemática se não implicasse também outras – a de desconfiar um pouco de pessoas cujo gênero não é tradicionalmente associado ao desempenho dessas funções e a de considerar que seu desempenho possa ser insatisfatório. Com efeito, os juízos a respeito do desempenho no trabalho geralmente são informados pelo gênero dos ocupantes e pela expectativa de adequação ou não de papéis de gênero a determinados tipos de trabalho.

Se os estereótipos de gênero tendem a assinalar que os homens são mais competentes do que as mulheres, podemos esperar que o trabalho realizado por homens seja mais bem avaliado do que o realizado por mulheres. Esse padrão foi nitidamente demonstrado por um antigo estudo de Philip Goldberg (1968). Ele pediu às entrevistadas que julgassem a qualidade de um artigo escrito atribuído a autores de ambos os sexos. As entrevistadas julgaram mais favoravelmente o mesmo artigo quando achavam que havia sido escrito por um homem do que quando achavam que o autor era uma mulher. Esses resultados foram ainda mais perturbadores porque as pessoas que apresentaram esse viés de gênero em seus juízos eram mulheres. Muitos anos depois, o estudo de Goldberg foi ampliado de modo a incluir participantes homens e mulheres e artigos acadêmicos sobre política (área considerada de *expertise* tradicionalmente masculina), sobre psicologia de mulheres (área tradicionalmente feminina) e sobre educação (área de *expertise* considerada neutra) (Paludi; Strayer, 1985). Nesse estudo, tanto as mulheres quanto os homens avaliaram os artigos – mesmo os das áreas femininas e neutras – de forma mais favorável quando foram atribuídos a autores homens. Desde então, pesquisadores têm mostrado que esse viés a favor de homens nem sempre é encontrado (Top, 1991). Em contrapartida, o viés desfavorável a mulheres ocorre com maior probabilidade em certos tipos de situação: quando o domínio em questão é associado a estereótipos masculinos, quando os participantes não têm muitas informações sobre a *expertise* do autor cujo trabalho está sendo avaliado e quando as pessoas avaliam currículos, e não outros tipos de trabalho escrito (Swim *et al.*, 1989, p. 421-422).

Muitos entre nós protestariam dizendo que não permitimos que estereótipos de gênero influenciem nossos juízos sobre o trabalho, a competência ou o potencial dos outros. Entretanto, como vimos neste capítulo, os juízos estereotipados não precisam ser necessariamente ostensivos – eles podem ocorrer sem que tenhamos consciência. Pesquisadores desvelam estereótipos de gênero até então implícitos pedindo aos entrevistados que associem o mais rápido possível uma série de adjetivos a homens e a mulheres. A rapidez de suas respostas mede a menor ou maior facilidade com que a associação induzida encontra eco em sua rede de associações sobre o gênero em questão. Participantes cujos estereótipos de gênero implícitos são significativos podem responder mais rapidamente ao emparelhamento entre "mulher" e "afabilidade" do que a parelha "homem" e "afabilidade". Valendo-se dessa mesma abordagem, outros pesquisadores verificaram, entre outras coisas, uma associação maior entre mulheres e termos que exprimem a ideia de igualdade, e entre homens e palavras cujo sentido remete à hierarquia (Schmid Mast, 2004), ou então uma associação entre mulheres e papéis subordinados, e homens e papéis de autoridade (Rudman; Kilianski, 2000).

Estereótipos de gênero implícitos afetam a percepção sobre os trabalhadores e o trabalho. Por exemplo: verificou-se a associação implícita de mulheres a traços considerados característicos de professores do ensino fundamental e de homens a traços estereotipados de contadores e engenheiros (White; White, 2006). Um caso interessante de estereotipagem implícita no âmbito do trabalho aparece em um estudo sobre atitudes em relação a gestores e a gestoras (Latu *et al.*, 2011). Estudantes universitários responderam a questionários que mediram o sexismo hostil e o sexismo benevolente e a um questionário que mediu seu grau de motivação para responder sem sexismo. Adicionalmente, os pesquisadores mediram as associações implícitas dos estudantes entre gênero e características de gestores bem e malsucedidos. Todos os participantes apresentaram considerações ostensivamente positivas sobre mulheres no trabalho. E aqueles cuja motivação interna de evitar respostas sexistas era mais acentuada não demonstraram preconceito implícito contra as mulheres como gestoras. Não obstante, os participantes homens associaram implicitamente homens a características de gestores bem-sucedidos e mulheres a características de gestores malsucedidos. Já a associação de características de gestores bem-sucedidos com mulheres foi mais forte entre as entrevistadas do que a associação dessas características de gestores de sucesso com homens. Quanto mais os participantes associaram implicitamente homens a características de gestores bem-sucedidos, maior o salário recomendado para um funcionário homem.

Fora dos laboratórios, as pessoas também fazem juízos preconceituosos sem perceber. Membros de corpos docentes de grandes universidades norte-americanas, dotadas de importantes centros de pesquisa, avaliaram a candidatura de um aluno de pós-graduação para um cargo de gestor de pesquisas (Moss-Racusin; Phelan; Rudman, 2010). Uma parte dos docentes recebeu o currículo de uma mulher; a outra recebeu um currículo idêntico, mas que resumia as atividades e competências de um homem. Como mostra a Figura 3.2, o gênero do candidato fez uma grande diferença: os participantes classificaram melhor a competência, ofereceram mais horas de orientação e sugeriram um salário mais alto quando o nome do candidato no formulário de inscrição era masculino. Dada a grande preocupação nacional em atrair mais mulheres para as áreas científicas, não há dúvida de que esses docentes haviam sido incentivados a apoiar e promover o ingresso de mulheres nos programas de pós-graduação, mas, ainda assim, favoreceram o candidato homem.

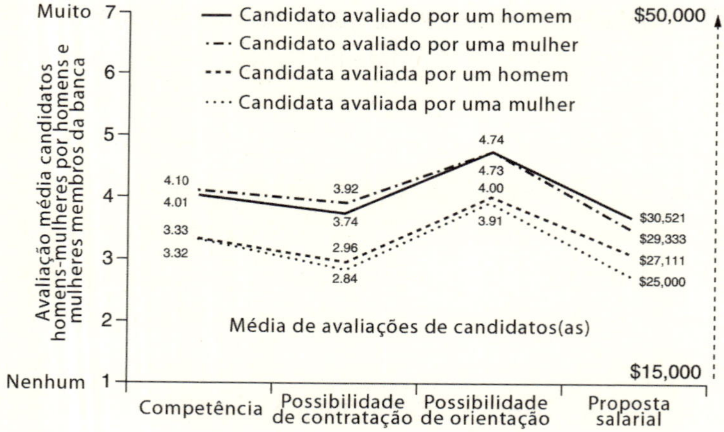

Figura 3.2. O viés de gênero do corpo docente de faculdades de ciências favorecem sutilmente os candidatos homens. Quando docentes de departamentos de ciências de universidades norte-americanas dotadas de importantes centros de pesquisa avaliaram um candidato e uma candidata com os mesmos currículos para um cargo de gestão em laboratório, o candidato (não a candidata) recebeu classificações e ofertas salariais mais altas. Fonte: Moss-Racusin et al. (2012).

O impacto do sexismo benevolente sobre a igualdade de gênero no trabalho pode ser particularmente problemático. As pessoas que adotam atitudes sexistas benevolentes parecem ser "sexistas compassivos" (Hideg; Ferris, 2016). Por se sentirem solidárias às mulheres, essas pessoas tendem a apoiar políticas de igualdade de gênero no trabalho – mas só se essas políticas estimularem a contratação de mulheres para cargos associados a estereótipos femininos, e não para cargos considerados masculinos. Nesse sentido, os sexistas benevolentes, mesmo acreditando que estão apoiando as mulheres, podem inadvertidamente prejudicar a igualdade de gênero ao contribuir para a manutenção da segregação de gênero no trabalho.

Sexismo e mídia

Vimos que a mídia reforça e fortalece os estereótipos de gênero – um processo que pode levar indiretamente ao sexismo. No entanto, há muitas evidências de que a mídia também promove o sexismo de uma forma direta. Há uma flagrante misoginia (ódio ou desprezo pelas mulheres) em muitas falas de artistas e comentaristas e nas representações de mulheres na televisão, no cinema, na música e em *videogames*. Algumas letras de *rap*, por exemplo, são depreciativas e hostis com as mulheres, chegam a aprovar a violência física e o estupro, a dizer que as mulheres são "inferiores" aos homens e a considerar que as mulheres são objetos a serem usados e descartados (Adams; Fuller, 2006). O *rap* ou o *hip-hop* feito por certos artistas homens estão repletos de sexismo hostil, e é mais provável que esses estilos musicais usem termos como "*bitch*" ["vaca"] e "*ho*" ["vagabunda"] em referência a mulheres em comparação com os outros (Frisby, 2010). As *rappers* figuram às vezes como uma contramedida a esses temas, absorvendo e transmitindo mensagens de sucesso material, de independência, de resistência e de empoderamento sexual das mulheres (Herd, 2015). Exemplos de sexismo benevolente são comuns em músicas *pop* e *country*, cujas letras em geral falam de mulheres valorizadas e apreciadas sobretudo por seus corpos, aparência e "doçura". Em *videogames*, os personagens femininos são sub-representados, estereotipados e sexualizados (Stermer; Burkley, 2015), e alguns jogos chegam a glorificar o estupro ou outros abusos às mulheres.

O sexismo nas mídias eletrônicas encontra um terreno aberto e com frequência subestimado nos mecanismos de busca da internet. A cientista da informação Safiya Noble (2012) observou que os mecanismos de busca comerciais influenciam poderosamente o teor das informações facilmente encontradas por meio de *sites* de buscas *online*. Pesquisas *online* mostram no canto superior da página resultados cujo teor é frequentemente sexista e racista. Buscas no Google por "garotas negras" ou "garotas latinas" podem listar *sites* pornográficos no topo. Uma busca por "revistas femininas" exibe primeiro links para *sites* de revistas tradicionais, como *Women's Day* ou *Cosmopolitan*, e só depois listam *sites* de periódicos feministas; e é provável que uma busca por "mulheres atletas" irá exibir no topo resultados do tipo "as 25 atletas mais *sexy*". É profunda a influência dos mecanismos de busca sobre o que sabemos a respeito do mundo, e os acadêmicos estão apenas começando a lidar com isso.

Não é incomum a presença de preconceito contra as mulheres até mesmo no mundo ponderado do comentário político na mídia. Um documentário sobre a representação de gênero pela mídia exibiu uma série de comentários desagradáveis feitos por comentaristas de rádio ou televisão sobre líderes políticas – entre os quais, um sobre Madeleine Albright – "aquela bruxa feia" –, ou então este, sobre a Ministra da Suprema Corte norte-americana, Sonia Sotomayor: "ela não tem o tipo de rosto que você gostaria de ver estampado numa nota de cinco dólares" (NPR, 2011). Na Argentina, foi a aparência da Presidente Cristina Kirchner e não suas realizações o alvo de ataques de parte da imprensa; já no Chile, setores da mídia apelidaram a Presidente Michelle Bachelet de "*la gorda*" (Frazer, 2016). Durante a corrida presidencial de 2016 nos Estados Unidos, comentaristas zombaram de Hillary Clinton quer por não sorrir, quer por sorrir demais (Zarya, 2016). Mulheres comuns que declaram suas opiniões políticas muitas vezes são criticadas na imprensa ou nas mídias sociais por sua aparência (o que, supostamente, deslegitimaria suas posições). Por exemplo, as mulheres que participaram da Marcha das Mulheres em janeiro de 2017 foram ridicularizadas por sua aparência. Um senador chegou a postar no Facebook que "Trump conseguiu algo que ninguém mais foi capaz: fez um milhão de mulheres gordas saírem para caminhar" (Simons, 2017). Está claro que as representações negativas de líderes políticas afetam as percepções das pessoas – especialmente de homens que já têm atitudes sexistas (Schlehofer *et al.*, 2011). Quando políticas mulheres são representadas pela mídia de forma positiva, tanto mulheres quanto homens veem-nas como competentes e acolhedoras, embora seja bem provável que aqueles homens com atitudes sexistas hostis marcantes já expostos a representações midiáticas negativas de políticas mulheres vejam essas mulheres como incompetentes e frias.

Impacto do sexismo sobre seus destinatários

Ser alvo de sexismo tem consequências: emocionais, cognitivas, comportamentais e até fisiológicas. Vimos no exemplo de abertura deste capítulo que aqueles homens cuja força foi comparada à de "uma garota" tinham dificuldade de se verem de uma forma positiva depois. Outros estudos mostraram que homens em postos tradicionalmente ocupados por mulheres correm mais risco de serem alvos de *bullying* ou de serem "importunados", além de mais propensos a faltar ao trabalho e a deixar o emprego (Evans; Steptoe, 2002).

Não é apenas o fato de ocupar postos não tradicionais para seu gênero a causa desses problemas – trata-se também das atitudes de colegas de trabalho. Um estudo com homens alemães empregados em postos não tradicionais (enfermeiros, cuidadores de idosos, professores do ensino fundamental, cabeleireiros...) constatou que havia uma relação direta entre as atitudes de suas colegas mulheres e os comportamentos depressivos e a insatisfação no trabalho manifestados por eles (Sobiraj *et al.*, 2011). Homens cujas colegas falavam algo do tipo "eu me incomodo quando um homem faz algo que eu acho 'feminino'" ficaram significativamente mais deprimidos do que aqueles cujas colegas não faziam esse tipo de comentário.

Ser destinatário de comportamentos, atitudes, declarações ou juízos sexistas também suscita reações fisiológicas: a reatividade cardiovascular (mudanças na pressão arterial ou na frequência cardíaca deflagradas por uma situação ou evento estressante) torna-se mais frequente após a exposição a comentários sexistas. Os sexismos hostil e benevolente parecem causar diferentes tipos de respostas fisiológicas. Em um estudo sobre a relação entre essa reatividade e os efeitos do sexismo hostil e do sexismo benevolente, as pesquisadoras denominaram as reações cardiovasculares de "*flash fire*", mais imediatas, e "*slow burn*", de caráter mais lento e gradativo, respectivamente (Salomon; Burgess; Bosson, 2015). Quando comparadas a mulheres que receberam comentários neutros, aquelas que foram alvo de comentários sexistas hostis relataram sentimentos de raiva, e a medição de sua reatividade cardiovascular durante um teste físico subsequente indicou valores mais altos (frequência cardíaca e pressão arterial sistólica mais elevadas, força contrátil cardíaca aumentada). As mulheres visadas por comentários sexistas benevolentes também tiveram sua reatividade cardiovascular e sua raiva aumentadas, mas o retorno ao funcionamento cardiovascular normal foi significativamente mais lento entre elas em comparação com outras mulheres em outras condições. As pesquisadoras sugerem que a recuperação após a exposição a comentários sexistas benevolentes pode ser mais difícil do que no caso de comentários sexistas hostis porque o sexismo benevolente é mais ambíguo e requer um tempo maior de enfrentamento, o que alentece todo o processo de superação.

Ameaça de estereótipo

Pode ser desconfortável estar em uma situação em que os outros duvidam de nossas capacidades ou esperam que não nos saiamos bem. Essa consciência incômoda de estar sendo julgado a partir de estereótipos negativos sobre o grupo a que pertencemos foi chamada de *ameaça de estereótipo* (Steele, 1997). A consciência de que estereótipos negativos estão sendo endereçados a nós compromete muitas vezes nosso desempenho. Mulheres com conhecimento avançado de matemática têm desempenhos inferiores aos de seus colegas homens quando lhes é informado que estão ali fazendo um teste de matemática no qual os homens geralmente se saem melhor – mas isso não ocorre quando fazem o mesmo teste informadas de que mulheres e homens costumam obter notas parecidas (Spencer; Steele; Quinn, 1999). Essa pesquisa indicou que as vítimas de ameaça de estereótipo podem perder a confiança e se desinteressar de atividades relacionadas com a habilidade ameaçada, investindo nelas menos esforços. Em casos como esse, ter-se associado o estereótipo de incompetência em matemática à mulher pode ter comprometido a concentração, enfraquecido o empenho e afetado os resultados dessas mulheres altamente qualificadas.

A ameaça de estereótipo também pode prejudicar o desempenho desviando a energia cognitiva para o combate ao estereótipo. Aquelas mulheres que resolviam problemas matemáticos expostas a estereótipos negativos relativos à sua proficiência aparentemente usaram parte de sua memória operacional para combater o estereótipo, não contando, portanto, com toda a memória disponível para resolver os problemas. Quando essas mulheres são "reeducadas" para associar sua condição feminina à sua proficiência em matemática, elas apresentam maior capacidade de memória operacional e seu desempenho em matemática melhora (Forbes; Schmader, 2010). Alguns pesquisadores sugerem que a ameaça de estereótipo é parcialmente responsável pelo desempenho historicamente inferior das mulheres em matemática e ciências físicas (cf., por exemplo, Shaffer; Marx; Prislin, 2013).

A ameaça de estereótipo pode promover uma mudança de comportamento a fim de evitar a conformidade ao estereótipo. Pesquisadoras expuseram as mulheres ao estereótipo de que a liderança eficiente está associada a características masculinas, e não femininas. Em seguida, deram às mulheres a oportunidade de responder a situações hipotéticas que exigiam liderança assertiva (Von Hippel *et al.*, 2011). Verificou-se uma tendência dessas mulheres a alterar seu estilo de comunicação numa direção tradicionalmente masculina, falando de forma mais direta, evitando perífrases, hesitações e frases interrogativas. Ironicamente, essa estratégia saiu pela culatra. Os avaliadores consideraram aquelas mulheres que "masculinizaram" seu estilo de comunicação menos acolhedoras e simpáticas e demonstraram uma menor disposição em atender suas solicitações. Assim, na tentativa de evitar o estereótipo de que "as mulheres não são capazes de liderar de forma eficiente", elas acabaram por prejudicar sua própria eficiência enquanto líderes. Essas mulheres depararam-se com um exemplo claro de uma situação de duplo vínculo [*double bind*] produzida por estereótipos de gênero prescritivos: independentemente do que fizessem, violariam uma norma.

Os homens também podem sentir as reverberações da ameaça de estereótipo quando avisados de que se espera que outro grupo tenha um desempenho melhor do que o deles. Em um estudo de Koenig e Eagly (2005), o desempenho dos homens piorou quando lhes foi dito que o teste a que estavam sendo submetidos mensurava o grau de sensibilidade social (qualidade vinculada a estereótipos femininos) e que as mulheres normalmente se saiam melhor. Em outro experimento, homens brancos que haviam sido selecionados por sua alta proficiência em matemática tiveram um mau desempenho em um teste matemático após terem sido avisados de que homens asiáticos são excelentes em matemática (Aronson *et al.*, 1999).

O impacto da ameaça de estereótipo se estende muito além dos laboratórios de psicologia social e do simples comprometimento dos desempenhos. Na vida fora do laboratório, em comparação com as últimas décadas, tornou-se menos provável que as pessoas se deparem com afirmações estereotipadas do tipo "homens são melhores do que mulheres em matemática" ou "homens não são bons em relacionamentos". Mas os estereótipos podem ser transmitidos e absorvidos de maneiras sutis. Uma série de estudos em configurações de trabalho variadas apontou que o simples processo de se compararem com seus colegas homens parecia desencadear a ameaça de estereótipo nas mulheres (Von Hippel *et al.*, 2011). Por que isso acontece? Provavelmente porque, em muitos postos de trabalho, os homens são mais remunerados, são promovidos de forma mais rápida e assumem trabalhos mais "importantes" do que as mulheres. Nesse ambiente de trabalho, uma mulher que compare seu progresso na carreira com o de seus colegas homens pode muito bem começar a se perguntar se está sendo avaliada com base em seu gênero. Von Hippel, Issa, Ma e Stokes (2011) mostraram que as mulheres que se comparavam com seus colegas homens tinham maior probabilidade de passar por uma situação de ameaça de estereótipo do que as demais. Além disso, essa ameaça de estereótipo contribuiu para uma série de atitudes problemáticas relacionadas ao trabalho. Em primeiro lugar, a ameaça de estereótipo estava associada à separação de identidade: a diferenciação de sua identidade em um "eu profissional" (talvez persuasivo, analítico, ambicioso) e um "eu feminino" (talvez acolhedor, sensível, obsequioso). Essa separação de identidade sinaliza um sentimento de "não pertencimento" e pode ter consequências prejudiciais para a saúde mental das mulheres que tendem a conter a expressão do "eu feminino" no trabalho.

Em segundo lugar, a ameaça conectou-se com a crença de que suas perspectivas de carreira são limitadas, com sua falta de confiança de que podem conquistar suas metas profissionais. Por fim, seja de forma direta ou por meio dessas duas atitudes, a ameaça de estereótipo levou a uma diminuição da satisfação no trabalho e a uma maior disposição de sair do emprego. A única maneira de sair desse tipo de situação é tornar os locais de trabalho mais equilibrados em termos de gênero e distribuir de forma mais uniforme as funções ocupacionais conforme o gênero.

Reações ao sexismo expresso

Ser alvo de comentários ou ações sexistas pode ser perturbador e estressante: sofrer preconceito de gênero tem sido associado à depressão, ansiedade, sentimento de raiva e baixa autoestima. As mulheres estão longe de ser complacentes com esses incidentes. Em um estudo conduzido por Janet Swim e Lauri Hyers, por exemplo, as mulheres que foram alvo de observações sexistas feitas por um homem na função de confederado[9] acharam esses comentários questionáveis, consideraram o interlocutor preconceituoso e sentiram raiva na grande maioria das vezes (Swim; Hyers, 1999). Apesar disso, essas mulheres foram comedidas e cautelosas ao responder publicamente aos comentários. Em uma versão simulada desse mesmo estudo, 81% das mulheres predisseram que confrontariam a pessoa que fez um comentário sexista, mas apenas 45% das mulheres no estudo efetivo o fizeram.

---

9. "*Confederate*" no original. O recurso a "confederados" é comum em estudos de psicologia experimental. Eles são instruídos pelos idealizadores do experimento a agir e responder de modo convicto, quando estão na verdade transmitindo informações falsas aos chamados "participantes ingênuos" [N.T.].

Em outro estudo, as participantes foram instruídas a manter um diário sobre suas experiências de preconceito de gênero no intervalo de duas semanas (Brinkman; Garcia; Rickard, 2011). Em cerca de um terço dos casos de preconceito de gênero registrados, as mulheres disseram que não haviam reagido do jeito que queriam. A relutância em confrontar o agressor foi por elas justificada de várias maneiras; uma parte disse que o custo-benefício não valeria a pena ("isso teria agravado a situação", por exemplo), outras expressaram uma preocupação com as normas sociais ("isso teria feito a pessoa se sentir mal", por exemplo), outras ainda disseram ter ficado constrangidas com situação ("a aula estava começando"...) (Brinkman; Garcia; Rickard, 2011, p. 350). O inibidor do confronto mais frequente foi a preocupação com as normas sociais – um dado que ressalta o poder dos estereótipos de gênero prescritivos. Essas mulheres pareciam estar bem cientes de que seriam rotuladas de irritadiças, ultrassensíveis ou choramingas, de que era esperado delas a amenização da situação, não seu agravamento. Assim, mesmo sendo alvo de comportamentos grosseiros, essas mulheres sentiam-se muitas vezes constrangidas a evitar "uma cena" e quebrar as expectativas de parecerem sociáveis, receptivas e "afáveis". A tomada de posição contra o sexismo foi dificultada pela pressão exercida pelas normas sociais, mesmo quando se sentiram justificadas para fazê-lo.

Há poucas pesquisas sobre as reações dos homens a comentários sexistas endereçados a eles. Entretanto, os homens que respondem a observações sexistas sobre mulheres ou a comentários homofóbicos podem encarar reações negativas. Por exemplo, um homem que confronte o preconceito homofóbico de outro homem correrá o risco de ser rechaçado, de ser visto como alguém que só sabe reclamar e de ter sua "masculinidade" questionada (Cadieux; Chasteen, 2015).

O feminismo como resposta coletiva ao sexismo

Num certo dia de outono de 2002, do lado de fora de uma estação de rádio de *rock* da cidade de Nova York, um grupo de jovens furiosas, organizadas pela *Riot Grrrl NYC*, reuniu-se para protestar contra o "*cock rock*" e o repertório musical da estação dominado por homens. Empunhavam cartazes com os dizeres "as mulheres precisam estar nuas para tocar na rádio?", "nós amamos a música das meninas" e entoavam *slogans* como "*you're teaching girls that women suck, we won't give in and we won't give up*"[10]. Essas mulheres zombaram da ideia de que deveriam ser "razoáveis", de que a estação de rádio não tinha culpa e estava apenas respondendo à demanda do público. Como disse Ragonese (2002, p. 27), que participou do evento, "não estou interessada numa fatia maior do bolo dos homens – quero um bolo diferente, quero um pedaço maior e não quero assá-lo".

Em Nova Délhi, em 31 de julho de 2011, centenas de mulheres marcharam na primeira *SlutWalk* ["Marcha das Vadias"] indiana para protestar contra a violência sexual infligida às mulheres. O título da marcha sublinha a ideia de que, não importa o que estejam vestindo, as mulheres não devem ter medo da agressão sexual (RFI, 2011). O evento, um dos muitos desse tipo espalhados pelo mundo, desafiou a ideia de que a agressão sexual é culpa da vítima por causa de suas roupas ou comportamentos. As mulheres se

---

10. Uma tradução literal retiraria a expressividade da palavra de ordem. A ideia transmitida é a de que não se ensina às jovens que ser mulher é algo ruim sem que as mulheres não lutem contra isso [N.T.].

sentiram compelidas a marchar, pois se trata de um problema generalizado: uma pesquisa mostrou que 85% das mulheres de Nova Délhi temem o assédio sexual quando saem de casa.

Em 21 de janeiro de 2017, cerca de 5 milhões de pessoas em todo o mundo participaram de uma Marcha das Mulheres. As participantes reivindicavam leis e políticas públicas de defesa à igualdade racial e de gênero, direitos para a comunidade LGBTQ, uma política de imigração justa, a proteção do ambiente natural e outras questões de direitos humanos. Inicialmente planejada como uma marcha em Washington visando o novo governo estadunidense, hostil a essas questões, a ideia se espalhou por muitos outros países, com centenas de marchas acontecendo em todo o mundo. De acordo com algumas estimativas, esse evento de 2017 nos Estados Unidos foi a maior manifestação de um único dia na história do país (Broomfield, 2017).

Esses protestos são respostas coletivas ao sexismo – algo que pode ser mais fácil e mais eficaz do que as respostas individuais discutidas na seção anterior. É mais difícil desafiar as normas sociais como indivíduo do que com outras pessoas (Cialdini; Griskevicius, 2010), e a história dos movimentos sociais indica que esses movimentos podem ser, com o tempo, bem-sucedidos na mudança de regras e expectativas. Muitas versões do feminismo alimentam os movimentos contrários às desigualdades tradicionais entre homens e mulheres. Como vimos no capítulo 2, as diversas nuances do feminismo têm em comum o desejo de questionar as desigualdades de gênero e a visão de que a vida e as experiências das mulheres importam. Ainda assim, apesar da razoabilidade aparente desses ideais, o termo "feminista" veio a ter uma reputação duvidosa em certos círculos, e algumas jovens rejeitam o rótulo mesmo quando apoiam a causa da igualdade de gênero.

Movimentos feministas em todo o mundo mudaram a vida das mulheres: desde os primeiros movimentos sufragistas que garantiram às mulheres o direito ao voto, aos movimentos pelos direitos reprodutivos que fortaleceram o direito das mulheres de tomar decisões sobre a gravidez, aos movimentos antiviolência e suas demandas por proteção contra a agressão sexual e a violência doméstica, até a constelação de organizações que reivindicavam o fim da discriminação no trabalho. As energias e convicções de participantes individuais alimentam essas organizações – mas como e por que uma pessoa se identifica, alinha-se e se une a um movimento feminista?

Há muito tempo, os psicólogos que defendem as teorias do desenvolvimento da identidade trabalham com a ideia de progressão por meio de estágios de compreensão e comprometimento. Seguindo essa tradição, Downing e Roush (1985) elaboraram um modelo de desenvolvimento da identidade feminista composto de cinco estágios sequenciais: aceitação passiva (a mulher não está ciente da discriminação que sofre por pertencer ao sexo feminino); revelação (ao perceber que a discriminação existe, a mulher passa a sentir raiva e demonstra hostilidade em relação aos homens); incorporação-emanação [*embeddedness emanation*] (ela procura sair da cultura patriarcal e participar de uma cultura exclusivamente feminina); síntese (a mulher começa a se reintegrar à cultura dominante, a tomar decisões mais independentes e a se relacionar com os homens como indivíduos e não como membros de uma categoria de opressores), e compromisso ativo (ela se compromete com a mudança social promovida pela ação coletiva feminista). Esse modelo propõe que o desenvolvimento da identidade feminista é deflagrado por uma experiência de discriminação, experiência essa que tira a mulher do estágio inicial de aceitação passiva.

Esse modelo de desenvolvimento da identidade feminista é conhecido, mas talvez não forneça uma descrição precisa ou adequada da experiência das mulheres jovens de hoje. Não há muitas evidências de que as mulheres passem pelos cinco estágios de forma linear. Ademais, embora esse modelo possa ter sido pertinente para captar as experiências de mulheres que chegaram a uma identidade feminista na década de 1980, as mulheres que cresceram na década de 1990 e nas seguintes podem ter uma perspectiva muito diferente sobre discriminação, igualdade de gênero e feminismo. Em vez de começar com a "aceitação passiva", as mulheres que desenvolveram uma identidade feminista na década de 1990 dizem que jamais houve um momento em que aceitaram a superioridade masculina e as expectativas tradicionais de gênero. Elas acharam que poderiam "ter tudo de uma vez" e só mais tarde perceberam que ainda carregavam o peso das expectativas tradicionais a respeito do casamento e da maternidade (Home *et al.*, 2001). Um estudo comparativo entre mulheres mais novas (feministas e não feministas) e mulheres mais velhas (feministas e não feministas) encontrou evidências sugestivas de que as mulheres passam da raiva ao ativismo à medida que envelhecem, conforme previsto pelo modelo. Entretanto, o estudo também revelou diferenças entre as experiências de mulheres mais velhas e as das mais jovens (Erchull *et al.*, 2009). Para as mais jovens, o ponto de partida mais provável parecia corresponder à síntese – e elas chegaram à identificação feminista mais forte e ao ativismo à medida que se conscientizaram da discriminação sutil. Erchull e suas colegas apontam para a necessidade de um novo modelo de desenvolvimento da identidade feminista:

> [...] esse modelo reconheceria que muitas jovens se sentem empoderadas e capazes de realizar qualquer coisa, mas podem não entender as complexidades da discriminação de gênero porque vivem em um mundo onde o sexismo é mais sutil do que era no passado.

E quanto ao desenvolvimento da identidade feminista de homens? Estudiosos vêm ignorando essa questão. Mas há uma longa história de homens que apoiam o feminismo (Kimmel; Mosmiller, 1992) e movimentos pró-feministas compostos de homens – embora nem sempre proeminentes – têm apoiado a ideia de que a igualdade de gênero traz benefícios tanto para as mulheres quanto para os homens (Copeland, 2015).

Independentemente da sequência em que a identidade feminista se desenvolve, a resposta coletiva ao sexismo de que essa identidade participa provou ser uma forma eficaz de desafiar as desigualdades e os estereótipos de gênero. Como veremos no capítulo 4, tanto os estereótipos quanto seu questionamento têm importantes implicações para os relacionamentos entre homens e mulheres.

Para quem quiser se aprofundar mais

Amrita Basu (org.). *Women's movements in the global era*. Boulder: Westview Press, 2010. Essa obra é uma coletânea de artigos sobre as origens, o desenvolvimento e os desafios enfrentados pelos movimentos de mulheres em diversos países, entre os quais a África do Sul, o Paquistão, a China, a Rússia e a Polônia, além de países da América Latina. O foco internacional faz dele um bom ponto de partida para entender o impacto das respostas feministas coletivas ao sexismo.

Michael Kimmel. *Misframing men*: the politics of contemporary masculinities. Piscataway: Rutgers University Press, 2010. O autor, um sociólogo cuja carreira foi dedicada à análise das masculinidades, discorre aqui sobre as mudanças sociais e políticas que afetaram a vida dos homens, enfrenta a crítica de que o feminismo teria prejudicado os homens e examina o que o futuro pode reservar para a masculinidade[11].

Cecilia Ridgeway. *Framed by gender*: how gender inequality persists in the modern world. Nova York: Oxford University Press, 2011. A socióloga descreve nesse livro nossa tendência em usar nossas crenças tradicionais sobre gênero como um quadro a partir do qual organizamos novas informações e lidamos com a incerteza – reproduzindo, assim, antigos estereótipos de gênero de forma não intencional em novas situações.

Laurie Rudman; Peter Glick. *The social psychology of gender*: how power and intimacy shape gender relations. Nova York: Guilford Press, 2008. Dois psicólogos sociais examinam como a dominação masculina coexiste de forma complexa e interdependente para produzir os estereótipos e papéis de gênero correntes.

Implicit association test exercise. *Project Implicit*, 2011. https://implicit.harvard.edu/implicit/selectatest.html

11. Do mesmo autor, foi publicado em português *A sociedade de gênero*, pela Editora Vozes, no ano de 2022 [N.T.].

Esse *site* permite ao usuário experimentar o estereótipo implícito. Trata-se do "Teste de associação implícita". Versões do teste para gênero e raça estão disponíveis. Fazer o teste é uma boa maneira de entender o que os pesquisadores estão mensurando quando buscam avaliar estereótipos implícitos.

4
Relacionamentos, intimidade e sexualidades

No mundo rarefeito da aristocracia britânica do início do século XX, retratado na popular série de televisão *Downton Abbey*, tanto o gênero quanto a classe conformam e constrangem as escolhas individuais de relacionamentos íntimos. A filha mais velha da mansão vê-se impossibilitada de se casar com o homem que ama, pois deixou-se levar por um impulso sexual que ela não ousa admitir para não expor toda a família ao escândalo. A relação de uma criada com um soldado leva não só a uma gravidez não planejada e à rejeição do homem em questão, mas também à sua desgraça e à destruição de suas chances de ter uma vida normal. O valete descobre que pode se divorciar de sua esposa por adultério, enquanto ela precisaria de motivos mais fortes para se divorciar dele.

Esses exemplos de distribuição desigual de sanções e de poder em relacionamentos íntimos conforme o gênero parecem pitorescos e antiquados – mas será que são mesmo? A reiterada aceitação de um *duplo critério* de julgamentos – as mulheres sendo julgadas com mais severidade do que os homens pelo mesmo evento (nesse caso, atividades sexuais "transgressoras"); os desejos sexuais dos homens sendo reconhecidos como urgentes e insistentes, o que não acontece quando se trata dos desejos femininos – é bem documentada por pesquisas feitas em muitos países. Parece então que os relacionamentos íntimos são conformados e constrangidos pelos estereótipos de gênero tratados nos capítulos anteriores.

Gênero e expectativas de poder e intimidade nos relacionamentos interpessoais

Estereótipos de gênero prescrevem autoridade, liderança e determinação para a masculinidade, e para a feminilidade, sensibilidade interpessoal, subserviência e acomodação. Essas prescrições são tão fortes na esfera dos relacionamentos interpessoais quanto na esfera pública dos negócios, da política e da educação – com implicações semelhantes para a manutenção de um sistema comandado por homens. Há algumas décadas, a pesquisadora australiana Dale Spender (1989) valeu-se de um gravador para registrar o tempo de fala nas conversas de seus colegas acadêmicos, homens e mulheres. Ela constatou que as mulheres ouviam mais do que falavam: a participação das mulheres no tempo de fala em conversas com colegas homens variava de 8% a 38%. Quando a própria Spender tentou, como um experimento, manter conversas entre ela e outra pessoa de três minutos, durante os quais ela tinha a palavra por pelo menos metade desse intervalo, a maioria de seus colegas homens ia embora antes que o tempo acabasse. E quanto mais se esforçava em reivindicar sua metade do tempo de fala, mais desconfortável ela ficava e maior a irritação de seus colegas homens. Aparentemente, tanto ela quanto seus colegas haviam sido treinados a considerar como normal o domínio verbal masculino e como forçadas e rudes as tentativas das mulheres de falar por um intervalo de tempo equivalente ao dos homens.

O modo como conversamos tem implicações tanto em termos de poder quanto em termos de intimidade. Controlar a conversa em relacionamentos é um tipo de poder; manter a conversa fluindo em um relacionamento sustenta e incentiva o desenvolvimento e a manutenção da proximidade, ou ao menos do conforto. Se, por um lado, é esperado que os homens dominem os relacionamentos, por outro, esperamos que as mulheres insistam mais no esforço de sustentar os relacionamentos incentivando e mantendo trocas verbais. As mulheres, por exemplo, "se abrem" mais do que os homens – especialmente em conversas com pessoas do sexo oposto, e sobretudo quando sentimentos estão em jogo. As mulheres também se dedicam mais a manter o fluxo das interações – pelo uso de sinais não verbais como contato visual e flexuras de cabeça a fim de mostrar que estão prestando atenção, pelo uso de "respostas mínimas" ou "*backchannels* positivos" como "uhm, hum", "sei" etc., ou pela retomada dos tópicos levantados pelo falante. Em uma das primeiras demonstrações dos tipos de esforço feminino na manutenção de relacionamentos íntimos, Pamela Fishman (1978) analisou 52h de gravações de conversas espontâneas entre membros de três casais heterossexuais. Durante essas conversas, as mulheres dedicaram-se muito mais à sustentação das interações do que os homens. A probabilidade de tópicos levantados pelas mulheres serem "bem-sucedidos" (resultar em uma discussão sobre eles) era bem menor do que a probabilidade de temas levantados pelos homens serem discutidos. A probabilidade de os homens se valerem de respostas mínimas tardias (uma longa pausa, acompanhada de um "*humm*" desinteressado, por exemplo) na sequência de comentários femininos era muito maior do que na situação inversa. As mulheres se esforçaram muito mais para manter abertas as linhas de comunicação, mas foram os homens que decidiram sobre os temas. Também nesse caso, os homens aderiam a um estereótipo masculino prescritor de autoridade e dominância, enquanto as mulheres adotavam um estereótipo feminino de acolhimento, apoio e acomodação.

Embora grande parte da pesquisa sobre dominância de conversação tenha sido feita com díades de falantes de inglês, um estudo com falantes de japonês forneceu alguns *insights*, concentrando-se não apenas em aspectos quantitativos (quantidade de interrupções, tempo total de fala, quantidade de tópicos bem-sucedidos), mas também em aspectos qualitativos das conversas (o que as pessoas estão falando e como estão falando). Nesse estudo, o estilo de conversação dos homens era voltado para si mesmo e enfatizava a narração de histórias e o apelo a conhecimentos especializados. Já suas parceiras conversacionais se engajaram em um estilo de fala orientado para o outro (demonstração de interesse, requisição de mais detalhes) que buscava apoiar os homens. A conversa nessas díades tornou-se uma dança em que a dominância masculina era construída e mantida mutuamente tanto por uma parte quanto pela outra (Itakura; Tsui, 2004).

Pesquisadores divergem quanto aos motivos das diferenças de gênero na comunicação, mas as evidências correspondem mais às explicações sociais do que às rígidas explicações biológicas. Isso ocorre porque os padrões de diferença variam de acordo com o contexto interativo – com o relacionamento entre os participantes, com o tipo de atividade ou com a familiaridade da situação, por exemplo. As diferenças entre os gêneros nas táticas de conversação que visam a dominância – palavrosidade e interrupções, por exemplo – são observadas com mais frequência nas interações entre diferentes gêneros do que nas interações entre pessoas de mesmo gênero, sugerindo que façam parte de uma tendência dos homens a dominar as mulheres, e não uma simples diferença de gênero em relação à dominância. E as diferenças de gênero tanto na comunicação afiliativa quanto na assertiva são mais prováveis em interações entre estranhos e em laboratórios de pesquisa do que em ambientes naturais, sugerindo que as pessoas recorrem a normas e roteiros associados a gênero para orientar seu comportamento em contextos não familiares.

As sociedades institucionalizam os estereótipos conectando gênero, poder e intimidade de diferentes maneiras. O pedido de permissão ao pai da noiva é parte de uma venerável tradição em muitas sociedades. Em certas culturas, as mulheres solteiras ficam sob a autoridade de seus irmãos quando o falecimento do pai ocorre antes do casamento das filhas. Quando uma mulher se casa, ela assume em geral o sobrenome do marido. Será que os jovens atuais quando pensam sobre relacionamentos acham válidas essas ideias "antiquadas" de poder masculino e de acomodação feminina? Consideremos as representações do amor e do romance na cultura *pop* adolescente. Na popular série de livros e filmes *Crepúsculo*, uma jovem, Bella, é cortejada por um vampiro, Edward (e a certa altura também por Jacob, um lobisomem). Em várias ocasiões, são os homens que a salvam do perigo, não sem a prejudicar ao fazê-lo. Bella é perseguida, ferida, dominada, aterrorizada – e recebe ordens de Edward e de Jacob repetidas vezes. Fica nítido que os homens são retratados como detentores de poder, ao passo que Bella aparece como uma pessoa disposta a fazer grandes sacrifícios por amor, pela intimidade – e pela maternidade. Essas representações cheiram a sexismo benevolente, termo que introduzimos no capítulo 3 para descrever a noção de que as mulheres precisam de proteção e de orientação masculina por serem vulneráveis. É possível que as adolescentes internalizem esse tipo de ideologia condescendente e não a reconheçam como sexismo devido à virtual onipresença de representações positivas do sexismo benevolente. Mesmo quando sabem que estão sendo maltratadas, como nos casos de assédio sexual e de outras formas de sexismo hostil, as jovens podem estar tão acostumadas ao tratamento humilhante a ponto de o considerarem comum em relacionamentos heterossexuais normais (Witkowska; Gådin, 2005). A expectativa de que os homens valorizem o poder e o controle e as mulheres enfatizem a conexão e a proximidade permeia a forma como pensamos os relacionamentos.

Amizades de homens e de mulheres

Os estereótipos de gênero que prescrevem dominância, competitividade, firmeza e liderança para os homens podem dificultar que eles se exponham e se fragilizem, mesmo com os amigos. Em contrapartida, os estereótipos que prescrevem acolhimento e apoio como parte da feminilidade podem levar as mulheres a ouvir relatos sobre sentimentos e vulnerabilidades, mas também a demonstrar esses afetos. Isso pode ter como resultado a tendência masculina à contenção emocional e ao distanciamento, e a propensão feminina ao compartilhamento de emoções. Com efeito, pesquisadores constataram que meninas e mulheres tendem mais à comunicação afiliativa e que meninos e homens são mais propensos à comunicação assertiva. Para alguns analistas, as amizades masculinas implicam atividades compartilhadas e relacionamentos "lado a lado", ao passo que as amizades femininas envolvem sentimentos compartilhados e relacionamentos "face a face". Meninos e homens adultos tendem a ter mais amigos; meninas e mulheres adultas tendem a ter amigos mais íntimos, mas em menor quantidade.

Seja como for, as diferenças de gênero são pequenas, inconsistentes e sensíveis ao contexto. O foco exclusivo nas diferenças de gênero pode obscurecer grandes variações, internas a determinado gênero, entre os padrões de comunicação e a amizade. A comparação entre amizades masculinas na classe média norte-americana contemporânea e outros contextos evidencia que a história e a cultura afetam as diferenças de gênero na amizade. Por exemplo: um estudo da amizade na zona rural tailandesa detectou que as mulheres não tinham amigos íntimos com quem pudessem contar efetivamente, mas simplesmente vizinhos e pessoas com quem gostavam de passar o tempo. Em contraposição, acreditava-se que os homens tinham "amizades até a morte" (Foster, 1976). Em países médio-orientais medievais, os homens costumavam formalizar suas amizades: um contrato formal de amizade entre dois estudiosos na Cairo quinhentista estabelecia que sua amizade os unia por toda a vida e pela vida de seus filhos e dos filhos de seus filhos. Eles prometeram rezar na mesma sinagoga, emprestar um ao outro os livros que possuíssem e nunca esconder nenhum livro um do outro (Goitein, 1971). Exemplos como esses revelam uma perspectiva da amizade masculina surpreendentemente diferente do modelo orientado para atividades e emocionalmente contido descrito por pesquisadores norte-americanos.

Sexualidade em relacionamentos

Os diferentes padrões de comunicação desenvolvidos por meninos e meninas à medida que chegam à adolescência podem moldar sua experiência adulta com relacionamentos sexuais românticos. O impacto pode acontecer não apenas na comunicação e na satisfação, mas também na distribuição de poder em tais relacionamentos. Se as garotas estão acostumadas a se abrir e a ouvir com acolhimento e os garotos estão habituados com a contenção emocional e o domínio da conversa, os relacionamentos românticos heterossexuais parecem fadados a dificuldades. As mulheres podem ficar insatisfeitas com o desempenho dos homens enquanto ouvintes, e os homens acostumados com amizades masculinas podem se encantar com a insólita receptividade da escuta feminina. Os homens acostumados a disputar o controle da conversa podem inadvertidamente deixar de engajar nos temas levantados por uma parceira, solidificando o papel legitimado pela cultura de parceiro dominante nos relacionamentos heterossexuais. Os padrões de comunicação generificados assimilados também podem moldar os relacionamentos românticos entre pessoas de mesmo gênero ao orientá-las para o estilo praticado de forma mais consistente pelas mulheres ou pelos homens: um maior apoio mútuo para as mulheres, uma maior orientação para o poder para os homens. Casais de mulheres relatam um pouco mais de igualdade na comunicação, no apoio mútuo e nas tomadas de decisão do que as mulheres em relacionamentos heterossexuais; os casais *gays* masculinos relatam menos igualdade na comunicação, no apoio e nas tomadas de decisão do que os homens heterossexuais (Gotta *et al.*, 2011).

Qual o significado da sexualidade em relacionamentos?

Estereótipos de gênero e padrões de comunicação assimilados podem afetar a expressão da sexualidade nos relacionamentos. Como as mulheres aprenderam a privilegiar a proximidade e a conexão, a probabilidade de interpretar a sexualidade em termos de emoção e intimidade é maior entre elas do que entre os homens. Na medida em que os homens aprenderam a valorizar o domínio e a contenção emocional, pode ser mais fácil para eles conceberem a sexualidade em termos de conquista e prazer sem compromisso. Há sem dúvida uma tradição que perpassa praticamente todas as culturas e períodos históricos segundo a qual os sentidos da sexualidade variam conforme o gênero. A experiência e a expressão sexual feminina têm sido tradicionalmente contidas e vigiadas, não incentivadas. Os desejos sexuais dos homens, em contrapartida, têm sido considerados incontroláveis e incontornáveis. Essas atitudes servem de base para um duplo critério de comportamento sexual, de acordo com o qual mulheres e homens são julgados de forma diferente quanto as suas atividades sexuais. Uma mulher que se envolve de modo muito fácil ou indiscriminado em atividades sexuais é marcada por uma profusão de rótulos nada elogiosos: "vagabunda", "promíscua", "despudorada". Ela está violando a expectativa calcada no gênero de que deve se envolver em relações sexuais somente quando há amor e intimidade. Consequências negativas como essas não atingem um homem que "sai por aí" com muitas mulheres ou que tem a reputação de ser muito ativo em termos sexuais. Um homem com essas características pode ser objeto de alguma desaprovação (principalmente se for casado ou estiver em um relacionamento sério), mas também é provável que suscite alguma inveja e admiração de outros homens, para não falar do exasperador comentário "homens são homens" desferido por algumas mulheres.

Esses padrões distintos para cada gênero são mais disseminados em alguns contextos culturais do que em outros. O sexo, ou mesmo o flerte, fora do casamento pode ser punido com a morte de uma mulher cuja família segue rigorosamente um código de honra tradicional. Os *crimes de honra* tiram a vida de milhares de mulheres todos os anos e ocorrem sempre que o comportamento das mulheres "mancham" a reputação da família (United Nations Population Fund, 2000). É menos provável que os homens corram o risco de sofrer punições severas por atividades heterossexuais fora do casamento. Em alguns contextos, entretanto, práticas homossexuais podem ser punidas com violência ou mesmo com a morte do acusado; em certos países, os homens *gays* chegam a enfrentar acusações criminais e a prisão.

O arcabouço cultural que sustenta o duplo critério se baseia em estereótipos de gênero, mas é mais complexo do que a prescrição segundo a qual as mulheres devem reservar a atividade sexual para relacionamentos íntimos e os homens podem seguir "na caça". São as mulheres que engravidam e dão à luz. Ao controlar a atividade heterossexual das mulheres, as sociedades pretendem garantir que as crianças nasçam em situações familiares estáveis e os homens almejam garantir que as crianças por eles sustentadas sejam seus filhos biológicos. Outro aspecto é a hierarquia de gênero. Por meio do controle da sexualidade e da reprodução feminina, os homens estabelecem, afirmam e mantêm sua autoridade sobre as mulheres e reforçam noções sobre a emotividade das mulheres e sua falta de aptidão para a liderança.

Orientação sexual e identidade sexual

Grosso modo, nossa discussão da sexualidade e dos relacionamentos partiu do princípio de que podem ser ordenados a partir de atrações e de conexões entre os aspectos feminino-masculino, feminino-feminino e masculino-masculino. Trata-se de um atalho com frequência mobilizado para classificar os relacionamentos sexuais – mas vale a pena examinar mais de perto o que essas categorias significam, e se conseguem descrever adequadamente os relacionamentos sexuais. Tal análise, mais detalhada, advém da Teoria da Configuração Sexual (SCT) [*Sexual Configuration Theory*] (Van Anders, 2015). Essa teoria concentra-se em três dimensões da sexualidade e, ao fazê-lo, contempla uma multiplicidade de orientações e de identidades sexuais. Tal teoria reconhece, dentro das categorias tradicionais de orientação sexual, inúmeras variações e diferenças nas experiências vividas. Ela também pode ser um instrumento para que mais pessoas reconheçam suas próprias experiências.

A Teoria da Configuração Sexual (SCT) enfoca três dimensões da sexualidade numa relação: (1) a sexualidade de gênero/sexo (por quem uma pessoa se sente atraída); (2) a sexualidade do número de parceiros (a quantidade de parceiros que uma pessoa tem interesse em ter); e (3) o erotismo e o cuidado físico e afetivo (a importância da excitação genital e/ou de sentimentos de intimidade nas atrações). A teoria permite o questionamento de muitos pressupostos tradicionais e a identificação de inúmeras possibilidades. Por exemplo: na dimensão da sexualidade de gênero/sexo, uma pessoa pode se sentir atraída principalmente por mulheres, um pouco por homens e um pouco por pessoas que não se identificam nem como mulheres nem como homens normativos. Essa atração pode se basear nas identidades das pessoas-alvo como um todo, em suas características físicas, como seios ou genitais, ou em seus comportamentos. Na dimensão relativa ao número de parceiros, uma pessoa pode estar interessada em não ter parceiros, ter um parceiro, ou ter dois ou mais parceiros ao mesmo tempo. Na terceira dimensão, relativa ao erotismo/cuidados físicos e afetivos, uma pessoa pode sentir-se mais próxima das mulheres, mas mais fortemente atraída eroticamente por pessoas que não se encaixam em categorias de gênero, por exemplo. Ou ela pode sentir-se atraída por outras pessoas sobretudo no aspecto do cuidado físico-afetivo e quase nada em termos de erotismo.

Essa teoria sugere que as categorias tradicionais de orientação e identidade sexuais são muito limitadas para captar totalmente as experiências vividas pelas pessoas. Ela ilustra que:

> [...] todas as pessoas situam as sexualidades a partir de uma lente de diversidade sexual, independentemente de suas posições sociais de minoria ou de maioria sexual, [e que] cada um de nós está situado em uma paisagem social e sexual mais ampla (Van Anders, 2015, p. 1.208, acréscimo nosso).

Cultura, autoesquemas sexuais e roteiros sexuais

Os meios de comunicação populares estão repletos de mensagens sobre a sexualidade, e estas fornecem às pessoas ideias sobre como expressar e etiquetar seu próprio *self* sexual. Além disso, as mensagens sobre a sexualidade na mídia são generificadas. As mulheres recebem orientações conflitantes de que o comportamento admirável envolve ser contida e ao mesmo tempo sexualmente assertiva e sofisticada (Phillips, 2000). Nos Estados Unidos, por exemplo, adolescentes costumam ser pressionadas por seus colegas a mandar textos, fotos ou vídeos com apelo sexual, a fazer *sexting*[12], sendo, entretanto, julgadas com severidade quando elas efetivamente o fazem, ao passo que os garotos são

---

12. "*Sexting*" é um neologismo formado pela aglutinação de "*sex*" e "*texting*", e designa mensagens de "mídia digital erótica entre pares cujo conteúdo diz respeito à pessoa remetente". A noção, portanto, não se confunde com a divulgação não autorizada ou com o assédio (cf. Laís B. Patrocino. *Divulgação não autorizada de imagens íntimas*: experiências de mulheres e de cuidados em saúde. Tese [Doutorado] em Saúde Coletiva [Instituto René Rachou – Fiocruz], Belo Horizonte, 2022, p. 17) [N.T.].

alvo de críticas leves (Lippman; Campbell, 2014). Representações da sexualidade masculina geralmente enfatizam a ação em vez de sentimentos (Kilmartin, 1994). A mídia norte-americana retrata o sexo cada vez mais como algo casual e sem compromisso, imerso em uma cultura do *sexo sem compromisso* [*hook-up*]: a mensagem é que mulheres ou homens não precisam vincular a atividade sexual a algum compromisso afetivo (Garcia *et al.*, 2012).

Navegar em um mar de mensagens desse tipo pode afetar os *autoesquemas sexuais* das pessoas, suas visões de si mesmas como seres sexuais. Um autoesquema é um conjunto de generalizações cognitivas sobre o *self* que auxilia a pessoa a organizar e dar sentido às informações recebidas. Uma pessoa cujo autoesquema sexual é fortemente influenciado por noções de desejo provavelmente interpretará uma oportunidade de conexão sexual de forma muito diferente de uma pessoa cujo autoesquema valoriza o relacionamento. Não é de surpreender que, à luz das mensagens da mídia, os autoesquemas sexuais de homens e mulheres sejam um pouco diferentes. Tanto os homens quanto as mulheres mobilizam as noções de paixão, romantismo e abertura para descreverem seus *selfs*[13] sexuais. Não obstante, uma dimensão exclusivamente masculina apontada por Andersen, Cyranowski e Espindle (1999) é a do poder e da agressividade e abrange descritores como agressivo, poderoso, franco, experiente e dominador. Em outro trabalho, Andersen e Cyranowski (1994) identificaram uma dimensão exclusivamente feminina, caracterizada pela cautela e restrição, e informada por descritores como tímida, conservadora, cautelosa e reflexiva. Um estudo canadense cons-

13. Adotamos aqui o plural comumente usado em traduções brasileiras. Observamos, no entanto, que o plural vernáculo de *self* é "*selves*" [N.T.].

tatou que as autodescrições de ambos os grupos orbitavam em torno de três dimensões: "amoroso/carinhoso", "reservado/conservador" e "direto/franco" – com os escores masculinos ligeiramente menores do que os das mulheres na dimensão "amoroso/carinhoso" e "reservado/conservador"[14] (Hill, 2007). Ao descreverem seus *selfs* sexuais, os homens fazem às vezes uma distinção entre intimidade física e intimidade afetiva. Como um entrevistado comentou: "No caso de precisar de ternura e contato humano? Em vez de falar com alguém, a gente prova que está bem e encontra o vínculo que a gente precisa no calor de um corpo" (Elder; Brooks; Morrow, 2012, p. 171).

Os autoesquemas sexuais podem ser diferentes, não apenas entre homens e mulheres que se identificam como tais, mas em todo o grande espectro de variações raciais, culturais e sexuais. Um dos temas encontrados nos autoesquemas sexuais masculinos é o da confiança na própria aparência. Em um estudo feito nos Estados Unidos, a maioria dos homens expressou falta de confiança em sua aparência física, mas os homens de minorias étnicas relataram que se sentem menos atraentes do que os homens brancos não latinos (Elder; Brooks; Morrow, 2012). Há poucas pesquisas sobre autoesquemas sexuais de populações não heterossexuais, mas há um estudo que se concentra em autoesquemas sexuais e ideologias da masculinidade de homens que se identificam como bissexuais (Elder; Morrow; Brooks, 2015). Esse trabalho sugere que certos aspectos dos autoesquemas sexuais de homens bissexuais são formados a partir de uma socialização da

14. Note-se que os adjetivos listados aqui, apesar de estarem gramaticalmente no masculino, são predicados tanto de homens quanto de mulheres (cf. a nota sobre a tradução no início do livro) [N.T.].

masculinidade convencional e que outros aspectos são constituídos pelas tentativas dos próprios atores de extrair uma identidade diferente da masculinidade convencional. Um dos temas que emergiu das entrevistas com esses homens foi a sexualização do corpo das mulheres: olhar e "dar uma checada" nas mulheres cria laços com seus colegas heterossexuais. Outro tema foi a percepção deles de que sua aparência física era extremamente importante para os homens *gays* e sua apreensão com o exame estético minucioso por parte desses homens ao avaliá-los como parceiros potenciais. Paralelamente, ainda que esses homens bissexuais se sentissem atraídos tanto por homens quanto por mulheres, eles estavam atentos às

> [...] importantes vantagens culturais e políticas associadas aos relacionamentos com mulheres, entre as quais o acesso a direitos legais e o afastamento da possibilidade do estigma sexual. Consequentemente, os participantes disseram sentir-se pressionados a ignorar a atração por homens e a considerar apenas as mulheres como parceiras de longo prazo (Elder; Morrow; Brooks, 2015, p. 985).

Está claro que não há um autoesquema exclusivo para os homens e outro para as mulheres – o contexto, a cultura e a identidade são fundamentais para conformar as noções que as pessoas têm de seus *selfs* sexuais.

Os estereótipos de gênero também influenciam os *roteiros sexuais*. Roteiros são noções culturais compartilhadas sobre as formas e desdobramentos das interações – noções que nos ajudam a organizar e interpretar o comportamento. Um roteiro sexual ajuda a organizar os comportamentos na forma de uma história coerente. Uma vez desencadeado um comportamento, o roteiro sugere os desdobramentos possíveis do restante da interação

(Simon; Gagnon, 1987). Os roteiros baseiam-se em experiências passadas, em representações midiáticas e em observações dos comportamentos e atitudes de outras pessoas. Eles tendem a ser normativos quanto ao gênero e mutuamente compartilhados: em interações heterossexuais, espera-se que as mulheres se comportem de determinada maneira e os homens de outra. Esse duplo critério geralmente informa os roteiros sexuais para interações heterossexuais: homens tomam a iniciativa, mulheres estabelecem limites; homens estão interessados em sexo casual, mulheres estão interessadas em relacionamentos. Quando se veem em uma nova situação, as pessoas geralmente recorrem a roteiros para orientar seu comportamento.

Apesar da difusão desses roteiros (hetero)sexuais tradicionais, a maioria das jovens e dos jovens adultos pesquisados relata que já praticou sexo casual (Garcia *et al.*, 2012). Alguns roteiros culturais mais recentes privilegiam o sexo sem relacionamento, o sexo sem compromisso [*hook-up*] ou a "amizade colorida" [*friends-with-benefits*]. Os comportamentos iniciais no roteiro do sexo casual vão de frequentar um determinado tipo de festa até o flerte, passando por sair para beber e dançar – a expectativa sendo a de que as etapas subsequentes devem culminar no sexo casual, sem expectativas de um relacionamento romântico. À primeira vista, esses roteiros interpretam o sexo casual e o sexo sem relacionamento como apropriados tanto para mulheres quanto para homens; eles prescrevem a assertividade sexual para ambos os gêneros. Com efeito, caso decorra de uma motivação própria, e não da pressão de colegas ou de outros fatores externos, o sexo casual não está correlacionado a consequências emocionais negativas tanto para homens quanto para mulheres (Vrangalova,

2015). Contudo, talvez devido às mensagens diferentes sobre a sexualidade dirigidas às mulheres e aos homens, a experiência de "jogar conforme" esses roteiros pode variar com o gênero. As mulheres são muito mais propensas do que os homens a relatar sentimentos negativos e de culpa depois de fazer sexo com alguém que acabaram de conhecer; e no caso exclusivo das mulheres, há uma correlação entre aumento da depressão e o maior número de parceiros sexuais mais recentes (Garcia *et al.*, 2012). Quando perguntados sobre seus sentimentos no dia seguinte a um encontro sexual casual, 82% dos homens disseram que estavam contentes com a experiência, contra apenas 57% das mulheres (Garcia; Reiber, 2008). E, conforme mostra a Figura 4.1, mais mulheres (42,9%) do que homens (29%) disseram que o ideal teria sido se o sexo casual levasse a um relacionamento romântico. Em comparação com os homens, as mulheres preferem mais o namoro[15] do que o sexo sem compromisso [*hook-up*], ao passo que os homens preferem mais esses encontros casuais (Bradshaw; Kahn; Saville, 2010). Além disso, entre as mulheres, a frequência de orgasmos em encontros sexuais são menores do que em casos de relacionamento mais sério (Armstrong; England; Fogarty, 2012). Embora tanto homens quanto mulheres possam experimentar o sexo casual como algo satisfatório e positivo, a satisfação emocional e sexual proporcionada por esse tipo de relação é maior entre os homens do que entre as mulheres (Mark; Garcia; Fisher, 2015).

---

15. No original, *"dating"*. O sentido do termo não é inteiramente captado pela palavra "namoro" em português, pois tende a exprimir uma ideia a meio caminho entre encontros casuais e relacionamentos mais sérios ("namoro sério", como se diz no Brasil). Dado esse caráter mais indefinido, usamos mais abaixo a expressão informal brasileira "sair", no sentido de "estar saindo com" alguém [N.T.].

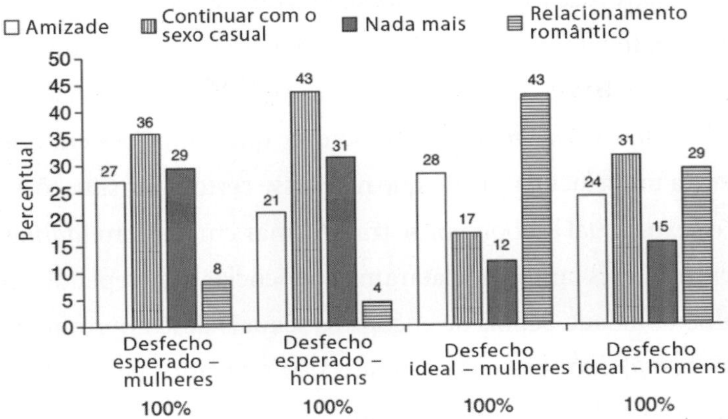

Figura 4.1. Desfechos esperados e resultados ideais de encontros sexuais casuais para homens e mulheres. Em uma amostra de mais de 500 estudantes de graduação nos Estados Unidos, verificou-se que as mulheres e os homens diferem menos quanto aos desfechos esperados e mais quanto aos desfechos ideais. As mulheres entrevistadas mostraram-se mais propensas a desejar que o sexo sem compromisso leve a um relacionamento romântico; já os homens, mais propensos a desejar mais encontros sexuais casuais. Fonte: Garcia e Reiber (2008).

Se, por um lado, as prescrições para a masculinidade abarcam o desejo de ter muitos relacionamentos sexuais e ao mesmo tempo o desejo de permanecer disponível e independente; por outro, os sentimentos demonstrados pelos homens a respeito do sexo são variáveis e mais complicados do que tais prescrições. Homens podem subscrever a noção de que devem usufruir do sexo sem relacionamento, mas muitos também admitem desejar uma conexão afetiva após relações sexuais seguidas com a mesma pessoa, mesmo que a princípio não quisessem ou planejassem um relacionamento. Quando Epstein e colegas (2009) entrevistaram os homens participantes de sua amostragem a respeito desses encontros descompromissados, muitos mostraram-se desconfortáveis com a natureza "sem relacionamento" de tais interações e dispostos a articularem possibilidades visando conexões reais e relacionamentos sérios. Os homens borraram as fronteiras entre "ficar" [*hooking-up*] e "sair" [*dating*], às vezes mobilizando a noção de *sexo sem compromisso* para descrever quer situações em que se esperava um relacionamento que não desse certo, quer situações em que o sexo casual acabou por se transformar em namoro [*dating relationship*]. Eles também relataram experiências de arrependimento e vulnerabilidade depois de encontros sexuais descompromissados [*hooking-up*] com pessoas nas quais não estavam interessados. As prescrições culturais estabeleceriam que os homens *devem* poder fazer sexo com uma pessoa desconhecida sem sofrer quaisquer consequências emocionais, mas os relatos desses homens indicam que essas situações são geralmente mais complicadas.

Os roteiros sexuais para *gays* e lésbicas também são afetados por estereótipos de gênero: os roteiros para homens *gays* geralmente abarcam sexo casual, ao passo que os roteiros para lésbicas enfatizam que a intimidade emocional e a atração sexual estão interligadas. Com efeito, em comparações entre grupos classificados conforme a orientação sexual autoatribuída, os pesquisadores constataram que a maior satisfação sexual e emocional em contextos de sexo casual se dá entre homens *gays*, enquanto a menor satisfação se dá entre mulheres lésbicas (Mark; Garcia; Fisher, 2015). Entretanto, como acontece com as interações heterossexuais, há vários roteiros possíveis, e a realidade pode não se encaixar perfeitamente em nenhum deles. Rose e Zand (2002) verificaram que o roteiro de "amizade" foi o mais usado (embora não necessariamente o mais preferido) na formação de relacionamentos entre mulheres lésbicas. Essas pesquisadoras sugerem que muitas jovens não são expostas previamente a um roteiro de "romance" ou a um roteiro "explicitamente sexual" para relacionamentos entre mulheres, de modo que elas podem a princípio tratar e rotular sua atração por outra mulher como uma amizade. O relacionamento vai se tornando mais profundo e sério e acaba se expressando fisicamente. Em contrapartida, o roteiro de romance envolve flerte, namoro [*dating*] e alta intensidade emocional, levando rapidamente a um laço de intimidade e ao contato sexual desimpedido. O roteiro explicitamente sexual envolve atração física mútua e sexo casual, e geralmente se inicia em bares ou festas. Embora este último evoque uma sexualidade "masculina", 63% das entrevistadas nesse estudo disseram que já o seguiram ao menos uma vez – mas nenhuma das participantes o elegeu como o preferido.

Para os jovens *gays*, o roteiro cultural pode enfatizar o aspecto ativo de sua sexualidade, a naturalidade com que encaram o sexo casual, sem relacionamento, e o risco sexual envolvido. Embora muitos jovens *gays* universitários estejam cientes desse roteiro e possam incorporá-lo à sua autodefinição, muitos não se sentem em conformidade com ele (Wilkerson; Brooks; Ross, 2010).

Desejo, excitação e satisfação

Em seu livro de memórias, *Infiel*, Ayaan Hirsi Ali relata a patente desconexão que experimentou quando jovem entre as suas primeiras fantasias sexuais alimentadas pela mídia e a sua primeira relação sexual. Com a imaginação catalisada por romances da Editora Harlequin, ela desejava ser arrebatada por um homem maravilhoso. Sob o signo da culpa, ela ardia de desejo e gostava de beijos longos e apaixonados com o namorado, mas seguia as regras culturais somali segundo as quais se devia adiar as relações sexuais até o casamento. Numa prática comum em sua cultura, realizada com a justificativa de "assegurar a pureza", ela foi "circuncidada" (submetida à infibulação – seu clitóris removido e os lábios costurados, a ponto de haver apenas um pequeno orifício por onde passa a urina e o fluxo menstrual). O procedimento deixou uma cicatriz no lugar da abertura vaginal normal. Em sua noite de núpcias, seu novo marido

> [...] arquejou, forçou e suou para romper a minha cicatriz. O ato foi terrivelmente doloroso e demorou uma eternidade. Rilhando os dentes, suportei a dor até ficar entorpecida. Depois, Mahmud se virou e dormiu pesadamente; fui me lavar outra vez no sórdido banheiro[16].

As amigas casadas de Ayaan haviam dito a ela que o sexo era desagradável: que cada noite era uma repetição dolorosa de um cenário em que o marido se inseria nela, movia-se para cima e para baixo até ejacular, e depois se levantava e tomava banho – e na sequência a mulher entrava no banho e aplicava antisséptico em seus órgãos genitais que sangravam. Contudo, ela se recusou a acreditar que o sexo se limitava a isso, nutrindo um desejo apaixonado de realização sexual. Ela sonhava com experiências sexuais extremamente eróticas, mas foi forçada a assumir o papel de "boa" virgem, imóvel e impassível. Não sabemos o que seu marido pensava de tudo isso, mas sabemos que era ele quem tinha permissão para iniciar e controlar a atividade sexual.

O duplo critério legitima a excitação e o desejo masculinos, mas ignora, subvaloriza ou até mesmo condena esses sentimentos nas mulheres. Os efeitos dessas expectativas de gênero podem

---

16. Ayaan Hirsi Ali. *Infiel*. São Paulo: Companhia das Letras, 2012. A tradução é de Luiz A. de Araújo [N.T.].

encorajar os homens e desencorajar as mulheres a reconhecer, valorizar e agir de acordo com seus sentimentos sexuais. Com efeito, Chivers e colegas (2010) verificaram que os homens apresentaram um grau significativamente maior de concordância entre as mensurações genitais e seus próprios relatos sobre excitação sexual. Em outras palavras, os relatos dos homens de suas sensações de excitação sexual têm maior probabilidade de coincidir com as alterações genitais indicadoras de excitação quando comparados aos relatos das mulheres. Esses dados sugerem que mulheres e homens reconhecem, rotulam e interpretam os sinais físicos de excitação de forma diferente – provavelmente porque as mensagens sociais sobre a sexualidade feminina e a sexualidade masculina são muito diferentes.

Empoderamento sexual para mulheres jovens e adultas?

Um estudo com adultos afro-americanos de baixa renda (Eyre *et al.*, 2012) mostra as diferentes condições culturais enfrentadas por jovens de ambos os gêneros no que diz respeito a relacionamentos sexuais. Nas entrevistas, os participantes falaram sobre seus pensamentos e sentimentos sobre a fase inicial de relacionamentos sexuais e/ou românticos, e algumas diferenças de gênero mostraram-se marcantes. Os garotos falaram sobre os critérios que os levam a considerar uma mulher como possível parceira romântica – avaliam-na pela sua aparência, sua reputação, sua potencial fidelidade e suas perspectivas econômicas. Eles deixaram claro que uma mulher que fizesse sexo com eles imediatamente não seria uma candidata séria à parceira romântica. Em contraposição, os relatos das mulheres praticamente não colocavam a questão da avaliação de possíveis candidatos a relacionamentos românticos. Nesse sentido, essas pessoas seguiram um roteiro cultural tradicional no qual os homens são proativos e as mulheres, receptivas – e que tende a julgar com severidade as mulheres que afirmam sua sexualidade.

Como os relacionamentos mudariam se houvesse um incentivo mais forte para as mulheres reconhecerem seus sentimentos sexuais e agirem de acordo com eles? Muitas feministas têm defendido um maior empoderamento [*empowerment*] sexual feminino, argumentando que as mulheres devem se sentir livres para afirmar sua sexualidade: agir conforme seus desejos, buscar prazer sexual, enfatizar os aspectos sexuais de suas roupas e comportamentos, se assim o desejarem. De fato, uma das figuras mais populares e bem-sucedidas do setor de entretenimento, Beyoncé, defendeu com veemência, por meio das letras de suas músicas e de declarações públicas, que as mulheres devem ter sua própria sexualidade. Ela também defendeu que as mulheres podem "ser mães, artistas, executivas e feministas" – o que elas quiserem ser – "e ainda assim ser um ser sexual. Uma coisa não exclui a outra" (Hicklin, 2014), e muitas jovens a consideram um modelo a ser seguido. Se as mulheres tratassem seus próprios sentimentos sexuais como legítimos e importantes e se recusassem a se sentir envergonhadas ou limitadas por uma concepção de dois pesos, duas medidas a respeito da sexualidade feminina, esse duplo critério desapareceria? O equilíbrio de poder nos relacionamentos heterossexuais mudaria?

Essas questões são particularmente complexas e delicadas no contexto da adolescência – o momento na vida da maioria das pessoas em que a sexualidade surge como uma força considerável, em que as atitudes e os roteiros sexuais tomam forma, em que as pessoas podem estar especialmente vulneráveis emocionalmente. Por um lado, parece óbvio que seria benéfico para as adolescentes cultivar um senso de confiança em relação a sua própria sexualidade – reconhecer e buscar prazer sexual e estar cientes de seus desejos e agir de acordo com eles caso queiram. Essa autoconfiança pode auxiliar na tomada de decisões responsáveis, promover a autoestima e a igualdade nos relacionamentos heterossexuais. Por outro lado, parece igualmente óbvio que as meninas talvez não consigam obter um verdadeiro empoderamento sexual em um ambiente midiático altamente sexualizado e sexista. Uma jovem pode se sentir subjetivamente empoderada enquanto faz escolhas e se comporta de modo a se colocar sob o poder de outras pessoas? A livre-expressão sexual de uma jovem pode realmente comprometer o empoderamento sexual de outras jovens na medida em que contribui para sua sexualização? As jovens que se expressam sexualmente de modo confiante estabelecem um patamar que não é realista para a maior parte das demais jovens? Essas perguntas nos lembram que o poder político e o poder pessoal estão interligados. Ações de empoderamento pessoal podem contribuir para a mudança cultural, e movimentos políticos podem contribuir para o empoderamento pessoal – mas tanto a abordagem pessoal quanto a política trabalham em conjunto, às vezes com propósitos conflitantes.

Satisfação sexual

No âmbito dos relacionamentos sexuais, uma dimensão do empoderamento é a satisfação sexual. Parece razoável que parte do sentimento de empoderamento sexual seja sentir prazer sexual. Para mulheres e homens em relacionamentos de sexo misto, mulheres lésbicas, mulheres bissexuais, *queer* ou aquelas que não se associam a nenhuma categoria, a satisfação sexual está ligada a um equilíbrio favorável de recompensas e custos sexuais, maior igualdade de benefícios e custos sexuais entre parceiros e maior satisfação no relacionamento (Byers; Cohen, 2017).

Tradicionalmente, as variáveis relacionadas à satisfação sexual são diferentes para mulheres e para homens. As mulheres relatam com mais frequência do que os homens que não atingem o orgasmo durante o sexo (Michael *et al.*, 1994). Os homens pensam mais sobre sexo do que as mulheres e frequentemente relatam o desejo de mais relações sexuais do que as de costume (Baumeister; Catanese; Vohs, 2001). Como devemos interpretar esses dados do ponto de vista do gênero, do poder e da justiça em relacionamentos?

À luz dessas questões, Sara McClelland (2010) propôs uma teoria da *justiça íntima* perguntando-se sobre o "impacto das desigualdades sociais e políticas nas experiências íntimas, na imaginação das pessoas, em seu comportamento e em sua avaliação sobre suas vidas íntimas". Segundo ela, para avaliar os relatos sobre satisfação sexual feitos por homens e mulheres, é importante também estudar o quanto ambos se permitem sentir prazer sexual. Uma pessoa que não se sente merecedora de muito satisfaz-se com pouco. O contexto político-cultural pode afetar essa noção de merecimento, e mulheres e homens podem se sentir diferencialmente merecedores de prazer sexual. McClelland também observa que é crucial investigar o que os entrevistados entendem por "muita" satisfação e por "pouca" satisfação, e se há diferenças de gênero nessas noções. Nessa pesquisa, a base inferior da escala de satisfação sexual variou muito para homens e mulheres. Essa base inferior foi descrita pelas mulheres de modo muito negativo, mobilizando conceitos como dor, degradação e depressão. Para os homens, o piso da escala remetia ao descontentamento com o sexo, à solidão e ao descontentamento com a atratividade de seu par – não havendo menção aos efeitos fortemente negativos listados pelas mulheres.

A análise de McClelland situa o estudo das experiências e dos relacionamentos sexuais pessoais claramente dentro do contexto sociopolítico das relações de poder entre grupos. Sua abordagem mostra a inadequação de um simples catálogo de diferenças entre mulheres e homens em determinadas variáveis sexuais para a compreensão das razões das diferenças entre as experiências masculinas e femininas da sexualidade. Para se compreender de forma mais clara como e por que esses relacionamentos funcionam, deve-se colocar no contexto das relações de poder entre grupos de gênero não apenas o comportamento sexual, mas tudo o que diz respeito aos relacionamentos de casais.

Casais: conexões íntimas, duradouras

Embora pensemos que os relacionamentos íntimos de longo prazo envolvam amor e compromisso pessoal, é impossível entender esses relacionamentos sem recorrer a noções menos românticas como poder, economia e divisão de trabalho. Tradicionalmente, a autoridade em um casal heterossexual é atribuída ao homem na maioria das culturas. É muito frequente a institucionalização, formal ou informal, dessa autoridade em um arcabouço jurídico e religioso que define o que é casamento. Nem todas as noivas prometem amar, honrar e *obedecer*, mas há quase sempre uma aceitação implícita do domínio masculino em casais heterossexuais.

Nesse cenário, a noção de que o homem é o provedor e de que a mulher se encarrega dos cuidados do lar e das pessoas tende a codificar os papéis tradicionalmente associados a casais de homens e mulheres em muitas sociedades. Essa divisão tradicional de papéis não corresponde à situação real da maioria dos casais de homens e mulheres nos países ocidentais. Como mostra a Figura 4.2, nos Estados Unidos, a maioria das mães trabalha fora; os casais em que apenas o marido está empregado representam apenas 19% das famílias, as mulheres constituem quase 47% da força de trabalho e praticamente 70% das mães de crianças menores de 18 anos trabalham fora (U.S. Bureau of Labor Statistics, 2015a). Em casais em que ambos trabalham, 29% das mulheres ganham mais do que seus companheiros. Em todo o mundo, as mulheres representam pouco mais de 40% da força de trabalho, e algo em torno de 50% das mulheres com 15 anos ou mais trabalham fora (Banco Mundial, 2016). Em países como Suécia, França e Dinamarca, no que diz respeito à composição da força de trabalho, a distância entre homens e mulheres diminuiu cerca de 10%.

Se não houvesse nenhuma ideologia cultural envolvida, toda vez que a vida do casal sofresse mudanças (a perda de emprego do marido ou a promoção da esposa, por exemplo), ambos simplesmente ajustariam sem sobressaltos emocionais suas cotas de trabalho doméstico e de participação na tomada de decisões, refletindo assim essas mudanças e mantendo uma justa divisão do trabalho. Em vez disso, geralmente os casais aderem aos padrões tradicionais de divisão do trabalho, mesmo diante de mudanças – e podem achar difícil encarar as discrepâncias entre seus relacionamentos e o ideal tradicional.

Figura 4.2. Taxas de participação das mães na força de trabalho nos Estados Unidos e no Reino Unido. Tanto nos Estados Unidos quanto no Reino Unido, a participação na força de trabalho de mães de crianças pequenas aumentou significativamente nas últimas décadas do século XX. Apesar de pequenas diminuições nos últimos anos, a maioria das mães, mesmo as mães de crianças muito pequenas, estão agora trabalhando fora. Fonte: U.S. Bureau of Labor Statistics (2017a – Tabela 7), Office for National Statistics (2015).

A cota de responsabilidade doméstica e de criação dos filhos é maior para as mulheres (U.S. Bureau of Labor Statistics, 2016), ainda que muitas delas estejam empregadas em tempo integral. Os homens que ganham menos do que suas esposas não necessariamente cedem o poder de decisão ou o papel de provedor (Tichenor, 2005). Os homens que entretêm uma forte ideologia de masculinidade tradicional relatam uma piora na qualidade do relacionamento quando suas esposas ganham mais do que eles (Coughlin; Wade, 2012). Um estudo sueco observou que, ao dividir as tarefas domésticas e as responsabilidades de cuidar dos filhos, os homens, em comparação com as mulheres, podem traçar limites mais nítidos – estabelecendo que não podem ser pressionados a realizar certos tipos de tarefas domésticas (Magnusson; Marecek, 2012). Fica evidente, portanto, que os casais são influenciados pelas normas culturais na definição de papéis de gênero em relacionamentos duradouros.

Bases e estilos de poder interpessoal nos relacionamentos

A intensidade e o tipo de influência exercida por indivíduos em relacionamentos íntimos, em relações de amizade, no trabalho etc., refletem as normas culturais e o acesso a recursos. Como vimos acima, o relacionamento de casal envolve papéis que estão fortemente ligados ao gênero – e esses vínculos não podem deixar de afetar o poder no interior desses relacionamentos.

Quando alguém procura influenciar outra pessoa, essa tentativa de influência deve estar baseada em algum recurso. Se, por exemplo, um estranho parasse outra pessoa na rua e dissesse a ela para atravessar a rua e andar do outro lado do passeio, teria de haver um *motivo* para ela obedecer. Talvez o estranho esteja apontando uma arma para você ou lhe prometendo dar uma caixa de chocolates se você atravessar a rua. Talvez ela esteja usando um uniforme da polícia. Talvez em sua cultura a norma seja atender a solicitações de estranhos. Qualquer uma dessas possibilidades forneceria o motivo para a conformidade – ou, como diriam os psicólogos sociais, as *bases de poder* que subjazem à tentativa de influência. As bases de poder típicas envolvem recompensa ("farei isso por você se você obedecer"), coerção ("farei algo ruim com você se não obedecer"), conhecimento especializado ("minha *expertise* me diz que este é o melhor curso de ação para você"), legitimidade ("em virtude de autoridade legítima ou das normas culturais aceitas, tenho o direito de exigir isso de você"), referência ("se você realmente gosta de mim, se você me ama ou me admira, ou valoriza nosso relacionamento, você fará isso por mim") e informação ("aqui estão todos os bons, e lógicos, motivos para você fazer isso") (French; Raven, 1959; Raven, 1992).

A mobilização das bases de poder depende do acesso a determinados recursos, e o acesso a recursos tende a ser infletido pelo gênero. Em muitos contextos de relacionamento, os homens têm controle sobre mais recursos financeiros do que as mulheres e estão numa posição privilegiada para usá-los como base para exercer influência. Em relacionamentos duradouros de casais heterossexuais, as expectativas culturais relativas à masculinidade e à feminilidade podem conferir acesso ao poder legítimo. Em um contexto cultural que os identifica como "chefes" do núcleo familiar, os homens têm um poder legitimado considerável para exigir obediência de suas esposas e filhos. Em um contexto cultural em que o homem é o principal responsável pelo sustento financeiro da família, a esposa exerce uma considerável autoridade moral legítima para dele cobrar esse sustento (já um homem teria pouca autoridade para insistir que sua esposa deva ser a fonte principal de sustento financeiro). Acordos entre indivíduos também conferem legitimidade. Por exemplo, se um casal concordou em dividir igualmente as tarefas domésticas, cada um deles tem o direito legítimo de insistir que o outro faça sua parte. No entanto, se esse acordo violar normas culturais mais gerais, isto é, na ausência de um suplemento de força advindo das normas culturais, será mais difícil impor a vontade de uma parte à outra recalcitrante.

Tanto as expectativas culturais de papéis de gênero quanto a distribuição dos recursos nos quais se baseia o poder interpessoal afetam os *estilos de influência* mobilizados em relacionamentos de casal. Por exemplo, as tentativas de influência interpessoal podem variar em seu grau de franqueza, desde as muito incisivas e diretas até as muito sutis e "ardilosas". Estereótipos de gênero sugerem que o estilo de influência masculino é direto e "forte", enquanto o estilo feminino é sutil e "fraco" – e há algumas evidências de que as expectativas das pessoas convergem para esse padrão. Todavia, compreender as bases do poder permite-nos considerar essa situação de uma forma um pouco diferente. É provável que as pessoas sejam mais diretas em suas tentativas de influência quando estão em terreno firme e se sentem seguras de si – quando controlam recursos como legitimidade, dinheiro, força física ou *expertise*, que irão sustentar suas demandas ou solicitações. Assim, o estilo de influência em casais depende desta situação: um homem que controla toda a renda pode se sentir à vontade para ser muito direto quanto à exigência de que ela seja gasta de determinada maneira; uma mulher que chegou a um acordo com seu cônjuge de que eles dividirão igualmente as tarefas domésticas pode ser muito direta ao exigir que ele faça sua parte. De acordo com pesquisas, entre casais de *gays*, de lésbicas e de heterossexuais, aqueles que se acham mais poderosos do que seus parceiros usam táticas de influência mais diretas (Aida; Falbo, 1991). Acrescente-se que, entre heterossexuais casados, as esposas que sentem ter o mesmo poder que seus maridos relatam usar mais estratégias diretas do que estratégias indiretas (Weigel; Bennett; Ballard-Reisch, 2006).

Ainda assim, é preciso considerar o impacto do ambiente cultural que associa a masculinidade a um *status* mais elevado. Em um estudo sobre relacionamentos duradouros entre pessoas do mesmo sexo e entre pessoas do sexo oposto, Howard, Blumstein e Schwartz procuraram determinar quais variáveis se associavam às estratégias de influência. Eles examinaram a importância relativa do gênero, da orientação do papel do gênero, do controle sobre recursos (como dinheiro, atratividade física e dependência interpessoal) na mobilização de táticas de influência "fortes" e "fracas". Eles verificaram que o gênero do parceiro foi um fator importante para o tipo de influência mobilizada. Tanto mulheres quanto homens com parceiros homens tinham mais probabilidade de se valer de estratégias de influência "fracas", como manipulação e súplica. Segundo esses pesquisadores, "o poder associado ao fato de ser homem parece se expressar em comportamentos que suscitam estratégias fracas no parceiro" (Howard; Blumstein; Schwartz, 1986, p. 107).

Focalizando casais heterossexuais, Overall, Sibley e Tan (2011) mostraram que os sexismos hostil e benevolente afetam o conflito e a resistência à influência. Quando o sexismo hostil caracterizava fortemente as ações dos homens, os casais eram menos abertos e mais hostis em suas interações conflituosas e era menos provável que as discussões resultassem na mudança pretendida. Em contraposição, aqueles homens mais afins aos ideais sexistas benevolentes ("mulheres são especiais", "precisam ser protegidas") tendiam a se comportar com menos hostilidade e conseguiam desarmar a resistência das mulheres de modo mais eficaz. Aparentemente, as mulheres estavam em geral dispostas a trocar um tratamento especial dentro do relacionamento pela influência em decisões que ultrapassam os limites do próprio relacionamento.

Famílias com filhos

As expectativas de gênero têm um impacto ainda maior quando os casais têm filhos. A gravidez e o nascimento de um filho podem alterar o equilíbrio de poder num casal. Pesquisadoras constaram que o poder da mulher em um relacionamento heterossexual diminui com a transição para a maternidade (Koivunen; Rothaupt; Wolfgram, 2009). Por que isso acontece? Em um ambiente social que atribui a maior parte das responsabilidades de cuidar dos filhos às mulheres, são elas que passam por mais mudanças e têm sua vida mais limitada. É mais provável que seja a mulher a reduzir os compromissos de trabalho, o que aumenta sua dependência financeira e dificulta o término do relacionamento. Além disso, apesar da necessidade e importância da criação dos filhos, a sociedade não lhe atribui um *status* elevado. Uma mãe e dona de casa em tempo integral pode sentir-se envergonhada ao dizer que é uma "mãe que fica por conta da casa". Até mesmo aquelas mães com empregos bem remunerados acabam minimizando ou não mencionando suas tarefas de cuidados dos filhos para que seu compromisso com o emprego não seja questionado por colegas de trabalho ou supervisores (Slaughter, 2012). O envolvimento do pai no cuidado do(s) filho(s) pode mitigar um pouco essa situação: verificou-se uma associação entre a coparentalidade, o envolvimento ativo do pai e os relatos tanto do pai quanto da mãe (mas sobretudo desta última) sobre a qualidade do relacionamento após o nascimento do primeiro filho (McClain; Brown, 2017).

Em alguns contextos culturais, entretanto, a gravidez é de importância fundamental para as mulheres casadas; o nascimento de um filho (de um menino, em particular) protege ou aumenta o *status* e o poder familiar da mulher; a infertilidade está associada à vergonha. Isso vale sobretudo para ambientes onde pais e mães dependem dos filhos como fonte de apoio econômico (Ali *et al.*, 2011) e onde a descendência se dá apenas pela linha masculina (Obermeyer, 1992).

O poder das mulheres na família e na sociedade afeta o bem-estar de seus filhos. Uma mulher com mais poder familial e societal tem mais condições de garantir a nutrição, a educação e outras formas de cuidado adequadas para seus filhos. Quando o *status* das mulheres é mais elevado, elas têm mais acesso a cuidados pré-natais e a uma boa nutrição, o que leva a melhores resultados nutricionais para seus filhos. De acordo com o estudo de Smith, Ramakrishnan, Ndiaye, Haddad e Martorell, se as mulheres e os homens tivessem o mesmo *status* nos países da Ásia meridional, a taxa de crianças abaixo do peso com menos de três anos de idade cairia em cerca de 13 pontos percentuais, o que equivaleria a cerca de 13 milhões de crianças desnutridas a menos (Smith *et al.*, 2003). Em famílias mexicanas, o maior poder de negociação das mães em seus núcleos familiares está associado à diminuição da quantidade de horas de trabalho infantil de suas filhas (Reggio, 2011).

Tanto o poder interpessoal no interior de uma família quanto os estereótipos culturais de gênero nos quais se inserem essas relações de poder afetam a divisão das tarefas de cuidado infantil. As mães – de quem se espera a maior parte do cuidado infantil em quase todas as culturas – tendem a dedicar muito mais tempo a essas tarefas do que os pais (cf., por exemplo, Koivunen; Rothaupt; Wolfgram, 2009; Craig; Mullan, 2011). Mudanças na sociedade e nos recursos disponíveis às mulheres pendem a balança em favor delas, propiciando-lhes um maior acesso ao poder – mas, ao que parece, jamais a igualdade completa. Em todas as culturas, o poder político e econômico das mulheres está ligado a seu poder dentro do casal e a uma divisão mais equitativa do trabalho doméstico (Rogers, 2003). Observe-se o caso de um vilarejo do norte da Índia, num intervalo de 20 anos: o aumento na prosperidade e o maior acesso das mulheres à educação estão correlacionados tanto com o aumento do poder e a elevação do *status* das noras em relação às sogras quanto com uma maior assertividade das mães na educação de seus filhos (Minturn; Boyd; Kapoor, 1978).

Entretanto, mesmo em sociedades que valorizam a igualdade de gênero, há ainda a possibilidade de casais enfrentarem dificuldades em deixar para trás completamente a expectativa de que cuidar dos filhos é "trabalho de mulher". Quando o trabalho interfere na atenção aos filhos, as mães sentem-se mais culpadas do que os pais (Borelli *et al.*, 2017). A cultura e as políticas públicas dos países nórdicos enfatizam a igualdade de gênero, e mães e pais têm os mesmos direitos à licença parental remunerada. Ainda assim, as mães usam mais o tempo disponível de licença parental e continuam a se dedicar mais ao trabalho doméstico e aos cuidados dos filhos – e muitos casais alegam que esse arranjo ocorreu simplesmente "de forma natural" (Magnusson; Marecek, 2012).

Está claro que o impacto das normas culturais sobre o gênero é muito profundo. Um dos efeitos dessas atitudes estereotipadas é restringir as escolhas das mulheres, diminuir seu poder nos relacionamentos heterossexuais e aumentar sua carga de trabalho. Isso gera consequências na vida de mulheres e de homens que não se limitam à esfera familiar. No próximo capítulo, examinaremos como as expectativas de gênero e a divisão de gênero do trabalho doméstico afetam homens e mulheres no local de trabalho.

Para quem quiser se aprofundar mais

Joan Chrisler (org.) *Reproductive justice*: a global concern. Londres: Bloomsbury Publishing, 2012. Essa coletânea contém capítulos que versam sobre temas relevantes para relacionamentos, como escolha de parceiros, poder nas relações, gravidez e cuidados pré-natais, parto e infanticídio, e dão relevo ao aspecto transcultural dessas questões. Em cada contribuição, as autoras analisam a distribuição de poder conforme o gênero e o papel dos estereótipos de gênero nas questões reprodutivas.

Seção especial "Feminist forum: adolescent girls' sexual empowerment". *Sex Roles*, volume 66, publicada em 2012. A seção especial dessa edição da revista compõe-se de sete artigos que exploram e debatem o empoderamento sexual de meninas adolescentes. O artigo de Sharon Lamb e Zoë Peterson abre a discussão examinando a relação entre *ser* sexualmente empoderada e sentir-se empoderada. Os artigos subsequentes comentam essa contribuição, gerando uma discussão complexa e fascinante sobre gênero, sexualidade, poder e mídia.

Abbie Goldberg (org.) *Lesbian and gay parents and their children*: research on the family life cycle. Washington, DC: American Psychological Association, 2010. Essa coletânea oferece uma visão geral dos estudos da parentalidade entre pessoas do mesmo sexo e contém textos que abordam os relacionamentos de casais, a decisão de ter filhos, a experiência na criação de filhos e as perspectivas dos próprios filhos.

Janet Holland; Caroline Ramazanoglu; Sue Sharpe e Rachel Thomson. *The male in the head*: young people, heterosexuality, and power. Londres: The Tufnell Press, 1998. As autoras analisam o poder nos relacionamentos heterossexuais convencionais a partir de relatos de homens e mulheres jovens sobre esses relacionamentos. Elas exploram a relação entre o empoderamento sexual dos homens jovens e sua capacidade de acessar os privilégios tradicionais da masculinidade, e examinam também como as garotas tentam empoderar-se sexualmente ao transformarem os homens e a si mesmas e ao assumirem o controle de seus encontros sexuais.

Miriam Liss e Holly Schiffrin. *Balancing the big stuff*: finding happiness in work, family, and life. Lanham: Rowman & Littlefield, 2014. As autoras, ambas psicólogas, apresentam um panorama dos estudos sobre a relação entre trabalho e família e defendem a importância do estabelecimento cuidadoso de prioridades e da tomada de decisões na busca do melhor equilíbrio em determinadas famílias. Elas também abordam questões sociais como licença parental e creches acessíveis, que devem ser atendidas para promover o equilíbrio entre trabalho e família.

Deborah Tolman. *Dilemmas of desire*: teenage girls talk about sexuality. Cambridge: Harvard University Press, 2002. A psicóloga disponibiliza suas entrevistas com meninas adolescentes entre 15 e 18 anos em duas escolas de ensino médio nos Estados Unidos, nas quais falam sobre seus sentimentos, pensamentos e ações a respeito da sexualidade.

5
Inflexões de gênero no local de trabalho

Em 2017, ocorreram vários fatos inéditos para mulheres no mundo do trabalho. Os Estados Unidos designaram o primeiro grupo de infantaria feminina para um batalhão de fuzileiros navais, e a Marinha revelou planos de designar as primeiras mulheres para sua força de operações especiais, SEAL. A primeira orquestra afegã totalmente feminina ganhou o prêmio Freemuse em reconhecimento de sua coragem e caráter exemplares. Ainda em 2017, Nancy Abu-Bonsrah tornou-se a primeira presidente negra do Departamento de Neurocirurgia da Faculdade de Medicina Johns Hopkins, Cressida Dick foi a primeira mulher a ser nomeada chefe da Metropolitan Police, a maior força policial da Grã-Bretanha, e, em Londres, Carris Jones tornou-se a primeira mulher corista da Catedral de Saint Paul.

Embora em menor número, também ocorreram ineditismos entre os homens. Manny Gutierrez tornou-se o primeiro homem a ser porta-voz da gigante dos cosméticos Maybelline. Pharrell Williams assinou contrato como o primeiro modelo masculino a aparecer em uma campanha de bolsas da Chanel. Wooyoung tornou-se o primeiro modelo da capa da revista japonesa *Shel'tter*. Lewys Ball passou a ser o primeiro porta-voz da empresa de maquiagem Rimmel London. E, num empreendimento que pode vir a afetar a socialização e as aspirações dos garotos norte-americanos, a fábrica de brinquedos American Girl lançou seu primeiro boneco (do baterista Logan Everett).

O fato de que ainda é possível encontrar histórias sobre a "primeira mulher" e o "primeiro homem" a ocupar determinados cargos nos faz recordar dos recortes de gênero que perpassam o mundo do trabalho. Em todo o mundo, mulheres e homens ocupam funções diferentes. Este capítulo começa com um exame desses padrões de segregação ocupacional e das teorias sobre suas causas. A discussão passa pela consideração dos locais de trabalho onde os homens dominam e aqueles onde são as mulheres que dominam e do impacto de ser um *token*[17] de gênero em ambas as situações. Discutiremos uma variedade de questões: discriminação, papéis familiares de gênero, crenças de que mulheres e homens diferem em determinadas habilidades. Em seguida, discutiremos a desigualdade salarial entre os gêneros, que pode ser atribuída parcialmente à segregação ocupacional. Na sequência, examinaremos a discriminação no emprego e as tentativas de diminui-la por meio de *ações afirmativas*. Por fim, como há uma forte implicação dos papéis familiares nas desigualdades de gênero no trabalho, este capítulo também abordará a evolução e os efeitos de um local de trabalho "amigável à família" [*family-friendly*].

---

17. Mantivemos o termo original já que ele tem sido convencionalmente adotado pelos estudos e ativismos de gênero, entre outros. Cabe, porém, uma definição sumária: há *token* (ou *tokenismo*) quando um indivíduo ou espécime (ou uma "amostra" de indivíduos/espécimes) é usado para representar uma categoria geral (*type*). Um caso de *token* de gênero no mundo do trabalho seria empregar uma mulher (ou um grupo sub-representado de mulheres) para servir de símbolo (de *token* justamente) da categoria "mulheres", em detrimento de sua individualidade, e muitas vezes para fins de cumprimento de alguma regulamentação ou como mostra de adesão (aparente) ao ideário da diversidade. Nesse sentido, o *tokenismo* não deixa de designar uma operação metonímica em que se toma a parte pelo todo ou o gênero (aqui no sentido taxonômico) pela espécie [N.T.].

Segregação ocupacional: diferentes empregos para mulheres e para homens

Verifica-se uma tendência global de maior acesso das mulheres à educação e de maior participação na força de trabalho. Desde 1970, a participação das mulheres na força de trabalho tem aumentado constantemente em quase todas as regiões do mundo, ainda que esse crescimento tenha diminuído nos últimos anos. Atualmente, as mulheres representam pelo menos 47% da força de trabalho em muitos países, como Suécia, Noruega, Dinamarca, Estados Unidos, Canadá, Nova Zelândia, Portugal e França.

Há, todavia, uma persistente segregação de gênero no local de trabalho – e, como vimos, a divisão do trabalho em casa também continua sendo fortemente marcada pelo gênero. Até mesmo um exame casual do mundo do trabalho mostra, por exemplo, que a maioria dos funcionários administrativos e de serviços são mulheres; a maioria dos trabalhadores da construção civil e dos trabalhadores manuais especializados são homens; a maioria dos jogadores profissionais de futebol, hóquei, basquete e críquete são homens; a maioria dos cuidadores de crianças, auxiliares de saúde e enfermeiros são mulheres; há mais homens atuando como líderes políticos do que mulheres; há mais engenheiros do que engenheiras, mais diretores executivos de empresas do que diretoras, mais reitores do que reitoras... A segregação ocupacional por gênero é significativa e evidente na maioria dos países (Jarman; Blackburn; Racko, 2012).

A segregação ocupacional por gênero é tanto vertical (as mulheres tendem a ocupar os níveis mais baixos de *status* e de remuneração em quase todos os tipos de trabalho) quanto horizontal (mulheres e homens com níveis de *status* similares fazem diferentes tipos de trabalho). A segregação vertical está diminuindo lentamente nos países economicamente mais desenvolvidos à medida que mais mulheres passam a ocupar cargos gerenciais e especializados. Nos Estados Unidos, por exemplo, um terço dos médicos e 16% dos reitores de faculdades de medicina são mulheres (American Association of Medical Colleges, 2015); elas também representam 36% dos advogados e mais de 31% dos reitores de faculdades de direito (American Bar Association, 2017). Trata-se de uma grande mudança em relação à geração anterior, quando essas profissões ainda eram implacavelmente dominadas e conduzidas por homens. Já a segregação horizontal de gênero ainda continua teimosamente intocada na maioria das situações (Charles, 2011). A Figura 5.1 abaixo ilustra a segregação ocupacional de gênero no Reino Unido e nos Estados Unidos.

Figura 5.1. Segregação ocupacional por gênero em dois países ocidentais, 2016-2017. Tanto na Grã-Bretanha quanto nos Estados Unidos, e também em outros países, a segregação ocupacional por gênero é bastante acentuada. Nos extremos, os trabalhadores de secretariado e escritório têm muito mais probabilidade de serem mulheres do que homens; engenheiros e trabalhadores da construção civil têm muito mais probabilidade de serem homens do que mulheres. Fonte: U.S. Bureau of Labor Statistics (2017b); Office for National Statistics (2017).

É provável que a persistência da segregação de gênero no trabalho seja uma consequência de uma complexa mistura entre estereótipos de gênero sociais e individuais, discriminação contra grupos de fora por parte dos detentores do poder, hábito e inércia social – e também o persistente impacto de todos esses fatores sobre as escolhas e os comportamentos dos indivíduos ao longo da vida. Consideremos inicialmente o modo como os papéis sociais esperados se reproduzem.

Quais são as causas da segregação ocupacional? O impacto dos papéis sociais

A psicóloga social Alice Eagly (1987) elaborou uma *teoria dos papéis sociais* para explicar a persistência da segregação de mulheres e de homens em empregos diferentes. Essa teoria descreve um circuito de *feedback* positivo no qual determinadas funções que exigem qualidades estereotipadas de gênero tendem a ser ocupadas por membros do grupo de gênero que se presume dotado dessas qualidades – e então a predominância de um grupo de gênero nesses empregos reforça o estereótipo de gênero atribuído tanto ao emprego quanto aos seus ocupantes. Presume-se, por exemplo, que ser um cuidador de crianças exija acolhimento, orientação protetiva e amor pelas crianças – todas as qualidades estereotipadas como femininas. Não surpreende, portanto, que essas qualidades tendam a ser atribuídas às mulheres, e que elas sejam consideradas as mais adequadas para esse tipo de trabalho. É provável que a expectativa daquele que oferece essa ocupação seja a de contratar uma mulher. É mais provável que as mulheres se candidatem a esse emprego do que os homens porque ambos os gêneros incorporaram a expectativa social de que são as mulheres as mais aptas para esse tipo de função. É assim que se retroalimenta o circuito no qual as chances de as mulheres serem contratadas como cuidadoras de crianças são maiores do que as dos homens. E, uma vez trabalhando, as cuidadoras usam e desenvolvem ainda mais as habilidades de cuidado necessárias para realizar o trabalho eficientemente. Quem vê os cuidadores de crianças comportando-se de maneira acolhedora e protetora, também observa que a maioria dos que se comportam assim são mulheres. Trata-se de um mecanismo que reforça a ideia de que as mulheres são acolhedoras e carinhosas, e que, portanto, são elas, e não os homens, as pessoas mais adequadas para realizar essa função. Todo esse processo reforça os estereótipos de gênero e produz um ciclo que é difícil de romper: as mulheres são selecionadas (e selecionam a si mesmas) como cuidadoras de crianças porque são estereotipadas como detentoras das qualidades necessárias para esse trabalho. O desdobramento do trabalho recompensa essas qualidades. E quem vê a maioria das cuidadoras de crianças comportando-se de forma acolhedora e protetora reforça sua opinião de que as mulheres tendem a ser acolhedoras e protetoras.

O ciclo que acabamos de descrever sustenta a persistência de estereótipos de gênero explícitos e implícitos que acompanham os papéis ocupacionais. Como se viu no capítulo 1, a constante associação de mulheres com determinadas qualidades, ambientes e comportamentos, e de homens com outros, contribui na criação de estereótipos implícitos que são ativados praticamente de forma automática. Quando pensamos em cuidador de crianças, pensamos em uma mulher; quando pensamos em engenheiro, pensamos em um homem. Isso acontece apesar de sabermos que os homens podem ser ótimos cuidadores de crianças e as mulheres excelentes engenheiras. É possível que aquelas pessoas com estereótipos de gênero implícitos mais leves estejam mais dispostas a seguir trajetórias profissionais não "recomendadas" pelos estereótipos ou a empregar pessoas que destoam dos estereótipos tradicionais de gênero associados a uma função. Uma pesquisa com estudantes universitários franceses revelou que o grau de associação implícita entre habilidades matemáticas e de raciocínio e a masculinidade era mais fraco entre as alunas de engenharia do que entre as alunas de ciências humanas, ou entre os homens que cursam engenharia ou ciências humanas (Smeding, 2012).

Uma abordagem informada pela teoria dos papéis sociais mostra como estereótipos de gênero socialmente arraigados e difundidos podem enviesar as avaliações que as pessoas fazem de si mesmas e das outras e manter barreiras e regras sobre feminilidade e masculinidade às quais se sente que se deve conformar. O que torna tão difícil romper com esse padrão de segregação ocupacional é a natureza profundamente arraigada das crenças relativas ao gênero. Em muitas situações, todos sabem que não devem tomar decisões de trabalho com base no gênero, mas o fazem mesmo assim, muitas vezes sem perceber. Por exemplo: muitas pessoas aprenderam a associar posições de alto prestígio como a de músico de orquestra aos homens. Em um estudo de gênero sobre orquestras, quando as audições eram realizadas com as cortinas fechadas, de modo a não relevar o gênero de quem estava se apresentando, a banca escolhia mais mulheres em comparação com aquelas realizadas à plena vista (Goldin; Rouse, 2000).

Mesmo quando tomam decisões a respeito de suas próprias habilidades e desempenho, as pessoas podem aplicar inconscientemente padrões e normas culturais de gênero. Em um experimento conduzido por Shelley Correll, estudantes foram informados (falsamente) de que os homens geralmente têm melhor desempenho em um teste de "sensibilidade ao contraste". Os estudantes homens avaliaram seu desempenho de forma mais positiva, verificando-se também uma probabilidade maior de expressarem sua vontade de trabalhar em uma função que exigisse essa habilidade (Correll, 2004). O simples fato de terem recebido um único retorno informado por um viés de gênero sobre uma habilidade que provavelmente nunca haviam considerado antes afetou as aspirações profissionais dos(as) estudantes. Imagine o efeito de ouvir repetidas vezes que os homens são melhores do que as mulheres em matemática e ciências.

Declarar publicamente escolhas educacionais ou ocupacionais consistentes com estereótipos indica conformidade com os papéis de gênero aprovados. Por exemplo, quando o interesse por poesia ou dança é considerado feminino, um jovem pode enfatizar sua masculinidade – para si mesmo e para seus pares – declarando sua aversão a esses temas. Um estudo realizado com estudantes de pós-graduação em administração constatou, de fato, que as mulheres solteiras restringiam suas ambições e aspirações salariais declaradas quando (e somente quando) acreditavam que outros estudantes veriam suas respostas (Bursztyn; Fujiwara; Pallais, 2017). Os pesquisadores sugerem que, pela recusa a aparentarem ambição, essas mulheres estavam se conformando ao que consideravam ser respostas adequadas para seu gênero no que diz respeito à carreira profissional.

Dadas as fortes mensagens culturais sobre quais empregos são apropriados e propícios para cada gênero, não é surpreendente que mulheres e homens desenvolvam preferências diferentes e tomem decisões distintas a respeito de suas trajetórias profissionais. Essas preferências conformadas culturalmente podem desempenhar um papel importante na manutenção da segregação ocupacional horizontal, sobretudo em sociedades que prezam e valorizam a escolha individual e que detêm recursos econômicos para acomodar essas escolhas. Em sociedades em que os jovens são aconselhados a fazer suas próprias escolhas e a seguir suas paixões, algumas formas de segregação ocupacional de gênero podem se mostrar particularmente resistentes a mudanças (Charles, 2011). Isso não ocorre porque as mulheres e os homens desejam e gostam "naturalmente" de tipos de trabalho diferentes, mas porque a ênfase na escolha pessoal e na autonomia oferece muito espaço para traduzir normas de gênero internalizadas em decisões de trabalho. Em tais contextos, diz Charles, "a autoexpressão geralmente resulta na 'expressão de *selfs* generificados'". É improvável que, exortados a escolher uma carreira na universidade, os jovens se concentrem em um campo que aprenderam a considerar inadequado em termos de gênero, sobretudo se não pesarem sobre eles/elas constrangimentos econômicos. Assim, os estereótipos implícitos e explícitos e os estereótipos que fazem de si mesmos conspiram para produzir o ciclo contínuo descrito pela teoria dos papéis sociais.

Habilidades diferentes?

Há toda uma história em volta da ideia de que mulheres e homens diferem em termos de habilidades. Até o século XIX, os cientistas diziam que o cérebro das mulheres era menor do que o dos homens. E quando essa noção foi refutada, passaram a afirmar que as partes mais importantes do cérebro eram maiores nos homens do que nas mulheres. No início do século XX, acreditava-se que a capacidade feminina de fazer um curso superior era muito menor do que a masculina, e o esforço intelectual associado à educação de nível universitário era considerado prejudicial e debilitante para as mulheres (Rosenberg, 1982) – crença essa que serviu para justificar a exclusão das mulheres do ensino superior.

Atualmente, entretanto, as mulheres têm uma presença forte e até majoritária no ensino superior. Nos Estados Unidos, as mulheres têm 33% mais chances de concluir um bacharelado do que os homens (U.S. Department of Labor; Bureau of Labor Statistics, 2016). Globalmente, no ensino pós-secundário, a proporção é de pouco mais de 1,04 mulheres para cada homem, embora haja uma variação considerável entre os países (Global Education Monitoring Report Team; United Nations Girls' Education Initiative, 2015). Mesmo em países onde as mulheres têm sido historicamente sub-representadas no ensino superior, o número de matrículas tem aumentado constantemente. O argumento de que as mulheres "não conseguem lidar" com o ensino superior não tem mais credibilidade.

Há ainda, todavia, uma diferença significativa entre homens e mulheres em relação a suas áreas de estudo na universidade. Em todo mundo, entre graduandos na área da educação, as mulheres são maioria (mais de 70%). Já entre graduandos em ciências, as mulheres representam apenas 41% do total; e 28% nas áreas de engenharia, manufatura e construção (OCDE, 2015a). Tem sido intenso o debate sobre as razões dessas diferenças. Alguns pesquisadores apontam para a possibilidade de que mulheres e homens diferem em algumas das habilidades fundamentais na *performance* em matemática, ciências e linguagem. Os pesquisadores de fato descobriram algumas pequenas, embora sólidas, diferenças médias de desempenho entre os gêneros – as mulheres tendem a obter uma pontuação um pouco melhor em testes de certas habilidades verbais específicas e os homens tendem a obter uma pontuação um pouco melhor em testes de certas habilidades matemáticas e espaciais (Halpern, 2012). Até que ponto essas diferenças de *performance* correspondem a diferentes níveis de habilidade? Em que medida essas *performances* refletem as diferentes condições socioambientais em que vivem? Que barreiras as meninas e os meninos enfrentam, em termos de incentivo ou discriminação, antes mesmo de se verem em uma situação em que estarão demonstrando suas habilidades?

Alguns pesquisadores se empenharam em examinar as forças sociais que levam meninas e meninos, mulheres e homens, a seguir diferentes trajetórias profissionais. Essas forças não parecem ser insignificantes. Um estudo analisou as interações naturais entre mães e seus filhos em idade pré-escolar. As mães falavam muito mais sobre números com os meninos do que com as meninas – promovendo entre eles, talvez, uma maior familiaridade e gosto por conceitos matemáticos (Chang; Sandhofer; Brown, 2011). Pais e professores podem entreter e comunicar diferentes expectativas sobre a competência matemática de meninas e de meninos. Já na segunda série, crianças estadunidenses viam a matemática como um domínio masculino, e os meninos dessa faixa etária identificavam-se mais com a matemática do que as meninas da mesma idade (Cvencek; Meltzoff; Greenwald, 2011). Crianças italianas apresentaram um padrão semelhante (Muzzatti; Agnoli, 2007). Em Cingapura, os meninos se identificaram mais com a matemática do que as meninas, ainda que estas se destacassem em matemática – e o estereótipo das crianças que estabelece a matemática como um domínio masculino aumenta com a idade (Cvencek; Meltzoff; Kapur, 2014). Mesmo no jardim de infância, crianças chilenas sugeriram que a matemática é mais difícil para as meninas, que seu desempenho é pior e que elas preferem linguagem à matemática (Del Río; Strasser, 2013). Na França, crianças da quinta série disseram ter consciência da associação entre matemática e condição masculina, mas a aplicam mais a adultos do que a crianças; no entanto, elas aplicam o estereótipo que associa a feminilidade com habilidades linguísticas tanto a adultos quanto a crianças (Martinot; Bagès; Désert, 2012). Como vimos no capítulo 3, o fato de as pessoas saberem que seu grupo é estereotipado em termos de habilidades específicas pode afetar seu desempenho – um fenômeno conhecido como ameaça de estereótipo.

A diferença no tratamento prolonga-se até a idade adulta. A partir de um estudo de campo, pesquisadores verificaram que candidatos a um cargo de gerente de laboratório foram avaliados e tratados de forma diferente pelo corpo docente de ciências de grandes universidades norte-americanas dotadas de importantes centros de pesquisa, embora os currículos de homens e mulheres fossem idênticos (Moss-Racusin *et al.*, 2012). Os docentes, tanto homens quanto mulheres, consideraram as candidatas menos competentes e a elas ofereceram salários iniciais significativamente mais baixos em comparação com o que ocorreu com os candidatos homens. Aparentemente, até mesmo as expectativas de cientistas bem-sucedidos (e de universidades voltadas para a pesquisa) a respeito da carreira científica das mulheres se revelaram mais pessimistas quando comparadas com as expectativas mais positivas em relação aos homens. É provável que essas expectativas diferentes contribuam de forma ainda mais decisiva na segregação ocupacional de gênero do que as pequenas diferenças médias entre os gêneros conforme as habilidades.

Desigualdades salariais entre os gêneros

Há uma diferença persistente e generalizada entre os salários dos homens e os salários das mulheres em todo o mundo. A Figura 5.2 ilustra essa diferença em vários países ocidentais. A diferença é tão persistente que, mesmo na Islândia, um dos países com melhor índice de igualdade de gênero, as mulheres ganharam 14% menos do que os homens em 2015 (Statistics Iceland, 2016). Diante da dificuldade de reduzir a diferença, a Islândia tornou-se o primeiro país a propor uma legislação que exige dos empregadores uma prova de que os salários de homens e mulheres são iguais (Alderman, 2017). As mulheres estadunidenses ganham menos do que os homens já no primeiro ano de formadas, mesmo quando especialidades acadêmicas, empregos, número de horas trabalhadas por semana e economia servem de variáveis de controle (Corbett; Hill, 2012). O Censo dos Estados Unidos (Ryan, 2012), examinando os rendimentos por área de formação, mostrou que, na população com 25 anos ou mais, os homens ganham mais do que as mulheres em todas as áreas; os homens também ganham mais do que as mulheres em quase todas as ocupações (U.S. Census Bureau, 2015). No Canadá, os rendimentos dos homens ajustados por idade são maiores do que os das mulheres em todas as áreas de estudo (Statistics Canada; Government of Canada, 2016). Entre mulheres e homens com formação acadêmica na mesma área, nos primeiros cinco anos após a graduação, a desigualdade salarial entre gêneros é evidente (Chamberlain; Jayaraman, 2017). Essa diferença existe em todos os grupos raciais e étnicos, embora seja maior naqueles grupos (brancos não hispânicos e asiáticos) em que os homens tendem a ganhar mais. Pesquisas sugerem até mesmo que os rendimentos das pessoas que fizeram transição do gênero masculino para o feminino tendem a diminuir, ao passo que os rendimentos das pessoas que fazem a transição de gênero do feminino para o masculino não se alteram ou sofrem um leve aumento (Grant; Mottet; Tanis, 2011).

Em todo o mundo, a diferença salarial entre gêneros pende a favor dos homens: de acordo com o *Global Gender Gap Report* do Fórum Econômico Mundial (2016), nenhum país do mundo atingiu a paridade salarial entre gêneros, e apenas cinco países – França, Chile, Peru, Hungria e Brasil – têm uma diferença salarial menor que 20% entre mulheres e homens exercendo funções semelhantes. O relatório estima que a eliminação das disparidades de gênero em termos salariais e de oportunidades econômicas pode levar 170 anos. Para piorar a situação, as mulheres – que já ganham menos – geralmente pagam mais por itens como roupas e produtos de higiene pessoal comercializados como femininos. Um estudo do chamado "imposto rosa" mostrou que produtos comercializados voltados para mulheres (camisas, jeans, giletes etc.) custam cerca de 7% mais do que os produtos equivalentes para homens (New York City Department of Consumer Affairs, 2015).

As diferenças de gênero em termos de educação ou especialização não explicam completamente a desigualdade salarial entre mulheres e homens. Mesmo nos países nórdicos, onde as mulheres constituem a maioria da força de trabalho altamente qualificada, elas ganham menos do que os homens (Fórum Econômico Mundial, 2016). Esse hiato também não é totalmente explicado pelas diferenças no número de horas por semana (ou de semanas por ano) ou pela maior probabilidade de as mulheres pedirem licença de trabalho temporária para cuidar dos filhos (Lips, 2013; Roth, 2006).

Um fator importante é o tipo de trabalho feito por mulheres e por homens: os homens têm mais chances de ter empregos bem remunerados e/ou regulados por leis trabalhistas (salário-mínimo, pagamento de horas extras, taxas sindicais). Considere, por exemplo, o trabalho doméstico – serviços feitos em residências particulares, como limpeza, preparação de alimentos, cuidados domiciliares de crianças, doentes ou idosos. Nos Estados Unidos, as mulheres representam mais de 83% dos empregados domésticos, faxineiros e auxiliares de cuidados pessoais (U.S. Department of Labor; Women's Bureau, 2014); as mulheres representam 83% dos trabalhadores domésticos em todo o mundo (OIT, 2012). As mulheres que realizam esse tipo de trabalho em nações desenvolvidas geralmente são imigrantes de países mais pobres. Os empregos que conseguem são geralmente combinados de maneira informal e privada, e o trabalho que realizam, embora essencial, é subvalorizado. Esses empregos geralmente não são contemplados pelas leis trabalhistas, o que leva a salários baixos na maioria das vezes. No outro extremo do espectro da renda, os homens tendem a predominar nos empregos bem remunerados (gerência, computação e engenharia, por exemplo – cf. U.S. Department of Labor; Women's Bureau, 2014). O simples fato de haver mais mulheres em empregos de *status* superior aparentemente não resolve o problema. Quando um grande número de mulheres ocupam campos dominados por homens sua remuneração tende a cair, pois seu trabalho é desvalorizado pelos empregadores (Levanon; England; Allison, 2009).

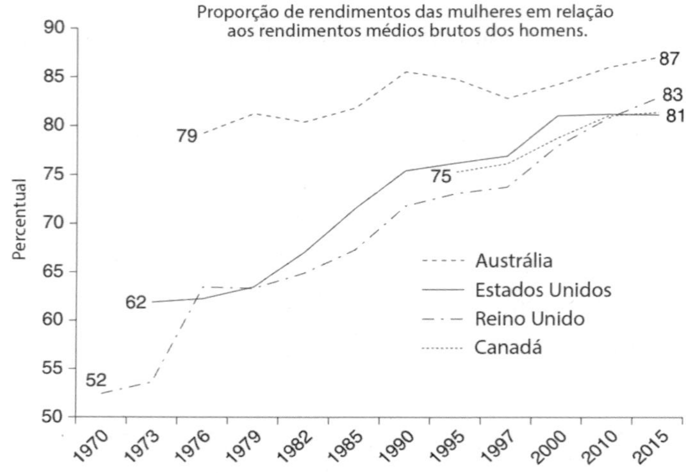

Figura 5.2. Proporção de rendimentos das mulheres em relação aos rendimentos médios brutos dos homens. A diferença entre os ganhos das mulheres e os dos homens diminuiu de forma relativamente lenta desde a década de 1990, e não foi atingida a paridade entre os salários das mulheres e os dos homens em nenhum país. Fonte: OCDE (2017a).

Em países desenvolvidos, uma maior segregação horizontal (ou seja, uma maior separação entre mulheres e homens em diferentes tipos – e não níveis – de emprego) pode estar associada tanto a um maior empoderamento feminino quanto a uma menor desigualdade salarial entre gêneros. Na Suécia, por exemplo, país com reputação em igualdade de gênero onde a participação feminina na renda e o número de mulheres com assento no Parlamento – parâmetros para se avaliar o empoderamento feminino – são elevados, a força de trabalho é significativamente segregada por gênero. Quando homens e mulheres estão fortemente segregados em diferentes ocupações, há menos oportunidades de discriminação de gênero *no interior* das ocupações. Quando são a maioria em uma determinada ocupação, as mulheres têm mais chances de atingir seus níveis mais altos porque há mais mulheres do que homens disponíveis para promoção. Contudo, como veremos a seguir, em empregos dominados por mulheres, os cargos de liderança estão desproporcionalmente nas mãos de homens – o que quer dizer que uma ocupação teria de ser totalmente preenchida por mulheres para garantir que todos os cargos seniores sejam delas! Ainda assim, essas pesquisas mostram que a segregação ocupacional e a desigualdade salarial se relacionam de modo complexo.

Mudança nos padrões e no escopo da discriminação no emprego

Discriminação no emprego: um breve histórico

A discriminação no emprego com base no sexo já foi uma prática arraigada e aceita. Embora as mulheres sempre tenham trabalhado, a ideia de que elas deveriam trabalhar em troca de remuneração era considerada escandalosa em alguns círculos. Um artigo de 1918 publicado na *Australian Medical Gazette* listou todos os danos causados quando as mulheres jovens passam o dia ganhando dinheiro em fábricas, lojas e escritórios em uma "existência adulatória e voluntariosa", em vez de se prepararem para a maternidade e a vida doméstica, e conclui recomendando a promulgação de uma legislação "que proíba o emprego de meninas e moças em qualquer atividade que não seja indiscutivelmente uma tarefa feminina até que tenham aprendido os trabalhos domésticos" (D'Aprano; Williams, 2001, p. XXII). Certos trabalhos foram proibidos para mulheres de forma rigorosa e duradoura; e há muitas histórias reais e lendas fantasiosas sobre mulheres que, ao longo dos séculos, passavam-se por homens para serem soldados, padres, monges e até mesmo papas. Na América do Norte, na Austrália e em outros lugares, até o início do século XX, era considerado natural que os anúncios de jornal de "procura-se ajuda" fossem categorizados conforme o gênero. Era considerado razoável (e legal) rejeitar um candidato a emprego dizendo: "não quero uma mulher (ou um homem) para esse cargo". A legalidade da discriminação sexual nas contratações foi anulada no Reino Unido pela *Sex Discrimination Act* (Lei que dispõe sobre a discriminação sexual) de 1975; e nos Estados Unidos, por uma ordem executiva presidencial de 1961 que proibia a discriminação no local de trabalho por características pessoais, reforçada com a criação do *Committee on Equal Employment Opportunity* (Comitê de oportunidades iguais de emprego) e com o Título VII do *Civil Rights Act* (Lei de direitos civis) de 1964. No Canadá, a *Canadian Human Rights Act* (Lei canadense de direitos humanos) de 1977 proibiu a discriminação sexual no emprego, e atualmente há legislações similares na maioria dos países. Essas leis não eliminaram a discriminação sexual na contratação, mas tornaram a discriminação explícita mais difícil.

Quando as mulheres eram *de fato* contratadas, era muito comum que recebessem menos do que os homens, sob a justificativa de que não conseguiam fazer o trabalho tão bem, de que os homens (não as mulheres) tinham famílias para sustentar, de que pagar às mulheres os mesmos salários dos homens arruinaria a economia. A necessidade das mulheres de sustentar uma família não servia como justificativa para o emprego ou para uma remuneração justa. Em vez disso, quando se sabia que funcionárias tinham família, essa situação muitas vezes servia como desculpa para impedir seu acesso a determinados empregos – ou o acesso ao próprio emprego. A partir do final da década de 1880, o sistema jurídico australiano determinou que as mulheres casadas não estavam qualificadas para trabalhar no serviço público, e as trabalhadoras que se casassem seriam forçadas a deixar o emprego. Nos Estados Unidos, até a década de 1970, professoras gestantes tinham muitas vezes de tirar licença maternidade não remunerada, sob a alegação de que continuar a lecionar seria perigoso para elas e para o feto – e de que sua gravidez distrairia os alunos. As mulheres também eram impedidas de trabalhar em determinados setores da indústria tendo em vista uma *potencial* gravidez, sob a alegação de que a exposição a determinados produtos químicos e condições de trabalho poderia ser perigosa para o feto (Legal Information Institute, 1991). Nos Estados Unidos, processos judiciais levaram ao reconhecimento dos atos de discriminação por gravidez como uma forma de discriminação sexual, resultando na aprovação da *Pregnancy Discrimination Act* (Lei que dispõe sobre a discriminação por gravidez) de 1978. Essa lei proíbe esse tipo de discriminação no parto ou em condições médicas correlatas. Os tribunais da União Europeia, do Canadá, do Reino Unido e de outros países tomaram decisões guiadas pela noção de que a discriminação por gravidez é um tipo de discriminação sexual e é ilegal. Entretanto, a quantidade de queixas de discriminação da gravidez continua elevada (cf., por exemplo, Zillman, 2014).

Em muitos países, há leis determinando a igualdade salarial e a igualdade no acesso ao trabalho. Na Grã-Bretanha, a *Equal Pay Act* (Lei da igualdade salarial) foi aprovada em 1970, mas sua implementação foi postergada em cinco anos para permitir que os empregadores se ajustassem. Na Austrália, a *National Security (Female Minimum Rates) Regulation* (Regulamento de segurança nacional – taxas mínimas para mulheres) de 1943 aumentou o salário-base feminino de 54% para 75% em relação ao salário-base dos homens; sua *Equal Pay Act* foi aprovada em 1972. Nos Estados Unidos, a *Equal Pay Act* de 1963 tornou ilegal pagar menos a uma mulher do que a um homem pelo desempenho de um trabalho igual ou substancialmente semelhante. Na Nova Zelândia, a *Government Service Equal Pay Act* de 1960 eliminou as escalas salariais diferentes para homens e para mulheres empregados no serviço público; a legislação de igualdade salarial foi estendida à força de trabalho em geral em 1972. A *Norwegian Gender Equality Act* (Lei norueguesa de igualdade de gênero) de 1979 estipulou que mulheres e homens funcionários de uma mesma empresa devem receber salários iguais pelo mesmo trabalho ou equivalente. Todo esse aparato legislativo possibilitou que mulheres e homens se aproximassem da igualdade salarial, mas a diferença entre seus respectivos salários permanece um problema em todo o mundo.

Para além da contratação e do salário, a discriminação empregatícia por gênero também afetou a promoção e o avanço nas carreiras. Em caso emblemático, Ann Hopkins, corretora da empresa financeira norte-americana Price Waterhouse, não foi admitida como sócia, apesar de seus ganhos para a empresa terem superado os dos colegas homens que se tornaram sócios. Entre as razões apresentadas constavam apelos para que ela se vestisse e agisse de forma mais feminina e para que fizesse um curso de etiqueta. Considerando esses fatos como evidências de discriminação de gênero maldisfarçada, Hopkins processou a empresa, e em 1989 saiu vitoriosa. Após levar em conta o testemunho especializado de psicólogos sobre estereótipos de gênero, o juiz concluiu que

Hopkins estava sendo injustamente submetida a um padrão (de feminilidade e etiqueta) que não era aplicado aos homens. Esse caso indicou que a probabilidade de haver discriminação aumenta quando os critérios de avaliação são ambíguos e os membros de um grupo anteriormente excluído estão assumindo novas funções no emprego (Fiske *et al.*, 1991). Ademais, em geral essa discriminação não é reconhecida, nem mesmo por seus perpetradores. Como vimos no capítulo 1, nossas reações às atitudes e aos comportamentos dos outros são frequentemente afetadas por estereótipos implícitos – nem mesmo sabemos que estamos reagindo de forma preconceituosa.

Assédio sexual

Uma forma de discriminação de gênero no trabalho é o assédio sexual: aproximações indesejáveis de teor sexual que intimidam ou desencorajam uma pessoa, e/ou a criação de um ambiente de trabalho hostil por meio de insinuações sexuais, provocações, toques etc., que interferem injustificadamente na experiência e no desempenho de um indivíduo no local de trabalho. Esse tipo de comportamento já foi considerado fonte de comentários jocosos no ambiente de trabalho, não um problema sério. As comédias de televisão mostravam secretárias sendo perseguidas em suas mesas por chefes lascivos – tudo supostamente bem divertido! O problema não foi nem mesmo nomeado publicamente como assédio sexual até a década de 1970 (Brownmiller, 1999). Longe de ser uma piada, o assédio sexual pode afetar as vítimas de forma séria, causando sentimentos de impotência, de vergonha, levando à redução da autoestima, à ansiedade e à depressão (Yoon; Stiller Funk; Kropf, 2010) e gerando sintomas como insônia, náuseas, baixa imunidade e maior suscetibilidade a inflamações. As pessoas que sofrem assédio sexual também tendem a se atrasar ou a se ausentar do trabalho, a se afastar socialmente, a valorizar menos seu emprego e a apresentar um declínio geral no desempenho no trabalho (Chan *et al.*, 2008).

O assédio sexual no trabalho é reconhecido como um problema comum em todo o mundo, mas como esse comportamento muitas vezes não é notificado, é difícil estipular números confiáveis. Uma pesquisa governamental com mais de 9600 mulheres japonesas revelou que mais de um terço das que trabalham em tempo integral relataram ter sido assediadas sexualmente no trabalho (McCurry, 2016). Em uma pesquisa *online* feita pela revista *Cosmopolitan*, cerca de uma em cada três mulheres entrevistadas relatou ter sido assediada sexualmente no trabalho (Vagianos, 2015). Na Austrália, um terço das mulheres e 9% dos homens relataram ter sofrido esse mesmo tipo de assédio no trabalho (Australian Human Rights Commission, 2012). Mais da metade das trabalhadoras britânicas pesquisadas relataram alguma forma de assédio no ambiente de trabalho, sendo que uma em cada 8 mulheres relataram toques sexuais indesejados ou beijos forçados; entre as entrevistadas com idade entre 16 e 24 anos, 64% relataram terem sido alvos de assédio sexual (Trades Union Congress, 2016).

Nos Estados Unidos, o assédio sexual é classificado como discriminação sexual e proibido pelo Título VII do *Civil Rights Act* de 1964. A EEOC, *Equal Employment Opportunity Commission* (Comissão de oportunidades iguais de emprego), move ações civis contra empregadores a partir de queixas de funcionários. Em 2016, mais de 12.800 queixas de assédio com conotação sexual e mais de 6.700 queixas de assédio sexual foram registradas na EEOC. A Carrols Corporation, uma grande franquia do Burger King, por exemplo, pagou 2,5 milhões de dólares para resolver um processo de assédio sexual movido pela EEOC. A acusação argumentava que diversas funcionárias, muitas delas com idades abaixo de 20 anos, haviam sido alvo de assédio - de comentários, piadas obscenas, toques indesejados a perseguições e até mesmo estupro - por parte de gerentes, e que as mulheres que se queixavam estavam sujeitas à retaliação (U.S. Equal Employment Opportunity Commission, 2013). Na Grã-Bretanha, as queixas de assédio sexual no local de trabalho são levadas a um tribunal do trabalho, que pode ordenar que o assediador e/ou o empregador pague uma indenização, melhore as condições de trabalho, restabeleça o emprego do reclamante ou outras medidas. Todavia, para se registrar uma queixa são cobradas taxas significativas (1.200 libras esterlinas em 2016); isso pode ser um impedimento para muitos reclamantes. Em países como França, China, Quênia, Lituânia e Espanha, o assédio sexual é crime e pode ser punido com multas e/ou prisão (UN Women, 2011). Na Índia, a legislação aprovada em 2013 ampliou a definição de assédio sexual no local de trabalho e as responsabilidades das organizações para lidar com ele, o que resultou no aumento do número de denúncias (Dutta, 2017).

Tetos de vidro e escadas rolantes de vidro: o impacto de ser um token é diferente para mulheres e homens?[18]

Para que uma ocupação dominada por homens ou uma ocupação dominada por mulheres se torne mais equilibrada em ter-

18. Respectivamente *glass ceilings* e *glass escalators* no original [N.T.].

mos de gênero, alguém do gênero sub-representado tem de ser o primeiro. A pessoa que entra num ambiente de trabalho dominado por colegas do outro gênero, tornando-se assim um *token de gênero*, enfrenta uma série de problemas (observados pela primeira vez por Kanter, 1977). Uma tal pessoa necessariamente se destacará de seus colegas de trabalho, o que pode ser bom ou ruim. O fato de se destacar pode tornar a pessoa mais autocentrada e ansiosa – mais propensa, portanto, a cometer erros. Esse efeito foi exatamente o que os pesquisadores encontraram quando examinaram em laboratório o desempenho de *tokens* femininos e masculinos em grupos pequenos (Lord; Saenz, 1985). Não só os *tokens* não obtiveram o melhor desempenho possível, como também seus erros foram mais notados e lembrados do que os dos outros membros do grupo. Esse pode ser um dos motivos das emoções negativas frequentemente relatadas por pessoas em posições de *token*. Por exemplo: verificou-se que policiais mulheres – cujo total não atingia 15% dos oficiais de um distrito – estavam menos satisfeitas no trabalho, tinham taxas maiores de depressão relacionada ao trabalho e apresentavam uma menor taxa de autoestima do que suas colegas de distritos cujo percentual do contingente feminino é maior do que 15% do total (Krimmel; Gormley, 2003).

A experiência de estar na posição de *token* de gênero não se resume simplesmente a ser percebido como incomum. Também é preciso lidar com estereótipos específicos de gênero e se deparar com relações de poder que podem ser danosas à percepção de sua adequação e/ou competência no trabalho. Devido ao conteúdo dos estereótipos de gênero, seu impacto pode ser diferente para homens e para mulheres em posição de *token*. Homens que são *tokens* podem ter mais facilidade do que as mulheres em se relacionar com supervisores (geralmente homens), sendo, portanto, mais provável que sejam levados a sério (cf., por exemplo, Floge; Merril, 1986; Yoder; Sinnett, 1985). Uma possível explicação para esse fenômeno é a expectativa estereotipada de que homens seriam mais competentes do que as mulheres. As mulheres em posição de *token* também parecem ter menos chances de receber apoio de suas supervisoras, devido talvez à competição implícita por um número restrito de vagas femininas em ambientes de trabalho dominados por homens e/ou ao interesse das supervisoras em evitar serem associadas a outras mulheres (quase por definição um grupo de *status* inferior) (Ryan *et al.*, 2012).

Um *token* pode achar difícil encontrar apoio e amizade por parte de seus colegas de trabalho. Aqui também mulheres e homens em cargos assim podem ter experiências distintas. Um estudo feito nos Estados Unidos revelou que, em ocupações dominadas por homens, os níveis de apoio dos colegas de trabalho percebidos pelas mulheres eram mais baixos do que os dos homens em ocupações dominadas por mulheres (Taylor, 2010). Nesse aspecto, pertencer a uma minoria numérica pareceu ser uma desvantagem para as mulheres, mas uma vantagem para os homens.

As mulheres têm se tornado cada vez mais raras em níveis mais altos das carreiras, especialmente em postos gerenciais e profissionais – e, portanto, cada vez mais parecidas com *tokens*. Há muitas mulheres na gerência média, mas pouquíssimas são gerentes seniores, CEOs de grandes empresas ou membros de conselhos corporativos (Fortune Knowledge Group, 2017; Grant Thornton, 2017). Alguns descrevem essa situação como *teto de vidro*: tudo se passa como se as mulheres se chocassem contra uma barreira invisível e impermeável quando tentam passar de um determinado patamar. Em termos globais, a porcentagem de mulheres em cargos de liderança empresarial sênior aumentou apenas 1% (de 24% para 25%) entre 2016 e 2017 (Grant Thornton, 2017). Um exame da presença (ou ausência) de mulheres em conselhos administrativos de empresas em todo o mundo mostra que, embora a representação das mulheres nesses conselhos tenha aumentado (de 12% para 15%), ainda há muito o que fazer (Catalyst, 2016). Mesmo em países que empreenderam esforços significativos para promover as mulheres, elas ainda estão sub-representadas em determinados cargos de chefia. A Dinamarca, por exemplo, tem o sexto maior número de mulheres em conselhos de administração (quase 22%), mas nenhum conselho na Dinamarca tem uma presidente (Deloitte, 2015). No Canadá, pouco mais de 13% dos assentos nos conselhos são ocupados por mulheres, e apenas 5,5% dos conselhos são presididos por mulheres; no Reino Unido, elas ocupam 15,6% dos assentos nos conselhos, e pouco menos de 4% dos conselhos são presididos por mulheres (Deloitte, 2015).

A imagem do "teto de vidro" sugere que as mulheres progridem de forma relativamente tranquila em suas carreiras até se aproximarem de seus níveis mais altos, e então são repentina e inexplicavelmente impedidas por algo que não conseguem ver. Alguns analistas discordam dessa visão a respeito das barreiras enfrentadas pelas mulheres, e argumentam que a escassez de mulheres no topo não é causada por uma colisão repentina com um teto de vidro, mas pelo efeito cumulativo de uma série de barreiras e obstáculos que reduzem o número de mulheres a cada etapa da ascensão. Como veremos no capítulo 6, uma imagem alternativa para descrever a situação das mulheres que buscam a ascensão na carreira é a da travessia de um labirinto com muitos becos sem saída ou de um duto estreito perpassado por vazamentos.

Em contraste com as barreiras extras enfrentadas pelas mulheres que são *tokens*, a imagem de uma escada rolante de vidro parece descrever a experiência dos homens *tokens* em profissões dominadas por mulheres: uma constelação de mecanismos e pressões sutis que impulsionam o avanço dos homens em profissões femininas (Williams, 1992; Cognard-Black, 2004). O efeito de escada rolante decorre dos estereótipos sobre as capacidades, habilidades e estilos de liderança dos homens – estereótipos que afetam o comportamento dos homens e as percepções dos outros sobre seu comportamento e potencial. Esse efeito facilita o avanço dos homens e os privilegia em oportunidades de liderança – mesmo em profissões como enfermagem ou serviço social, nas quais são minoria numérica. Essa vantagem na mobilidade ascendente parece beneficiar mais homens brancos do que homens de minorias que trabalham em ocupações feminilizadas – talvez porque é menos provável que homens de minorias recebam apoio de mulheres da maioria (Wingfield, 2009).

Penalidades para a maternidade e prêmios para a paternidade

A parentalidade pode ser uma desvantagem laboral para as mulheres, mas uma vantagem para os homens. A *penalidade da maternidade* é um dos principais fatores para a desigualdade salarial entre gêneros. Um estudo mostrou que os ganhos cumulativos das mulheres sem filhos nos Estados Unidos perfaziam 64% dos ganhos dos homens, enquanto os salários de mulheres com filhos equivaliam a 52% e 57% dos ganhos dos homens, a depender do número de filhos (Sigle-Rushton; Waldfogel, 2007). De acordo com Glauber (2007), ter de dois a quatro filhos pode diminuir o salário de uma mulher em 4% a 8%. Outros pesquisadores encontraram uma redução de 7% nos salários por filho (Budig; England, 2001). Homens com filhos não experimentam uma diminuição nos salários. Na verdade, para os homens, especialmente aqueles que são brancos, casados, heterossexuais e em uma carreira profissional, ter filhos resulta em aumento no salário – um *prêmio da paternidade* (Glauber, 2008; Hodges; Budig, 2010). O prêmio da paternidade é maior para os homens no topo da distribuição de renda, ao passo que a penalidade da maternidade é maior entre as mulheres de baixa renda – justamente as que menos podem pagar por isso (Budig, 2014). A distância entre ambos é menor em países onde políticas como licença maternidade e paternidade e creches públicas facilitam a permanência das mães na força de trabalho (Budig; Misra; Boeckmann, 2016).

Parece óbvio que, entre pais e mães, a divisão de trabalho por gênero quanto à responsabilidade dos cuidados com as crianças contribui para a penalidade salarial das mães. Nos Estados Unidos, por exemplo, a maioria das mulheres trabalha em tempo integral, mas elas ainda dedicam mais horas aos cuidados dos filhos do que os homens (U.S. Bureau of Labor Statistics, 2015b). Essa pesada partilha de responsabilidades domésticas pode levar as mulheres a trabalhar menos horas fora de casa, escolher trabalhos mais flexíveis e de meio período com menor remuneração, ou ter taxas de produtividade mais baixas no trabalho. Essa interpretação se encaixa bem no *modelo do capital humano* da desigualdade salarial de gênero: a ideia de que as mulheres, especialmente as que têm filhos, simplesmente investem menos do que os homens em seu emprego e, portanto, recebem menos recompensas.

A abordagem do capital humano pressupõe que as escolhas femininas relativas à quantidade de tempo e de energia investida no emprego ou na família são livres, e não forçadas. Entretanto, as mães têm suas escolhas limitadas. Por exemplo, entre 2001 e 2003, pouco menos de 40% das mulheres estadunidenses grávidas do primeiro filho tiraram licença de trabalho não remunerada (Johnson, 2008). Embora pouco mais da metade das mães de primeira viagem tenha acesso a pelo menos alguma licença maternidade remunerada, essa flexibilidade está disponível sobretudo para mulheres com maior grau de escolaridade. Um estudo norte-americano mostrou que, entre as mães de primeira viagem com ensino médio incompleto, apenas 18,5% receberam licença maternidade remunerada; 50% desistiram de seus empregos e 10,9% perderam o emprego (Laughlin, 2011). Políticas de licença inadequadas e a falta de recursos de cuidados infantis para as mães podem fazê-las sentir que devem decidir entre trabalho e família. Trabalhar menos horas, tirar folgas para cuidar dos filhos ou sair completamente da força de trabalho para cuidar de crianças pequenas traz custos econômicos, resultando em menores ganhos para as mães. Um custo que, claro, elas não escolheram livremente.

E quanto ao prêmio salarial recebido pelos pais[19]? Esse efeito pode derivar do maior esforço no trabalho quando sabem que têm um filho para criar. De fato, os homens tendem a aumentar seu esforço no trabalho quando se tornam pais. No entanto, o

19. "Pais", no plural, e o uso do termo "paternidade" referem-se em todo o livro a atributos de indivíduos masculinos. Quando a referência são homens e mulheres, diremos "pais e mães" e "parentalidade" [N.T.].

prêmio da paternidade ainda se verificou mesmo depois de os pesquisadores controlarem fatores como horas trabalhadas mais longas, esforço de trabalho etc. (Glauber, 2008). Parece que a paternidade – especialmente entre homens que se encaixam nas expectativas da sociedade quanto à masculinidade ideal ou normativa de classe alta (indivíduos heterossexuais, brancos, casados, com alta escolaridade) – é considerada pelos empregadores como uma qualidade positiva, indicando talvez responsabilidade, lealdade e confiabilidade (Hodges; Budig, 2010). Os pais se beneficiam de estereótipos positivos, enquanto as mães sofrem discriminação estrutural baseada em pressuposições tradicionais sobre os papéis parentais.

Ação afirmativa como solução?

Sonia Sotomayor (2013), a primeira latino-americana a ser juíza da Suprema Corte dos Estados Unidos, narra a reação da enfermeira da escola em que estudou no ensino médio quando soube que a Universidade de Princeton estava interessada em admiti-la em seus prestigiosos quadros de alunos. A enfermeira perguntou-lhe por que era ela, e não os alunos número um e número dois da turma de formandos, que constava na lista de candidatos. Sotomayor não conhecia o termo "ação afirmativa" naquela época, mas percebeu, pelo tom da pergunta, que a enfermeira achava que havia algo injusto acontecendo. Defensora incondicional do princípio da ação afirmativa, Sotomayor diz que essa política abriu portas para ela e mudou o curso de sua vida. Ela argumenta que é importante ter algumas estruturas para combater a tendência das pessoas a preferir, recomendar, contratar e promover impensadamente indivíduos que se parecem com elas próprias. Toda a ideia de ação afirmativa continua, no entanto, controversa – tão controversa que alguns defensores do princípio básico procuram evitar o termo. Num relatório inovador sobre a necessidade de se combater a discriminação no emprego, a juíza canadense Rosalie Abella (1984) optou conscientemente por ir além da estrutura de direitos individuais implícita no conceito de ação afirmativa. Em vez disso, ela escreveu sobre estratégias de *igualdade no emprego* para combater a discriminação sistêmica não intencional que cria barreiras para mulheres e minorias.

A ação afirmativa abrange uma variedade de estratégias proativas para aumentar o acesso de mulheres e minorias a oportunidades educacionais e de emprego. No local de trabalho, essas estratégias envolvem o incremento dos esforços de recrutamento a fim de garantir sua abrangência a grupos sub-representados, o oferecimento de oportunidades especiais de treinamento para grupos-alvo e a instrução de supervisores quanto a seus possíveis preconceitos. Em alguns países, entre as estratégias de ação afirmativa, estão metas ou cotas obrigatórias ou aspiracionais relativas à proporção de mulheres ou de minorias em determinados cargos. Uma lei alemã, por exemplo, exige que as empresas tenham 30% dos assentos da diretoria corporativa ocupados por mulheres. Essa lei alinha a Alemanha a outros países europeus – Espanha, França, Islândia, Itália e Bélgica – na definição de cotas obrigatórias para conselhos de administração (Smale; Miller, 2015).

A ação afirmativa gera fortes debates. Algumas pessoas acham que não é justo considerar o gênero ou a raça de um candidato a emprego ou a uma vaga em um programa educacional. Argumentam que a ação afirmativa pode resultar em discriminação contra candidatos tradicionais e, ao mesmo tempo, dar oportunidades injustas a mulheres ou minorias menos qualificadas.

Os defensores do outro lado argumentam que muitas décadas de desvantagem para as mulheres e minorias não podem ser desfeitas sem uma ação deliberada para incluí-las em arenas onde historicamente enfrentaram barreiras – e que os críticos da ação afirmativa ignoram outras instâncias de tratamento preferencial, como facilitação do ingresso de parentes de ex-alunos em universidades ou contratações baseadas em redes pessoais. Algumas pesquisas sugerem que a ação afirmativa pode, em algumas circunstâncias, afetar a autoconfiança de seus beneficiários e promover o estereótipo de que eles não poderiam ter sucesso por conta própria (cf., por exemplo, Heilman; Alcott, 2001). Entretanto, no "mundo real", quando uma pessoa sabe que é qualificada, essas preocupações parecem ser mínimas. A ação afirmativa tende a encontrar maior resistência por parte daqueles que se beneficiam do *status quo* (Gu *et al.*, 2014); mas depois de décadas de discriminação, parece improvável que um local de trabalho verdadeiramente "igualitário" possa ser criado sem essas estratégias (Crosby; Iyer; Sincharoen, 2006).

Passos em direção a locais de trabalho amigáveis à família

Vimos que a parentalidade tem pesos distintos para homens e para mulheres no local de trabalho. Haveria maneiras de nivelar o terreno para trabalhadores e trabalhadoras que tentam equilibrar o emprego remunerado e as responsabilidades familiares? Algumas estratégias têm sido oferecidas pelos empregadores: trabalho em tempo parcial, horários flexíveis, trabalho remoto, compartilhamento de trabalho e licença parental seriam formas de ajudar pais e mães a alocarem seu tempo e energia de forma eficiente nos domínios do trabalho e da família. Todavia, há custos evidentes para aqueles que escolhem alternativas flexíveis “amigáveis à família” [*family-friendly*] oferecidas pelos empregadores. Muitos funcionários estão cientes de que seu compromisso com o trabalho poderá ser questionado e de que suas carreiras poderão sofrer consequências negativas caso se utilizem de arranjos flexíveis de trabalho. As mulheres são particularmente prejudicadas por essa situação: seu compromisso com a carreira pode ser visto como vacilante caso tirem licença maternidade ou reduzam suas horas de trabalho, ou podem ser consideradas mães desatenciosas se tentam conciliar sérios compromissos de trabalho e família. Os trabalhadores que decidem lançar mão dessas opções devem considerar a possibilidade de serem julgados de acordo com estereótipos e normas de gênero, segundo os quais as mulheres devem colocar a família em primeiro lugar, e com a norma de “trabalhador ideal”, que prescreve a priorização do trabalho sobre todas as outras responsabilidades.

As opções amigáveis à família disponíveis refletem pressupostos e normas sociais relativos a papéis de gênero e parentalidade. Em países que enfatizam uma concepção tradicionalista de maternidade, é provável que a licença maternidade estendida e as opções de trabalho em meio período sejam oferecidas às mães que trabalham – e podem se sentir fortemente pressionadas a aceitar esses benefícios, apesar dos possíveis danos às suas carreiras (Den Dulk, 2005). Se as normas sociais que atribuem tarefas de cuidado principalmente às mulheres não forem desafiadas e abaladas, as reformas “amigáveis à família” no local de trabalho podem solidificar uma divisão de gênero do trabalho doméstico em que a maior parte desse trabalho continua sendo feito por elas, divisão essa que torna sem efeito as pressões das mulheres sobre os homens para que façam mais (Daly, 2011).

Pesquisas sugerem que aqueles profissionais, homens e mulheres, que reduzem deliberadamente sua carga de trabalho para acomodar as responsabilidades familiares até podem obter sucesso na carreira e satisfação com os papéis familiares - embora possam receber menos promoções do que seus colegas (Hall *et al.*, 2012). São necessárias mais pesquisas tanto para entender os efeitos de longo prazo das várias formas de combinar trabalho e família quanto para encontrar formas mais sustentáveis de fazê-lo. Os estereótipos e as normas sobre gênero e parentalidade são nitidamente fundamentais para se determinar quais tipos de arranjo funcionam bem.

Para quem quiser se aprofundar mais

Linda Babcock e Sara Laschever. *Women don't ask*: negotiation and the gender divide. Princeton: Princeton University Press, 2003. Mobilizando diferentes tipos de pesquisa, as autoras fornecem um excelente panorama de como as expectativas socializadas de papéis de gênero afetam o senso de merecimento do lugar que as pessoas ocupam e sua disposição para negociar o que desejam tanto no mundo do trabalho quanto em outros ambientes. Usando exemplos do mundo real, elas também fazem um bom resumo dos diferentes impactos das diferenças de gênero sobre essas negociações, acompanhado de alguns conselhos práticos.

Adelina Broadbridge e Sandra Fielden (org.). *Handbook of gendered careers in management*: getting in, getting on, getting out. Cheltenham: Edward Elgar, 2015. Essa coletânea examina, desde uma perspectiva de gênero, questões como o teto de vidro, a interface entre família e trabalho, o papel da liderança, os desafios de carreiras globais e as perspectivas de aposentadoria.

Faye Crosby. *Affirmative action is dead, long live affirmative action*. New Haven: Yale University Press, 2004. A autora se vale de estudos de psicologia, direito, ciência política, pedagogia e sociologia para abordar a ação afirmativa, analisando as reações muitas vezes ambivalentes do público, assim como apresenta os argumentos favoráveis e contrários à questão.

Zelda D'Aprano. *Kath Williams*: The Unions and the fight for equal pay. Melbourne: Spiniflex Press, 2001. A autora apresenta uma história social fascinante sobre a luta pela igualdade salarial entre homens e mulheres na Austrália, além de introduzir o leitor ou a leitora a alguns dos personagens principais dessa batalha.

Alice Kessler-Harris. *In pursuit of equity*: women, men, and the quest for economic citizenship in 20th-century America. Nova York: Oxford University Press, 2001. Uma importante historiadora do trabalho apresenta um panorama da história do desenvolvimento da participação feminina no trabalho assalariado nos Estados Unidos, não sem levar em consideração o casamento, a discriminação e a igualdade salarial.

6
Gênero, liderança e vida pública

No final de 2012, em um discurso contundente perante o parlamento, a primeira-ministra australiana Julia Gillard chamou a atenção para as reiteradas atitudes sexistas de Tony Abbott, o líder da oposição, em suas tentativas de minar seu poder e influência (Little, 2012). A respeito das opiniões públicas de Abbott – de que não seria uma má ideia haver menos mulheres do que homens em posições de liderança ou de que a fisiologia e o temperamento femininos não estariam adaptados para o exercício do comando –, de suas observações condescendentes sobre as donas de casa australianas e de sua disposição em se deixar fotografar ao lado de cartazes com ataques pessoais (com os dizeres "bruxa" ou "pau-mandado de homem"), a primeira-ministra observou que "se o líder da oposição quiser ver como é a misoginia na Austrália moderna basta olhar-se no espelho".

É difícil imaginar um outro importante líder que tenha se valido de sexismo para atacar a liderança feminina. Como se viu nos capítulos anteriores, é a masculinidade, não a feminilidade, o estereótipo da liderança pública – e, nessa medida, não se despreza um líder apenas porque ele é homem. Ora, nas eleições norte-americanas de 2016, o então candidato Donald Trump afirmou reiteradamente que sua adversária, Hillary Clinton, não parecia ser "presidenciável" – uma alusão indireta, mas inequívoca à ideia largamente disseminada e aceita de que ela não se encaixava nos requisitos para ocupar a presidência.

Todavia, os estereótipos de gênero também podem prejudicar líderes homens. Um homem em uma posição de liderança que demonstre qualidades tidas como muito femininas corre o risco de não ser mais digno de respeito por ser muito "fraco", a menos que sua fama de ser uma pessoa rígida e decidida esteja firmemente estabelecida. Desde que demonstre ser homem o suficiente, um líder pode expressar compaixão e vulnerabilidade em momentos adequados. Esse foi o caso da entrevista coletiva em que o General Norman Schwarzkopf derramou algumas lágrimas ao falar sobre os soldados mortos durante a Guerra do Golfo de 1990 a 1991. As pessoas admiram líderes que conseguem usar a compaixão e o cuidado em pequenas doses sem perder a capacidade de comando. Seja como for, dizer de um homem exercendo um cargo político que ele é brando no combate ao crime, ao terrorismo, ao comunismo ou à corrupção é um dos piores ataques que ele pode receber.

Gênero e liderança política: tendências globais e alguns exemplos

O Fórum Econômico Mundial comparou mulheres e homens de acordo com seus números nas áreas da saúde, educação, economia e política. Em 2016, o Fórum informou que, embora as disparidades globais de gênero nos indicadores de saúde e de educação estivessem diminuindo em um ritmo relativamente rápido, nos indicadores econômicos, apenas 59% da disparidade de gênero foi eliminada e, nos indicadores de participação política, houve somente uma redução de 23% na disparidade entre os gêneros (Fórum Econômico Mundial, 2016). Está claro que a liderança política é um terreno em que a redução da desigualdade de gênero tem caminhado lentamente. Apesar do progresso nas últimas décadas, as mulheres ainda representam globalmente menos de 24% dos membros de parlamentos (Inter-Parliamentary Union, 2018). Como mostra a Figura 6.1, elas estão sub-representadas nos parlamentos de todo o mundo. Em 2018, apenas três países, Ruanda, Cuba e Bolívia, tinham mulheres totalizando mais da metade de seus representantes parlamentares (Inter-Parliamentary Union, 2018). Nesse mesmo ano, pouco mais de 6,3% dos chefes de Estado ou de governo do mundo eram mulheres – e uma queda vem se verificando desde 2014.

As mulheres em posições de liderança política precisam com frequência negociar estereótipos. Dilma Rousseff, que assumiu o cargo de presidente do Brasil em 2011 (e que foi forçada a sair em 2016), foi a primeira mulher a ocupar esse cargo. Ela foi chamada de "mãe do povo brasileiro" durante sua campanha eleitoral. Ela também foi chamada de "Dama de Ferro" (um apelido que já havia sido dado a muitas líderes políticas, entre elas Margaret Thatcher da Grã-Bretanha, Golda Meir de Israel, Benazir Bhutto do Paquistão e Yulia Tymoshenko da Ucrânia). Durante sua campanha, a imprensa quis saber a opinião da atual primeira-ministra britânica Theresa May a respeito de temas como maternidade, culinária, o uso ou não do salto alto – e também recebeu o rótulo de Dama de Ferro.

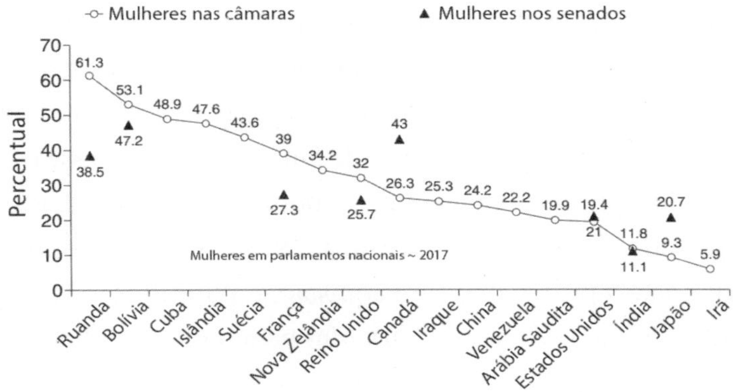

Figura 6.1. Representação feminina nos parlamentos nacionais e câmaras altas ou senados. Mulheres estão sub-representadas nos órgãos legislativos que governam as nações. Embora as mulheres formem a maioria da população mundial, em apenas dois países (Ruanda e Bolívia) são elas a maioria entre os representantes parlamentares eleitos. Fonte: Inter-Parliamentary Union (2018).

Na África, duas chefes de Estado, Ellen Johnson Sirleaf (a presidente da Libéria) e Joyce Banda (a presidente do Malaui entre 2012 e 2014), mais uma vez apelidadas de "Dama de Ferro", comprometeram-se a promover os direitos das mulheres naquele continente. Ambas fortaleceram as vozes das mulheres em seus governos, promoveram tanto o aumento da proporção de meninas na escola quanto iniciativas em áreas como saúde materna. As experiências de vida de cada uma informaram sua dedicação a essas questões, experiências que refletem as de muitas outras mulheres. Banda passou por um relacionamento conjugal abusivo e chegou a trabalhar como feirante – uma atividade que muitas mulheres africanas conhecem (Olopade, 2012). Sirleaf casou-se aos 17 anos de idade (divorciando-se mais tarde) e é mãe de quatro filhos e avó de oito netos.

As mulheres que são líderes políticas lutam muitas vezes para driblar a ideia de que, por serem poderosas, não podem ser mulheres "de verdade". Algumas salientam a conjunção entre feminilidade e poder ao assumir uma personalidade maternal – como no título de "mãe do povo" de Dilma Rousseff. (Esse título também foi aplicado a outras líderes políticas, entre as quais Gro Brundtland, ex-primeira-ministra da Noruega, Fatima Jinnah, ex-candidata à presidência do Paquistão, e Winnie Mandela, conhecida ativista da África do Sul). Mas para muitas mulheres poderosas rótulos como "Dama de Ferro" – que implicam não apenas dureza, mas sugerem um estilo frio e insensível – parecem inevitáveis. A chanceler alemã Angela Merkel foi chamada de *Iron Frau*; a Secretária de Estado dos Estados Unidos, Madeleine Albright, apelidada de *Titanium Lady*; e os críticos de Jane Byrne, a primeira prefeita de Chicago, a ridicularizaram chamando-a de Átila a Galinha[20]. Em vez de combater esses rótulos, algumas líderes, como Ellen Johnson Sirleaf e as integrantes de seu gabinete, conhecidas coletivamente como "damas de ferro" da Libéria, apropriaram-se deles como distintivos de honra (Iron Ladies of Liberia, 2008). Algumas líderes conseguiram projetar uma imagem capaz de preencher a distância entre a dureza "masculina" e a suavidade "feminina": Nancy Pelosi, ex-presidente da câmara dos deputados dos Estados Unidos e atual líder da minoria, é vista pela imprensa que cobre sua atuação como alguém com "espinha de aço" e "coração de ouro" (Dabbous; Ladley, 2010).

Apesar da visibilidade de algumas líderes políticas femininas proeminentes, o ritmo do progresso das mulheres na política

---

20. Trata-se de um trocadilho com Átila o Huno, epítome da bravura – e da masculinidade. Já a galinha, *hen* em inglês, costuma evocar covardia, uma qualidade convencionalmente associada de forma sexista à mulher [N.T.].

tem sido lento. Nos 15 anos entre 2002 e 2017, a porcentagem de mulheres entre os representantes eleitos nas câmaras baixas dos parlamentos aumentou apenas de 13,8 para 19,3% nos Estados Unidos, de 17,9 para 30% no Reino Unido, de 20,6 para 26,3% no Canadá e de 29,2 para 34,2% na Nova Zelândia. Em alguns países (Micronésia, Catar e Iêmen, por exemplo), o número de mulheres nos órgãos legislativos nacionais permaneceu sendo zero durante esse período, enquanto em outros (Haiti, Irã, Líbano, Nigéria e Botsuana, por exemplo) os números estão abaixo de 10% (Inter-Parliamentary Union, 2018). Entre as principais barreiras ao progresso político das mulheres estão o fato de serem ignoradas ou estereotipadas pela mídia, a falta de acesso a financiamento de campanha e a tendência cultural de tratar as mulheres como cidadãs de segunda classe (Llanos, 2011).

Em alguns países, em contrapartida, as mulheres obtiveram avanços significativos. Durante os mesmos 15 anos, a representação das mulheres no corpo legislativo de Cuba aumentou de 27,6 para 48,9%, a representação feminina na câmara baixa da Bolívia aumentou de 18,5 para 53,1%, e em Ruanda, a representação das mulheres no parlamento aumentou de 25,7 para 61,3% (Inter-Parliamentary Union, 2018).

O que explica o insólito aumento da representação política das mulheres em países como Cuba, Bolívia e Ruanda? Uma resposta possível passa pelo fato de a igualdade de gênero não ter sido deixada ao acaso. Foram feitos esforços explícitos para superar os preconceitos tradicionais contra mulheres e para apoiar a entrada delas na política. Tanto em Cuba quanto em Ruanda, os novos sistemas de governo foram criados por homens e mulheres que lutaram lado a lado para substituir os antigos. Em Cuba, dizem os analistas, os direitos das mulheres foram amplamente incorporados às mudanças derivadas da revolução, de modo a aumentar o acesso das mulheres a recursos como saúde e alfabetização. O compromisso com os direitos das mulheres – uma "revolução dentro de uma revolução" – foi sedimentado por meio de mudanças nas políticas públicas no sentido de incentivar e apoiar o avanço das mulheres. O governo cubano criou um banco de dados de candidaturas composto por um número igual de homens e mulheres e implementou uma plataforma de metas e estratégias que visam incentivar a liderança de mulheres (Oxfam, 2012). Em Ruanda, a Constituição de 2003 determina que homens e mulheres tenham acesso igual a cargos eletivos e especifica que ao menos 30% dos cargos em órgãos de tomada de decisão devem ser ocupados por mulheres. Além disso, o trágico conflito genocida nesse país deixou muitas mulheres viúvas ou como únicas provedoras de suas famílias, tornando necessário que as mulheres assumissem cargos de liderança (Bikorimana, 2012). Também na Bolívia uma nova constituição determinou a representação igualitária de candidatos homens e mulheres em todos os níveis. Por outro lado, essa constituição também reconhece costumes e práticas tradicionais de comunidades indígenas, e algumas delas não aceitam a liderança de mulheres. Nesses três países, a situação das mulheres ainda está longe de ser perfeita. As mulheres cubanas referem-se a um "paradoxo de gênero": seu país tem um forte compromisso legal com a igualdade de gênero, mas também uma tradição profundamente enraizada de atitudes e estruturas patriarcais (Torregrosa, 2012). Em Ruanda, reclama-se da "discriminação positiva" em relação às mulheres. Mas, como as responsabilidades domésticas femininas podem interferir no acesso das mulheres ao ensino superior, elas ainda estão sub-representadas nas escolas secundárias e nas universidades (Bikorimana, 2012). Na Bolívia, as atitudes patriarcais ainda têm um efeito inibidor sobre a participação política feminina. As mulheres na política são frequentemente alvo de assédio, *bullying* e violência – tanto que apenas 9% das eleitas candidatam-se ao cargo por uma segunda vez (BBC, 2014). A legislação para combater o assédio e a violência política com base no gênero foi aprovada em 2012, mas sua aplicação tem se mostrado difícil (UN Women, 2013). É evidente que a igualdade de gênero no acesso à liderança política não acontece por acaso, mesmo quando há boa vontade e uma crença compartilhada de que a igualdade é uma coisa boa. A igualdade, no entanto, requer um conjunto proativo e determinado de estratégias – talvez estratégias de ação afirmativa, como em Cuba, e/ou cotas, como em Ruanda e na Bolívia, em paralelo com uma cultura comprometida no apoio e na aplicação da igualdade.

A persistência da ideia de uma desconexão entre feminilidade e poder político é uma das razões para a mobilização de medidas extraordinárias – às vezes necessárias para acelerar a integração das mulheres em cargos proeminentes de liderança política. Pesquisas mostraram que as pessoas entrevistadas reagem negativamente a mulheres vistas como políticos interessados em buscar o poder (Okimoto; Brescoll, 2010). Entrevistados que avaliaram a ideia de uma mulher do meio político ter intenções de buscar o poder mostraram-se menos propensos a votar nela. Contudo, a probabilidade de votar em um homem que faz política não estava relacionada à percepção de suas intenções em buscar o poder. Ademais, quando se descrevia uma mulher na política como muito ambiciosa pelo poder, os entrevistados a viam como menos competente e menos preocupada com a comunidade (pouco apoio e cuidados); disseram-se também afetados por sentimentos de indignação moral, como raiva, desprezo, repulsa. Quando foi lhes apresentado uma descrição similar de um político homem (como ambicioso e desejoso de poder), viram-no como um agente dotado de qualidades mais desejáveis (assertividade, força, dureza), não sendo visto como alguém pouco preocupado com a comunidade ou menos competente, e, além disso, não suscitou reações de indignação moral. Esses dados sugerem que as mulheres que aspiram ao papel de grandes líderes políticas são vistas não apenas como pessoas incomuns e que não correspondem às expectativas, mas também como desviantes – como pessoas que estão quebrando as regras. Elas estariam transgredindo estereótipos prescritivos; ao passo que os homens que aspiram à liderança política estão apenas correspondendo aos estereótipos prescritivos de masculinidade. A depender do contexto, essas transgressões femininas produzem reações que vão desde uma leve desaprovação pública, passando por críticas contundentes dos meios de comunicação, até ameaças e violência.

Gênero e liderança organizacional: tendências globais e alguns exemplos

Assim como acontece com a liderança política formal, as mulheres têm dificuldade em acessar postos formais de liderança organizacional ou corporativa. Em 2015, a média da participação feminina em conselhos corporativos das maiores empresas europeias foi de 25% – a média registrada em 2011 foi de 13,9% (European Women on Boards, 2016); em 2016, 96% dos CEOs das empresas listadas pela *Euro 350* e 95% dos CEOs das empresas do ranking da *Fortune 500* eram homens (Sabic; Palomo, 2016). Na Ásia do Pacífico, os números da representação feminina nos conselhos de administração das empresas foram ainda mais baixos: 4,5% na Coreia do Sul, 8,6% na Índia e 2,7% no Japão (Catalyst, 2017). A Figura 6.2 mostra a sub-representação das mulheres na governança corporativa. Como vimos no capítulo 5, os países europeus responderam à escassez de mulheres em cargos como esses estabelecendo uma cota aspiracional para os países-membros: pelo menos 40% dos diretores não executivos dos conselhos corporativos devem ser mulheres até 2020 (BBC, 2012). A Noruega, por exemplo, que já implementou essas cotas, verificou que a maior representação feminina em cargos de diretoria aumentou a probabilidade de nomeação de mulheres para cargos de liderança, como os de CEO de empresas ou de presidente de conselhos (Wang; Kelan, 2013).

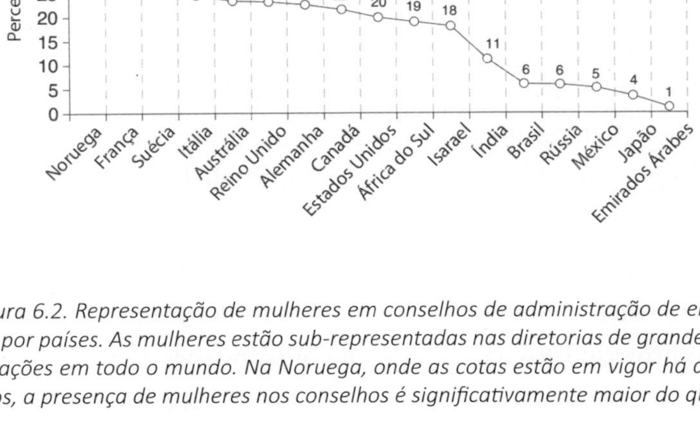

Figura 6.2. Representação de mulheres em conselhos de administração de empresas por países. As mulheres estão sub-representadas nas diretorias de grandes corporações em todo o mundo. Na Noruega, onde as cotas estão em vigor há alguns anos, a presença de mulheres nos conselhos é significativamente maior do que em

muitos outros países. Fonte: Catalyst (2017); European Women on Boards (2016).

Entre as mulheres mais poderosas do mundo dos negócios estão Mary Barra, CEO e presidente da General Motors; Ginni Rometty, a primeira mulher CEO da IBM; Ana Botín, presidente executiva do Banco Santander, o maior banco da Europa, e Sheryl Sandberg, COO [*Chief Operations Office*] do Facebook. Cada uma das mulheres de negócios que figuram no "Top 50" da revista *Fortune* teve de criar seu próprio caminho ao longo de muitos anos até chefiar uma instituição dominada por homens. O sucesso delas demonstra a possibilidade de se chegar aos níveis mais altos do mundo dos negócios, mas a própria existência de uma lista como essa indica a novidade dessa situação.

Líderes "negligenciadas": mulheres ativistas

As mulheres estão sub-representadas em cargos formais de liderança organizacional, mas isso não quer dizer que as mulheres estejam menos interessadas do que os homens nesses cargos. Mulheres e homens não diferem quanto ao grau de motivação para o poder (Winter, 1988). Pesquisas indicam uma leve tendência de os homens pontuarem mais do que as mulheres em determinados aspectos da motivação para gerir em organizações hierárquicas – o desejo de competir com os colegas; desejo de se comportar de forma ativa e assertiva; intenção de impor seus desejos aos subordinados, de se destacar no grupo (Eagly *et al.*, 1994). Essas dimensões são congruentes com a definição masculina de liderança em organizações verticais, onde os homens tendem a predominar em cargos administrativos e os gestores têm muito mais poder do que os subordinados. As mulheres pontuam mais do que os homens em dois outros aspectos da liderança em organizações desse tipo: o desejo de ter relacionamentos positivos com os superiores e o desejo de atender às exigências diárias do papel gerencial. Porém, muitas das líderes mais bem-sucedidas *não* trabalharam em organizações hierárquicas tradicionais dominadas por homens, mas investiram sua energia na formação e manutenção de grupos ativistas populares que buscam mudanças sociais.

Por não terem trabalhado em cargos formais, como CEO, presidente de conselho, senadora ou presidente, as contribuições das líderes femininas correm o risco de serem negligenciadas. Mulheres como Susan B. Anthony, Elizabeth Cady Stanton, Emmeline e Sylvia Pankhurst, Mary Ann Shadd e Emily Howard Stowe – guerreiras na luta pelo direito feminino ao voto – foram líderes bem-sucedidas e extremamente importantes que contribuíram para mudar o mundo. Muitas mulheres dedicaram sua capacidade de liderança e habilidades na luta pelo avanço dos direitos femininos. Seus nomes são muitas vezes esquecidos, mas seu impacto pode muito bem ir além do que foi alcançado por lideranças mais tradicionais. Podemos pensar, por exemplo, em Meena Keshwar Kamal, fundadora da RAWA (*Revolutionary Women of Afghanistan* [Mulheres Revolucionárias do Afeganistão]), que desafiou as restrições à educação de mulheres e meninas desenvolvendo e apoiando uma rede secreta de escolas clandestinas. Podemos citar também Nawal El Saadawi, do Egito, Maryam Rajavi, do Irã, Salwa Charfi, da Tunísia, ou Ghada Jamsheer, do Bahrein – todas ativistas dos direitos das mulheres em seus países, desafiando, muitas vezes de forma arriscada, restrições culturais e religiosas vigentes (Halila, 2009). Há ainda Tawakkol Karman, do Iêmen, e Malala Yousafzai, do Paquistão, as mais jovens ganhadoras do Prêmio Nobel da Paz – elas participam apaixonadamente de comícios e organizam manifestações de apoio à paz e aos direitos das mulheres. A maioria das barreiras à liderança feminina está associada ao ambiente sociocultural, e não a diferenças essenciais entre homens e mulheres.

Estereótipos de gênero e a avaliação de mulheres e homens enquanto lideranças

Décadas atrás, pesquisas indicavam que a imagem da liderança formal estava associada à masculinidade. Quando as pessoas pensavam em gestores, pensavam em homens (Schein, 1973; Schein *et al.*, 1996). Quando os entrevistados pensavam em pessoas poderosas, imaginavam homens (Lips, 2001). Quando perguntados se votariam em uma mulher para presidente, expressaram desconforto (Smith; Paul; Paul, 2007). Embora haja mais mulheres em altos cargos de liderança nos dias de hoje, o estereótipo para as lideranças femininas continua a ser masculino (Cuadrado; García-Ael; Molero, 2015; Koenig *et al.*, 2011). A explicação dos pesquisadores para a escassez de mulheres em postos de liderança era a *inadequação* (Heilman, 1983) ou *incongruência de papéis* (Eagly; Karau, 2002) entre os requisitos de feminilidade estereotipada (gentileza, cuidado, compaixão, consideração) e as qualidades esperadas de líderes (realização de metas, capacidade de decidir, determinação). Em particular, o estereótipo segundo o qual as mulheres são mais emotivas do que os homens prejudicou suas tentativas de se adequarem a papéis de liderança (Brescoll, 2016). A tentativa de atender aos requisitos contraditórios de ambos os papéis pode colocar as mulheres em uma situação de duplo vínculo [*double bind*].

Mulheres em situação de duplo vínculo

As lideranças femininas se veem às voltas de situações de duplo vínculo. Em 2007, a empresa de pesquisa estadunidense Catalyst perguntou a cerca de 1200 executivos(as) nos Estados Unidos e na Europa suas opiniões a respeito de mulheres e de homens em cargos de liderança. O relatório, apropriadamente intitulado *Não importa o que faça, você sairá perdendo*[21], revelou que, ao se comportarem de forma coerente com os estereótipos de gênero femininos, demonstrando entre outras coisas preocupação com as perspectivas dos outros, as mulheres eram vistas como menos competentes. Já se elas se comportassem de maneira mais masculina (agindo de forma assertiva ou ambiciosa), passavam a ser consideradas pouco femininas e duras demais (Catalyst, 2007). Mulheres em posição de liderança sempre tiveram que superar expectativas mais altas do que homens nessas mesmas posições e tendiam a ser vistas ou como muito suaves ou como muito duras – raramente na medida certa. Mulheres em cargos de chefia eram vistas ou como competentes ou como dignas de admiração, mas raramente se viam situações em que encarnavam *ambas* as coisas.

Diversos estudos mostram que aqueles mesmos comportamentos ou atributos que prejudicam as mulheres em cargos profissionais são ignorados, tolerados ou até mesmo elogiados quando quem os demonstra são homens. As mulheres são alvo de mais desaprovação do que os homens quando não são "simpáticas" ou quando se mostram em apuros com alguma habilidade social (Rudman; Glick, 1999). Aquelas que se mostram irritadas com erros de colegas são vistas como emotivas e descontroladas; já homens nessa mesma situação se sobressaem (Brescoll; Uhlmann, 2008). Ao contrário de homens poderosos, mulheres

21. No original, *damned if you do, doomed if you don't*. A expressão resume em linhas gerais a ideia de duplo vínculo, desenvolvida pelo antropólogo britânico radicado nos Estados Unidos Gregory Bateson [N.T.].

com poder são alvo de desaprovação e represália se falarem mais do que os outros (Brescoll, 2011). Em contrapartida, também são alvo de desaprovação se não forem suficientemente assertivas. Agir de forma hesitante pode causar danos na imagem e diminuir a influência das mulheres em funções de liderança, o que não ocorre se os hesitantes forem homens (Bongiorno; Bain; David, 2014). Em geral, mulheres em papéis de liderança têm maior probabilidade de serem contestadas por seus subordinados do que homens nessas mesmas posições. O desrespeito dos subordinados leva a reações negativas da parte da pessoa contestada, o que reforça o desrespeito dos subordinados. É nessa medida que as líderes mulheres podem se ver presas em um ciclo de ilegitimidade que se retroalimenta (Vial; Napier; Brescoll, 2016).

Mulheres em cargos executivos que se vestem de forma considerada provocativa serão vistas como bem menos competentes – algo que não ocorre com as mulheres em cargos de *status* inferior (Glick *et al.*, 2005). Não há evidências de que homens em postos executivos percam respeito ou *status* ao se vestirem de forma provocante, mas isso pode ter a ver com o fato de que o poder para os homens é *sexy* e, portanto, vestir-se de forma provocante não é visto como uma questão. Tanto as mulheres quanto os homens atraentes beneficiam-se às vezes de uma espécie de "adicional de beleza" em seus salários (Andreoni; Petrie, 2008), mas os homens atraentes parecem se beneficiar mais do que as mulheres atraentes, que são penalizadas se vistas como *muito* atraentes (Bennett, 2010). Mulheres em cargos de menor *status* e/ou "femininos" são penalizadas por não serem atraentes, mas mulheres consideradas muito bonitas ou sensuais que ocupam (ou se candidatam a) cargos de maior *status* e/ou "masculinos" estão sujeitas ao que alguns chamam de efeito "beleza bestial" (Heilman; Stopeck, 1985). Tal expressão pretende descrever a situação em que a atratividade prejudica as candidatas a cargos de liderança porque beleza e atração estão associadas à feminilidade – o que se choca com os requisitos para esses cargos. Em outras palavras, a beleza as faz parecerem inadequadas para o cargo. Em um estudo, depois de mostradas imagens de homens e mulheres atraentes e não atraentes, foi solicitado aos/às participantes que classificassem as imagens de acordo com sua adequação a certos cargos (Johnson *et al.*, 2010). As mulheres atraentes foram discriminadas nos empregos considerados masculinos em que a aparência física não figurava como um fator importante.

Outro estudo examinou o impacto da atratividade sobre as avaliações de líderes homens e mulheres com diferentes estilos de liderança (Braun; Peus; Frey, 2012). O impacto diferencial da atratividade sobre as reações a esses líderes mostrou-se mais pronunciado no caso de líderes de estilo transformacional (líderes carismáticos que inspiram e motivam seus seguidores), mas não no caso de líderes de estilo transacional mais tradicional (aqueles cujo foco incide em recompensas, punições e conclusão de tarefas). Mulheres atraentes com estilo de liderança transformacional despertaram menos confiança e lealdade dos seguidores do que mulheres não consideradas atraentes cujo estilo é semelhante. A questão da atratividade não fez diferença para os homens de estilo de liderança transformacional. No caso de mulheres em posições de liderança, a atratividade pareceu reforçar a percepção de seguidores sobre a inadequação entre a feminilidade das líderes e o comportamento forte e influente exigido de um líder transformacional.

Embora as qualidades que se acredita importantes para líderes variem de acordo com as culturas, os pontos fortes das mulheres parecem ser reiteradamente subestimados. Um estudo com gestores dos Estados Unidos e de dez países da Europa revelou em todas as culturas uma tendência relativamente consistente de ver as mulheres líderes como mais solidárias e os homens como mais orientados à solução de problemas. A força desses estereótipos sobre a capacidade de liderança de homens e a capacidade de liderança de mulheres variava de acordo com a cultura, mas o que é mais desanimador foi a percepção, verificada ao menos em alguns países, de que as mulheres tinham menos qualidades consideradas importantes... pelos homens. Nas culturas nórdicas, onde se esperava que o líder ideal fosse delegador, os homens foram vistos como os melhores delegadores; nas culturas anglo-saxônicas, onde se esperava que o líder ideal fosse inspirador, os homens foram considerados mais eficazes do que as mulheres nesse quesito (Catalyst, 2006).

As mulheres mais bem-sucedidas em postos de liderança podem ser aquelas que agem como camaleões: projetam assertividade e confiança, mas, dependendo das circunstâncias, podem "ativar ou desativar essas características" (O'Neill; O'Reilly, 2011). Com efeito, entre os gestores que participaram desse estudo, as mulheres com características masculinas e que conseguiam adaptar seu comportamento ao ambiente social receberam três vezes mais promoções do que as mulheres com características masculinas, mas que *não* adaptaram seu comportamento; receberam também uma média de 1,5 mais promoções do que homens com características masculinas e duas vezes mais do que homens com características femininas. Para homens com características femininas, agir como camaleão aparentemente não trouxe nenhuma vantagem.

Os homens podem suspeitar de lideranças femininas porque a masculinidade culturalmente percebida é frágil – e o próprio *status* masculino pode ser afetado quando se subordinam a alguém que viola estereótipos de gênero (Brescoll *et al.*, 2012). Pesquisadores constataram que os subordinados de uma supervisora que atua em uma área considerada masculina (supervisora de canteiro de obras) ou de um supervisor em uma área feminina (supervisor de recursos humanos) recebiam menos e eram considerados de *status* inferior ao de homens cujos supervisores atuavam em áreas compatíveis com seus respectivos gêneros. A diminuição do *status* desses homens parecia ser causada pela percepção de que a eles faltava masculinidade; a situação poderia ser remediada com informações que reforçassem a percepção da masculinidade desses homens ("gostar de assistir futebol", "comer bife e costela" e "dirigir carros velozes"). O *status* ou o salário das mulheres não estavam relacionados ao fato de trabalharem para supervisores com características de gênero típicas. Portanto, nesse tipo de situação, os estereótipos de gênero podem prejudicar tanto os homens quanto as mulheres.

Liderança, self e identidade

Considerando os estereótipos de gênero sobre liderança, não seria surpreendente se mulheres e homens tivessem percepções, expectativas, aspirações, esperanças e medos diferentes a respeito dos cargos de liderança. Uma maneira de pensar essas percepções é em termos de *selfs* possíveis: concepções e fantasias particulares de indivíduos a respeito do que poderiam ser ou se tornar no futuro (Markus; Nurius, 1986). Cada um tem uma série de *selfs* possíveis, criados a partir de sua experiência social e da exposição a modelos e imagens que circulam nos meios de comunicação. Esses diferentes *selfs* possíveis podem abarcar visões quer positivas (um empresário bem-sucedido, por exemplo), quer negativas (um candidato político fracassado, por exemplo). Não são necessariamente modelos aspiracionais, mas possibilidades que alguém imagina para si.

As diferenças de gênero em *selfs* possíveis concernentes à liderança em homens e mulheres jovens podem revelar como as mensagens culturais sobre gênero, poder e liderança são absorvidas. Diversos estudos examinaram essas questões entre estudantes universitários – uma população de onde podem surgir muitos líderes. Lips (2000) pediu a estudantes norte-americanos que se imaginassem como pessoas poderosas, que classificassem o quanto seria possível e positivo ocupar esse papel e, em seguida, que descrevessem como agiriam em seu papel imaginário de pessoa poderosa. Na sequência, esses estudantes se imaginaram em três funções poderosas específicas: CEO de uma empresa, líder político e diretor de um centro de pesquisa científica, e responderam às mesmas perguntas. As estudantes entenderam que suas possibilidades de ocupar tanto o papel poderoso imaginado quanto o papel de líder político eram menores do que as dos estudantes homens. Afora isso, as mulheres respondentes previram com mais frequência do que os homens que papéis poderosos, especialmente o de líder político, podem acarretar problemas de relacionamento. Elas temiam ser desrespeitadas por seus subordinados e julgadas segundo sua feminilidade e não sua posição, preocupavam-se ainda em como encontrar tempo e energia para relacionamentos fora do trabalho.

Tentativas de integrar o poder com a feminilidade cultural podem diferir segundo as culturas. Em um estudo semelhante, agora com estudantes de Porto Rico e dos Estados Unidos (Lips, 2001), as entrevistadas previram problemas de relacionamento associados a papéis poderosos de forma muito mais frequente do que os homens. Além disso, as mulheres de ambas as amostras consideraram o papel de líder político como o menos provável. A probabilidade de considerar a aparência como uma forma de administrar as contradições percebidas entre feminilidade e poder foi maior entre as mulheres, sublinhando que seriam consideradas atraentes mesmo sendo poderosas, ou que transmitiriam poder pela sua aparência elegante e cheia de estilo. As mulheres de ambas amostras esperavam que surgissem problemas de relacionamento em posições de poder. Contudo, apenas as mulheres da amostra proveniente dos Estados Unidos associaram essa expectativa a um menor grau de positividade e de possibilidade de ocuparem cargos poderosos. Isso pode refletir uma insistência maior da cultura estadunidense (em comparação com a cultura porto-riquenha) na associação entre feminilidade e comportamentos mais receptivos e menos agonísticos, mesmo em relação a estranhos. Diferenças culturais nas percepções da aceitabilidade da combinação de feminilidade e poder também são sugeridas no estudo de Killeen, López-Zafra e Eagly (2006). Nesse estudo, as pesquisadoras pediram a estudantes de graduação dos Estados Unidos e da Espanha que se imaginassem em um papel de liderança e depois indicassem o grau de possibilidade e de positividade de exercerem esse papel. Também nesse caso foram os homens da amostra que consideraram o papel poderoso como mais possível, mas apenas na amostra espanhola foram os homens que classificaram os papéis poderosos como mais positivos – ao passo que as mulheres os consideraram menos possíveis e menos positivos, respectivamente. A probabilidade da consideração do exercício de um papel de poder como facilitador de relacionamentos íntimos com seus cônjuges, filhos e amigos (bem como de relacionamentos com homens ou mulheres em geral) era maior entre os entrevistados do que entre as respondentes – o que corrobora os dados anteriores de que os homens em papéis de poder preocupam-se menos com relacionamentos do que as mulheres nas mesmas posições. Como um todo, esses dados sugerem que a ambivalência das mulheres quanto a ocupar cargos de poder transcende fronteiras culturais, embora a ambivalência possa estar relacionada a questões um pouco diferentes em contextos culturais distintos. Também sugerem que um dos fatores que retardam a entrada das mulheres em cargos de liderança pode ser a sensação de que esses cargos são menos possíveis para elas – especialmente quando combinados com relacionamentos íntimos.

Incentivar alguém a construir uma "identidade de liderança" pode mudar o senso de possibilidade dessa pessoa como líder? Essa é a noção por trás dos programas de desenvolvimento de liderança voltados para mulheres em organizações educacionais e corporativas. A construção de uma identidade como líder, assim como a construção de outras identidades, envolve uma série de processos interativos nos quais uma pessoa se envolve em determinadas ações e outras reagem e fornecem um *feedback* que informa a visão que a pessoa tem de si mesma. O reconhecimento e a afirmação do exercício da liderança criam uma espiral positiva, fortalecendo a identidade da pessoa como líder e aumentando a motivação para buscar novas oportunidades e assumir os riscos associados à adoção de um papel de liderança. Assim, as mulheres são frequentemente incentivadas a experimentar comportamentos de liderança e a buscar oportunidades de avanço, sob a premissa de que, dessa forma, elas podem desenvolver confiança na capacidade de liderança. Entretanto, para mulheres na maioria das culturas, o desenvolvimento de uma identidade de líder e a integração dessa identidade como parte essencial de seu autoconceito ocorrem em contextos em que a liderança é implicitamente definida como masculina e a autoridade feminina é recebida com desconfiança (Ely; Ibarra; Kolb, 2011). As tentativas de desenvolver as identidades e habilidades de liderança das mulheres devem integrar a consciência dos preconceitos sutis e das barreiras que as mulheres enfrentam quando trabalham para progredir. Uma maneira de pensar sobre esse conjunto de obstáculos é imaginar um labirinto, com muitas barreiras e vias sem saída.

O labirinto

As psicólogas sociais Alice Eagly e Linda Carli (2007) escolheram a metáfora do labirinto para descreverem a situação enfrentada pelas mulheres em sua busca por cargos de liderança. Um labirinto é cheio de voltas, curvas e paredes impenetráveis, mas há uma rota que leva ao centro. Para Eagly e Carli, trata-se de uma imagem apropriada porque abriga a noção de vários obstáculos – do início ao fim – em vez de uma única barreira impermeável (teto de vidro) no final. Mulheres que buscam cargos de liderança encontram vários obstáculos: preconceitos, discriminação salarial (que pode ocorrer logo após a contratação), ritmo mais lento das promoções para cargos de supervisão e administração em todos os níveis, avaliações menos favoráveis, resistências à liderança e à influência das mulheres, para não falar das demandas da vida familiar que recaem desproporcionalmente sobre elas, o que significa menos tempo para o *networking* profissional. Todas essas barreiras estão presentes há muito tempo. E elas podem aparecer repetidamente à medida que as mulheres avançam em suas carreiras. E seus efeitos são cumulativos. Esses obstáculos também costumam ser tão sutis a ponto de não serem percebidos, levando as mulheres a se sentirem frustradas e impotentes por não conseguirem traduzir sua capacidade e motivação em acesso e ascensão a cargos de liderança a que aspiram. Se uma mulher não percebe o quanto esse contexto impede seu avanço, é provável que internalize um sentimento de inadequação, em vez de uma identidade como líder. Eagly e Carli argumentam que as organizações podem adotar as seguintes estratégias de aumentar as oportunidades de liderança para mulheres: reduzir a subjetividade da avaliação de desempenho, mudar a norma vigente de que é preciso trabalhar muitas horas para ser visto como produtivo e providenciar o acesso a mentorias que apoiem o *networking*. Elas também sugerem a consolidação de práticas de recursos humanos mais "amigáveis à família" [*family-friendly*] e o incentivo aos funcionários homens a participar desses benefícios. A última sugestão nos lembra que melhorar as condições de liderança das mulheres também pode contribuir positivamente para a situação dos homens. Como Ely, Ibarra e Kolb (2011) observaram, algumas das discriminações sutis que dificultam o avanço feminino também podem interferir negativamente no reconhecimento de homens talentosos que não se encaixam facilmente nas normas e estruturas organizacionais vigentes. As discriminações sutis podem permear as práticas rotineiras da organização e é possível que não sejam o resultado de ações e decisões intencionais. Trabalhar para eliminar essas discriminações abre portas para uma variedade de pessoas talentosas.

Existem estilos de liderança "feminino" e "masculino"?

Várias líderes mundiais que participaram de um painel internacional sobre o desenvolvimento opinaram prontamente sobre as diferenças entre homens e mulheres em papéis de liderança. Helen Clark, ex-primeira-ministra da Nova Zelândia, disse que as mulheres encaram a liderança de forma diferente dos homens; segundo ela, é mais provável que as mulheres vejam a liderança como uma oportunidade para darem sua contribuição, talvez porque estejam envolvidas diretamente com o cuidado dos filhos ou de parentes frágeis (Saine, 2012). A presidente da Libéria, Ellen Johnson Sirleaf, observou que faz uma diferença real haver mulheres em cargos de liderança, e a presidente Joyce Banda, do Malaui, comentou que "ser líder é um caso de amor. Você deve se apaixonar pelas pessoas e as pessoas devem se apaixonar por você" (Saine, 2012).

Vimos que mulheres e homens em funções de liderança são às vezes avaliados de forma diferente, a depender de seu estilo de liderança – o que sugere que as pessoas podem acreditar que existem estilos diferentes para mulheres e para homens. Mas há alguma evidência de que mulheres e homens realmente lideram de forma diferente? Pesquisas que buscam responder a essa pergunta distinguiram dois estilos de liderança: a liderança *transformacional* e a liderança *transacional*. A *liderança transformacional* compõe-se de quatro aspectos: estimular os seguidores a pensar de forma inovadora, motivá-los a contribuir para uma visão compartilhada, demonstrar consideração e apoio às suas preocupações e ao seu desenvolvimento e contribuir para a formação de seus próprios ideais, valores e crenças. A *liderança transacional*, em contrapartida, é um estilo que se concentra sobretudo no alcance de metas estabelecidas, na conclusão de tarefas, na detecção de erros e na atribuição de recompensas e punições segundo o desempenho (Bass; Avolio, 1994).

De modo geral, a liderança transformacional é a abordagem contemporânea preferida. Mulheres em cargos de liderança demonstram uma pequena, mas consistente, tendência a adotar um estilo mais transformacional quando comparadas aos homens (Eagly; Johannesen-Schmidt; Van Engen, 2003). A diferença tende a aumentar quando se trata do aspecto da liderança transformacional que engloba o apoio e o incentivo a subordinados. As mulheres também diferem dos homens em outro aspecto da liderança transacional, fortemente ligado à sua eficácia: o da recompensa aos subordinados de acordo com seu desempenho. Observadores parecem reconhecer com precisão essas diferenças entre líderes homens e mulheres (Vinkenburg *et al.*, 2011). Parece razoável supor que essas diferenças possam dar às mulheres uma "vantagem de liderança", e, de fato, vários comentaristas da imprensa popular especularam que as mulheres são líderes melhores do que os homens. À luz da relativa escassez de lideranças femininas na política e nos negócios, essa afirmação não deixa de ser intrigante.

Para desvendar o enigma, é importante lembrar que a efetividade da liderança depende do contexto: o tipo de tarefa que está sendo realizada e as características e atitudes dos liderados (Chemers, 1997). Observamos anteriormente que uma dificuldade enfrentada pelas mulheres líderes reside na percepção de inadequação ou incongruência de papéis entre as qualidades consideradas necessárias para a liderança e aquelas estereotipadas como idealmente femininas. Essa incongruência pode se manifestar sobretudo em empregos dominados por homens ou que pareçam exigir um uma qualidade considerada masculina, como a firmeza – justamente onde papéis de liderança são mais disputados e menos acessíveis às mulheres. Para transpor essa divisão, as líderes devem enfatizar *tanto* sua competência *quanto* sua cordialidade, *tanto* sua determinação *quanto* seu acolhimento, *tanto* sua sensibilidade *quanto* sua força. Considerando esse duplo conjunto de requisitos e a necessidade de equilibrá-los delicadamente, seria surpreendente se as mulheres não abordassem a liderança de forma um pouco diferente da dos homens. Na medida em que é útil para a realização desse equilíbrio, o estilo transformacional pode ser mais vantajoso para as mulheres em posições de liderança. A liderança transformacional abarca comportamentos de apoio, consideração e incentivo – todas as qualidades congruentes com o que se espera das mulheres –, de modo que esse estilo pode ser menos incongruente com as qualidades femininas do que as noções mais antigas de liderança. Com efeito, os observadores avaliam que a consideração individualizada é mais importante para a promoção das mulheres do que dos homens, destacando a necessidade de as mulheres "demonstrarem sensibilidade e resistência, ao passo que aos homens em cargos de liderança basta provar que são fortes" (Vinkenburg *et al.*, 2011).

Entretanto, mesmo que as mulheres consigam suportar esse duplo fardo, a mudança cultural pode ser lenta. Mulheres podem continuar a ser julgadas a partir de noções antiquadas de liderança hierárquica sobretudo quando exercem funções de liderança associadas a estereótipos mais masculinos, ainda que nos dias atuais as organizações prefiram trabalhar com equipes e se orientar para o consenso. Além disso, como vimos, há uma tendência de considerar os homens como possuidores de mais qualidades para o exercício de qualquer liderança culturalmente valorizada. Esses dois fatores freiam a tendência feminina a obter vantagem de liderança por meio de um estilo transformacional. Mas, como observam Eagly e Carli (2007), o aumento do número de mulheres em cargos de liderança permite que as organizações reivindiquem o crédito de inovações e mudanças progressivas, e essas mudanças culturais não deixam de ser um vetor de igualdade de gênero.

Líderes como modelos ideais para homens e para mulheres

Não é de surpreender que as pessoas formem suas ideias sobre aspectos importantes da liderança pela exposição a líderes. Em que a maioria dos líderes de alto nível são homens e os ideais de liderança envolvem sobretudo um estilo diretivo e "de cima para baixo", essa noção de liderança tradicionalmente masculina e autorizada pode se autoperpetuar. Essa situação pode enfraquecer as crenças das mulheres nelas mesmas como possíveis líderes e minar a confiança tanto dos homens quanto das mulheres em suas habilidades de liderança em situações em que não se sintam confortáveis com esse estilo de liderança.

Parece lógico que apresentar às pessoas modelos ideais de líderes que não se enquadram nos estereótipos generificados tradicionais de liderança contribui que homens não tradicionais e mulheres articulem *selfs* possíveis de líderes. Com efeito, a exposição de mulheres e homens a papéis que contrariam estereótipos de gênero contribui para a quebra desses estereótipos e para a persistência em campos não tradicionais de gênero (cf., por exemplo, Herrmann *et al.*, 2016; Miller; Eagly; Linn, 2015). Paradoxalmente, entretanto, as mulheres muitas vezes parecem ameaçadas em vez de encorajadas quando apresentadas a modelos ideais de líderes femininas altamente bem-sucedidas. Um estudo expôs as participantes a mulheres bem-sucedidas que ocupam posições de liderança, a homens em posições de liderança, e a nenhum líder antes de realizarem uma atividade de liderança.

As participantes expostas a líderes mulheres se autoavaliaram mais negativamente, experimentaram mais sentimentos de inferioridade e suas aspirações à liderança foram menores se comparadas às participantes dos outros dois grupos (Hoyt; Simon, 2011). Em outro estudo, a exposição das participantes a uma descrição de uma CEO muito bem-sucedida influiu negativamente em suas avaliações sobre a própria competência (Parks-Stamm; Heilman; Hearns, 2008). Numa situação similar, as participantes apresentadas a exemplos de mulheres em cargos poderosos, como professoras de administração de empresas, médicas-cirurgiãs ou presidentes da divisão financeira de uma empresa, reagiram associando-se menos à liderança e demonstrando menos interesse em cargos masculinos (Rudman; Phelan, 2010). Já as entrevistadas que foram informadas a respeito de uma mulher bem-sucedida em um papel profissional associado de forma estereotipada a homens classificaram tal papel como mais distante do que aquelas que não foram expostas à mesma descrição (Lawson; Lips, 2014). A autoconfiança das entrevistadas em sua capacidade de alcançar tais posições aumentou apenas quando modelos ideais de mulheres bem-sucedidas foram explicitamente apresentados como mais parecidos com elas (cf., por exemplo, Asgari; Dasgupta; Stout, 2012; Lockwood, 2006).

Por que é tão difícil usar modelos ideais femininos de sucesso para estimular outras mulheres a aspirar a cargos de liderança? Talvez as mulheres tendam a ver esses modelos ideais como muito diferentes de si mesmas e, portanto, como modelos não adequados. Influenciadas por estereótipos que afirmam a inadequação entre liderança e feminilidade, as mulheres podem ver as líderes bem-sucedidas como não femininas, repelindo assim a possibilidade de se tornarem líderes como elas. Alternativamente, as mulheres podem simplesmente achar que essas líderes bem-sucedidas são tão inusitadamente talentosas e corajosas – ou tão invulgarmente resistentes, motivadas e detestadas – a ponto de exagerar o contraste entre si mesmas e esses modelos ideais. Quando há poucas mulheres em cargos de chefia em uma empresa, há de fato menos probabilidade de as mulheres que ali trabalham se identificarem com as colegas mais experientes ou de buscarem seus conselhos. Em uma organização em que mulheres em cargos seniores são poucas, tal escassez pode contribuir para dissociar a imagem dessas mulheres de qualquer modelo ideal (Ely; Ibarra; Kolb, 2011).

Se, por um lado, a apresentação de modelos ideais às mulheres nem sempre aumenta a confiança delas em suas capacidades, por outro, talvez isso possa ajudar a melhorar suas *performances* associadas à liderança. Pesquisadores realizaram um estudo em que acomodaram os participantes (tanto mulheres quanto homens) em um ambiente de realidade virtual e os instruíram a fazer um discurso público persuasivo (Latu *et al.*, 2013). O ambiente virtual mostrava uma sala com um público atento composto de 12 pessoas; mostrava-se, em uma delas, a imagem de alguma mulher poderosa e bem-sucedida (como Angela Merkel ou Hillary Clinton), em outra, de algum homem poderoso e bem-sucedido (como Bill Clinton), em outra ainda, nenhuma imagem. Foram mensuradas a duração, a qualidade dos discursos e as autoavaliações dos participantes sobre seu desempenho. Na presença de nenhuma imagem ou da imagem de Bill Clinton, os homens que participaram do experimento falaram mais do que as mulheres; contudo, essa diferença entre gêneros não ocorreu quando os participantes e as participantes falaram em uma sala virtual onde havia a imagem de Angela Merkel ou de Hillary Clinton – pois nesse caso as mulheres falaram mais. Os discursos das mulheres participantes também foram de melhor qualidade e suas autoavaliações mais positivas quando expostas aos modelos ideais femininos. Logo, as participantes pareciam se sentir fortalecidas quando expostas a esses modelos.

Apesar dos resultados desanimadores relatados no início desta seção, esse estudo nos ajuda a entender por que os modelos ideais femininos podem ser importantes para facilitar o acesso de mais mulheres a cargos de liderança. Nele, as mulheres não se compararam simplesmente e de forma abstrata a Angela Merkel e a Hillary Clinton – o que desencadearia o sentimento de que nunca poderiam estar à altura dessas mulheres extraordinárias. Em vez disso, elas tiveram a oportunidade de realizar uma atividade de liderança desafiadora sob o signo desses modelos inspiradores. Após realizar essa atividade com sucesso, elas puderam se avaliar quanto a seu desempenho. Mais do que estabelecerem um contraste entre elas e essas mulheres exemplares, é possível que tenham conseguido se alinhar psicologicamente com elas, extraindo delas inspiração e empoderamento. Esses dados sugerem que a mobilização de modelos ideais femininos a fim de incentivar mais mulheres à liderança é mais efetiva quando se combina a exposição a modelos ideais com oportunidades de elas mesmas assumirem atividades de liderança.

Nesse estudo em particular, e em vários outros, os gêneros dos modelos ideais não tiveram efeito sobre os homens que dele participaram. Isso ocorreu provavelmente porque há muito mais homens em posições de liderança do que mulheres – havendo, portanto, muito mais modelos ideais de líderes do mesmo gênero disponíveis para os homens, que simplesmente consideram a liderança masculina como algo natural.

O impacto das posições de liderança sobre os homens e sobre as mulheres que as ocupam

Quando Hillary Clinton se preparou para deixar o cargo de Secretária de Estado dos Estados Unidos depois de quatro anos em que foram registradas cerca de 1.700 reuniões com líderes mundiais, 956.733 milhas aéreas e visitas a 112 países, ela disse que gostaria de "colocar em dia 20 anos de privação de sono" e tentar "se livrar do cansaço" (The Huffington Post, 2013). O veterano congressista estadunidense David Obey, preparando-se para se aposentar do cargo em 2010 após 21 mandatos, comentou: "francamente, estou exausto" (Ruffini, 2010). Da mesma forma, o Deputado Barney Frank, preparando-se para deixar o cargo, disse: "depois de 45 anos, estou cansado" (Lavender, 2012). Está nítido que um possível impacto de ocupar um cargo exigente de liderança é a exaustão. Esse efeito pode ou não estar ligado ao gênero, mas nosso conhecimento sobre as diferentes condições que acompanham homens e mulheres em posições de liderança sugere que expectativas de gênero podem fazer diferença na forma como a liderança é experienciada.

Em um estudo inovador, Erika Apfelbaum (1993) entrevistou mulheres norueguesas e francesas em altos cargos de liderança. A influência dos respectivos contextos nacionais sobre suas experiências como líderes foram profundamente diferentes. Para as mulheres francesas do final do século XX, a liderança era um fardo, difícil e cheio de conflitos. As norueguesas, por sua vez, gostavam de ser líderes e falavam positivamente de suas funções.

Apfelbaum atribuiu parte dessas diferenças às diferentes histórias dos dois países. Mesmo no início da década de 1990 já havia na Noruega uma longa história de igualdade de gênero e um número considerável de mulheres em altos cargos políticos; ao passo que na França não se via muitas mulheres em cargos de liderança. A legitimidade da liderança das mulheres norueguesas era percebida como sólida. Já as francesas estavam acuadas. As norueguesas, em sua maioria casadas, disseram enfrentar poucos problemas para equilibrar o casamento com uma carreira exigente; as francesas eram em sua maioria solteiras e relatavam dificuldades em alcançar um equilíbrio satisfatório entre seus relacionamentos pessoais e seus cargos poderosos. Esses dados servem como um lembrete de que as mulheres provavelmente pagarão um preço alto pela liderança, não em todas as situações, mas em contextos em que há poucas mulheres líderes e a cultura não contribui para a legitimidade de sua liderança. Já os líderes homens parecem menos propensos a passar por dificuldades similares mesmo em instituições em que outros homens em posição de liderança são raros. Essa situação favorável talvez decorra do fato de a liderança masculina ser vista como legítima, mesmo quando incomum (Cognard-Black, 2004). Na ausência de sociedades em que a liderança feminina é muito mais comum do que a masculina, não é possível examinar o impacto sobre os homens de uma situação paralela à experimentada pelas mulheres francesas no início da década de 1990. Entretanto, seria possível examinar como as experiências das mulheres em posições de liderança na Noruega e na França mudaram à medida que o contexto cultural se alterou a partir daquela década. Na Noruega, a igualdade de gênero na política permaneceu forte. Em 2017, as mulheres norueguesas ocupavam quase 40% dos assentos do legislativo norueguês – praticamente a mesma porcentagem de 20 anos atrás. O país teve duas primeiras-ministras: Gro Harlem Brundtland e Erna Solberg. Na França, as mudanças que levaram a uma maior igualdade política entre os gêneros foram bastante intensas, mas o país ainda está atrás da Noruega. Duas mulheres (Ségolène Royal e Marine Le Pen) concorreram à presidência. Já no que diz respeito à proporção no parlamento francês, as mulheres ocupam cerca de 26% dos assentos da Assembleia Nacional (contra 6,4% há 20 anos) e mais de 27% dos assentos do Senado (há 20 anos essa proporção era de 5,6%) (Inter-Parliamentary Union, 2018). É provável que essas mudanças melhoraram a experiência das líderes francesas.

Para quem quiser se aprofundar mais

Jean Lau Chin, Bernice Lott, Joy K. Rice e Janis Sanchez-Hucles (org.). *Women and leadership*: transforming visions and diverse voices. Malden: Blackwell Publishing, 2007. Essa coletânea adota uma perspectiva feminista, cujos capítulos versam sobre tópicos como estilos de comunicação, mulheres como líderes acadêmicas e corporativas, o impacto de diversos contextos culturais, liderança colaborativa e desenvolvimento de líderes transformacionais, além de textos dedicados à liderança de mulheres latinas, negras, asiático-americanas e indígenas americanas, assim como de mulheres lésbicas e de portadoras de deficiências.

Stephen J. Ducat. *The wimp factor*: gender gaps, holy wars, and the politics of anxious masculinity. Boston: Beacon Press, 2004. O autor analisa a história da cultura do Ocidente do ponto de vista das atitudes de gênero. Com foco especial na política norte-americana e na política externa, ele argumenta que grande parte da política externa e interna do país é impulsionada pelo desejo de demonstrar autossuficiência e domínio "masculinos" e de rejeitar abordagens "femininas" de cuidado e proteção.

Alice H. Eagly e Linda L. Carli. *Through the labyrinth*: the truth about how women become leaders. Boston: Harvard Business School Publishing, 2007. Duas psicólogas sociais examinam a literatura para determinar por que continua sendo tão difícil a ocupação de cargos de liderança pelas mulheres. Elas argumentam que a imagem do teto de vidro é menos apropriada do que a metáfora do labirinto para descrever as barreiras que as mulheres enfrentam em suas carreiras quando negociam os caminhos para o poder.

James Rajasekar e Loo-See Beh (org.). *Culture and gender in leadership*: perspectives from the Middle East and Asia. Londres: Palgrave Macmillan, 2013. Os organizadores oferecem um conjunto variado de artigos que focam no papel do gênero e da cultura na formação de oportunidades e da expressão de liderança em países como Coreia, Afeganistão, Emirados Árabes Unidos, China e Índia.

Deborah L. Rhode (org.). *Women and leadership*. Nova York: Oxford University Press, 2017. Com uma introdução atualizada e uma coletânea de artigos clássicos sobre mulheres na liderança, o livro, organizado pela estudiosa do direito da Universidade de Stanford e ex-presidente da Comissão sobre mulheres no direito da American Bar Association, convida o leitor a pensar sobre liderança feminina na política, administração, direito, academia e em conselhos[22].

22. Há um livro escrito apenas por Deborah L. Rhode, intitulado *Women and leadership*, publicado em 2017, e uma coletânea organizada por ela em conjunto com Barbara Kellerman, *Women and leadership*: the state of play and strategies for change, publicada em 2007 [N.T.].

7
Padrões globais de violência de gênero

Em janeiro de 2013, o Departamento de Defesa dos Estados Unidos anunciou que suspenderia a proibição do alistamento de mulheres como combatentes. Em 2015, todos os postos de combate do Exército estadunidense foram abertos às mulheres. Embora representem mais de 14% dos oficiais em atividade no país, e ainda que muitas militares tenham sido feridas ou mortas nas guerras no Iraque e no Afeganistão, elas estavam vedadas a compor qualquer uma das 23 mil posições envolvidas no combate direto. Em alguns outros países (Canadá, Austrália, Nova Zelândia, por exemplo), as mulheres já servem em papéis de combate (Nissenbaum; Barnes, 2013).

A resistência ao alistamento de mulheres em postos de combate tem uma longa história. Argumenta-se, por exemplo, que as mulheres não conseguem atender aos padrões físicos exigidos em papéis de combate. Elas não exibiriam força e dureza o bastante para lidar com os perigos e os rigores do combate, o desconforto e a sujeira do campo de batalha. Mulheres capturadas pelo inimigo correriam o risco de serem estupradas. A presença de mulheres colocaria em risco os homens de uma brigada, pois a proteção destinada às mulheres os deixaria mais vulneráveis numa batalha, e a recíproca não seria verdadeira, temas comumente presentes nesse tipo de argumento – o grande desconforto gerado pela associação entre agressões físicas e letais e agência feminina, a ideia de que mulheres precisam de proteção. Essas ideias estão enraizadas nos estereótipos de gênero descritivos e prescritivos já mencionados: as mulheres devem ser delicadas, carinhosas, compassivas, atenciosas, acolhedoras, em vez de duronas, agressivas, decisivas ou dispostas a se arriscar fisicamente.

Esses estereótipos alimentam a ideia de que as mulheres precisam de proteção especial – ideia associada ao sexismo benevolente – e de que a sociedade oferece essa proteção mantendo-as fora dos papéis de combate. Entretanto, mesmo quando não estão oficialmente em combate, as mulheres militares são frequentemente submetidas à violência. Esse ponto ficou muito claro para o público norte-americano no início da Guerra do Iraque, quando a soldado Lori Piestewa, que não ocupava nenhum papel de combate, mas dirigia um caminhão de transporte, foi morta em uma emboscada contra sua unidade (Legon, 2003). Além disso, as militares enfrentam a violência mesmo quando não estão participando de alguma missão. Na mesma semana em que a mudança na regra de combate foi anunciada, comissões do Congresso estavam investigando agressões sexuais reiteradas contra recrutas e estagiárias em uma base texana da Força Aérea norte-americana. O "inimigo" que cometeu as agressões nesse caso foram os seus instrutores durante o treinamento básico (Bernard, 2013). A agressão sexual parece ser um problema recorrente e generalizado em todos os ramos das Forças Armadas do país (Lamothe, 2017), o que torna a alegação de que as mulheres estão sendo protegidas ao serem mantidas fora dos papéis de combate algo irônico.

As relações entre mulheres, homens e violência produzem fortes reações emocionais, em parte porque ativam poderosos estereótipos de gênero prescritivos, tanto femininos quanto masculinos. Acostumamo-nos a pensar em termos de gênero a agressividade e a violência.

Inflexões de gênero na violência interpessoal

A violência está associada aos homens e à masculinidade: os homens são tanto os autores quanto as vítimas da maioria das agressões e homicídios notificados (Federal Bureau of Investigation, 2015). Pesquisadores que estudam a agressividade em ambientes controlados de laboratório ou através do método do autorrelato [*self-report*] ou do heterorrelato [*peer-report*] constataram uma maior probabilidade de agressão direta e física por homens do que por mulheres, seja entre crianças (Lansford *et al.*, 2012), adolescentes (Card *et al.*, 2008) e adultos (Archer, 2004). Também foi constatado que os homens se exprimem verbalmente de forma mais agressiva, embora numa proporção menor (Archer, 2004). As diferenças de gênero quanto à agressividade são renitentes, mas moderadas, aparecendo com mais frequência em contextos em que a provocação à agressão não é acentuada e as normas da situação favorecem mais a agressividade masculina do que a feminina (Eagly; Steffen, 1986; Giancola *et al.*, 2002; Hyde, 1984). As diferenças de gênero na *agressão relacional* – agressão que prejudica outra pessoa ao afetar negativamente seu *status* social e/ou seus relacionamentos – não são muito consistentes (Lansford *et al.*, 2012). A agressão relacional encaixa-se melhor em estereótipos de feminilidade e é socialmente mais aceitável para mulheres do que a agressão física.

É tentador pensar que esse tipo de agressão seja mais característico das mulheres do que dos homens, mas tanto mulheres quanto homens, ou garotas e rapazes, praticam a agressão relacional, dependendo das circunstâncias (Loflin; Barry, 2016).

É bem possível que mulheres e homens não difiram quanto ao grau de agressividade, mas sim quanto aos tipos de agressão. Homens não se enraivecem mais do que mulheres, mas escolhem formas de agressão de maior risco e custo social, como a agressão física, o uso de armas ou o confronto direto (Archer, 2004). Não faltam evidências de que as mulheres podem se comportar e de fato se comportam de forma agressiva, e que seu potencial de agressividade não é menor que o dos homens (Richardson, 2005; White; Kowalski, 1994). Todavia, a exibição de agressividade, tanto de mulheres quanto de homens, costuma ser moldada pelas normas sociais, pela distribuição de poder em uma determinada situação e pelos custos potenciais de diferentes opções de comportamento.

É frequente que homens se encontrem em situações em que se espera deles um comportamento agressivo. Em muitas culturas, faz parte do papel masculino a proteção e a defesa de suas famílias, comunidades e nações. É mais provável que eles, mais do que mulheres, exerçam funções que exijam agressividade (polícia e forças armadas, por exemplo). No entanto, mesmo quando os homens correspondem às exigências dessas funções e fazem o que deles se espera, isso pode lhes custar caro. Timothy Kudo (2013), por exemplo, veterano do Corpo de Fuzileiros Navais dos Estados Unidos na Guerra do Afeganistão, comentou que carrega consigo "todos os dias" as lembranças indeléveis dos momentos em que ordenou a morte de pessoas. A respeito de sua condição ter sido classificada como *lesão moral* pela associação de veteranos das Forças Armadas estadunidenses, Kudo observou que não se trata de um "tipo de lesão da qual se recupera com repouso, fisioterapia e remédios para dor".

Para os homens, o custo de *não* se comportarem de forma agressiva em certas situações pode ser a humilhação e uma perda devastadora de *status* ou autoestima. Talvez por isso um importante gatilho para o comportamento masculino manifestamente agressivo parece ser ter sua masculinidade desafiada – os homens às vezes podem se comportar de forma fisicamente agressiva para restaurar o *status* masculino ameaçado (Bosson *et al.*, 2009). De acordo com um estudo canadense, quando os homens têm *status* econômico ou educacional inferior ao de suas parceiras, a probabilidade de abuso emocional é maior (Kaukinen, 2004).

Portanto, a compreensão da violência a partir de uma perspectiva de gênero lida com a questão de que ela é interpretada de forma diferente se praticada por mulheres e por homens. Um homem que se comporta de forma violenta pode ser visto como encenando [*enacting*] sua masculinidade, mas uma mulher que se comporta de forma violenta está desafiando ou comprometendo as percepções de sua feminilidade. Além disso, como as mulheres são vistas como mais fracas do que os homens, é possível que sua agressividade – especialmente contra os homens – não seja levada a sério. Essas considerações devem informar a análise dos padrões de violência de gênero.

Em determinadas situações, a masculinidade implica a reivindicação de *status* em uma hierarquia e o poder sobre os outros. Em particular, a masculinidade supõe geralmente uma superioridade em relação às mulheres e um poder sobre elas. Talvez, então, não surpreenda que os atos de violência interpessoal praticados por homens sejam muitas vezes dirigidos a mulheres com as quais mantêm relacionamentos íntimos – e que os atos de violência interpessoal praticados por mulheres, frequentemente como forma de autodefesa, sejam em geral dirigidos a parceiros masculinos.

Violência entre parceiros

Como as outras formas de violência, a violência familiar não é neutra em termos de gênero. Como mostram as Figuras 7.1 e 7.2, as mulheres têm maior probabilidade do que os homens de serem alvos de abuso por parte de parceiros íntimos. Embora tanto mulheres quanto homens possam ser perpetradores ou vítimas da violência doméstica, as mulheres têm muito mais probabilidade de sofrer lesões graves, de viver aterrorizadas por um cônjuge ou de ter de fugir de casa para sua própria segurança ou a de seus filhos (Office for National Statistics, 2016a; Smith *et al.*, 2017). Esse padrão é verificado no mundo inteiro (OMS, 2012). Entretanto, como veremos, isso não significa que as mulheres não cometam atos de violência contra o parceiro. Isso também não significa que a violência contra o parceiro possa ser sempre considerada dentro de categorias bem definidas baseadas em binarismos de gênero: homem contra mulher, mulher contra homem, mulher contra mulher, homem contra homem. Embora a maior parte das estatísticas disponíveis se encaixe nessas categorias binárias, os pesquisadores geralmente não dão aos entrevistados a opção de declarar um gênero outro que feminino ou masculino (como transgênero ou *gender-queer*, por exemplo). Indivíduos vivenciam e manifestam o gênero de muitas maneiras, e a violência contra parceiro pode ocorrer em qualquer parceria.

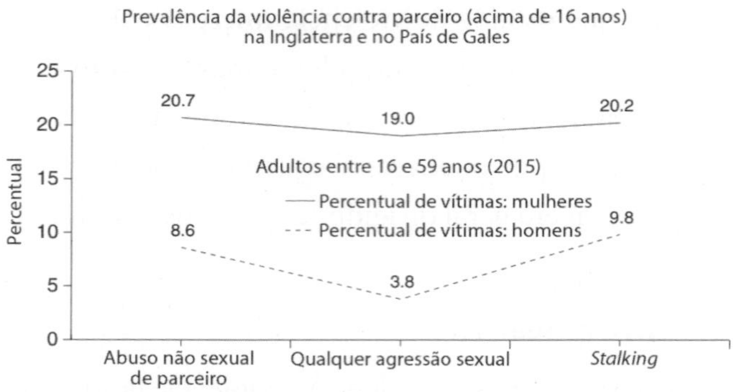

Figura 7.1. Prevalência da violência contra parceiro na Inglaterra e no País de Gales. Tanto homens quanto mulheres podem sofrer agressões de parceiro, mas estatísticas criminais mostram que as mulheres são mais alvo de todos os tipos de abuso de seus parceiros do que os homens. Fonte: Office for National Statistics (2016b).

A violência contra parceiros pode ser física (bater, chutar, sufocar etc.), sexual (estupro, coerção a atos sexuais específicos) ou psicológica (insultos, gritos, isolamento do indivíduo de amigos ou familiares etc.). Todas podem ter consequências devastadoras e muitas vezes ocorrem simultaneamente (Black *et al.*, 2011).

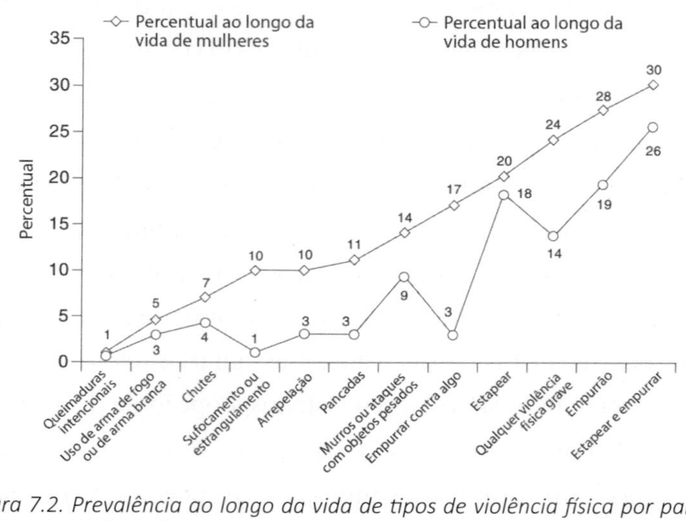

Figura 7.2. Prevalência ao longo da vida de tipos de violência física por parceiros nos Estados Unidos. Tanto homens quanto mulheres podem ser vítimas de violência física severa (pancadas, chutes, sufocamentos etc.). O percentual de relatos de mulheres sobre tais violências ao longo da vida é maior do que o dos homens em praticamente todas as formas de violência física.

Violência íntima contra mulheres

Violência íntima masculina contra a parceira

As estatísticas sobre abuso de mulheres por parceiros homens são surpreendentes. A Organização Mundial da Saúde (García-Moreno *et al.*, 2005) constatou, a partir de dados coletados em dez países (Bangladesh, Brasil, Etiópia, Japão, Peru, Namíbia, Samoa, Sérvia e Montenegro, Tailândia e Tanzânia), que a proporção de mulheres que relataram já ter sofrido violência física ou sexual de um parceiro variou de um mínimo de 15% a um máximo de 71%. Quando perguntadas sobre suas experiências apenas no ano anterior, a proporção de mulheres que relataram ter sofrido violência do parceiro ainda variou de 4% a 54%. As mulheres que já sofreram violência física grave de um parceiro (socos, chutes, arrastamento, ameaça com arma, ferimento causado por arma) variaram de 4 a 49%. Nos Estados Unidos, praticamente uma em cada quatro mulheres já sofreu violência física grave de um parceiro ao longo da vida (Black *et al.*, 2011).

Como a violência ocorre no contexto de um relacionamento em andamento, os atos de violência doméstica tendem a não ser eventos únicos, mas sim padrões em longo prazo. Um estudo da Organização Mundial da Saúde (OMS) constatou que a maioria das mulheres que sofreu violência íntima em uma ocasião, continua sendo alvo dessa violência – uma constatação que converge com outras pesquisas sobre violência doméstica (Frieze, 2005). Há muitos padrões diferentes de violência em casais (Frieze, 2005; Frieze, 2008; Williams; Frieze, 2005). Um deles foi chamado de "terrorismo íntimo", e envolve violência abusiva unilateral; outro, de "violência comum entre casais", e diz respeito à violência mútua de baixa intensidade que raramente resulta em lesão (Johnson; Ferraro, 2000). As mulheres do primeiro grupo, sendo aterrorizadas por um parceiro, podem achar impossível sair da situação. Elas podem não ter um lugar seguro para ir, podem estar numa situação de dependência econômica do parceiro ou se sentirem tão desmoralizadas pela violência e pela agressão verbal que a confiança em sua capacidade de viver de forma independente se despedaça (Arias; Pape, 2016). Entretanto, mesmo temendo por suas vidas, muitas mulheres que continuam numa situação de abuso desenvolvem estratégias para sobreviver e lidar com o abuso – muitas vezes revidando verbal e/ou fisicamente (Miller; Meloy, 2006). Quando uma mulher enfim sai da situação, o perigo geralmente aumenta quando um marido ou parceiro indignado a procura e descarrega sua raiva de forma violenta ou até mesmo fatal (Brownridge, 2006).

Já vimos que os homens não parecem ser essencialmente mais raivosos ou agressivos do que as mulheres. Qual é, então, a explicação para tanta violência masculina contra as parceiras? Os arranjos culturais de gênero podem ser importantes fatores explicativos. Como observamos anteriormente, os homens podem usar a violência para atuar [*act out*] a masculinidade – especialmente porque a masculinidade implica poder sobre as mulheres. Afora isso, os arranjos e as normas sociais às vezes dão aos homens autoridade formal ou informal sobre suas esposas (e filhas), o que fomenta a percepção de legitimidade do uso da força contra elas e limita seus recursos quando são alvos de violência por parte do marido. Uma pesquisa com mulheres iraquianas constatou que 63% concordavam que o marido tem justificativa para bater na esposa (Linos; Khawaja; Kaplan, 2012). Uma pesquisa na Índia mostrou que o risco de violência íntima estava ligado à tolerância da violência contra as mulheres em suas comunidades (Boyle *et al.*, 2009). Um estudo canadense revelou que os homens mais suscetíveis à ideologia patriarcal têm maior probabilidade de serem violentos com suas esposas (Lenton, 1995). Desse modo, a ideologia de gênero sustentada culturalmente fornece algumas explicações plausíveis para a disseminação da violência masculina contra as parceiras. No entanto, se a encenação [*enacting*] da masculinidade e o exercício da autoridade masculina fossem as únicas causas da violência entre parceiros, a violência íntima contra mulheres por parte de parceiras mulheres seria extremamente rara. Esse não parece ser o caso.

Violência íntima feminina contra a parceira

A violência causada por parceiros não ocorre apenas em casais heterossexuais. Um estudo recente de jovens adultos de minorias sexuais mostra que a violência íntima é comum e que os indivíduos com maior risco de sofrer essa violência são aqueles que se identificam como mulheres, como mulheres transgênero [*transgender*] e como negros/afro-americanos (Reuter *et al.*, 2017). Um levantamento nacional nos Estados Unidos revelou que praticamente uma em cada três entrevistadas que se identificaram como lésbicas sofreu, pelo menos uma vez na vida, violência física grave de uma parceira. Mais de dois terços relataram que o autor da violência era do sexo feminino (Breiding; Chen; Walters, 2013). Essa pesquisa indicou que a violência é tão comum entre casais lésbicos e *gays* quanto em casais heterossexuais. Porém, como há pouco reconhecimento da violência cometida por uma mulher contra outra mulher e poucas fontes de apoio para sobreviventes, muitas mulheres que passaram por relacionamentos lésbicos violentos relataram que se sentem silenciadas e isoladas (Walters, 2011). A invisibilidade da violência em casais de lésbicas pode estar ligada a estereótipos de gênero que projetam uma imagem de que mulheres não são fisicamente agressivas ou violentas.

Assim como a violência em relacionamentos heterossexuais, a violência em relacionamentos entre mulheres pode estar associada a fatores específicos do relacionamento, como assimetrias de poder ou dependência. Entretanto, o fenômeno também reflete um contexto cultural de estereótipos e discriminação baseados na orientação sexual. Para mulheres em relacionamentos lésbicos, o estresse associado ao fato de se pertencer a uma minoria sexual pode estar associado tanto à precariedade do relacionamento quanto à violência íntima. As mulheres lésbicas que internalizaram mais fortemente as atitudes negativas da cultura circundante a respeito de relacionamentos lésbicos têm maior probabilidade de vivenciar um relacionamento mais precário e, portanto, de perpetrar ou ser vítima de violência (Balsam; Szymanski, 2005).

Violência íntima contra homens

Violência íntima feminina contra o parceiro

Cerca de um em cada sete homens nos Estados Unidos relatou ter sofrido violência física grave durante a vida pela parceira (ter sido espancado, jogado contra alguma coisa, ter recebido socos ou golpes com objetos rígidos); cerca de 2% relataram ter sofrido esse tipo de violência no ano anterior à pesquisa (Black *et al.*, 2011). Entre os homens heterossexuais, mais de 99% dos que disseram ter sofrido violência por parceiro relataram que o agressor era do sexo feminino (Breiding; Chen; Walters, 2013).

As estatísticas globais sobre homens alvos de abuso por parte de parceiras não estão tão disponíveis quanto as estatísticas comparáveis sobre mulheres que sofreram abusos de homens.

Nos levantamentos sobre violência em relacionamentos heterossexuais em países ocidentais, as mulheres têm a mesma ou mais probabilidade do que os homens de relatar que foram violentadas, e um número ligeiramente *maior* de homens que de mulheres afirma ter sido alvo de violência grave unilateral (Archer, 2000; Williams; Frieze, 2005). Esses resultados contrariam as expectativas da maioria das pessoas e indicam que a violência íntima é um fenômeno mais complexo do que o fato de homens baterem em mulheres. Uma possível explicação para o número mais elevado de relatos sobre violências praticadas por mulheres é que haveria uma probabilidade maior de elas revidarem a violência do parceiro – pois alguns homens vitimados podem achar que é ilegítimo agredir fisicamente uma mulher. Outra possível explicação é a presença de um viés nas denúncias: como a violência masculina contra a mulher não é socialmente aceitável, os homens podem ser mais relutantes do que as mulheres em admitir que cometeram atos violentos contra um parceiro de outro gênero.

Homens vítimas de violência íntima grave podem ter poucos recursos para obter ajuda e apoio. Há menos serviços disponíveis para homens vitimados, e é menos provável que homens denunciem a violência ou peçam ajuda às autoridades policiais (Nowinski; Bowen, 2012). Como os estereótipos de gênero retratam os homens como mais firmes do que as mulheres, pode ser muito difícil para um homem admitir que foi abusado por uma parceira e pode ser difícil para os demais acreditarem que ele não é capaz de dar fim ao abuso.

Violência íntima masculina contra o parceiro

Entre os homens *gays* nos Estados Unidos, a prevalência ao longo da vida de violência física grave praticada por parceiro é de 16,4% (Breiding; Chen; Walters, 2013). Mais de 90% desses homens relataram que seus agressores eram também homens. A violência pode ser precipitada pelo estresse no relacionamento, e a ideologia e os estereótipos de gênero podem ter um papel importante, a exemplo de outros tipos de casais. Em um estudo com casais *gays* em Cuba, as dificuldades econômicas pareciam levar a sentimentos de masculinidade ameaçada, o que, por sua vez, levava à violência como reafirmação da masculinidade (Téllez Santaya; Walters, 2011).

De modo geral, parece que, ao menos em países onde foi estudada a violência em diferentes tipos de casais, a violência íntima causada por parceiro é quase tão frequente em casais heterossexuais quanto em casais homossexuais. Do mesmo modo, tanto mulheres quanto homens cometem violência, violência grave inclusive, contra seus parceiros. Entretanto, isso não significa que o gênero seja irrelevante para a compreensão da violência íntima. Não está claro se os mesmos comportamentos violentos teriam o mesmo significado ou impacto para mulheres e homens em relacionamentos íntimos, ou se as perguntas mais adequadas estariam sendo feitas a mulheres e aos homens nas pesquisas sobre esse tipo de violência. Por exemplo, empurrar ou ser empurrado por um parceiro pode ter um significado diferente para um homem e para uma mulher. O ato de ter a roupa rasgada por seu parceiro homem talvez seja considerada pela mulher como algo mais violento do que um tapa – mas ter a roupa rasgada pode nem estar na lista de atos violentos usados na medição da violência (McHugh; Livingston; Ford, 2005). Uma diferença no significado subjacente pode ajudar a explicar os dados robustos e consistentes de que mulheres vítimas de violência em relacionamento íntimo apresentam efeitos psicossociais mais negativos, como angústia e insatisfação conjugal, do que os de homens (Williams; Frieze, 2005).

Violência praticada por parceiros contra pessoas transgênero

Pesquisas sobre violência íntima envolvendo pessoas transgênero, embora escassas, indicam taxas mais altas de violência do que as encontradas entre pessoas cisgênero – possivelmente taxas iguais ou maiores que 50% ao longo da vida (Yerke; DeFeo, 2016). Além disso, pessoas transgênero vitimadas por parceiros podem enfrentar dificuldades específicas para encontrar ajuda. Se procurarem ajuda da polícia, é mais provável que elas, mais do que outras vítimas de violência, sofram discriminação, assédio ou até mesmo agressão. Se forem a um abrigo que acolhe vítimas de violência doméstica, podem ser rejeitadas por não serem mulheres "de verdade". Os profissionais da área médica podem discriminá-las. Por isso, pessoas transgênero em relacionamentos abusivos provavelmente terão acesso a um número ainda menor de meios de saída da situação e de assistência do que outras em relacionamentos violentos.

A violência praticada por parceiros explora as vulnerabilidades da vítima, e por isso não surpreende que o abuso emocional fundado no preconceito contra pessoas transgênero seja um tipo comum de abuso íntimo denunciado pelos transgêneros entrevistados (Yerke; DeFeo, 2016). Esse abuso pode envolver a ameaça de revelar a identidade de gênero ou o sexo atribuído ao nascimento, a retenção de recursos para tratamentos hormonais e cirurgias ou para itens relacionados à expressão de gênero, como perucas e roupas, e comentários negativos sobre características físicas (seios e genitália, por exemplo) que sinalizariam a pessoa transgênero como não sendo uma mulher ou um homem "de verdade". A violência física também costuma ter como alvo esses aspectos do corpo da pessoa transgênero. Talvez mais do que qualquer outra categoria de violência praticada por parceiros, esta está centrada em sentimentos sobre gênero – tornando a identidade de gênero de um indivíduo uma fonte de vulnerabilidade e de dor.

Stalking

Stalking[23] é um padrão de ameaças ou de assédio, envolvendo geralmente contato indesejado ou vigilância ostensiva. São exemplos de *stalking* repetidas chamadas telefônicas ou e-mails de assédio, seguir ou espionar a pessoa, ou deixar objetos para que ela os encontre. Cerca de uma em cada seis mulheres e um em cada dezenove homens nos Estados Unidos relata ter sido vítima de *stalking* na sua vida (Black *et al.*, 2011). Na maioria dos casos, os perseguidores conhecem a pessoa alvo da perseguição. Para mais de dois terços das mulheres vítimas de *stalking* e para pouco mais de 41% dos homens objeto desse tipo de perseguição, o agressor é um parceiro ou ex-parceiro. Mulheres têm muito mais probabilidade de sofrerem *stalking* por parte de homens do que de mulheres; a probabilidade de homens serem alvo de *stalking* tanto por parte de homens quanto de mulheres é quase

---

23. Expressão em inglês já consagrada nos debates pertinentes. Uma tradução possível seria "perseguição" [N.T.].

a mesma. A perseguição é um crime de "gênero", pois os casos envolvendo vítimas mulheres são mais numerosos que aqueles em que homens são perseguidos – especialmente se a definição de *stalking* limitar-se a comportamentos que instilam medo e/ou que envolvem ameaças reais (Lyndon *et al.*, 2012). Um número considerável de estudantes universitários homens e mulheres relatam terem sido perseguidos; por outro lado, muitos desses estudantes não se identificam como vítimas de *stalking*, mesmo quando são alvo de comportamentos que atendem aos critérios que definem esse tipo de perseguição (McNamara; Marsil, 2012). O *cyberstalking*, o uso de comunicação mediada por computador para assediar a vítima, foi relatado por mais de 40% dos estudantes pesquisados em um campus universitário norte-americano. Ele incide desproporcionalmente sobre mulheres e pessoas pertencentes a minorias raciais e sexuais (Reyns; Henson; Fisher, 2012). As consequências psicológicas, físicas e sociais do *stalking* são mais graves para as mulheres do que para os homens, em grande medida porque as reações de medo ao *stalking* tendem a ser maiores entre elas do que entre eles (Sheridan; Lyndon, 2012). No entanto, como ocorre com outras formas de violência, o *stalking* nem sempre é tratado com seriedade pelas autoridades policiais, além de gerar reações baseadas em estereótipos de gênero.

Estupro e agressão sexual

Em dezembro de 2012, o brutal estupro coletivo de uma mulher de 23 anos em um ônibus em Delhi provocou protestos em massa na Índia e chocou o mundo inteiro. A jovem, que morreu em decorrência dos ataques, era uma estudante que tinha ido assistir a um filme em um *shopping* local. No caminho de volta, ela e um amigo foram atacados no ônibus por um grupo de homens, ambos foram espancados com uma barra de ferro e ela foi estuprada diversas vezes. Os seis homens que dela abusaram disseram que lhe deram uma lição por ter saído à noite com um homem. Manifestantes exigiram que o governo tomasse medidas para punir esses e outros estupradores, apontando que crimes de agressão sexual contra mulheres eram frequentemente ignorados ou banalizados. Analistas disseram que muitas mulheres tinham medo de denunciar agressões sexuais porque os policiais não eram receptivos, e alguns sugeriram que a preferência por filhos homens na Índia alimentava um senso de legitimidade e de privilégio masculinos que compromete o respeito pelas mulheres (Nelson, 2012).

Apesar de muitos estupros não envolverem tamanha brutalidade ou serem cometidos por gangues de estranhos, esse trágico incidente e suas consequências trazem à tona muitas questões de gênero importantes sobre a agressão sexual. Em primeiro lugar, é bem mais provável que um estupro aconteça com mulheres do que com homens e que sejam homens que o cometam. Em segundo lugar, trata-se de um crime que, por vezes, não é levado a sério por legisladores, policiais e comunidades – e, por essa razão, é comum que não seja punido nem denunciado. Em terceiro lugar, entre os motivos da banalização da agressão sexual estão as atitudes de apoio ao estupro, como a crença de que as mulheres vitimadas merecem ou até mesmo querem ser estupradas por causa de seu comportamento. Por fim, todas essas questões estão radicadas em um ideário patriarcal segundo o qual é direito dos homens julgar e ditar o comportamento das mulheres, aplicar punições quando elas não se conformam a tais ditames e ter relações sexuais quando e como bem entenderem (Gavey, 2005; Jewkes, 2012).

A Organização Mundial da Saúde (García-Moreno *et al.*, 2005) constatou, a partir de estudos em dez países, que a taxa de violência sexual contra mulheres praticadas por parceiro variava de 6% a 59% e a de violência sexual cometida por perpetradores não parceiros variava de cerca de 1% a 12%. Em dois terços dos locais pesquisados, mais de 5% das mulheres disseram que sua primeira experiência de relação sexual havia sido forçada. Globalmente, estima-se que 7,2% das mulheres tenham sofrido violência sexual de alguém que não era seu parceiro, e 30% das mulheres sofreram violência física e/ou sexual cometida por parceiro (OMS, 2013). Pesquisadores relataram que 28% a 37% dos homens adultos na África do Sul, 24% dos homens na Índia e entre 10% e 15% dos homens em Bangladesh cometeram estupro (Jewkes, 2012). Segundo dados de uma pesquisa de âmbito nacional, 18,3% das mulheres e 1,4% dos homens nos Estados Unidos foram estuprados em algum momento de suas vidas (Black *et al.*, 2011). Mais da metade das mulheres disseram ter sido estupradas por um parceiro e mais de 40% relataram ter sido estupradas por um conhecido. Dos homens vítimas de estupro, mais da metade disse que o agressor era um conhecido, e pouco mais de 15% relataram que o agressor era um estranho. Em mais de 30% dos casos com mulheres, o primeiro estupro ocorreu antes dos 18 anos; em pouco mais de 12%, o fato ocorreu antes dos 10 anos de idade. Em mais de 27% dos casos com homens, o estupro ocorreu pela primeira vez antes de seus 10 anos de idade.

Uma análise de 75 estudos norte-americanos sobre agressão sexual contra indivíduos que se identificaram como *gays*, lésbicas ou bissexuais constatou que a prevalência de agressão sexual ao longo da vida de mulheres lésbicas ou bissexuais variou de 15,6%

a 85%; a prevalência de agressão sexual ao longo da vida de homens *gays* ou bissexuais variou de 11,8% a 54% (Rothman; Exner; Baughman, 2011). Para pessoas transgênero, as taxas podem ser ainda mais altas. Pesquisadores estimaram que entre 50% e 66% das pessoas transgênero sofreram agressão sexual durante a vida; de 15% a 20% dessas agressões foram perpetradas por policiais ou profissionais de saúde (Office for Victims of Crime, 2014). Além disso, agressões sexuais costumam ser um componente de crimes de ódio contra pessoas transgênero.

Os autores de violência sexual geralmente são parceiros, membros da família ou conhecidos das vítimas. O estupro pode abalar profundamente o senso de segurança e de confiança das vítimas quando se trata de relacionamentos interpessoais. Mas também é evidente que a probabilidade durante a vida desse tipo de violência ser cometido contra mulheres é muito maior, apesar de muitos homens serem vítimas de estupro. Há várias razões para isso, mas uma delas pode ser a maneira como as sociedades pensam e falam sobre a heterossexualidade (Gavey, 2005). Como vimos no capítulo 4, há um duplo critério na avaliação da heterossexualidade masculina e da feminina, em que o homem é considerado o provocador e iniciador e a mulher é vista como sentinela [*gatekeeper*] e filtro [*limiter*]. Os homens devem pressionar por sexo e as mulheres devem resistir – tudo isso parte de um ritual que geralmente termina em sexo. Em tal esquema, a linha entre sedução e estupro se borra. O estupro é, por definição, forçar sexo a uma outra pessoa. Entretanto, alguns homens que relatam que forçaram ou coagiram uma mulher a fazer sexo também dizem que não cometeram estupro (Koss; Gidycz; Wisniewski, 1987; Lisak; Miller, 2002); e algumas mulheres que relatam terem sido forçadas ou coagidas a fazer sexo dizem que não foram estupradas (Kahn *et al.*, 2003). Além disso, um certo número de participantes aparentemente acredita que um homem pode forçar justificadamente uma mulher a ter relações sexuais se ela já tiver feito sexo com ele antes (Shotland; Goodstein, 1992, ou se ela aceita suas gentilezas, o "provoca", "insinua-se" e depois muda de ideia (Bostwick; Delucia, 1992; Emmers-Sommer; Allen, 1999). Se se acredita que os homens precisam e desejam a atividade sexual mais do que as mulheres, e as mulheres não se sentem no direito de resistir a ela, o cenário favorece uma alta frequência de estupros cometidos por homens, a menos que tenham sido claras e enérgicas sobre essa resistência desde o início.

A situação é ainda mais propícia ao estupro em contextos culturais em que as mulheres são explicitamente consideradas propriedade dos homens ou sujeitas à autoridade de seus maridos. O estupro dentro do casamento foi por muito tempo considerado um oximoro em muitas sociedades, já que o marido se considerava no direito de ter relações sexuais com sua esposa independentemente da vontade dela. A *Declaração sobre a eliminação da violência contra a mulher* da Organização das Nações Unidas, publicada em 1993, estabeleceu que o estupro marital é uma violação dos direitos humanos (ONU, 1993). O estupro no interior do casamento é hoje um crime em muitos países (ONU, 2015) e essa criminalização também se aplica a casamentos entre pessoas do mesmo sexo em países onde essas uniões são reconhecidas. A Suprema Corte da Índia decidiu em outubro de 2017 que um homem que teve relação sexual com sua esposa menor de idade cometeu estupro – derrubando uma lei que permitia ao homem manter relações sexuais com uma garota menor de 15 anos desde que dentro do casamento (Safi, 2017). Sem embargo, apesar do reconhecimento oficial de que o estupro conjugal é ilegal, as mulheres e os homens de diversos países em desenvolvimento continuam a acreditar que o marido está justificado em forçar a esposa que não deseja o sexo. As mulheres que se casam cedo e que têm menos escolaridade, baixos rendimentos e pouca experiência correm um risco especial (ONU, 2015). O casamento infantil ainda é comum em várias partes do mundo; mesmo nos Estados Unidos, não há idade mínima para uma menina se casar em mais da metade dos estados (Kristof, 2017).

O estupro como arma de guerra

Há uma longa e dolorosa tradição de se usar do estupro para desmoralizar e humilhar oponentes na guerra. Há, evidentemente, um aspecto de gênero nessa prática: historicamente, a maioria dos soldados são homens, e as mulheres têm sido deixadas para trás; enquanto os homens saem para lutar. Ao devastar as mulheres que "pertencem" ao inimigo, as tropas demonstram sistematicamente seu domínio e causam destruição nas comunidades do grupo dominado. Com efeito, um dos objetivos do estupro em tempos de guerra tem sido diluir o grupo étnico do inimigo, forçando suas mulheres a terem filhos dos estupradores. Outro objetivo, menos óbvio, é fortalecer os laços entre os combatentes (Marino, 2011). Centenas de milhares de mulheres passaram por esse trauma de guerra, que trouxe consigo depressão, medo, altas taxas de suicídio, risco de gravidez indesejada e doenças sexualmente transmissíveis (Donohoe, 2005). Os homens também são estuprados em tempos de guerra, mas suas histórias têm ainda menos probabilidade de serem ouvidas do que as das mulheres vítimas de estupro (Sivakumaran, 2007). Cerca de 76% dos presos políticos homens pesquisados em El Salvador na década de 1980 relataram tortura sexual, e mais de 80% dos prisioneiros homens nos campos de concentração em Sarajevo relataram que haviam sido estuprados (Storr, 2011). Uma pesquisa com famílias do leste da República Democrática do Congo, devastado pela guerra, constatou que quase 40% das mulheres e pouco menos de 24% dos homens haviam passado por experiências de violência sexual (Johnson *et al.*, 2010). Combatentes mulheres podem participar de estupros em tempos de guerra: segurando a vítima, usando objetos como garrafas para cometer o estupro (Cohen *apud* Marino, 2011). A constatação de que tanto os homens quanto as mulheres estão expostos à possibilidade de estupro e a outras formas de agressão sexual durante conflitos armados, e que combatentes mulheres e homens participam de estupros, corrobora a ideia de que a violência sexual tem mais a ver com o poder e o domínio do que com paixões sexuais. Para as mulheres, o estupro é humilhante, assustador, perigoso e debilitante; para os homens, também é tudo isso, com a dimensão adicional de ser visto e vivenciado como emasculante.

Vítimas de estupro em tempos de guerra enfrentam alguns traumas especiais: além de enfrentarem as consequências do estupro, também lidam com as mortes e sequelas físicas e mentais de amigos e familiares, com os deslocamentos e com muitas outras perdas. Os sistemas convencionais de apoio podem ter sido destruídos; as outras pessoas geralmente estigmatizam e rejeitam as vítimas. Estas inclusive podem correr o risco de serem alvo de mais violência por parte de parentes que as consideram desonradas (Nolen, 2005). As vítimas frequentemente apresentam sintomas de depressão maior e transtorno de estresse pós-traumático (Johnson *et al.*, 2010). Os tribunais internacionais agora processam o estupro em tempos de guerra como um crime contra a humanidade ou como um crime de genocídio (Henry, 2010).

Violência como uma *performance* pública de hierarquia e normas de gênero

Às vezes, a violência se torna uma *performance* pública da hierarquia de gênero e do *status* masculino: um desempenho explícito da reivindicação dos homens de posse da e direito à autoridade sobre "suas" mulheres. Um exemplo trágico é o crime de honra [*honor killing*]: o assassinato de uma mulher cujo comportamento é considerado desonroso por seu marido, pai e/ou outros membros da família. As mulheres assassinadas em nome da honra da família foram consideradas culpadas de transgredir as fronteiras culturais do decoro por se vestirem de maneira não sancionada, por frequentarem lugares públicos desacompanhadas, por aparecerem na companhia de homens que não são parentes, por terem relacionamentos íntimos fora do casamento, por terem sido estupradas ou por terem se casado sem a aprovação da família. Os crimes de honra, geralmente perpetrados por um parente do sexo masculino, como um irmão, ou por meio de um esforço coletivo de vários membros da família (Chesler, 2010), tiram a vida de mais de 5 mil mulheres por ano em todo o mundo, embora seja praticamente impossível obter estimativas confiáveis. Esses crimes foram documentados em países tão diversos como Turquia, Jordânia, Egito, Paquistão, Índia, Israel e Brasil, e muitas vezes não são acolhidos pelo sistema judicial, quando não são tratados com leniência pelos tribunais.

A prática de crimes de honra está arraigada em normas culturais que não apenas legitimam que o *status* masculino deve ser maior do que o feminino, como também atrelam a honra e a posição de um homem na comunidade à sua autoridade sobre sua esposa e suas filhas. Em comunidades cujas normas patriarcais são fortes, um homem pode sentir que sua honra é seu bem mais valioso. Uma mulher desinibida, independente ou desobediente é vista como uma vergonha para a família e como o aniquilamento desse bem tão valioso – cuja importância é maior do que a própria mulher. A atribuição cultural de um maior valor à honra dos homens e à sua posição na comunidade do que à vida das mulheres é uma dimensão preocupante de um sistema hierárquico de gênero.

Para um homem membro de uma comunidade tradicional, um aspecto da proteção de sua honra é proteger as mulheres de sua família contra o estupro e outras formas de violação. Ironicamente, esse mesmo homem pode usar o estupro como um instrumento de punição pública contra mulheres que violem as regras de propriedade sexual ou que se intrometam em espaços ou situações a que elas "não pertencem". Dadas as suas implicações para a honra masculina, o estupro também pode ser usado pelos homens como uma arma contra outros homens: um homem pode atacar outro estuprando sua esposa, filha, irmã ou mãe. Há um caso famoso em que uma jovem paquistanesa, Mukhtaran Bibi, foi estuprada por vários homens por ordem do conselho tribal de uma aldeia rural e depois forçada a voltar para casa nua diante dos moradores sob seus insultos e provocações. Ela estava sendo punida porque seu irmão havia sido visto com uma mulher daquele vilarejo (Kristof, 2005).

A aplicação pública das "leis" de gênero também pode assumir a forma de crimes de ódio contra minorias sexuais. Os agressores atacam uma pessoa *gay*, lésbica, bissexual ou transgênero porque a consideram transgressora de normas, expectativas ou valores associados à masculinidade e/ou à feminilidade heterossexuais. Crimes de ódio são, por definição, aterrorizantes para categorias inteiras de pessoas, cada uma delas legitimamente preocupada com a possibilidade de ser o próximo alvo. Nos Estados Unidos, em 2015, foram documentados mais de 1.100 crimes de ódio motivados por preconceito contra uma determinada orientação ou identidade sexuais (Federal Bureau of Investigation, 2016). Entre 2012 e 2013, as polícias da Inglaterra e do País de Gales registraram 4.267 crimes de ódio baseados em preconceitos contra a orientação sexual (Office for National Statistics, 2013).

A violência de gênero como negócio

A violência generificada e/ou sexualizada envolve dinheiro: os lucros obtidos por aqueles que vendem pessoas (na maioria das vezes mulheres e crianças) para a escravização sexual ou que distribuem imagens de pessoas sendo estupradas ou humilhadas sexualmente são significativos. A pornografia, a representação de imagens sexualmente explícitas (boa parte delas violentas) com a finalidade de entretenimento e excitação sexual, é um grande negócio de alcance global. Globalmente, estima-se que a pornografia seja um negócio de 97 bilhões de dólares (NBC News, 2015).

Pornografia

Há três motivos para considerar a pornografia como um tipo de violência de gênero. Primeiro, uma quantidade significativa de pornografia exprime violências sexuais, como o estupro e/ou a humilhação de mulheres ou homens. Segundo, há a possibilidade de que o consumo de pornografia possa contribuir para atitudes e comportamentos sexualmente violentos. Por fim, há a questão de saber se as pessoas que atuam na pornografia – os *performers* – são vítimas de coerção e violência.

Em relação ao primeiro motivo, a retratação da violência e da dominação é um tema importante na pornografia. Uma análise do conteúdo dos vídeos pornográficos populares mais vendidos e mais alugados revelou um alto grau de agressão física e verbal, os perpetradores sendo sobretudo homens (70,3%), e as vítimas, mulheres (94,4%) (Bridges *et al.*, 2010). Mais de 88% das cenas retratavam agressão física, como tapas, palmadas, arrepelações, amordaçamento e estrangulação; quase metade continha agressão verbal, como insultos e xingamentos. Nesses vídeos, havia uma probabilidade muito maior de mulheres serem insultadas ou tratadas de forma depreciativa. Além disso, a maioria dos alvos de agressão foi retratada reagindo de forma neutra ou prazerosa à agressão – o que leva à preocupação de que os espectadores de pornografia estejam aprendendo que a agressão durante um encontro sexual aumenta o prazer.

A mídia que mais cresce na distribuição de pornografia é a internet. Uma análise de 31 *sites* gratuitos que retratam violência sexual constatou haver uma forte ênfase na representação das mulheres como vítimas, geralmente sem nenhuma imagem do perpetrador. Esses *sites* pareciam enfatizar sobretudo a dor sentida pela vítima; havia pouca ou nenhuma tentativa de retratar o estupro como sedução (Gossett; Byrne, 2002).

Ao que parece, os produtores de pornografia estão bem cientes de que a violência vende. Uma análise do conteúdo das descrições públicas que os próprios pornógrafos fazem de seus produtos revela uma nítida consciência de que a violência catalisa a comercialização de filmes e de outras mídias que promovem (Tyler, 2010).

O papel da exposição à pornografia – especialmente à pornografia violenta – no fomento ou não da violência sexual tem sido amplamente debatido e estudado. Será que os consumidores de pornografia tornam-se mais propensos a comportamentos sexualmente violentos, a atitudes de apoio à violência, à perda de empatia pelas vítimas de violência sexual? A quantidade de conteúdo violento no material pornográfico faz alguma diferença? As respostas a essas perguntas estão ainda sendo debatidas e elaboradas. Alguns estudos mostram que o consumo de pornografia por indivíduos pode estar ligado a juízos mais severos sobre as pessoas de outros gêneros com as quais interagem (Jansma *et al.*, 1997), ao enfraquecimento de seu comprometimento com seus parceiros na vida real (Lambert *et al.*, 2012) e à perda de compaixão por mulheres vítimas de estupro (Zillmann; Weaver, 1989). O consumo masculino de material que objetifica as mulheres tem sido associado a atitudes que sustentam a violência contra a mulher (Wright; Tokunaga, 2016). Além disso, vários estudos têm apresentado dados convergentes que apontam para a associação entre o consumo de pornografia por homens e um risco maior de atitudes e comportamentos sexualmente agressivos. Entretanto, a relação entre a pornografia e a violência é complexa e não se aplica uniformemente a todos os homens e a todas as formas de pornografia. Para homens com alta propensão a atos de agressão sexual devido à sua hostilidade e desconfiança em relação às mulheres, à gratificação que obtêm com o controle das mulheres e à promiscuidade e descompromisso em suas relações sexuais, o uso intenso de pornografia, principalmente de tipo violento, está significativamente associado a atitudes que sustentam a violência contra as mulheres (Malamuth; Hald; Koss, 2012). Esses homens podem ser mais propensos a procurar pornografia violenta e a serem por ela influenciados do que outros homens. No que diz respeito ao comportamento sexualmente violento, o consumo de pornografia tem uma probabilidade maior de afetar homens mais predispostos à agressão sexual e que consomem pornografia com frequência (Vega; Malamuth, 2007).

A exposição à pornografia violenta também pode ter efeitos deletérios sobre as mulheres. Um estudo mostrou que as mulheres que leram uma descrição erotizada de um estupro após ingerir uma dose moderada de álcool tinham menos probabilidade do que as mulheres sóbrias de classificar o incidente como estupro, e também eram mais insensíveis à situação da vítima (Davis *et al.*, 2006). Além disso, ver na mídia a exposição de violência sexual e não sexual contra mulheres pode fazê-las sentirem-se desempoderadas (Reid; Finchilescu, 1995).

Há discordância quanto à situação de exploração ou não dos *performers* adultos da mídia pornográfica, ou quanto ao caráter livre e racional da escolha desse trabalho por parte dos indivíduos que o realizam. Pode-se argumentar que o que essas atrizes fazem é perigoso para sua saúde (Bridges *et al.*, 2010). Os relatos de atrizes experientes geralmente contêm emoções conflitantes, histórias de abusos por parte de produtores e fotógrafos, que implacável e coercitivamente passam por cima dos limites estabelecidos por elas (Boyle, 2011). As atrizes falam do desencorajamento ao uso de preservativos, da exaustão, da dor física de certos atos, como múltiplas penetrações, das lacerações vaginais e retais. Não obstante, muitas vezes elas parecem conceber essas consequências deletérias de seu trabalho como resultados esperados da vida que escolheram livremente e não criticam as aparentes ameaças e intimidações para se envolverem em atos que teriam antes evitado. Suas narrativas às vezes valorizam sua própria desinibição sexual e sugerem que os piores casos não acontecem com elas, mas com outras jovens mais ingênuas. Um estudo comparou atrizes pornográficas com uma amostra de outras mulheres de idades, etnias e *status* de relacionamento similares. Os resultados indicaram que as atrizes estavam mais preocupadas em contrair uma doença sexualmente transmissível e tinham maior probabilidade de usar drogas, mas também mostraram níveis mais altos de autoestima, sentimentos positivos, apoio social, satisfação sexual e espiritualidade do que as mulheres da amostra (Griffith *et al.*, 2013).

A participação na indústria da pornografia pode ter alguns impactos profundamente nocivos sobre as mulheres que atuam diante das câmeras – a própria indústria reconhece, e até mesmo anuncia, o recurso ao engano, à coerção e ao acosso (Boyle, 2011; Tyler, 2010). Essa admissão levanta questões preocupantes sobre até que ponto os *performers* – mesmo que sejam adultos, estejam sendo pagos e optem por comparecer ao trabalho todos os dias – são ou não vítimas de violência sexual. Em relação a *performers* menores de idade, não há dúvida de que estão sendo vitimados e explorados.

Tráfico sexual

Outra forma de negócio violento com inflexões de gênero e de escala global é o tráfico. Suas vítimas são, na maioria das vezes, mulheres e crianças (Hodge; Lietz, 2007; Miller-Perrin; Wurtele,

2017), mas a proporção de homens traficados está aumentando (ONU, 2016). As vítimas são frequentemente enganadas por falsas promessas de bons empregos ou tiradas contra sua vontade de seus próprios países. Elas são privadas de documentos legais, muitas vezes mantidas presas e forçadas a trabalhar na prostituição, em *sweatshops* ou em outras formas de servidão forçada. Embora os números sejam de difícil comprovação, um estudo da Organização Internacional do Trabalho (2014) estimou que, em 2012, cerca de 20,9 milhões de pessoas foram traficadas para fins de exploração laboral e/ou sexual, ou mantidas em condições análogas à escravidão. As vítimas geralmente vêm de países pobres ou com índice elevado de desemprego e são mandadas para países mais ricos; um número desproporcional de vítimas vem de países asiáticos (Crawford, 2010). De acordo com um estudo, 95% das vítimas sofrem violência física ou sexual enquanto estão sendo traficadas (Zimmerman *et al.*, 2006). O tráfico é uma forma organizada e muito lucrativa de violência de gênero: os lucros globais podem chegar a 150 bilhões de dólares por ano (OIT, 2014).

Impactos da violência de gênero na economia e na saúde

Pessoas que passaram por experiências de violência física ou sexual apresentam sintomas físicos e mentais de problemas de saúde. Num estudo da Organização Mundial da Saúde abrangendo vários países, mulheres relataram lesões que iam desde hematomas e perfurações até fraturas e danos à audição ou à visão (García-Moreno *et al.*, 2005). Constatou-se uma probabilidade significativamente maior de mulheres vítimas de violência física ou sexual cometida por parceiros relatarem que tinham a saúde debilitada, dificuldades de locomoção e sintomas como perda de memória, tontura, sofrimento emocional, fadiga e pensamentos suicidas. A violência praticada por parceiro ocorria muitas vezes durante a gravidez, e a taxa de abortos espontâneos e induzidos era maior entre as mulheres que sofreram esse tipo de violência do que entre outras mulheres. Um levantamento de âmbito nacional nos Estados Unidos revelou que tanto as mulheres quanto os homens vítimas de estupro, *stalking* ou violência cometida por parceiro tinham maior probabilidade de relatar dores de cabeça frequentes, dor crônica, dificuldade para dormir, limitações em suas atividades e saúde física e mental precária (Black *et al.*, 2011).

Os extenuantes impactos físicos e psicológicos da violência têm profundas implicações para as vítimas. Em contextos culturais em que as mulheres têm menos poder e *status* do que os homens, mesmo a *possibilidade* de violência afeta suas oportunidades de sucesso ou de ascensão. Situações em que a violência contra a mulher é comum fazem-nas aprender a ficar alertas, a tomar cuidado e a se precaver. Mas a cautela limita sua mobilidade e interfere em suas oportunidades econômicas e sociais. Nesse sentido, uma atmosfera de potencial violência, seja em seus lares ou nas ruas e em suas comunidades, funciona como uma forma eficaz de controlar o comportamento, os movimentos e as aspirações das mulheres.

As consequências debilitantes vão além das mulheres e dos homens que experenciam a violência. Um relatório da Organização Mundial da Saúde de 2004 (Waters *et al.*, 2004) concluiu que a violência causada por parceiro custava à economia dos Estados Unidos 12,6 bilhões de dólares ao ano – um valor equivalente a 0,1% do produto interno bruto. O mesmo relatório mostrou que a violência praticada por parceiro tinha custos equivalentes a

1,6% do produto interno bruto da Nicarágua e 2% do produto nacional bruto do Chile. Um motivo para os altos custos econômicos é que as vítimas de violência sexual e de violência cometida por parceiro afetam o sistema de saúde: elas têm maior probabilidade do que outras pessoas de precisar de atendimento médico e de internações hospitalares, inclusive mais longas (Black *et al.*, 2011). Os custos de assistência médica são significativamente mais altos para as vítimas de violência praticada por parceiro do que para as não vítimas, pois geralmente são vários episódios violentos e as vítimas precisam de serviços como atendimento psiquiátrico (Kruse *et al.*, 2011).

Os custos médicos não são as únicas despesas incididas sobre as sociedades como consequência da violência interpessoal. Os custos de serviços jurídicos, acomodações seguras e policiamento também são significativos. Além disso, dada a maior probabilidade de adoecerem e de se machucarem, é mais provável que essas pessoas faltem ao trabalho, de modo que há custos para elas e seus empregadores associados à perda de rendimentos, de tempo e de oportunidades para maior produtividade. É difícil mensurar esses gastos, mas um estudo australiano calculou que os custos de acomodação e acolhimento (incluindo serviços jurídicos, policiamento, perda estimada de rendimentos e custos de oportunidade) de vítimas de violência doméstica giram em torno de 14 milhões de dólares ao ano (Brewster; Cook, 2002). Um estudo do Departamento de Justiça dos Estados Unidos (Bureau of Justice Statistics; Klaus, 1994) sobre o custo anual de medidas relativas ao estupro estimou que os serviços médicos diretos para atendimento às vítimas, a perda de rendimentos e a perda de oportunidades somaram 33 milhões de dólares.

Como a violência custa muito caro para as sociedades, os programas ou intervenções para acabar com a violência interpessoal podem representar uma boa economia. Por exemplo, um relatório estima que a lei que dispõe sobre a violência contra a mulher (VAWA – *Violence Against Women Act*), aprovada nos Estados Unidos em 1994 e que prevê penalidades criminais severas contra o *stalking* e a violência cometida por parceiros, economizou 12,6 bilhões de dólares durante seus primeiros cinco anos (Clark; Biddle; Martin, 2002).

À luz desses diversos desdobramentos, a violência de gênero é agora entendida pelos analistas de políticas públicas não como uma questão privada e interpessoal, mas como um problema de saúde pública e uma questão de direitos humanos.

Para quem quiser se aprofundar mais

Nadia Aghtaie e Geetanjali Gangoli (org.). *Understanding gender-based violence*: national and international contexts. Nova York: Routledge, 2015. Esse livro, que adota uma abordagem feminista e interseccional ao problema da violência de gênero, contém artigos que exploram a história, a teoria e a metodologia da pesquisa sobre esse tópico complexo, e conta com contribuições baseadas em pesquisas feitas no Reino Unido, no Irã, na Índia, em Ruanda e na China.

Raphaëlle Branche e Fabrice Virgili (org.). *Rape in wartime*. Londres: Palgrave Macmillan, 2012. Essa coletânea contém capítulos sobre o estupro como arma de guerra em vários conflitos e períodos históricos diferentes, incluindo a Segunda Guerra Mundial, a Guerra de Bangladesh de 1971, a Guerra Civil Grega, a Guerra Civil Espanhola, a Guerra da Chechênia e vários conflitos africanos. Por meio de uma cuidadosa pesquisa histórica, o livro examina os contextos que desencadeiam a violência sexual e suas funções.

Mary Crawford. *Sex trafficking in South Asia*: telling Maya's story. Nova York: Routledge, 2010. A autora, uma psicóloga social, faz uma análise crítica feminista do tráfico sexual, com foco no caso do Nepal. Ela explora como um discurso que caracteriza as vítimas como "atrasadas" pode levar a estratégias de proteção de meninas e mulheres que, paradoxalmente, chegam a restringir seus direitos humanos.

Irene Frieze. *Hurting the one you love*: violence in intimate relationships. Belmont: Wadworth; Thompson Learning, 2005. A autora analisa cuidadosamente a pesquisa sobre violência em relacionamentos, incluindo a violência contra e por mulheres e homens.

Nicola Gavey. *Just sex?* The cultural scaffolding of rape. Nova York: Routledge, 2005. A autora, uma psicóloga neozelandesa, examina a literatura das ciências sociais sobre estupro a partir de uma perspectiva feminista e construcionista social. Ela argumenta que devemos prestar uma atenção crítica ao uso da dinâmica das relações heterossexuais como justificativa para o estupro.

UN Women. *Global database on violence against women*. https://data.unwomen.org/global-database-on-violence-against-women. Esse banco de dados contém informações separadas por país sobre as medidas adotadas para lidar com a violência contra a mulher.

8
Padrões de gênero globais e saúde

A Organização Mundial da Saúde (2010) relatou que 57% das pessoas cegas do mundo são mulheres e que a proporção de mulheres na população cega se eleva em idades mais avançadas. Normalmente, não pensamos na cegueira como um problema associado ao gênero, mas o relatório observa que as desigualdades de gênero explicam bastante o impacto desproporcional desse problema sobre as mulheres. Em todo o mundo, as mulheres com catarata têm menos probabilidade do que os homens com o mesmo problema de fazer a cirurgia que evitaria a cegueira – porque elas têm menos acesso a recursos financeiros que pagariam pelo atendimento médico ou pelo transporte até uma unidade de saúde, menos acesso à educação e a informações e menos autonomia para tomar decisões relativas à saúde.

É de se esperar que mulheres e homens sejam vulneráveis a problemas de saúde diferentes. Afinal, homens e mulheres têm hormônios diferentes, e o mesmo vale para os sistemas reprodutivos, as características sexuais secundárias, o tamanho e a força muscular. Todavia, como o exemplo inicial indicou, há outras diferenças entre homens e mulheres que podem levar a diferenças de gênero na saúde: diferentes tipos de trabalho e estresse, normas e expectativas de comportamento diferentes, prioridades de vida distintas e acesso desigual a recursos.

Padrões de gênero em doenças

De acordo com a Organização Mundial da Saúde (2017a), a expectativa de vida média mundial ao nascer era de 73,7 anos para as mulheres e 69,1 anos para os homens em 2015. Apesar da grande variação entre regiões, grupos de renda e países, as mulheres vivem consistentemente mais do que os homens. Pode-se dizer que essa vantagem é contrabalançada pelo fato de que as mulheres relatam mais problemas de saúde e têm mais doenças, problemas crônicos de saúde e deficiências do que os homens (Luy; Minagawa, 2014).

Essas estatísticas gerais obscurecem uma série de diferenças no padrão de doenças que afligem e matam mulheres e homens. Por exemplo, homens são mais afetados por doenças potencialmente fatais, como doenças coronarianas e câncer, em idade mais jovem; já as mulheres têm taxas mais altas de certos distúrbios crônicos, como doenças autoimunes e doenças infecciosas de curto prazo (Rieker; Bird, 2005).

Não é possível fazer grandes generalizações sobre os padrões de gênero de doenças específicas sem prestar atenção ao impacto do desenvolvimento socioeconômico. Em países mais pobres, as pessoas são mais vulneráveis a doenças que são raras em países desenvolvidos simplesmente porque não há atendimento preventivo disponível. A morte de mulheres devido ao câncer de colo do útero e ao câncer de mama, por exemplo, é muito mais comum em regiões de baixa renda, onde há menos disponibilidade de procedimentos de triagem e de tratamento, do que em países cuja população tem maior renda, onde esses exames e tratamentos são rotineiros. Mais de 50% das mortes por câncer de mama e 88% das mortes por câncer de colo do útero ocorrem em regiões menos desenvolvidas (Ginsburg, 2013). Em países mais pobres, as doenças da terceira idade podem ter uma menor prevalência do que em países mais ricos – porque é mais provável que as pessoas morram de outra coisa antes de terem a chance de envelhecer. O Mal de Alzheimer e outras demências são a terceira principal causa de morte de mulheres em países ricos, mas nem sequer estão entre as dez principais causas de morte de mulheres em países de baixa e média renda (OMS, 2016).

A Figura 8.1 mostra as principais causas de morte de mulheres e homens nos Estados Unidos. Em países desenvolvidos, um pequeno número de doenças não transmissíveis – doenças cardíacas, câncer e acidente vascular cerebral – são as principais causas de morte de homens e de mulheres (OMS, 2016). A doença cardiovascular é a principal causa de morte de homens e de mulheres em todo o mundo, mas em mulheres ela ocorre em idades mais avançadas do que em homens. Até a menopausa, os níveis de estrogênio das mulheres podem protegê-las contra o acúmulo de placas que bloqueiam as artérias e que podem causar ataques cardíacos. As mulheres têm maior probabilidade do que os homens de sofrer dois tipos específicos de doença cardíaca: a doença microvascular coronariana e a síndrome do coração partido (National Heart, Lung, and Blood Institute; US Department of Health and Human Services, 2009). No caso das mulheres, as doenças cardiovasculares são a principal causa de morte em regiões mais afluentes, mas em países mais pobres é mais provável que as mulheres morram de infecções do trato respiratório inferior, HIV/AIDS ou doenças diarreicas do que de doenças cardíacas (OMS, 2016).

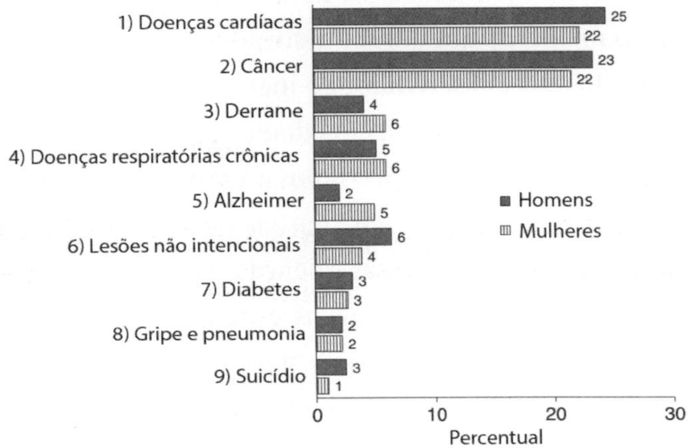

Figura 8.1. Principais causas de morte de mulheres e homens estadunidenses no ano de 2014. Há fortes semelhanças e notáveis diferenças nas principais causas de morte de homens e de mulheres. Se, por um lado, doenças cardíacas e câncer são de longe os principais fatores de morte de ambos os sexos nos Estados Unidos; por outro, é mais provável que homens se suicidem ou morram de ferimentos não intencionais e que mulheres morram de Mal de Alzheimer. Fonte: Centers for Disease Control and Prevention (2014a, 2014b) e National Center for Health Statistics (2017 – Tabela 17).

As taxas de câncer em países de alta renda são mais do que o dobro das taxas em países de baixa renda. O câncer de mama é o mais comum entre as mulheres em todo o mundo e a principal causa de mortes por câncer entre elas, seguido pelo câncer de pulmão, colorretal, cervical e de estômago (OMS, 2016). Em países de alta renda, a maioria das mulheres que desenvolvem câncer de mama ou do colo do útero sobrevive; em países de baixa renda, essas formas de câncer têm maior probabilidade de resultar em morte (Ginsburg *et al.*, 2017). Globalmente, a maioria das mortes por câncer em homens é causada por câncer de pulmão, de fígado, de estômago, colorretal e de próstata. O câncer de próstata, que afeta apenas os homens, é responsável por cerca de 7% das mortes por câncer em todo o mundo (OMS, 2016).

As doenças autoimunes, caracterizadas por problemas no sistema imunológico que levam o corpo a atacar seus próprios órgãos, tecidos e células, têm muito mais probabilidade de afetar as mulheres do que os homens. As doenças autoimunes mais comuns são a esclerose múltipla, o lúpus e a artrite reumatoide. Nos Estados Unidos, quase 80% das pessoas que sofrem de doenças autoimunes são mulheres; essas doenças constituem a principal causa de morte de mulheres jovens e de meia-idade (National Institute of Allergy and Infectious Diseases, 2016). As razões para a maior suscetibilidade das mulheres a doenças autoimunes não são claras. Alguns pesquisadores apontam para um possível efeito protetor conferido pelos andrógenos (hormônios que estão em níveis mais altos nos homens do que nas mulheres) (Voskuhl, 2011). Outros sugerem que um fator contribuinte importante pode ser a diferença entre as bactérias intestinais de homens e de mulheres – diferenças que, de alguma forma, afetam os níveis hormonais (Markle *et al.*, 2013). Entre as consequências da maior suscetibilidade das mulheres a doenças autoimunes está a maior probabilidade da ocorrência de dores crônicas. Ironicamente, as queixas de dor das mulheres são mais propensas do que as dos homens a serem descartadas como de origem emocional e a não serem tratadas, e os ensaios clínicos de medicamentos para dor muitas vezes não contavam com mulheres (Edwards, 2013).

O gênero é também um fator nos padrões de doenças infecciosas, como a malária e a tuberculose. Em certas culturas, as meninas têm menos probabilidade de serem vacinadas contra doenças comuns do que os meninos; em outras, as restrições de gênero impostas às mães dificultam bastante seu acesso à vacinação dos filhos (Merten *et al.*, 2015). Uma comparação entre

90 países menos desenvolvidos revelou que as mulheres estavam mais protegidas contra a malária em nações onde sua situação jurídica e econômica era melhor (Austin; Noble; Mejia, 2014). Na África, meninas adolescentes e mulheres grávidas são particularmente vulneráveis à malária; adolescentes grávidas, que muitas vezes são estigmatizadas e julgadas negativamente quando procuram atendimento médico pré-natal, são especialmente vulneráveis (OMS; Roll Back Malaria, 2007). As diferenças de gênero na organização do sono e a divisão do trabalho por gênero podem determinar a exposição aos mosquitos transmissores da malária. Se as mulheres trabalham fora antes do amanhecer ou se os homens fazem a maior parte do trabalho em florestas, o risco de exposição a picadas de mosquito devido ao trabalho pode ser alto. Normas de gênero também podem afetar o acesso ao tratamento da malária. Uma mulher pode precisar da permissão do marido para ir a uma clínica, ou um homem pode achar que não deve dar prioridade a viajar até uma clínica porque não é economicamente viável, a seu ver, deixar de trabalhar perto de casa. As mulheres geralmente carregam o fardo mais pesado da malária e de outras doenças tropicais porque são as principais responsáveis pelo cuidado dos que estão doentes na família; e, em geral, não são elas que tomam as decisões relativas aos tratamentos.

Os registros da incidência de tuberculose são quase duas vezes maiores entre os homens do que entre as mulheres. Os motivos dessa diferença são pouco compreendidos, mas alguns analistas sugerem que as mulheres sofrem mais com o estigma da tuberculose, o que as desestimula a procurar tratamento (e isso, por sua vez, impede que sejam diagnosticadas e seus casos registrados). As diferenças de gênero em determinados comportamentos podem afetar a progressão da doença. O tabagismo e o abuso de álcool estão ligados à redução da imunidade – e homens têm muito maior probabilidade do que mulheres de fumar e abusar do álcool em países onde a tuberculose é prevalente. Além disso, homens têm menos probabilidade de concluir o tratamento. Independentemente desses fatores, algumas pesquisas indicam que os homens podem ser biologicamente mais suscetíveis à tuberculose – talvez por causa dos hormônios (Neyrolles; Quintana-Murci, 2009). A biologia e as normas, os valores e as expectativas informadas pelo gênero podem moldar os padrões epidemiológicos conforme o gênero de várias e complexas maneiras, como veremos a partir de agora.

Nutrição

Em todo o mundo, as estatísticas mostram que a desnutrição atinge mais as mulheres do que os homens. Isso porque, em algumas sociedades, os homens e os meninos têm prioridade quando há alimentos disponíveis, e porque as mulheres têm menos acesso a recursos financeiros necessários para garantir a segurança alimentar. Um grande estudo desenvolvido na Índia mostrou que as meninas tinham menos probabilidade de receber alimentos suplementares do que os meninos e tinham maior probabilidade de sofrer de desnutrição do que os meninos. Mas quando o *status* individual das mães era mais elevado ou quando viviam em comunidades onde o *status* das mulheres era maior, isso aparentemente reduzia a diferença na nutrição de meninos e de meninas (Bose, 2011). Estudos transnacionais mostram que o empoderamento das mulheres, indicado pelo nível educacional, pelo controle sobre a reprodução, pela representação política e pela expectativa de vida, prediz níveis mais baixos de desnutrição infantil (Burroway, 2016).

Mulheres de grupos etários mais velhos também enfrentam uma desvantagem nutricional. Um estudo norte-americano com controle dos fatores demográficos e sanitários sobre idosos que não podem sair de casa revelou que a ingestão de nutrientes era significativamente menor entre as mulheres do que entre os homens (Sharkey; Branch, 2004). As mulheres idosas têm maior probabilidade de sofrer de desnutrição do que os homens em zonas rurais libanesas (Boulos; Salameh; Barberger-Gateau, 2013); o mesmo ocorre em zonas rurais indianas (Das; Das, 2012).

Nos locais onde não há escassez de alimentos, as mulheres podem ainda ter mais chances de sofrer de desnutrição do que os homens, talvez por aceitarem a noção cultural de que devem ser magras. As mulheres são mais propensas do que os homens a se preocupar com o peso e a limitar a ingestão de alimentos para emagrecer (Aruguete *et al.*, 2005; Lai Yeung, 2010).

Estresse

Quando eventos ou condições externas parecem ameaçadores ou debilitantes, eles se tornam estressores: fontes de perturbação, preocupação, desconforto e sofrimento difuso. O excesso de estresse tem efeitos negativos para a saúde; o aumento do estresse geralmente precede o surgimento de doenças. Existem diferenças entre homens e mulheres quanto à quantidade e ao tipo de estresse?

Eventos de vida estressantes [*stressful life events*] são ocorrências únicas, como a morte de um membro da família, a perda do emprego, a destruição da casa ou uma briga violenta. Condições de vida estressantes [*stressful life conditions*], por outro lado, são situações crônicas que persistem dia após dia, como a insegurança alimentar, o medo de violência, o excesso de trabalho ou a hostilidade de colegas de trabalho. Pequenas irritações cotidianas, como as que ocorrem no trânsito, como as ligações irritantes de *telemarketing* ou uma bagunça repentina em casa, são uma terceira causa de estresse. As mulheres têm níveis mais altos de estresse crônico e de pequenos estressores diários do que os homens; entretanto, homens e mulheres relatam um número semelhante de eventos de vida estressantes (Matud, 2004). Embora o número de eventos de vida estressantes seja parecido, mulheres e homens podem diferir nos tipos de eventos que vivenciam, na magnitude, no tipo de reação e nos estilos de enfrentamento e de superação desses eventos. Matud constatou, a partir de uma grande amostra de adultos na Espanha, que as mulheres eram mais propensas a listar eventos estressantes ligados à família e à saúde, e que os homens eram mais propensos a listar eventos associados a relacionamentos, finanças e trabalho. As mulheres dessa amostra classificaram os eventos de vida estressantes como mais negativos e menos controláveis, e assinalaram com mais frequência do que os homens itens associados a sintomas psicossomáticos e ao sofrimento psicológico. Nesse sentido, as mulheres pareciam ser mais afetadas do que os homens pelos estressores que experimentavam. As mulheres também eram mais propensas a usar um estilo de enfrentamento focado na emoção (tentando regular suas respostas emocionais à situação) em vez do estilo de enfrentamento focado no problema (tentando mudar a situação) para lidar com o estresse.

As mulheres têm maior probabilidade do que os homens de experimentar um certo tipo de estressor: o preconceito ou a discriminação sexista. Em uma pesquisa feita nos Estados Unidos, 99% das mulheres da amostra disseram ter passado por um evento sexista pelo menos uma vez na vida; as mulheres não brancas relataram mais incidentes desse tipo do que as mulheres brancas (Klonoff; Landrine, 1995). Os eventos mais comuns foram exposição a piadas sexistas ou sexualmente degradantes, assédio sexual, insultos sexistas e tratamentos desrespeitosos. Mais da metade das mulheres da amostra relataram que o fato de ser mulher foi o motivo das provocações, agressões, empurrões ou ameaças; 40% disseram que lhes foi negado um aumento ou promoção por serem mulheres; e mais de 19% disseram que tomaram medidas sérias, como ações ou queixas judiciais, devido à discriminação sexista. A maior exposição das mulheres ao tratamento sexista pode explicar parcialmente por que apresentam taxas mais elevadas de sintomas depressivos, ansiosos e somáticos do que os homens. Uma pesquisa com estudantes norte-americanos mostrou que esses sintomas estavam significativamente mais presentes entre mulheres que relataram sofrer tratamento sexista frequente do que entre homens; já as mulheres que relataram pouco sexismo não diferiram dos homens em nenhum dos sintomas mensurados (Klonoff; Landrine; Campbell, 2000). O impacto da discriminação de gênero se intersecta com a discriminação racial ou outras formas de discriminação. Um estudo com mulheres afro-americanas revelou que sofrer discriminação racial e de gênero aumentava o risco de saúde precária dessas mulheres e também as tornava mais vulneráveis ao impacto de estressores individuais, como danos pessoais, vitimização e términos de relacionamento (Perry; Harp; Oser, 2013).

Comportamentos relacionados à saúde são influenciados por estereótipos de gênero

Comportamentos e atitudes relacionados à saúde tendem a ser diferentes entre mulheres e homens. Os homens assumem mais comportamentos de risco à saúde (Pengpid; Peltzer, 2015). As mulheres são mais propensas do que os homens a fazerem uma "nutrição preventiva", consumindo alimentos saudáveis e evitando alimentos considerados perniciosos (Schüz *et al.*, 2005). Mulheres estudantes de medicina apresentam atitudes mais positivas a respeito do uso da nutrição como ferramenta terapêutica (Schulman; Karney, 2003). A probabilidade de ingestão das cinco porções recomendadas de frutas e legumes por dia é maior entre as mulheres do que entre os homens; também é mais provável que elas estejam mais cientes das recomendações (Baker; Wardle, 2003; El Ansari *et al.*, 2011). Em que medida essas diferenças entre homens e mulheres nos comportamentos de saúde estão ligadas à socialização e às expectativas de gênero? Eis algumas possibilidades. Parte do papel masculino implica assumir riscos em vez de agir com cautela. Parte do papel feminino envolve uma orientação para nutrir e cuidar, o que pode abarcar conhecimentos sobre questões de saúde. Em muitos contextos, é mais aceitável para as mulheres do que para os homens admitir fraquezas, procurar ajuda ou receber conselhos, e a socialização das mulheres envolve uma maior preocupação com seus corpos em comparação com a dos homens.

Tabagismo

Em todo o mundo, os homens têm muito mais probabilidade de usar tabaco, com uma prevalência média 4,4 vezes maior do que a das mulheres (OMS, 2011a). Historicamente, na maior parte dos países, os homens foram os primeiros a adotar a prática do tabagismo – um padrão que foi reforçado por papéis de gênero que tradicionalmente consideravam o tabagismo pouco ou nada feminino. Um estudo realizado no Vietnã citado pela Organização Mundial da Saúde (2003) apontou que o motivo mais comum para evitar o tabaco informado pelas mulheres foi que "mulheres não deveriam fumar". Por outro lado, o tabagismo geralmente simboliza a masculinidade e pode ser um aspecto importante das relações sociais entre os homens. As propagandas de cigarro tendem a reforçar essa noção, mostrando homens fumando em cenários inóspitos, se aventurando, se extenuando, usando roupas rústicas.

As fabricantes de cigarros têm se dirigido às mulheres jovens e adultas, especialmente em países em desenvolvimento, com a mensagem de que fumar é sofisticado, *sexy* e está associado à quebra de restrições que pesam sobre elas. A ênfase cultural na magreza feminina aumenta a pressão para o uso do tabaco; muitas jovens relatam que começam ou continuam a fumar para evitar o ganho de peso. Talvez por esses motivos o consumo de tabaco parece estar aumentando entre as jovens em alguns países, especialmente na Ásia e na região do Pacífico (OMS, 2011a).

Para as mulheres, mais do que para os homens, o tabagismo parece estar associado a evitar a depressão e outras emoções negativas (Richardson *et al.*, 2012); para os homens, o tabagismo está mais fortemente ligado a sensações e hábitos positivos. Parece ser mais difícil para as mulheres do que para os homens parar de fumar – talvez porque elas dependam do cigarro para lidar com o estresse (Legleye *et al.*, 2011; OMS, 2011a).

O tabagismo é responsável pela maioria dos casos de câncer de pulmão e está relacionado a muitos casos de doenças cardíacas e outras enfermidades. Como as taxas de tabagismo aumentaram entre as mulheres ao longo das décadas, as taxas de câncer de pulmão também aumentaram, com um período de latência de cerca de 30 anos (Weiss, 1997). Nos Estados Unidos, a prevalência do consumo de cigarros atingiu o pico entre os homens em 1940, permaneceu estável até 1955 e depois começou a diminuir; consequentemente, a taxa de câncer de pulmão entre os homens atingiu o pico em 1990 e depois começou a cair. Para as mulheres, cujo consumo de tabaco aumentou consistentemente de 2% em 1930 para 38% em 1960 e depois caiu mais lentamente do que o dos homens, a mortalidade por câncer de pulmão começou a aumentar por volta de 1965. A taxa de mortalidade feminina por câncer de pulmão aumentou seis vezes desde 1950; o câncer de pulmão ultrapassou o câncer de mama como a principal causa de morte de mulheres nos Estados Unidos na década de 1980 e continua sendo a causa mais frequente de morte das mulheres estadunidenses (National Center for Health Statistics, 2017). A Figura 8.2 mostra as mudanças nas taxas de mortalidade por câncer de pulmão para homens e para mulheres nas últimas décadas. Em comparação com os homens, as mulheres podem desenvolver câncer de pulmão mesmo com níveis mais baixos de tabagismo e têm maior probabilidade de contrair câncer de pulmão de pequenas células em sua forma agressiva. O uso do tabaco também é especialmente problemático para as mulheres porque seus corpos metabolizam a nicotina mais rapidamente se elas estiverem grávidas ou usando contraceptivos orais (OMS, 2011a).

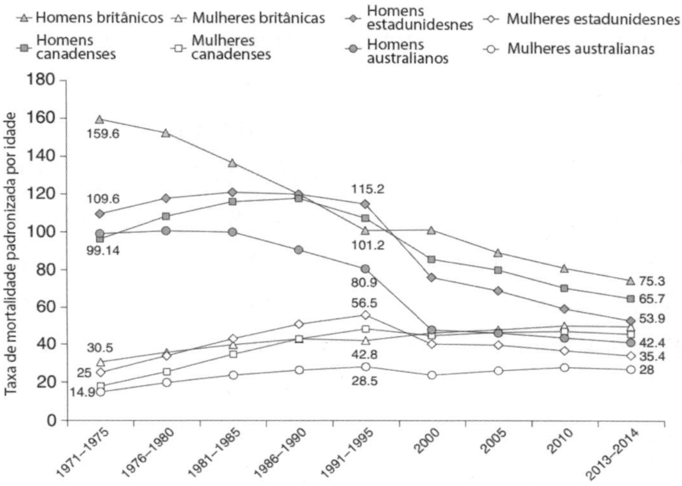

*Figura 8.2. Padrões nas taxas de mortalidade por câncer de pulmão por gênero em quatro países. As mudanças nas taxas de mortalidade por câncer de pulmão (mortes por 100 mil pessoas) entre mulheres e entre homens são um exemplo de como as mudanças nos padrões de comportamento de gênero podem afetar a saúde. Em todos os quatro países aqui mostrados, verificou-se uma tendência de queda das taxas de mortalidade por câncer de pulmão entre homens à medida que o impacto tardio de uma diminuição na porcentagem de fumantes homens tornava-se efetivo. No caso das mulheres, por outro lado, as taxas de mortalidade por câncer de pulmão continuaram a aumentar de forma constante, refletindo um aumento no tabagismo feminino, cujo pico foi posterior ao dos homens. *As taxas relativas à Austrália desde o ano 2000 são brutas, não padronizadas. Fonte: Liaw; Huang; Lien (2005); National Cancer Institute (2014 – Tabela 15.9); Cancer Research UK (2016); Canadian Cancer Society (2017); Australian Institute of Health and Welfare (2017).*

Álcool e outras drogas

Estudos multinacionais mostram uma tendência consistente de maior consumo de álcool entre os homens do que entre as mulheres, e de maior abstinência ou abandono do consumo de álcool entre as mulheres do que entre os homens (Wilsnack *et al.*, 2009). O consumo e a dependência de drogas ilícitas também são maiores entre os homens (National Center for Health Statistics,

2017). As normas culturais são mais tolerantes com a intoxicação masculina do que com a feminina e podem enfatizar a contenção como um sinal apropriado de feminilidade. Além disso, os homens geralmente têm mais acesso ao dinheiro para comprar álcool e drogas e à liberdade para sair e se permitir. A importância desses fatores culturais é ilustrada pela grande variação no consumo de álcool entre os países. Por exemplo, um estudo realizado em 35 países relatou taxas de consumo de álcool que variaram de 97% dos homens e 94% das mulheres na Dinamarca a 37% dos homens e 3% das mulheres no estado indiano de Karnataka (Wilsnack *et al.*, 2009).

Embora as mulheres consumam menos álcool, elas normalmente atingem concentrações mais altas de álcool no sangue do que os homens, mesmo quando consomem a mesma quantidade (Mumenthaler *et al.*, 1999). Portanto, é provável que as mulheres tenham problemas relacionados ao álcool em níveis mais baixos de consumo. Estudos demonstraram que estudantes universitárias relataram desmaios na mesma proporção que seus colegas homens, apesar de beberem menos (White; Jamieson-Drake; Swartzwelder, 2002), e que elas tiveram doenças físicas relacionadas ao álcool com níveis mais baixos de consumo que os dos homens (Nolen-Hoeksema, 2004).

Mulheres e homens correm o risco de sofrer diferentes consequências do consumo de álcool devido a diferenças na forma como seus corpos respondem ao álcool e a diferenças nas normas e expectativas de gênero (Nolen-Hoeksema; Hilt, 2006). Um estudo examinou as diferenças de gênero nos efeitos do consumo de álcool, com controle da quantidade relatada de álcool consumida por semana e o nível médio estimado de álcool no sangue dos participantes. Mesmo com o controle dessas variáveis, as mulheres que consumiam álcool tinham um risco maior do que o dos homens de desenvolver tolerância a níveis alcoólicos mais altos, de desmaios e mal súbitos, de acidentes e de reincidir após prometerem não beber. Os homens, por outro lado, tinham um risco maior de danificar propriedades e frequentar a escola embriagados (Sugarman; DeMartini; Carey, 2009). No caso das mulheres, um efeito perigoso do consumo excessivo de álcool é uma maior vulnerabilidade ao estupro (McCauley; Calhoun; Gidycz, 2010). Outro efeito que atinge exclusivamente as mulheres é o perigo do uso de álcool durante a gestação (Tsai *et al.*, 2007).

O uso indevido e abusivo de medicamentos é um tópico de grande preocupação. Com efeito, nos Estados Unidos e em alguns outros países, há um consenso de que existe uma "epidemia de opioides" que envolve a dependência de analgésicos com prescrição médica. O papel do gênero nessa situação é complexo. As mortes por overdose de analgésicos receitados estão aumentando mais rapidamente entre as mulheres do que entre os homens (Office on Women's Health, 2016). Homens são comparativamente um pouco mais propensos a relatar o uso indevido de medicamentos prescritos; as mulheres, todavia, são mais propensas a receber prescrição de analgésicos e antidepressivos (National Center for Health Statistics, 2017). Analgésicos são receitados com mais frequência às mulheres porque a probabilidade de sentirem dor intensa é maior que a de homens, e essa experiência parece aumentar com a idade (Grol-Prokopczyk, 2017). As mulheres que usam opioides também podem progredir mais rapidamente para a dependência do que os homens e experimentar mais abstinências (Office on Women's Health, 2016).

Correr riscos

Os homens tendem a assumir comportamentos de maior risco físico do que as mulheres (Pengpid; Peltzer, 2015data were collected in a cross-sectional survey of 19831 undergraduate university students (mean age 20.8, SD=2. 8) – talvez porque correr riscos faça parte da masculinidade estereotipada. Os homens correm riscos para sinalizar sua masculinidade a possíveis parceiras; e um estudo mostrou que homens jovens eram mais propensos a correr riscos quando excitados sexualmente e na presença de mulheres romanticamente disponíveis (Baker; Maner, 2009). Os homens podem acumular "capital" masculino envolvendo-se em atividades tradicionalmente masculinas. Esses "pontos de masculinidade" insuflam a autopercepção da masculinidade e compensam comportamentos não masculinos (De Visser; McDonnell, 2013). Um homem pode ser capaz de compensar o fato de não beber se correr outros tipos de risco, se for conhecido por sair com muitas mulheres ou se for um bom atleta, por exemplo.

A tendência a correr riscos pode tornar os homens, em especial aqueles que fazem parte de determinados grupos, particularmente vulneráveis a lesões e a mortes acidentais. Por exemplo, alguns jovens de classe trabalhadora da Austrália encenam uma cultura automobilística de alto risco, que enfatiza o poder masculino e exclui as mulheres (Walker; Butland; Connell, 2000). As tentativas de se enquadrar nessa cultura podem incentivar os jovens a dirigir em alta velocidade, a evitar o uso do cinto de segurança, a dirigir embriagados e a se envolver em outros comportamentos de risco que podem levar a resultados desastrosos. Em 2015, o número de homens jovens e adultos mortos em acidentes de trânsito em todo o mundo foi mais de três vezes maior do que o número correspondente de mulheres jovens e adultas (OMS, 2016).

No caso feminino, os comportamentos de risco relacionados à saúde geralmente passam por estratégias de mudança corporal, como dietas radicais ou cirurgias plásticas. Esses comportamentos não são geralmente discutidos no arcabouço dos riscos e são menos públicos e/ou sociais do que os riscos associados à masculinidade. Portanto, eles podem passar despercebidos quando pesquisadores fazem comparações de gênero em termos de comportamentos de risco.

Comportamentos sexuais de risco

Ter muitos parceiros sexuais expõe o indivíduo a um risco maior de contrair doenças sexualmente transmissíveis. Em termos globais, os homens têm duas vezes mais probabilidade do que as mulheres de morrer de doenças sexualmente transmissíveis outras que o HIV/AIDS, e uma probabilidade cerca de 1,4 vez maior de morrer de HIV/AIDS (OMS, 2016). Ter muitos parceiros sexuais também pode aumentar a probabilidade de vitimização sexual, principalmente no caso das mulheres, pois a probabilidade de encontrar um parceiro agressor é maior. Os homens são mais propensos do que as mulheres a fazer sexo sem proteção com múltiplas parceiras (Nkansah-Amankra *et al.*, 2011). Ter uma vida sexual muito ativa e ter várias parceiras é visto às vezes como um aspecto importante da masculinidade (Bowleg *et al.*, 2011).

Tanto no caso de mulheres quanto no de homens, um preditor de comportamentos sexuais de risco e de outras formas de comportamentos de risco à saúde é o histórico de agressão sexual. As mulheres que sofreram agressão sexual relatam níveis mais elevados de depressão e ansiedade, maior consumo de álcool e comportamento sexual mais arriscado do que as demais mulheres (McCauley *et al.*, 2009). Uma amostra diversificada de universitárias estadunidenses mostrou que mulheres de todos os grupos étnicos adotaram um comportamento sexual de risco como uma forma de lidar com a depressão e a ansiedade causadas pela agressão sexual (Littleton *et al.*, 2013). Já uma pesquisa com universitários homens apontou que a vitimização sexual também está ligada a comportamentos sexuais de risco em níveis elevados e a problemas com o álcool (Turchik, 2012).

Exercício e atividades físicas

É mais provável que mais homens pratiquem atividades físicas regulares em níveis recomendados do que mulheres, embora a maior parte dos homens e das mulheres de países desenvolvidos não atenda às diretrizes mínimas (Centers for Disease Control and Prevention, 2014c; Zach *et al.*, 2013). A maior frequência de exercícios por parte dos homens pode decorrer, em alguma medida, dos estereótipos e normas de gênero em que os homens estão mais associados à força e à atividade física do que as mulheres. Além desses estereótipos, há mais incentivos e oportunidades para os homens do que para as mulheres no campo dos esportes e atividades físicas. As maratonas, por exemplo, por muitos anos foram consideradas impossíveis ou perigosas para as mulheres. Foi em 1972 que as mulheres foram autorizadas a competir na famosa Maratona de Boston (mas foi preciso que Roberta Gibb entrasse sorrateiramente na corrida em 1966 e que Kathrine Switzer se inscrevesse como K.V. Switzer e completasse sua célebre corrida de forma despercebida e oficiosa misturada ao pelotão exclusivamente masculino). A maratona para mulheres só foi incluída nos Jogos Olímpicos em 1984.

Em países onde há fortes sanções contra a exibição do corpo feminino, as restrições à participação feminina em atividades físicas e esportes têm sido especialmente rigorosas. Em certos países de maioria muçulmana, as atletas obedecem a códigos de vestimenta muito discretos e não participam de aulas de ginástica de gênero misto. As atletas nesses países se adaptaram lançando mão de roupas de ginástica muito circunspectas, praticando atividades que permitam roupas mais folgadas ou exercícios que possam fazer sozinhas, frequentando academias e praias apenas para mulheres (Moaveni, 2009). Com adaptações nos códigos de vestimenta, as mulheres muçulmanas deixaram sua marca nos esportes competitivos internacionais. Marjan Kalhor, uma esquiadora iraniana, por exemplo, participou dos Jogos Olímpicos de Inverno de 2010 usando um uniforme que cobria completamente seu corpo, e as boxeadoras do Afeganistão usaram o *hijab* em competições patrocinadas pela Associação Internacional de Boxe (Women's Islamic Initiative in Spirituality and Equality, 2010).

HIV/AIDS e outras doenças sexualmente transmissíveis

As mulheres representam cerca de metade dos aproximadamente 37 milhões de pessoas em todo o mundo com o vírus da imunodeficiência humana (HIV); o HIV/AIDS é a principal causa de morte em todo o mundo entre mulheres em idade reprodutiva (OMS, 2016). Globalmente, entre pessoas de 15 a 24 anos, as taxas de infecção por HIV entre as mulheres são significativamente mais altas do que as dos homens (Unaids, 2015).

Tanto a biologia quanto as normas e relações de poder relacionadas ao gênero contribuem para a elevada prevalência dessa doença entre mulheres. Durante a relação sexual heterossexual, as mulheres correm um risco maior do que os homens de contaminação por HIV e por algumas outras infecções sexualmente transmissíveis, em parte porque as membranas mucosas do aparelho reprodutivo feminino estão expostas de forma substancial e prolongada a qualquer vírus presente no fluido seminal. Além disso, fatores culturais catalisam a vulnerabilidade biológica das mulheres: a exposição ao estupro, a pressão de parceiros para que façam sexo sem a proteção de preservativos, a falta de controle sobre comportamentos de alto risco de seus parceiros, que podem fazer sexo sem proteção ou usar drogas intravenosas com agulhas compartilhadas (Higgins; Hoffman; Dworkin, 2010). Por motivos similares, as mulheres também são mais vulneráveis do que os homens a uma variedade de outras doenças sexualmente transmissíveis, como o vírus do papiloma humano (HPV), a tricomoníase, o herpes genital e a clamídia.

A vulnerabilidade dos homens ao HIV/AIDS aumenta com a falta de moradia e o encarceramento, por exemplo. Nos Estados Unidos, onde a esmagadora maioria dos presos são homens negros, a taxa de contaminação pela AIDS é cinco vezes maior na população carcerária do que na população em geral (Centers for Disease Control and Prevention, 2017a). Entretanto, em certos contextos, a riqueza e a renda de homens estão positivamente relacionadas ao risco de contrair HIV – talvez porque esses fatores estejam ligados à maior disponibilidade de tempo livre, à possibilidade de ter mais parceiro(as) sexuais e de maiores gastos com álcool e drogas. Em alguns países da África Subsaariana, a maior prevalência do HIV ocorre entre adultos dos segmentos mais ricos da população (Mishra *et al.*, 2007).

O impacto do HIV/AIDS varia de acordo com o gênero. Mulheres grávidas soropositivas podem transmitir o vírus a seus bebês durante a gravidez, o parto ou a amamentação – o que ocorre entre 15% e 45% das vezes na falta de intervenções eficazes. Intervenções como o tratamento antirretroviral podem reduzir essa taxa para 5% (OMS, 2017b). Entre as barreiras à prevenção e ao tratamento do HIV enfrentadas pelas mulheres estão a falta de recursos, as responsabilidades maternas, a mobilidade e o poder de decisão limitados. Os homens podem evitar buscar serviços de prevenção ou tratamento do HIV devido ao medo do estigma, à preocupação com a perda do emprego ou com a possibilidade de serem vistos como fracos ou destituídos de masculinidade.

Saúde reprodutiva e mortalidade materna

No âmbito da saúde reprodutiva, as diferenças entre mulheres e homens são mais acentuadas, pois as mulheres lidam com a gravidez, o parto e suas complicações, além de se preocuparem com a prevenção ou a interrupção da gravidez. A mortalidade materna é um grande problema de saúde em países em desenvolvimento, complicada em alguns casos pelas mutilações genitais que deixam as mulheres vulneráveis a terríveis lesões no processo do parto. Em países desenvolvidos, as questões de saúde reprodutiva também afetam mulheres e homens de forma bastante diferente, principalmente quanto ao acesso à contracepção e ao aborto.

Contracepção e aborto

A disponibilidade de formas confiáveis de prevenção da gravidez tem um impacto significativo sobre os relacionamentos heterossexuais individuais e sobre o quadro mais amplo das relações entre homens e mulheres. Em 2010, no quinquagésimo aniversário da pílula anticoncepcional, analistas a consideraram um acontecimento que transformou a vida das mulheres (Rubin, 2010). Houve um grande impacto porque as mulheres que usavam a pílula podiam controlar sua reprodução, mesmo sem o conhecimento e/ou consentimento de seus parceiros – uma mudança significativa no equilíbrio de poder no interior dos relacionamentos. Mesmo que as mulheres estivessem em relacionamentos com pouca margem de escolha quanto a ter ou não relações sexuais, elas pelo menos não precisavam passar por uma série de gestações indesejadas. Essa foi uma mudança drástica em relação às décadas anteriores, quando as mulheres geralmente tinham mais filhos do que queriam, podiam pagar ou tinham saúde e energia para criar. E o desenvolvimento de pílulas e métodos contraceptivos mais eficazes nos últimos anos – incluindo hoje as pílulas do dia seguinte – aumentou as opções das mulheres a esse respeito.

No entanto, em 2010, os dados mundiais mostravam que cerca de 12,3% das mulheres com idade entre 15 e 49 anos, casadas ou sexualmente ativas, que desejavam evitar uma gravidez não tinham acesso a nenhum método anticoncepcional eficaz ou não o utilizavam. Na África, a demanda não atendida de acesso a métodos contraceptivos era a mais alta – mais de 25% (Alkema *et al.*, 2013). Mesmo onde a contracepção em tese está disponível (embora talvez não seja muito barata ou acessível), ela nem sempre é usada. Nos Estados Unidos, cerca de uma em cada dez mulheres que correm o risco de ter uma gravidez indesejada não usa nenhum tipo de método contraceptivo (Daniels; Daugherty; Jones, 2014).

O preservativo e a esterilização por meio da vasectomia são os métodos contraceptivos de mais destaque entre os homens.

As abordagens não avançaram significativamente ao longo dos anos, provavelmente porque são as mulheres que engravidam. Um possível método reversível de contracepção masculina (até agora testado apenas em camundongos) utiliza uma tecnologia molecular para reduzir o número e a motilidade dos espermatozoides sem afetar os níveis hormonais (Matzuk *et al.*, 2012). Se esse método for desenvolvido com sucesso, a proporção de homens que assumem a responsabilidade principal pela contracepção poderá ser maior.

Quando a contracepção falha ou não está disponível, as mulheres que enfrentam uma gravidez indesejada podem recorrer ao aborto. Nos Estados Unidos, onde o aborto é legal[24], houve 12,5 abortos registrados em cada mil mulheres em idade reprodutiva em 2013, e as taxas mais altas correspondem à faixa etária de 20 a 29 anos (Jatlaoui *et al.*, 2016). É raro que esses abortos terminem em morte ou ferimentos graves para as mulheres; em países em desenvolvimento, porém, estatísticas sombrias revelam que o aborto não é seguro para as mulheres, sendo feito muitas vezes em condições ilegais ou insalubres. Em todo o mundo, as complicações relacionadas ao aborto correspondem a cerca de 13% da taxa de mortalidade materna (cerca de 47 mil por ano) – e quase todas essas mortes ocorrem em países em desenvolvimento (OMS; Human Reproduction Program, 2017).

Gravidez, parto e saúde materna

A grande maioria das mulheres passa por uma gravidez em algum momento da vida. A gravidez e seus efeitos e complica-

24. Em 2022, entretanto, a Suprema Corte dos Estados Unidos suspendeu o direito constitucional ao aborto naquele país [N.T.].

ções constituem o conjunto mais evidente de razões pelas quais as mulheres podem precisar de cuidados de saúde. Hemorragias graves durante ou após o parto, infecções e problemas relacionados à hipertensão, doenças cardíacas, diabetes e abortos malfeitos estão entre as complicações que ameaçam a vida da mulher.

Em países desenvolvidos, a gravidez e o parto são relativamente seguros. Em todo o mundo, no ano de 2015, o risco de morte ao longo de sua vida decorrente de complicações da gravidez ou do parto era de um em cada 180 casos. Entretanto, o risco de morte das mulheres era de apenas um em cada 23.700 casos na Grécia, um em cada 8.800 casos no Canadá, um em cada 5.800 casos no Reino Unido e um em cada 3.800 nos Estados Unidos (Alkema *et al.*, 2016a; Alkema *et al.*, 2016b). Nos Estados Unidos, a mortalidade materna aumentou em mais de 26% entre os anos 2000 e 2014 – para 23,8 mortes maternas por 100 mil nascidos vivos. Isso faz dos Estados Unidos o único país desenvolvido em que se registra um aumento na mortalidade materna. Entre os 31 países da Organização para a Cooperação e Desenvolvimento Econômico (OCDE), os Estados Unidos estão na pior posição em relação à mortalidade materna quando comparado com todos os demais países, com exceção do México (MacDorman *et al.*, 2016). A situação é pior em países menos desenvolvidos. Em 2015, o risco ao longo da vida de complicações na gravidez ou no parto causarem a morte de uma mulher era de um em cada 17 casos em Serra Leoa, um em cada 22 na Somália e um em cada 52 casos no Afeganistão. Embora o número de mortes maternas tenha diminuído em todo o mundo de 385 mortes em cada 100 mil nascidos vivos em 1990 para 216 mortes em 2015, as mulheres continuam a morrer em taxas elevadas, principalmente em países de baixa renda. A pobreza é um fator fundamental: pesquisas em países em desenvolvimento mostram uma forte associação entre o aumento da pobreza e o aumento da proporção de mulheres que morrem por causas relacionadas à gravidez (Paruzzolo *et al.*, 2010). Em países desenvolvidos, as mortes maternas também são mais comuns entre as mulheres que não têm recursos econômicos e acesso a um bom atendimento médico. Nos Estados Unidos, por exemplo, as mortes relacionadas à gravidez são mais de três vezes maiores para mulheres afro-americanas do que para mulheres brancas (Centers for Disease Control and Prevention, 2017b) e são mais altas em regiões do país com elevadas taxas de população imigrante e de pobreza.

A gravidez e o parto são mais arriscados para as adolescentes, cuja probabilidade de morrer de causas relativas à maternidade é cerca de um terço maior do que a das mulheres na faixa dos 20 anos (Restrepo-Méndez; Victora, 2014). Essa consideração, ao lado das questões sobre a capacidade das mães muito jovens de prover e cuidar de seus filhos, tem informado os esforços para reduzir as taxas de natalidade na adolescência. Nos Estados Unidos, de 1991 a 2016 houve um declínio de 67% nas taxas de natalidade entre adolescentes, o que corresponde a uma baixa histórica de 20,3 nascimentos por mil mulheres entre 15 e 19 anos, o que foi saudado pelas autoridades de saúde (Hamilton *et al.*, 2017). Não obstante, em alguns países de baixa renda, espera-se que as mulheres se casem e comecem a ter filhos ainda muito jovens, muitas vezes sem ter qualquer poder de recusa a tais arranjos; cerca de 11% dos nascimentos em todo o mundo provêm de mães com idade entre 15 e 19 anos (OMS, 2014). No mundo inteiro, as complicações da gravidez e do parto são a segunda principal causa de morte entre as mães adolescentes – e a sobrevivência de bebês nascidos de mães adolescentes está também mais sujeita a riscos (OMS, 2014). É provável que esse padrão se mantenha onde as normas de gênero limitam as oportunidades de acesso à educação e à renda própria, as escolhas quanto a postergar o casamento e a margem de autonomia em relação aos homens.

Mutilação genital feminina

Uma prática tradicional em algumas culturas consiste em um rito de passagem no qual uma área da genitália de uma menina é cortada. Às vezes chamada de circuncisão feminina, a mutilação genital feminina (MGF) é uma prática cultural enraizada na noção de que a sexualidade feminina é perigosa e deve ser controlada. Em alguns casos, o clitóris e os lábios são completamente excisados e a área genital é suturada; em outros, o clitóris e os lábios são parcialmente removidos. Milhões de meninas são afetadas: na Indonésia, em 2010, entre 86% e 100% das famílias pesquisadas disseram que suas filhas foram submetidas ao corte genital (Haworth, 2012). Atualmente, na África, no Oriente Médio e na Ásia, mais de 200 milhões de meninas e mulheres foram submetidas à MGF (OMS, 2017c).

Esse procedimento, justificado como uma forma de garantir que a menina se torne uma mulher sexualmente virtuosa, é perigoso e doloroso, e irá interferir no prazer sexual feminino. Além disso, esse corte e sutura genitais geralmente criam uma abertura vaginal menor, o que pode levar à obstrução do parto. O trabalho de parto obstruído pode ter como resultado uma condição perigosa chamada fístula obstétrica: a abertura de um orifício no canal de parto. Se não for reparada, a fístula leva à incontinência urinária incessante e a uma maior possibilidade de infecção – e não é raro a mulher com essa condição ser ridicularizada e segregada em sua comunidade.

A circuncisão masculina, que envolve a remoção cirúrgica do prepúcio do pênis quando o menino tem poucos dias de vida, também afeta milhões de pessoas. Esse procedimento também deita raízes em tradições culturais e religiosas (tanto judaicas quanto muçulmanas). A circuncisão masculina, diferentemente dos procedimentos descritos acima para as mulheres, parece conferir mais benefícios potenciais à saúde do que riscos: prevenção de infecções do trato urinário, prevenção do câncer de próstata e de algumas infecções sexualmente transmissíveis e redução do risco de câncer cervical, de herpes, de clamídia e de sífilis nas parceiras (Morris; Bailis; Wiswell, 2014; Morris; Hankins, 2017). Estudos clínicos em nações africanas demonstraram que os homens que foram aleatoriamente circuncidados tiveram uma incidência significativamente menor de infecção por HIV do que os grupos de controle de homens circuncidados no final do estudo (Byakika-Tusiime, 2008). Ao contrário da MGF, a circuncisão masculina normalmente não tem efeitos deletérios sobre o prazer sexual nem expõe os meninos ao risco de morte ou de problemas graves de saúde.

Depressão e suicídio

Os níveis gerais de saúde mental são semelhantes em homens e mulheres, mas diferem na frequência de condições específicas: as mulheres têm maior probabilidade de apresentar depressão e transtornos de ansiedade, ao passo que a probabilidade de abuso de substâncias, de comportamento antissocial e de suicídio é maior entre os homens (Rieker; Bird, 2005). Embora haja pouca dúvida de que a probabilidade de depressão seja maior entre as mulheres do que entre os homens, parte da diferença nas taxas de diagnóstico pode ter origem em estereótipos e expectativas de gênero. Se, por um lado, a mensuração de sintomas depressivos apresenta números similares tanto para as mulheres quanto para os homens; por outro, as mulheres têm maior probabilidade de receber o diagnóstico de depressão de seu médico de atenção primária (Bertakis *et al.*, 2001).

Uma diferença significativa de gênero em termos de depressão começa a ocorrer a partir dos 12 anos de idade e atinge seu auge na adolescência: as mulheres têm cerca de duas vezes mais probabilidade de serem diagnosticadas como deprimidas do que os homens – uma proporção que parece se manter globalmente (Salk; Hyde; Abramson, 2017). O número e os tipos de sofrimento vivenciados pelas mulheres e pelos homens podem ser considerados fatores para essa diferença de gêneros; outra explicação para essa diferença pode estar nas formas de tratamento desse sofrimento. Os estressores que afetam as mulheres podem ser diferentes dos que afetam os homens; ou a probabilidade de reagir ao estresse de forma a causar depressão pode ser maior entre elas do que entre os homens devido a diferenças biológicas e de socialização (Nolen-Hoeksema, 2006). As pesquisas têm se concentrado bastante na questão da ruminação: pensamentos focados em problemas. Em comparação a homens jovens e adultos, mulheres jovens e adultas são mais propensas a ruminar quando têm experiências de sofrimento – e as pessoas que tendem a ruminar durante situações de sofrimento apresentam mais sintomas depressivos e têm maior probabilidade de desenvolver a condição de "depressão maior" (McLaughlin; Nolen-Hoeksema, 2011).

O suporte social de colegas e amigos parece amortecer os efeitos do estresse e reduzir a probabilidade de depressão. Entretanto, embora os relacionamentos entre as adolescentes sejam mais caracterizados pelo apoio mútuo do que entre os rapazes, em contrapartida as taxas depressão entre elas é maior. Por meio de estudos, pesquisadores descobriram que as adolescentes eram mais propensas do que os rapazes a passar o tempo corruminando com amigos próximos – e suas conversas concentravam-se principalmente em problemas e emoções negativas (Stone *et al.*, 2011). Na amostra de adolescentes estudada, níveis mais altos de corruminação estavam associados a episódios de depressão mais longos e mais graves. As causas das diferenças de gênero na ruminação e corruminação podem estar nas diferentes formas de socialização de garotas e garotos. Aparentemente, as adolescentes esperam que compartilhar seus problemas com amigos as faça se sentir cuidadas e compreendidas, ao passo que os garotos sentem que falar sobre seus problemas é uma perda de tempo (Rose *et al.*, 2012) – uma diferença que pode remeter às interações iniciais entre pais e filhos, em que a conversa é um valor mais feminino do que masculino.

Se as mulheres são mais propensas do que os homens à depressão, à ideação suicida e a tentativas de suicídio (McKinnon *et al.*, 2016), os homens são mais propensos a consumarem o suicídio (OMS, 2017d). A proporção entre o suicídio masculino e o feminino varia muito de país a país. O número de suicídios masculinos para cada suicídio feminino é de cerca de 3,4 nos Estados Unidos, 2,7 na Austrália, 5,7 na Rússia e 2,3 no Japão (OMS, 2017d). Entre os Inuit do Canadá, que têm uma das mais elevadas taxas de suicídio do mundo, 22% dos homens de 15 a 24 anos e 39% das mulheres jovens relatam ter tentado o suicídio (Fraser *et al.*, 2015). Tanto no caso masculino quanto no feminino, ter sido vítima de agressão sexual aumenta a probabilidade de tentativa de suicídio (Tomasula *et al.*, 2012). O mesmo ocorre com as vítimas de *bullying* na escola (Sampasa-Kanyinga; Dupuis; Ray, 2017). Entre pessoas transgênero e outros adultos de gênero não conformista, a rejeição familiar relacionada à identidade de gênero está ligada ao maior risco de comportamentos suicidas (Klein; Golub, 2016).

Fatores distintos podem levar mulheres e homens ao suicídio. Um estudo sul-africano verificou, por exemplo, que os homens tendiam a tirar a própria vida como meio de escape quando seus ideais de masculinidade, de dominância e de sucesso não eram alcançados, ao passo que as mulheres cometiam suicídio para protestar contra as condições miseráveis de suas vidas – muitas vezes causadas pela dominância dos homens em seu entorno (Niehaus, 2012). Nos Estados Unidos, as pessoas que cometem um tipo específico de suicídio – o homicídio-suicídio – são em sua maioria homens. Eles geralmente usam armas de fogo e têm como alvo membros da família, embora um número menor de "assassinos impulsivos" ataquem estranhos antes de cometerem suicídio (Violence Policy Center, 2012). Essas estatísticas são compatíveis com a ideia de que o suicídio surge da raiva e da frustração de não se conseguir controlar uma situação – como se supõe que um homem deveria fazê-lo – e/ou do desejo de escapar do fracasso deixando em seu rastro a chama de sua glória "masculina". Essa interpretação, todavia, encontra pouco respaldo nas pesquisas, seja para confirmá-la, seja para contestá-la.

As diferenças de gênero nos suicídios consumados não são paralelas às diferenças de gênero na depressão, e os pesquisadores têm se empenhado em compreender os fatores subjacentes. Alguns deles sugeriram que os homens têm maior probabilidade do que as mulheres de acessar instrumentos letais para o suicídio: as armas de fogo. Outros observaram que certos traços de personalidade congruentes com o papel masculino – estoicismo e busca de sensações – estão ligados à capacidade de suicidar-se (Witte *et al.*, 2012). Entretanto, há ainda muitas perguntas sem resposta.

Disparidades de saúde entre mulheres e homens

Embora existam dados consideráveis disponíveis para a comparação dos problemas de saúde *entre* homens e mulheres, existem disparidades no *interior* de cada gênero – informadas pela interseção entre gênero e raça/etnia, gênero e situação econômica, gênero e orientação sexual e gênero e cultura. Nos Estados Unidos, por exemplo, as mulheres afro-americanas têm uma probabilidade significativamente maior do que as mulheres de outros grupos de morrer de câncer de mama e de câncer de colo do útero, ao passo que as mulheres brancas têm uma probabilidade maior do que as outras de morrer de câncer de ovário. Entre os homens estadunidenses, os afro-americanos têm muito mais probabilidade do que os homens de outros grupos de morrer de câncer de próstata (Centers for Disease Control and Prevention, 2017c). Ainda nos Estados Unidos, as chances de câncer de mama em idade mais jovem são mais de três vezes maiores entre as mulheres que vivem em condados economicamente desfavorecidos do que entre as mulheres de outros condados (Anderson *et al.*, 2014). Uma combinação de fatores pode contribuir para essas disparidades, como o acesso a cuidados, o estresse, a poluição ambiental e o estilo de vida.

A orientação sexual e a identidade de gênero também estão associadas às disparidades de saúde. Por exemplo, jovens que se identificam como lésbicas, *gays*, bissexuais ou transgênero têm de duas a três vezes mais probabilidade de tentar o suicídio do que seus pares de gênero conformista; mulheres lésbicas têm menos probabilidade do que outras mulheres de beneficiarem-se de serviços preventivos ao câncer; e as taxas de vitimização e de problemas de saúde mental são especialmente altas entre pessoas transgênero (Office of Disease Prevention and Health Promotion, 2017). Muitos desses problemas de saúde estão ligados à discriminação e à dificuldade de encontrar prestadores de serviços médicos que conheçam e aceitem pacientes LGBT.

Em escala global, um problema que afeta a saúde de milhões de mulheres e de homens é a migração – tanto planejada quanto não planejada, escolhida ou forçada. Em todo o mundo, 65,6 milhões de pessoas foram deslocadas à força de suas casas em 2016. O número total de pessoas que buscaram refúgio em fronteiras internacionais foi superior a 22,5 milhões – o número mais alto desde que as Nações Unidas começaram seus registros (Edwards, 2017). O gênero se cruza com as fontes de estresse e sofrimento vivenciadas pelos refugiados e também com as fontes de resiliência e força. Entre os refugiados, as mulheres geralmente enfrentam o risco de estupro e outras violências baseadas no gênero, além de terem de lidar com a gravidez, o parto e o cuidado das crianças pequenas. A saúde tanto de mulheres quanto de homens sofre consequências de longo prazo decorrentes da dor, da perda e do trauma. O impacto sobre os papéis de gênero do esfacelamento das expectativas também deve ser levado em consideração. Um estudo com refugiados afegãos que se reassentaram nos Estados Unidos constatou que os laços familiares e o domínio do inglês estavam ligados a níveis mais baixos de sofrimento feminino, mas tinham pouca associação com o sofrimento masculino. No que toca à ideologia de gênero, as mulheres influenciadas pela tradição e os homens igualitários apresentaram menos sofrimento; e a dissonância entre a cultura de origem e a nova foi fonte de sofrimento especialmente para os homens. Os pesquisadores atribuíram esses padrões à dificuldade de adaptação a papéis de gênero muito distintos daqueles de sua cultura de origem (Stempel *et al.*, 2016).

Acesso ao atendimento de saúde

Quando o acesso ao atendimento de saúde está prontamente disponível, as mulheres têm maior probabilidade do que os homens de consultar médicos para o tratamento de problemas de saúde física e mental (Centers for Disease Control and Prevention, 2017d). Aparentemente, uma das explicações para essas diferenças são as restrições do papel de gênero masculino. Nos Estados Unidos, tanto os homens quanto as mulheres consideram um traço "não masculino" a consulta a um médico para questões menores de saúde ou a consulta a um psicólogo ou psiquiatra para questões emocionais (De Visser; McDonnell, 2013). Pesquisadores estadunidenses também verificaram que os homens com uma visão tradicional da masculinidade (segundo a qual devem ser durões, fortes e autossuficientes) eram mais propensos a adiar o tratamento de problemas médicos e a escolher médicos homens, acreditando que eles seriam mais competentes. Entretanto, quando consultaram com médicos homens, eles não se abriram sobre seus sintomas, talvez porque não quisessem parecer fracos ou dependentes. É interessante notar que essa pesquisa indicou que os homens eram mais propensos a serem honestos sobre seus sintomas com as médicas (Himmelstein; Sanchez, 2016).

Mas o acesso ao atendimento médico nem sempre é fácil. Entre os estadunidenses mais velhos, as mulheres têm mais necessidades de assistência médica, mas menos recursos econômicos do que os homens; nessa população, elas podem ter menos consultas médicas e internações hospitalares do que os homens com perfis de saúde semelhantes (Cameron *et al.*, 2010). Há disparidades de gênero no acesso ao atendimento, triagem, decisões de tratamento e acompanhamento. Nos Estados Unidos, em 2015, 10,7% das mulheres (em comparação com 8,9% dos homens) relataram ter adiado ou abandonado um atendimento médico, 8,4% das mulheres e 5,4% dos homens não receberam os medicamentos prescritos e 13,6% das mulheres e 10% dos homens não receberam atendimento odontológico devido a seus custos (National Center for Health Statistics, 2017). Mesmo no Canadá, um país com assistência médica universal e com financiamento público, o gênero tem sido um indicador confiável de necessidades de assistência médica não atendidas (Bryant; Leaver; Dunn, 2009). As especificidades do atendimento podem ter seus contornos definidos pelo gênero do paciente; as pacientes com fibrilação atrial, por exemplo, têm uma probabilidade menor do que os pacientes homens de receber medicação anticoagulante (Bhave *et al.*, 2015), e mulheres com sintomas de ataque cardíaco têm menos probabilidade do que homens com esses sintomas de receber tratamento de angioplastia (Donnelly, 2015). Os estereótipos de gênero podem ser responsáveis por algumas disparidades nas decisões de tratamento. Médicos cujo paciente prototípico de ataque cardíaco é um homem de meia-idade podem demorar a diagnosticar um ataque cardíaco em uma mulher na mesma faixa de idade, embora a probabilidade de morte em decorrência de ataque cardíaco seja maior entre mulheres do que entre homens (Travis; Meltzer; Howerton, 2010).

Em países em desenvolvimento, as desigualdades de gênero no acesso à assistência médica também estão ligadas a normas e estereótipos de gênero e à alocação de recursos infletida pelo gênero. As mulheres geralmente não recebem um apoio econômico para buscar tratamento para si mesmas ou para seus filhos e precisam com frequência desafiar as opiniões dos homens de sua família para consegui-lo. Em certos meios, mulheres podem relutar em lidar com profissionais de saúde homens (OMS, 2007). É possível que os homens usem menos os serviços de saúde do que as mulheres quando isso envolve um dispêndio significativo de tempo e energia, como, por exemplo, uma longa caminhada até uma clínica. Talvez a ideologia da masculinidade torne embaraçoso dar a entender que se precisa tanto de ajuda.

As tentativas de compreensão dos padrões de saúde infletidos pelo gênero devem ir além das diferenças biológicas entre homens e mulheres. As normas, expectativas e restrições culturais de gênero desempenham um papel significativo na configuração do que ameaça e do que favorece o bem-estar dos indivíduos. O impacto ao longo da vida dessas forças culturais culmina na forma como homens e mulheres vivenciam a idade avançada. É o que veremos no capítulo 9.

Para quem quiser se aprofundar mais

Chloe Bird e Patricia P. Rieker. *Gender and health*: the effect of constrained choices and social policies. Nova York: Cambridge University Press, 2008. Essas sociólogas examinam como arranjos, normas e leis da sociedade relativas ao gênero podem construir diferenças de gênero na saúde. O leitor encontrará discussões sobre o impacto de padrões familiares, laborais e comunitários e de pressões infletidas pelo gênero sobre determinadas escolhas individuais de saúde.

Joan C. Chrisler (org.). *Reproductive justice*: a global concern. Santa Barbara: Praeger, 2012. Contribuições de cientistas sociais de diversos países examinam uma variedade de questões relacionadas à saúde reprodutiva. A coletânea conta com capítulos sobre seleção de parceiros, poder nos relacionamentos com parceiros, corte genital, agressão sexual, tráfico e exploração sexual, contracepção e aborto, gravidez, parto e políticas públicas para a justiça reprodutiva.

Dana C. Jack e Alisha A. Ali (org.). *Silencing the self across cultures*: depression and gender in the social world. Oxford: Oxford University Press, 2010. As organizadoras reuniram as contribuições de 21 estudiosos de 13 países para examinar os aspectos sociais e psicológicos das diferenças de gênero na depressão. Os capítulos consideram, entre outras coisas, fatores como relacionamentos, drogas, autocensura, imigração, violência e doenças no desenvolvimento de padrões de gênero na depressão em diferentes contextos culturais.

Maureen C. McHugh e Joan C. Chrisler (org.). *The wrong prescription for women*: how medicine and the media create a "need" for treatments, drugs, and surgery. Santa Barbara: Praeger, 2015. As organizadoras reuniram artigos que criticam a medicalização de diversas questões da saúde feminina, entre as quais a reprodução, sexualidade, imagem corporal e depressão. Cada artigo critica a medicalização de uma questão específica e apresenta na sequência recomendações para uma abordagem diferente.

9
A forma do nosso futuro: gênero e o envelhecimento da população

O envelhecimento representa o futuro – não apenas para cada um de nós enquanto indivíduos, mas para muitos aspectos de nossa experiência coletiva no interior de uma cultura. Como costuma acontecer, cada um de nós está envelhecendo, mas também estamos agora numa situação em que a média de idade da população mundial vem aumentando. Como muitas outras coisas, os papéis e as expectativas de gênero moldam a experiência do envelhecimento . Alguns analistas escreveram sobre um "duplo critério de envelhecimento". Conforme esse critério, na América do Norte, as mulheres mais velhas são julgadas como pouco atraentes, menos femininas e mais frágeis, enquanto os homens mais velhos são considerados distintos, sábios e ainda usufruindo de sua masculinidade (Deuisch; Zalenski; Clark, 1986). Alguns pesquisadores identificaram o abrandamento dos estereótipos de gênero com o avanço da idade, de modo que as mulheres se sentem mais confortáveis com o poder, a autoridade e a influência à medida que envelhecem (cf., por exemplo, Stewart; Ostrove; Helson, 2001), enquanto os homens se tornam mais carinhosos e menos preocupados com o domínio e a competição (Sinnott; Shifren, 2001; Villereal; Cavazos, 2005). Tudo isso é de especial interesse para os estudiosos de gênero porque as mulheres vivem mais do que os homens – e, portanto, o número de mulheres, que já são maioria, cresce quando consideramos grupos etários mais velhos.

Mudanças demográficas: o envelhecimento da população significa aumento da população feminina

Em todas as regiões do mundo, a proporção de pessoas com 60 anos ou mais está aumentando. Até 2050, espera-se que, em 65 países, mais de 30% da população terá mais de 60 anos (United Nations Population Fund, 2012).

Como observado no capítulo 8 e aqui detalhado na Figura 9.1, a expectativa de vida das mulheres é maior do que a dos homens em todo o mundo, embora a diferença de gênero seja menor em países mais pobres, em que a expectativa de vida geral é menor.

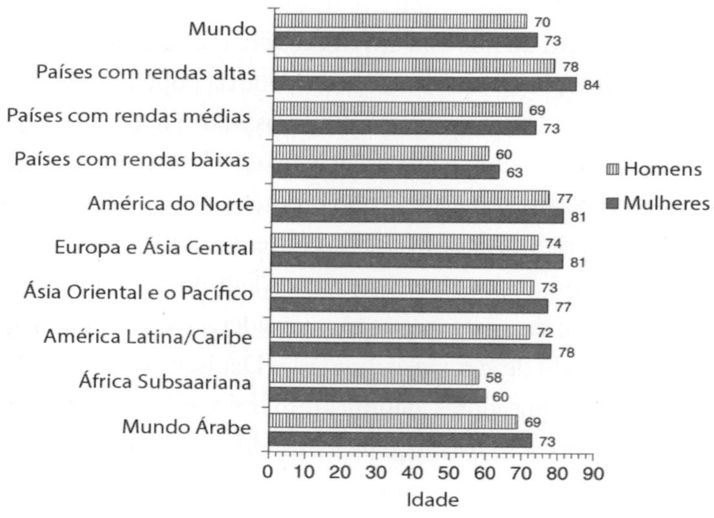

Figura 9.1. Expectativa de vida ao nascer de homens e de mulheres. Em todas as regiões do mundo, a expectativa de vida das mulheres ao nascer é maior do que a dos homens. Entretanto, a diferença é menor nos países mais pobres. Fonte: Indicadores de expectativa de desenvolvimento mundial (Banco Mundial, 2017a; b).

Assim, as mulheres constituem a maioria das pessoas em faixas etárias mais avançadas, e essa maioria aumenta de tamanho com o aumento da idade, conforme mostra a Figura 9.2. Em todo o mundo, os homens representam 45% das pessoas com 60 anos, 36% das pessoas com 80 anos, 24,5% das pessoas com 90 anos e apenas 13% das pessoas com 100 anos ou mais (U.S. Census Bureau, 2017a).

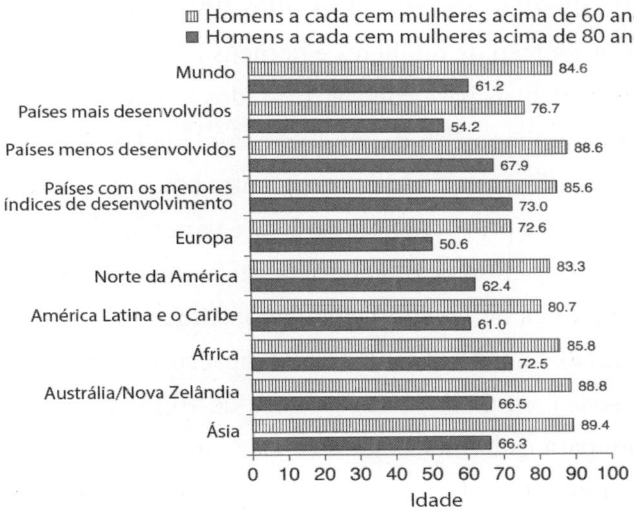

Figura 9.2. Razão entre homens e mulheres para pessoas com 60 anos ou mais e 80 anos ou mais. Como, em média, as mulheres vivem mais do que os homens, há mais mulheres do que homens nos segmentos mais velhos da população. As mulheres superam os homens entre os idosos com 60 anos ou mais, e a proporção de mulheres em relação aos homens aumenta com a idade. Fonte: U.S. Census Bureau (2017a; 2017b).

Essas razões variam um pouco de acordo com a região; por exemplo, 41% das pessoas com 80 anos de idade na América do Norte são homens; entretanto, eles somam apenas 22% das pessoas com 80 anos no Leste Europeu. (U.S. Census Bureau, 2017b). Quando atingem uma idade avançada, homens e mulheres já absorveram o impacto cumulativo de anos de diferenças no tratamento e no acesso a recursos e oportunidades. Portanto, não é surpreendente que suas experiências como idosos sejam diferentes em muitos aspectos, inclusive no trabalho, na saúde e nos relacionamentos.

Trabalho e a economia do envelhecimento infletida pelo gênero: quem pode pagar por uma aposentadoria tranquila?

A proporção de mulheres e homens idosos na força de trabalho difere de país para país. Nos Estados Unidos, em 2016, quase 37% dos homens e 28% das mulheres com idade entre 65 e 69 anos estavam na força de trabalho civil; entre aqueles com idade entre 70 e 74 anos, a proporção era de 23,8% para homens e 15,2% para mulheres (U.S. Bureau of Labor Statistics, 2017c, Tabela 3, participação na força de trabalho civil não institucional por idade, sexo e raça). No Canadá, a taxa de participação na força de trabalho de pessoas com 65 anos ou mais era de 10,1% para as mulheres e 17,9% para os homens em 2016; na Coreia, a taxa era de 23,7% para as mulheres e 42,2% para os homens; na França, de 2,2% para as mulheres e 3,9% para os homens (OCDE, 2017b).

Nos anos recentes, a proporção de mulheres que trabalham para além da idade tradicional de aposentadoria é maior do que a proporção de homens que fazem o mesmo, e é cada vez mais provável que mulheres mais velhas estejam no mercado de trabalho. Até 2024, a projeção é que a taxa de participação de mulheres com 65 anos ou mais na força de trabalho seja de 18,4% – um aumento de 3,3% em relação à década anterior –, enquanto a participação de homens com idade semelhante deve aumentar 2,7% (U.S. Bureau of Labor Statistics, 2015c). Na maior parte do mundo, a participação das mulheres com 55 anos ou mais na força de trabalho aumentou nas últimas duas décadas, enquanto a dos homens do mesmo grupo etário permaneceu a mesma ou diminuiu ligeiramente (ONU, 2015). Por que a proporção de mulheres mais velhas na força de trabalho pode estar aumentando mais rapidamente do que a de homens? Uma possibilidade é que, devido à desproporção na distribuição de responsabilidades familiares, muitas mulheres ingressaram na força de trabalho mais tarde ou tiveram uma participação na força de trabalho mais intermitente do que a dos homens; logo, não podiam se aposentar "dentro do prazo", pois ainda estavam construindo suas carreiras. Outra possibilidade é que as mulheres têm menor probabilidade do que os homens de ter recursos econômicos para se aposentar, porque contribuíram por menos tempo e porque seus salários eram mais baixos.

A desigualdade salarial entre os gêneros persiste nos grupos etários mais velhos. Nos Estados Unidos, em 1979, o salário semanal médio das mulheres mais velhas correspondia a 77,6% do salário dos homens; 28 anos depois, em 2007, o salário das mulheres ainda correspondia a apenas 77,8% do salário dos homens. Em 2016, mulheres com 65 anos ou mais ganhavam apenas 75,5% do salário médio de homens de idade equivalente (U.S. Bureau of Labor Statistics, 2017d). Nos Estados Unidos, a desigualdade salarial de gênero aumenta com a idade. Em 2016, mulheres na faixa etária de 16 a 24 anos ganhavam pouco menos de 95% dos rendimentos dos homens de idade semelhante. Essa porcentagem caiu para 88,8% no caso de mulheres na faixa etária de 25 a 34 anos, 83,3% entre mulheres na faixa etária de 35 a 44 anos, e 77,8% e 73,7% nas faixas etárias de 45 a 54 anos e de 55 a 64 anos, respectivamente.

O impacto cumulativo da desigualdade salarial entre os gêneros ao longo de muitos anos de trabalho significa que a probabilidade de haver recursos insuficientes para a aposentadoria é maior entre as mulheres do que entre os homens. A situação é exacerbada pelo fato de a probabilidade de recebimento de pensões adequadas ser menor entre as mulheres do que entre os homens (OIT, 2016). Tradicionalmente, as pensões financiadas pelo Estado não foram projetadas para estar diretamente disponíveis para pessoas que não fizeram contribuições enquanto estiveram empregadas – o que significa que aquelas mulheres que passaram grande parte de suas vidas em funções domésticas só podiam ter acesso à renda da pensão por meio de seus cônjuges. Também é menos provável que as mulheres tenham empregos que ofereçam previdência privada e que tenham trabalhado por mais anos, de modo a acumular contribuições para a previdência e poupança, tendo em vista a aposentadoria.

Pelo mundo inteiro, as mulheres enfrentam o problema da insuficiência das pensões e rendas de aposentadoria. Em escala global, a proporção dos homens acima da idade de aposentadoria que recebem alguma pensão é de 68,4%, enquanto apenas 57,8% das mulheres acima da idade de aposentadoria recebem esse tipo de renda (OIT, 2016). No norte da África, nos Estados Árabes e no leste da Ásia, a desigualdade de gênero entre os pensionistas é particularmente acentuada; nessas regiões, o número de mulheres acima da idade de aposentadoria que são pensionistas é 20% menor do que a quantidade de homens nas mesmas condições. Os valores dos benefícios de pensão também variam significativamente conforme o gênero, refletindo os salários mais baixos, as interrupções na carreira, a maior incidência de trabalho em tempo parcial que geralmente caracterizam a vida laboral das mulheres, além de outros fatores conexos. No Reino Unido, por exemplo, o valor das pensões recebidas por mulheres equivale a 60,1% do valor das pensões pagas a homens; na Islândia, essa proporção é de 80,5%; já na Rússia ela é de 88,8% (OIT, 2016). Nos Estados Unidos, as aposentadas têm muito mais probabilidade do que os homens aposentados de depender de pagamentos da previdência social como única ou principal fonte de renda; e esses pagamentos são, em média, mais baixos (Joint Economic Committee United States Congress, 2016). Na Grã-Bretanha, as pensionistas solteiras têm renda bruta significativamente menor e uma renda de aposentadoria pessoal e ocupacional menor do que seus correlatos masculinos (Department for Work and Pensions, 2016). Além disso, a expectativa de vida mais longa das mulheres significa que elas precisam estender suas economias de aposentadoria, já menores, por um período mais longo do que os homens. Tudo isso gera uma preocupação considerável. Um estudo feito pelo European Social Survey (2010) mostrou que, comparadas aos homens, em quase todos os países pesquisados, as mulheres estavam mais preocupadas com a possibilidade de sua renda de aposentadoria ser inadequada para sustentá-las na velhice.

Independentemente de poderem ou não bancar uma "aposentadoria tranquila", muitos idosos passam o início da velhice fazendo muitos trabalhos não remunerados em prol de suas famílias e comunidades. Na década passada, o governo australiano calculou que, entre as pessoas de 65 a 74 anos, as mulheres contribuíam com 16 bilhões de dólares por ano em cuidados não remunerados e trabalho voluntário, enquanto os homens contribuíam com 10 bilhões de dólares (De Vaus; Gray; Stanton, 2003). No Canadá, adultos mais velhos dedicam uma média de 223 horas por ano ao trabalho voluntário (Mei; Eales; Fast, 2013). O trabalho não remunerado dos estadunidenses mais velhos, incluindo o voluntariado formal, a ajuda informal aos membros da comunidade e o cuidado com os membros da família, foi avaliado em mais de 161 bilhões de dólares ao ano (Johnson; Schaner, 2005).

Envelhecimento e a feminização da pobreza

Mulheres idosas e solteiras são especialmente vulneráveis à pobreza. Como as mulheres vivem mais do que os homens, é mais provável que elas percam seus companheiros; adicionalmente, elas têm menos probabilidade de se casar novamente e passam mais tempo no final de suas vidas em condições de pobreza. Já vimos que suas economias para a aposentadoria são menores e que a probabilidade de receberem pensões adequadas também é menor. A viuvez diminui a renda das mulheres (exceto nos raros casos em que o marido deixa uma grande herança) e muitas vezes as empurra para a pobreza. Nos Estados Unidos, onde 34% das mulheres idosas eram viúvas em 2016 (Administration on Aging; U.S. Department of Health and Human Services, 2016), verificou-se que a viuvez diminui a renda familiar de uma mulher em 37%, contra apenas 22% no caso dos homens (U.S. Government Accountability Office, 2012). Na China, em Gana, na Índia, na Rússia e na África do Sul, a viuvez das mulheres está associada ao quintil mais pobre (Lloyd-Sherlock; Corso; Minicuci, 2015).

Nos Estados Unidos, a taxa de pobreza das mulheres idosas foi significativamente maior (10,3%) do que a dos homens (7,0%) em 2015 (Proctor; Semega; Kollar, 2016). Mulheres, minorias e pessoas mais velhas que vivem sozinhas têm maior probabilidade de serem pobres. As taxas de pobreza são assustadoramente altas entre as mulheres hispânicas que vivem sozinhas (40,7%) (Administration on Aging; U.S. Department of Health and

Human Services, 2016). Mulheres idosas correm maior risco de viver na pobreza do que homens idosos em todos os países em que há dados disponíveis (OCDE, 2015b). As maiores desigualdades de gênero nessa área estão na Estônia, na Eslovênia e nos Estados Unidos, onde as taxas de pobreza das mulheres idosas são entre 8 e 12 pontos percentuais mais altas do que as dos homens nas mesmas faixas de idade. Há, porém, grandes diferenças também na Alemanha, na Hungria, na Polônia e na Suíça. A orientação sexual também interage com a idade no que diz respeito à pobreza: em casais com 65 anos ou mais nos Estados Unidos, a taxa de pobreza é maior entre mulheres em relacionamentos de mesmo sexo (Badgett; Durso; Schneebaum, 2013).

Aspectos do envelhecimento e da saúde infletidos pelo gênero

Os estereótipos de gênero e os estereótipos de idade interagem, muitas vezes, resultando no *etarismo* (preconceito baseado na idade dos indivíduos) com matizes de sexismo e vice-versa. As mulheres, já estereotipadas como mais fracas do que os homens, são vistas como ainda mais frágeis à medida que envelhecem. Os estereótipos de mulheres na pós-menopausa envolvem fragilidade, pobreza, desinteresse, dependência e incompetência (Chrisler; Barney; Palatino, 2016; Velkoff; Kinsella, 1998). Jovens veem a "velhice" como algo que começa mais cedo para as mulheres do que para os homens (Barrett; Von Rohr, 2008), e elas também são mais pressionadas a esconder sinais de que estão envelhecendo (Dingman; Melilli Otte; Foster, 2012).

No caso dos homens, os estereótipos masculinos de dominância e potência sexual interagem com os estereótipos de idade na formatação das mensagens antienvelhecimento. Anúncios de antienvelhecimento direcionados a homens idosos, como o de suplementos de testosterona, mobilizam uma noção de masculinidade informada pela competência e competição, além de uma imagem sexualizada do feminino (Calasanti; King, 2007). Os estereótipos de gênero evidentemente desempenham um papel na experiência individual do envelhecimento e da saúde.

Mensagens da mídia para homens e mulheres idosos

Tanto a mídia popular quanto a científica produzem narrativas concorrentes sobre o envelhecimento e mensagens contraditórias destinadas a homens e mulheres idosos (Lips; Hastings, 2012). Os anúncios na mídia popular ora retratam casais heterossexuais de cabelos prateados, despreocupados, desfrutando de uma aposentadoria tranquila, praticando golfe e fazendo cruzeiros pelo Caribe, ora veiculam pessoas mais velhas contorcendo-se de dor quando tentam se movimentar. A literatura médica ora traz alertas terríveis sobre o envelhecimento, destacando os riscos de artrite, osteoporose e disfunção erétil, ora prega uma dieta saudável, exercícios e atividades físicas na contenção dos problemas que vêm com o envelhecimento.

O aumento constante na proporção de idosos na população fez os anunciantes dividirem essa população em mais segmentos. Se antes as mulheres idosas eram ignoradas na mídia ou tratadas como nada atraentes, agora elas são bombardeadas pela mensagem de que devem fazer ou comprar o que for necessário para manter seu *sex appeal*. Ao mesmo tempo, mulheres maduras poderosas e bem-sucedidas aos olhos do público, como Hillary Clinton, Theresa May e Angela Merkel, são às vezes deliberadamente retratadas como pouco atraentes e antipáticas, além de serem associadas a estereótipos como "rainha do gelo", terem seus sinais de idade destacados em fotografias pouco lisonjeiras e suas declarações de tom mais áspero serem as que recebem mais destaque (Vandivier, 2011).

As mensagens da mídia também têm como alvo os homens idosos, exortando-os a adotar comportamentos e a parecer mais jovens. Os homens recebem uma enxurrada de anúncios aconselhando-os sobre maneiras de prevenir ou reverter a calvície ou o envelhecimento. Em contrapartida, a mídia também fornece muitas imagens favoráveis de homens de 70 e 80 anos considerados bonitos e distintos, com seus cabelos grisalhos e outros sinais de idade. Podemos pensar em Clint Eastwood, Harrison Ford, Sean Connery, Morgan Freeman e muitos outros homens idosos retratados como atraentes e interessantes; é mais difícil encontrar mulheres de idade semelhante que sejam retratadas de forma igualmente favorável.

Mulheres, homens, corpos e atividades físicas em idades mais avançadas

O envelhecimento está associado a mudanças em nosso corpo físico: mudanças na aparência e na facilidade com que vemos, ouvimos, pensamos e nos movemos. O corpo é, de fato, o lócus fundamental da construção social do envelhecimento. Observando como as pessoas internalizam os estereótipos etários e os expressam fisicamente por meio de seus corpos, as teorias da incorporação [*embodiment*] analisam o impacto do envelhecimento sobre os indivíduos.

Não é de surpreender que a aparência física seja um aspecto central da experiência feminina do envelhecimento (Maguire,

2008). As mulheres são bastante julgadas por sua aparência, e uma aparência jovem é valorizada como condição *sine qua non* da atratividade feminina. Muitas mulheres expressam preocupações sobre como conter a maré de transformações na aparência (rugas, cabelos grisalhos, seios caídos, ganho de peso) que acompanham o avanço da idade. Todavia, a vulnerabilidade de mulheres idosas à ansiedade ou à insatisfação que acompanham a questão da aparência pode variar entre grupos étnicos e culturais. As mulheres afro-americanas idosas, por exemplo, sentem-se mais satisfeitas com o corpo do que as mulheres idosas europeias (Sabik; Cole, 2017).

Preocupações com a aparência traduzem-se frequentemente em gastos com tratamentos antienvelhecimento, que vão de cremes caros a cirurgias estéticas. Uma empresa de pesquisa de mercado projeta que os gastos anuais com produtos antienvelhecimento em todo o mundo chegarão a 260 bilhões de dólares até 2022 (Global Industry Analysts, 2016). Nos Estados Unidos, em 2016, foram realizadas 387 mil cirurgias cosméticas e um total de 4,1 milhões de procedimentos cosméticos em pessoas com 55 anos ou mais – e 92% de todos os procedimentos cosméticos em 2016 foram realizados em mulheres (American Society of Plastic Surgeons, 2016).

Embora possamos lamentar a associação da idade com a perda de atratividade nas mulheres e exortá-las a pensar no envelhecimento como algo belo, há motivos culturais reais para sua preocupação em "parecerem velhas". Não só os estereótipos negativos da velhice se espraiam, como são frequentemente internalizados. Por meio de um processo que perpassa a vida inteira, pessoas mais velhas, primeiro observando e depois vivenciando os juízos preconceituosos dirigidos aos idosos, começam a aceitar os estereótipos e a aplicá-los a si mesmas. Além disso, quanto mais esses estereótipos são internalizados, mais eles se tornam profecias que cumprem a si mesmas: as pessoas idosas que aceitam que são frágeis, incapazes e vulneráveis, têm a saúde mais precária e a capacidade comprometida em diversos campos.

A *teoria da incorporação [embodiment] de estereótipos* de Becca Levy (2009) descreve como os indivíduos assimilam os estereótipos de envelhecimento da cultura circundante, levando a autopercepções que influenciam seu próprio funcionamento e saúde. Ela argumenta que o envelhecimento é, ao menos em parte, uma construção social; portanto, embora devamos tentar mudar os estereótipos negativos do envelhecimento, também devemos reconhecer o impacto real dos estereótipos correntes sobre idosos. Quando as pessoas resistem às transformações da aparência que acompanham o envelhecimento por meio de estratégias como tingimento de cabelos, perda de peso ou cirurgia plástica, elas estão respondendo a uma ameaça genuína representada por seu ambiente social. As reações desdenhosas ou depreciativas dos outros às pessoas mais velhas podem arrasá-las e confirmar os estereótipos.

As mulheres são julgadas mais negativamente do que os homens pelos efeitos do envelhecimento (Tiggemann, 2004), mas eles também estão sujeitos a pressões da mídia para manter uma aparência jovem. As pesquisas diferem quanto à gravidade dessa preocupação para homens. Algumas pesquisas sugerem que os homens idosos respondem de forma neutra ou positiva às formas como sua aparência muda com a idade (Halliwell; Dittmar, 2003) e esses homens podem sentir menos insatisfação com o corpo do que os homens mais jovens (Peat *et al.*, 2011). Outros pesquisadores verificaram que os homens se preocupam muito com o envelhecimento (Shirani, 2013) e ficam mais incomodados do que as mulheres com as mudanças na aparência relacionadas à idade (Kaminski; Hayslip, 2006). Os homens mais velhos têm menos insatisfação do que os mais jovens com a altura e a musculatura; contudo, os homens idosos que aderem mais rigidamente a papéis masculinos tradicionais parecem particularmente propensos a se sentir insatisfeitos com seus corpos (Murray; Lewis, 2014). Para alguns homens *gays* em processo de envelhecimento, a perda da atratividade sexual é uma preocupação que se cruza com o estigma da idade (Lyons *et al.*, 2015).

Os estereótipos sobre corpos envelhecidos não dizem respeito apenas à aparência; mas também à força e à fraqueza físicas – e tanto as mulheres quanto os homens são alvo de mensagens concorrentes. As pessoas mais velhas são alertadas sobre os muitos perigos para a saúde e as possibilidades de declínio com a idade, mas a elas são oferecidas estratégias para driblar esses perigos por meio de medicamentos e mudanças no estilo de vida. Não obstante, as mensagens direcionadas a mulheres e homens são um pouco diferentes, moldadas por estereótipos de feminilidade e masculinidade.

Quando os estereótipos de feminilidade e de envelhecimento se combinam, as ênfases que colocam na fraqueza, delicadeza e fragilidade reforçam-se mutuamente; é improvável que transmitam força e poder. Até mesmo a representação de mulheres idosas na mídia que visam retratar positivamente o envelhecimento (como as propagandas de televisão de medicamentos para fortalecimento dos ossos) tendem a se concentrar na fluidez e na flexibilidade em vez de no poder e na força. Até certo ponto, essas imagens são contrabalançadas pela atenção da mídia a atletas idosas de destaque: Irmã Madonna Buder, a "freira de ferro" triatleta de 87 anos, ou Ernestine Shepherd, a fisiculturista mais velha do mundo, com seus 78 anos. Mas essas últimas imagens parecem notáveis apenas porque são inusitadas; são mais facilmente esquecidas do que a constante ênfase no declínio. Como no caso da aparência, a exposição a imagens relacionadas à força física pode afetar as formas de corporalização [*embodiment*] do envelhecimento pelas mulheres – e, portanto, como ele é experimentado e vivido. Se a teoria da incorporação do estereótipo de Levy (2009) estiver correta, podemos esperar que, numa cultura ocidental, uma idosa que assiste à televisão e/ou lê revistas provavelmente internalizou a expectativa de que, à medida que envelhece, seus ossos ficarão cada vez mais frágeis, suas articulações mais doloridas, seus músculos mais fracos e sua resistência cada vez mais limitada. As expectativas internalizadas transformam-se em profecias que cumprem a si mesmas, levando os indivíduos a limitar suas próprias atividades – talvez resultando na própria perda da capacidade física que as próprias expectativas supunham. É interessante notar que as mulheres idosas afro-americanas parecem estar um pouco protegidas dessa caracterização de "velhas e fracas" veiculada pela mídia: elas expressam mais satisfação com suas funcionalidades físicas se comparadas às mulheres norte-americanas de origem europeia (Sabik; Cole, 2017). Isso ocorre possivelmente porque as mulheres afro-americanas idosas são retratadas com menos frequência nos meios de comunicação e/ou porque a cultura afro-americana promove uma definição mais acolhedora e multifacetada de atratividade e envelhecimento.

Em termos de atitudes em relação ao corpo em processo de envelhecimento, as preocupações e fontes de insatisfação dos homens e as das mulheres parecem enfatizar aspectos diferentes: as mulheres concentram-se mais na aparência e os homens na funcionalidade do corpo (Halliwell; Dittmar, 2003). No caso masculino, a força e o físico musculoso são um aspecto da masculinidade, e em geral homens expressam um maior desejo por um corpo magro e musculoso quando comparados às mulheres (Tiggemann; Martins; Kirkbride, 2007). Porém, mesmo quando ficam menos musculosos, homens idosos podem contentar-se em outras dimensões da masculinidade: realização, sucesso, autoconfiança e independência – todas elas possivelmente mais presentes entre os homens mais velhos do que entre os mais jovens.

Pessoas em faixas etárias mais avançadas apresentam um padrão de atividade física diferente para cada gênero. Nos Estados Unidos, as mulheres (33,2%) são mais propensas do que os homens (29,9%) a relatar que nunca se exercitam (Go *et al.*, 2013). Entre estadunidenses de 65 a 74 anos, 12,2% das mulheres (contra 18,8% dos homens) cumprem as recomendações de exercícios físicos tanto em atividades aeróbicas quanto em atividades de fortalecimento muscular (Clarke *et al.*, 2017).

Para aqueles que as praticam, as atividades físicas trazem benefícios importantes: tanto as idosas quanto os idosos que fazem algum esporte podem escapar de alguns estereótipos etários e focar sua autopercepção na capacidade de envelhecer em vez de na idade cronológica (Eman, 2012). Mesmo em faixas etárias mais avançadas, os homens cujos níveis de atividade física são altos têm um declínio cognitivo mais brando do que aqueles cujos níveis diminuem (Van Gelder *et al.*, 2004). Entre as mulheres idosas, a atividade física também está correlacionada com um risco reduzido de declínio cognitivo. Em um estudo feito a partir de uma grande amostra de mulheres com 65 anos ou mais, aquelas com níveis mais altos de atividade física tinham entre 26% e 34% menos chances de ter suas habilidades cognitivas reduzidas nos 6 a 8 anos seguintes (Yaffe *et al.*, 2001). Uma pesquisa com atletas de elite que participam de olimpíadas da terceira idade mostrou que, entre 50 e 75 anos de idade, o desempenho diminuiu muito lentamente (cerca de 3,4% ao ano) para homens e mulheres que continuaram a competir. Os índices de saúde mental e física desses idosos ativos eram significativamente melhores do que os da população dos Estados Unidos em geral (Wright; Perricelli, 2008).

Deficiência e doença

Algumas questões importantes relativas a deficiências e doenças em grupos de idosos não podem ser ignoradas. Uma delas, em particular, é o aumento da Doença de Alzheimer e de outras formas de demência entre idosos de países desenvolvidos, onde a expectativa de vida é cada vez mais alta. Um estudo longitudinal de base populacional estimou que havia 4,7 milhões de pessoas com 65 anos ou mais com a Doença de Alzheimer nos Estados Unidos em 2010 – e que esse número praticamente triplicará para 13,8 milhões até 2050 (Hebert *et al.*, 2013). Globalmente, o número total de pessoas com demência é estimado em 47 milhões e a projeção é que chegue a 152 milhões em 2050 (OMS, 2017e).

As mulheres idosas têm uma probabilidade um pouco maior do que os homens idosos de desenvolver uma forma (não amnéstica) de comprometimento cognitivo leve (CCL), que pode ser um precursor da Doença de Alzheimer (Au; Dale-McGrath; Tierney, 2017). Como as mulheres vivem, em média, mais do que os homens, elas também têm uma probabilidade maior de serem diagnosticadas com Alzheimer. Além de sua expectativa de vida mais longa, as mulheres correm um risco maior, em relação aos homens, de serem afetadas pela Doença de Alzheimer e de terem um declínio cognitivo mais rápido quando esta se desenvolve – embora os motivos desse maior risco não estejam claros (Snyder *et al.*, 2016). Além da maior probabilidade de ocorrer a Doença de Alzheimer, a maior longevidade das mulheres aumenta sua probabilidade de cuidar do cônjuge ou de outro membro da família adoentado. É interessante notar que o desempenho cognitivo das mulheres em idades avançadas está correlacionado com as atitudes da sociedade a respeito dos papéis de gênero: em países com atitudes mais igualitárias, o desempenho das mulheres idosas em testes cognitivos é melhor (Bonsang; Skirbekk; Staudinger, 2017).

Os homens, por sua vez, têm um risco maior de demência vascular (uma forma mais rara de demência), associada a outros problemas cardíacos e vasculares relativamente comuns em homens idosos (Podcasy; Epperson, 2016).

Além da demência, há um aumento da prevalência de outras deficiências com o avanço da idade, e a deficiência é mais provável em mulheres e em pessoas de países de baixa renda. A deficiência visual, a perda auditiva e a osteoartrite – formas mais comuns de deficiência – são muito mais prevalentes em países em desenvolvimento (United Nations Population Fund, 2012). As mulheres vivem mais do que os homens e apresentam mais deficiências relacionadas a atividades diárias na velhice. Um estudo desenvolvido em Cingapura compreendendo pessoas com

65 anos ou mais mostrou que problemas ósseos e articulares, hipertensão, deficiências visuais e dificuldades de locomoção estariam presentes numa proporção maior de anos restantes em mulheres em comparação com os homens (Yong; Saito; Chan, 2011). Um estudo desenvolvido nos Estados Unidos que controlou diferenças de recursos constatou que mulheres de todos os grupos raciais/étnicos foram mais afetadas por limitações relacionadas à deficiência do que homens brancos ou homens da mesma raça/etnia que elas (Warner; Brown, 2011). Nas coortes mais velhas da população idosa, as mulheres têm mais doenças, descrevem-se como menos saudáveis, têm os escores mais baixos de capacidade funcional como marcha e equilíbrio, são mais afetadas pela depressão e relatam níveis mais baixos de bem-estar subjetivo e de qualidade de vida do que os homens (Borglin *et al.*, 2005; Smith; Baltes, 1998). As taxas mais elevadas de incapacitação estão ligadas tanto à tendência feminina de recuperação mais lenta de doenças ou de lesões quanto à menor probabilidade de morte em decorrência desses eventos (Hardy *et al.*, 2008).

O abuso e a negligência contra idosos é uma fonte significativa de lesões, doenças e infelicidade na velhice. Em uma grande pesquisa de base comunitária feita nos Estados Unidos, um em cada dez entrevistados com 60 anos ou mais relatou negligência ou maus-tratos emocionais, físicos ou sexuais no ano anterior, sendo que o fator de risco mais importante foi a falta de suporte social (Acierno *et al.*, 2010). Embora o abuso de idosos seja frequentemente discutido como neutro em termos de gênero, o gênero é um fator importante: as mulheres têm mais probabilidade de serem vítimas de abuso de idosos do que os homens (cf., por exemplo, Hightower, 2010; Kissal; Beşer, 2011). Um estudo canadense com pacientes de medicina familiar estimou que a prevalência de abuso de idosos variou de 13,6% a 15,2% entre as mulheres e de 9,1% a 9,7% entre os homens (Yaffe *et al.*, 2007). Um estudo abrangente, mobilizando dados do sistema nacional de registro de incidentes dos Estados Unidos entre 2000 e 2005, constatou que as mulheres tinham mais probabilidade de serem vítimas (cerca de 53%) e que mais de 70% dos agressores eram homens (Krienert; Walsh; Turner, 2009). Como em outras formas de violência, a probabilidade de sofrer abuso de um estranho ou conhecido era maior entre os homens do que entre as mulheres; a probabilidade de sofrer abuso de filho ou filha, cônjuge ou outro membro da família era maior entre as mulheres. O mesmo vale para a probabilidade de abuso dentro de casa. Esse estudo também mostrou que a probabilidade de os homens serem alvo de agressões mais graves e de relatarem ferimentos graves é maior do que a das mulheres; que mulheres são mais propensas a sofrer agressões simples e intimidação e a relatar nenhum ferimento ou ferimentos leves. Essa última constatação sugere que parte do abuso sofrido por mulheres idosas pode estar oculta e ser difícil de identificar.

Já se investigou a prevalência de vários tipos de abuso contra idosos em escala mundial (Pillemer *et al.*, 2016). A prevalência anual de abuso físico contra idosos residentes em comunidades varia de 0,5% (Canadá) e 1,4% (Estados Unidos) a 4,9% (China) e 14,6% (Nigéria). O abuso sexual é menos comum, variando de 0,04% a 0,8% segundo os países. O abuso financeiro representa um problema sério para muitos idosos, com uma média mundial de 4,7% de idosos vitimados. A prevalência anual de abuso emocional/psicológico grave, geralmente definida como dez ou mais eventos no ano anterior, varia de 1,4% (Canadá) a 10,8% (Índia). Considerando todos os tipos juntos, a prevalência de abuso varia de um mínimo de 4% (Canadá) a um máximo de 14% (Índia). Em todos os países, as mulheres têm mais probabilidade de serem vítimas de abuso de idosos do que os homens, sobretudo de abuso emocional e financeiro.

Fatores econômicos e culturais afetam o risco de abuso de idosos. Em culturas em que o *status* social e econômico das mulheres em relação ao dos homens é inferior, as mulheres idosas provavelmente correm um risco maior de sofrer negligência e abuso, especialmente se forem viúvas (OMS, 2011b). O abuso também está ligado à perda de compaixão e à frustração, sugerindo que um suporte social mais adequado aos cuidadores pode reduzir a incidência de abuso (Krienert; Walsh; Turner, 2009).

A relação entre gênero e vulnerabilidade de idosos ao abuso é complicada pela disponibilidade do suporte social, pela dependência financeira e pelos estereótipos de gênero. O suporte social é um fator de proteção contra maus-tratos a idosos (Melchiorre *et al.*, 2013), e é provável que as mulheres contem com níveis de suporte social no início da velhice mais altos em comparação com os homens. Entretanto, como vivem mais do que homens, elas podem passar mais anos em relativo isolamento, tendo sobrevivido à grande parte de sua rede social. Há também uma probabilidade maior de as mulheres serem pobres na velhice, o que pode levá-las à dependência financeira de seus familiares, o que as torna mais vulneráveis a abusos por parte desses cuidadores. No caso masculino, a vulnerabilidade ao abuso na velhice pode ser aumentada por estereótipos de masculinidade que não contemplam a possibilidade de os homens serem vítimas – o que dificulta a denúncia de abusos e o acompanhamento de observadores como os profissionais de saúde (Kosberg, 2007).

Um estudo que fez uso de casos criminais simulados constatou que as mulheres tinham mais probabilidade do que os homens de acreditar no testemunho de supostas vítimas de abuso de idosos e de dar um veredito de culpado – e essa diferença era maior quando o suposto perpetrador era a filha da pessoa idosa (Golding *et al.*, 2005). A maior disposição feminina em acreditar na existência de abuso nessas situações pode estar ligada à sua capacidade de se identificar tanto com o cuidador quanto com o receptor do cuidado – ambos papéis que elas sabem que provavelmente exercerão em algum momento.

O gênero da prestação de cuidados

É mais provável que as mulheres precisem de e prestem mais serviços de cuidado na velhice do que os homens. Na União Europeia, as mulheres têm cerca de duas vezes mais probabilidade do que homens de receber algum tipo de cuidado formal na terceira idade (Bettio *et al.*, 2012). Nos Estados Unidos, depois de completados 65 anos de idade, 46,7% dos homens e 57,5% das mulheres precisarão de cuidados de longo prazo; os homens precisarão de cuidados por uma média de 1,5 ano e as mulheres de cuidados por uma média de 2,5 anos (Favreault; Dey, 2016). Entre os adultos com 85 anos ou mais, a estimativa é de que 23% das mulheres e 14% dos homens precisarão de ajuda nos cuidados pessoais (Administration on Aging; U.S. Department of Health and Human Services, 2016). A maior necessidade de cuidados formais por parte das mulheres na terceira idade deve-se, em parte, à sua maior longevidade e, por via de consequência, à tendência de viverem mais do que seus cônjuges. Nos Estados Unidos, em 2015, 70% dos homens com 65 anos ou mais não eram viúvos, mas esse número cai para apenas 45% no caso feminino. Entre as mulheres com 75 anos ou mais, 46,3% viviam sozinhas (Administration on Aging; Department of Health and Human Services, 2016). Na Grã-Bretanha, 1,5 milhão de mulheres e apenas 577 mil homens com 75 anos ou mais viviam sozinhos em 2016 (Statista, 2016). Assim, a maioria das mulheres idosas enfrentam as doenças e deficiências da velhice na viuvez, ao passo que a maioria dos homens *não* as enfrentam desacompanhados, e muitas vezes são cuidados pela esposa.

Devido a doenças ou deficiências, um número significativo de idosos passa algum tempo em casas de repouso ou em situações de vida assistida. Longe de ser ideal para muitos idosos, os cuidados domiciliares podem ser considerados especialmente inadequados pelos membros da comunidade LGBT. As premissas vigentes e a organização social nessas instituições podem ser heteronormativas ou até mesmo homofóbicas – o que pode levar à invisibilidade, ansiedade, desconforto e solidão (Westwood, 2016).

As mulheres são desproporcionalmente sobrecarregadas com a responsabilidade de prover serviços de saúde para membros da família. Em 17 países da Organização para a Cooperação e Desenvolvimento Econômico (OCDE), em 2013, as mulheres representavam 61% das pessoas com mais de 50 anos que prestavam cuidados informais não remunerados (OCDE, 2015c). Nos Estados Unidos, onde as instituições de cuidados pré e pós-escolares para filhos de pais empregados tendem a formar uma colcha de retalhos, são os avós que geralmente preenchem as lacunas. Um grupo de pesquisadores calculou que as mulheres e os homens com mais de 65 anos de idade gastam, em média, respectivamente, 1,9 hora e 1,6 hora por dia com cuidados infantis não remunerados (Bianchi; Folbre; Wolf, 2012). Na Grã-Bretanha, 19% das avós e 8% dos avôs pesquisados disseram ter reduzido as horas de trabalho, abandonado um emprego ou tirado licença para cuidar de um neto (Bingham, 2014). Na França, 22,8% das avós e 16,5% dos avôs informaram que cuidam regularmente dos netos; na Itália, são 32,5% das avós e 26,1% dos avôs que se dedicam a esses cuidados (Zanella, 2017).

Um fator que impulsiona o envolvimento dos avós nos cuidados infantis é a prevalência de crianças órfãs devido à AIDS, desastres naturais ou guerras. O impacto do HIV/AIDS, em particular, tem sido objeto de muita atenção na comunidade internacional. Os avós, especialmente as avós, muitas vezes acabam sendo os principais cuidadores dos órfãos da AIDS (Karimli; Ssewamala; Ismayilova, 2012). Em determinadas comunidades estudadas na zona rural do Quênia, uma em cada três crianças havia perdido um dos pais, e uma em cada nove crianças havia perdido ambos (Nyambedha; Wandibba; Aagaard-Hansen, 2003). Os avós cuidadores enfrentaram grandes dificuldades para oferecer educação, alimentação e cuidados médicos a seus netos. Além disso, como seus próprios filhos haviam morrido, esses cuidadores idosos perderam *status*, respeito e direito aos cuidados que tradicionalmente eram dispensados às pessoas mais velhas da comunidade.

Em tais situações, mesmo os avós com poucos recursos tendem a se tornar provedores em vez de receptores de cuidados. Um estudo sul-africano mostrou que os órfãos da AIDS tinham uma maior probabilidade de serem acolhidos por seus avós nos grupos econômicos mais pobres (Ardington *et al.*, 2010). A maioria dos avós que assumem a responsabilidade pelos órfãos da AIDS são mulheres. As normas e os estereótipos de gênero as limitam, atribuindo um valor menor às suas necessidades, à sua saúde e à sua vida do que às dos homens, e prescrevendo que é seu dever cuidar de outras pessoas, mesmo à custa de seu próprio bem-estar (Olowu, 2012).

Quando o aceitam, o papel de cuidador pode ser mais difícil para os homens do que para as mulheres. Entre os cuidadores de pacientes com AIDS em dois distritos pobres de Nairóbi, verificaram-se níveis mais elevados de incapacidade e problemas graves de saúde entre os cuidadores homens do que entre os que não eram cuidadores; entre as mulheres não foram encontradas diferenças correlatas (Chepngeno-Langat *et al.*, 2011). As autoras sugerem que os homens estudados não esperam nem se preparam para se tornarem cuidadores em situações como essas e não desenvolvem meios adequados de lidar com elas e assimilá-las.

Grande parte do cuidado informal prestado por idosos, entretanto, é destinado a pais e cônjuges. Em todo o mundo, entre 57% e 81% das pessoas que cuidam de seus idosos são mulheres (Sharma; Chakrabarti; Grover, 2016). Porém, as mudanças demográficas, como a elevação da expectativa de vida dos homens, aumentaram a probabilidade destes assumirem funções de cuidadores de suas esposas. Poucas pesquisas abordam especificamente esses cuidadores. Há, entretanto, algumas evidências de que eles procuram ajuda de outras pessoas com menos frequência do que as mulheres cuidadoras, e estão menos cientes dos serviços comunitários disponíveis; ademais, preocupam-se em transparecer incompetência e fraqueza caso demonstrem dificuldades em lidar com os cuidados por conta própria (Baker;

Robertson, 2008). Todas essas respostas são congruentes com as expectativas tradicionais de masculinidade. Todavia, esses padrões de resposta podem não refletir a experiência de homens da comunidade LGBT, que relatam prestar mais horas de cuidados do que as mulheres cuidadoras e mais do que os homens em geral (Family Caregiver Alliance, 2016).

A prestação de cuidados informais implica um grande ônus físico e emocional para os cuidadores. O estresse que acomete os cuidadores de cônjuges com demência leva a uma queda na resposta imunológica a vacinas, a cicatrização mais lenta e inflamações maiores – e alguns indicadores de bem-estar psicológico, como a depressão e a solidão, não voltam aos níveis normais nem mesmo três anos após a morte do cônjuge sob seus cuidados (Glaser *et al.*, 2000; Gouin; Hantsoo; Kiecolt-Glaser, 2008). Muitas vezes, os cuidadores também negligenciam o próprio autocuidado porque estão muito ocupados ou muito envolvidos em suas tarefas de cuidado para se preocuparem com seu bem-estar; isso também gera efeitos negativos para a saúde (Vitaliano; Zhang; Scanlan, 2003).

Mesmo quando as mulheres e os homens prestam cuidados equivalentes em termos quantitativos e qualitativos, as primeiras podem se sentir com uma carga mais pesada – por exemplo, a probabilidade de relatarem que se sentem presas ou que os cuidados prestados são uma carga excessiva é maior em comparação com homens (del-Pino-Casado *et al.*, 2012; Pinquart; Sörensen, 2003). A exposição ao sofrimento da pessoa que recebe o cuidado pode, por meio da empatia ou do espelhamento dos sentimentos do receptor do cuidado, provocar fortes respostas emocionais que contribuem para o sofrimento psicológico e físico do cuidador. Como as mulheres são mais sensíveis do que os homens às emoções alheias e mais empáticas em diversos aspectos, podem se sentir mais angustiadas com o sofrimento de uma pessoa sob seus cuidados – especialmente aquelas com quem têm um relacionamento próximo (Monin; Schulz, 2009).

O ônus sobre os cuidadores também pode ser financeiro, uma vez que cuidar de alguém pode levar ao afastamento temporário do trabalho remunerado – algo que a maioria das mulheres, em particular, não pode se dar ao luxo. O cuidado está associado ao desemprego, ao trabalho temporário e de meio período, à redução das horas de trabalho remunerado, à diminuição da renda, à aposentadoria precoce e ao maior risco de pobreza (Family Caregiver Alliance; Mutschler, 2015). O maior risco de pobreza e de rendimentos mais baixos é particularmente nítido no caso das cuidadoras.

É claro que nem todo cuidado é informal; em países desenvolvidos, paralelamente ao crescimento da população idosa, há uma extensa e crescente força de trabalho de cuidados de longo prazo. A maioria desses trabalhadores (90% nos Estados Unidos, 84% na Inglaterra) são mulheres, e muitas delas não brancas (Hussein, 2011; Rodrigues; Huber; Lamura, 2012). Essas pessoas ocupam postos de trabalho como auxiliares de enfermagem, assistentes de enfermagem, atendentes hospitalares, atendentes de cuidados pessoais, cuidadores domiciliares e outros cuidadores paraprofissionais[25] de idosos ou deficientes em hospitais, casas de repouso, centros de acolhimento diurnos e residências particulares. A projeção é de que

25. O termo "paraprofissional" designa aqui o "indivíduo treinado para desempenhar determinada(s) tarefa(s) de certa profissão, mas que não possui as qualificações necessárias para a prática autônoma e integral da mesma, estando, por isso, sob orientação de um ou mais profissionais credenciados" (Dicionário da Língua Portuguesa da Porto Editora) [N.T.].

haverá necessidade de 6 milhões desses profissionais de atendimento direto nos Estados Unidos até 2050 (Bouchard, 2013).

Uma proporção cada vez maior dessas mulheres são de imigrantes de países onde não se consegue encontrar bons empregos (Eckenwiler, 2014). Em 2016, 28% dos que trabalham no setor de cuidados diretos de saúde nos Estados Unidos eram imigrantes. A disponibilidade das trabalhadoras imigrantes atende a uma necessidade importante, mas também pode contribuir para a desvalorização da profissão de cuidador de idosos por manter os salários baixos. Nos Estados Unidos, os salários dos trabalhadores de cuidados diretos são significativamente mais baixos do que o salário médio de todos os trabalhadores estadunidenses; quase um quarto dos trabalhadores de cuidados domiciliares e 17% dos assistentes de enfermagem que trabalham em casas de repouso vivem abaixo da linha nacional de pobreza (Devine, 2017). Outro problema é que os países de origem desses trabalhadores podem ter o próprio suprimento de trabalhadores formais de cuidados com idosos e cuidadores familiares informais reduzido. É difícil prever o impacto desse último desenvolvimento sobre a inflexão de gênero nas atividades de cuidado nesses países "fonte".

Identidade e relacionamentos: viuvez, redes sociais, suporte social

Há uma associação entre índices insatisfatórios de saúde e o isolamento social (pouco contato social, viver sozinho, sem um parceiro ou uma rede de suporte social) e o sentimento de solidão (estar insatisfeito com a frequência e/ou proximidade dos contatos sociais). Entre os mais de 2 mil idosos estudados na Holanda, os que relataram sentir-se solitários apresentaram maior risco de demência, mesmo que não estivessem, por critérios objetivos, socialmente isolados (Holwerda *et al.*, 2014). Em uma amostra representativa da população de indivíduos estadunidenses com 50 anos ou mais, os sentimentos de solidão foram associados ao aumento do risco de mortalidade num horizonte de seis anos (Luo *et al.*, 2012). Numa pesquisa que contou com 6.500 britânicos com 52 anos ou mais, tanto o isolamento social quanto a solidão estavam associados ao aumento da mortalidade por todas as causas, mas somente o efeito do isolamento social foi independente de outros preditores de mortalidade (Steptoe *et al.*, 2013). Entre idosos que vivem em comunidades na França, o sentimento de solidão e o fato de morar sozinho serviram como indicadores de isolamento psíquico e social e como preditores independentes da taxa de mortalidade durante um período de 22 anos desde o início do estudo (Tabue Teguo *et al.*, 2016). Tanto os indivíduos socialmente isolados quanto os solitários têm maior risco de doenças cardiovasculares, de agravamento da reação inflamatória ao estresse e de hipertensão arterial (Steptoe *et al.*, 2013).

Dados como esses apontam que os idosos, cuja probabilidade de se isolar é maior que a dos jovens, estão diante de problemas consideráveis. Além disso, há uma dimensão de gênero nessa questão, pois a probabilidade de se isolar na terceira idade é maior entre as mulheres. Nos Estados Unidos, 35% das mulheres e 20% dos homens com 65 anos ou mais vivem sozinhos (Administration on Aging; U.S. Department of Health and Human Services, 2016). No Japão, um em cada oito homens e uma em cada cinco mulheres com 65 anos ou mais vivem sozinhos (Yoshida, 2016).

Em alguns países europeus, mais de 40% das mulheres com 65 anos ou mais vivem sozinhas (United Nations Population Fund, 2012). Na grande amostra britânica estudada por Steptoe e colegas (2013), não houve diferença entre homens e mulheres no quesito isolamento social, mas as mulheres tinham uma probabilidade significativamente maior do que os homens de estar sozinhas.

O maior risco de isolamento e solidão de mulheres na velhice está relacionado à maior longevidade, à tendência de viverem mais que seus cônjuges e à maior probabilidade de experenciarem depressão e outras doenças. Entretanto, a diferença de gênero é complicada. Sim, as mulheres têm mais probabilidade de ficarem viúvas na terceira idade (Antonucci *et al.*, 2002). Nos Estados Unidos, em 2016, havia três vezes mais viúvas (8,8 milhões) do que viúvos (2,6 milhões) (Administration on Aging; U.S. Department of Health and Human Services, 2016). Contudo, em países desenvolvidos, a viuvez parece ser mais difícil para os homens do que para as mulheres (Stroebe; Stroebe; Schut, 2001), e o estado civil tem um efeito maior sobre a solidão dos homens do que das mulheres (Rokach *et al.*, 2007). Isso ocorre possivelmente porque, para os homens, o casamento seria central para seus sentimentos de vínculo íntimo e bem-estar emocional e um aspecto fundamental em seu envolvimento social mais amplo (talvez porque suas esposas fizessem a mediação dos arranjos sociais). Assim, quando os homens perdem as esposas, eles perdem não apenas um relacionamento íntimo importante, mas também um vínculo com diversas outras relações sociais. Com efeito, entre os adultos mais velhos que vivem sozinhos nos Estados Unidos, os homens têm muito menos probabilidade (48%) do que as mulheres (71%) de dizer que estão "muito satisfeitos" com o número de amigos que têm (Stepler, 2016).

Para as mulheres, o casamento ou a união conjugal oferece uma fonte de vínculo íntimo, mas é provável que elas também encontrem suporte tanto emocional quanto social em outros laços estreitos com amigos e familiares (Dykstra; De Jong Gierveld, 2004). Mulheres, mesmo em seus 70 anos, têm redes sociais maiores do que as de homens, e essas redes tendem a ser menos afetadas pela viuvez ou pelo divórcio (McLaughlin *et al.*, 2010). As qualidades positivas das relações sociais de mulheres idosas podem amortecer as consequências emocionais negativas e os déficits de recursos que enfrentam em termos de segurança financeira e saúde (Antonucci *et al.*, 2002). Mesmo nas condições difíceis encontradas nas periferias do Quênia, as mulheres idosas mantêm redes sociais maiores e mais fortes do que as dos homens, o que lhes permite mais recursos para lidarem com a necessidade de alimentos, informações e assistência médica (Mudege; Ezeh, 2009).

Em culturas em que a identidade e o *status* das mulheres, bem como o seu sustento, são proporcionados pelos seus maridos, o impacto da viuvez sobre elas pode ser mais grave do que sobre os homens. Em algumas regiões da África, uma viúva corre o risco de ser rotulada como feiticeira (e ser perseguida por isso), de perder sua propriedade e/ou de ver confiscada sua posição social (Akujobi, 2009; Rosenblatt; Nkosi, 2007). Em certas partes da Índia rural, uma viúva pode ser considerada uma não pessoa. Existe até uma tradição hindu (chamada *sati*, hoje ilegal, mas ainda praticada ocasionalmente) segundo a qual uma viúva deve se jogar na pira funerária do marido, já que sua vida não valeria mais a pena ser vivida (não existe uma tradição equivalente para os viúvos) (Kadoya; Yin, 2015; Vijayakumar, 2004). As atitudes em relação às viúvas continuam a evoluir na Índia, e as viúvas de classe média em meios urbanos podem agora conceber a reconstrução de suas vidas como mulheres solteiras (Czerenda, 2010; Kadoya; Yin, 2015). No entanto, numa amostra nacionalmente representativa de pessoas com 60 anos ou mais, as viúvas e os viúvos eram mais vulneráveis em termos de estado de saúde e acesso a serviços de saúde do que as pessoas casadas, e as viúvas eram o grupo mais desfavorecido (Sreerupa; Rajan, 2010).

Propósito e sentido: repensando o que importa

Embora o envelhecimento esteja associado a diversas perdas e declínios em determinadas áreas, os idosos tendem a se adaptar, reajustando suas prioridades, metas e comportamentos. O processo foi descrito como *otimização seletiva com compensação* (Baltes; Baltes, 1990), e designa uma redução do conjunto de metas, escolhendo-se apenas as mais importantes como alvos dos recursos e mobilizando métodos ou recursos alternativos para compensar perdas ou deficiências. Esse processo de triagem de metas pode assumir formas um pouco diferentes para mulheres e homens, especialmente se estiverem desempenhando papéis tradicionais de gênero. Os homens podem repensar a importância de conquistas e sucesso na carreira, por exemplo, e as mulheres podem reavaliar a importância dos ideais femininos de simpatia, atratividade e priorização das necessidades dos outros.

No caso feminino, às vezes a transição para a idade avançada pode estar associada a um novo sentido de liberdade: seguir novas direções e escapar das limitações de estereótipos e papéis femininos (Arnold, 2005). Se, para as mulheres, o envelhecimento costumava ser caracterizado sobretudo como a perda dos papéis reprodutivos e a transição para um "ninho vazio", a meia-idade e a idade avançada agora lhes oferecem oportunidades para aprimorar o desenvolvimento de si, a autoconfiança e a autoaceitação (Picard, 2000).

À medida que as pessoas em processo de envelhecimento estreitam suas metas e seu foco, um resultado interessante parece ser que elas se concentram mais em metas relacionadas a emoções do que em metas relacionadas a informações – e enfatizam as emoções positivas. Classificando esse processo como *seletividade socioemocional*, as pesquisadoras (Carstensen; Fung; Charles, 2003) mobilizaram a noção para explicar o motivo da associação – inesperada – entre idade avançada e felicidade. A teoria postula que, com a idade, os adultos percebem que a vida que resta é curta e começam a se concentrar em reduzir o tempo que gastam com emoções e experiências negativas. Eles fazem escolhas para atender melhor às suas necessidades e proteger a sua saúde emocional. Os adultos mais velhos parecem reagir com menos raiva e se desvencilhar mais de situações interpessoais ofensivas do que os mais jovens (Charles; Carstensen, 2008). Eles estreitam suas redes sociais, privilegiando cada vez mais amigos íntimos e pessoas que provocam mais emoções positivas do que negativas (English; Carstensen, 2014). Em experimentos de laboratório, observou-se que essas pessoas prestam menos atenção e se lembram de menos estímulos negativos do que as pessoas mais jovens – um fenômeno chamado de *efeito de positividade* (Carstensen; Mikels, 2005).

Mulheres e homens podem diferir no grau e na maneira de alcançar esse foco no positivo. Os efeitos de positividade na memória autobiográfica parecem ser mais fortes para os homens mais velhos do que para as mulheres mais velhas: elas se lembram de mais memórias negativas do que os homens (Ros; Latorre, 2010). Ademais, as mulheres parecem mais propensas a se concentrarem em trocas sociais positivas (o cuidado, o apoio e o companheirismo) para amortecer ou amenizar o impacto prejudicial sobre suas emoções das trocas sociais negativas (tensão, conflito, negligência) (Fiori *et al.*, 2013). Isso pode ocorrer porque, como vimos, as mulheres tendem a dar mais ênfase às redes sociais e aos relacionamentos interpessoais do que os homens.

Tanto os homens quanto as mulheres podem se afastar das expectativas tradicionais de gênero com o avanço da idade. Transições como perda de emprego ou aposentadoria, doença ou perda do cônjuge podem levar os homens a reavaliar pressupostos e crenças de longa data sobre certos aspectos dos papéis de gênero (como a divisão de trabalho) ou sobre a formação de sua identidade (Emslie; Hunt; O'Brien, 2004). Não obstante, havendo poucas normas culturais sobre como os homens mais velhos devem exercer sua masculinidade, muitos deles continuam, em idades mais avançadas, tentando encenar [*enact*] masculinidades tradicionais (Thompson; Langendoerfer, 2016). No caso das mulheres, a idade às vezes pode ser acompanhada de um senso mais forte do próprio poder, competência e força interior (Boneham; Sixsmith, 2006; Friedman; Pines, 1992; Hammoudeh *et al.*, 2017; Feldman, 1999). Contudo, as mulheres mais velhas ainda podem considerar a atratividade física como uma dimensão essencial da feminilidade, preocupando-se, portanto, com seus corpos em envelhecimento (Carter, 2016). A maior parte da vasta literatura sobre papéis, normas e estereótipos de gênero concentrou-se em jovens; mas como avançamos para um futuro em que a proporção de mulheres e homens mais velhos será cada vez maior, muitas perguntas sobre gênero e envelhecimento ainda aguardam resposta.

Para quem quiser se aprofundar mais

Margaret Cruikshank. *Learning to be old*: gender, culture, and aging. 3. ed. Lanham: Rowman & Littlefield, 2013. Esse livro, informado por uma perspectiva feminista, revisita os mitos culturais sobre o envelhecimento e o temor do envelhecimento da população. A autora se concentra na situação norte-americana, mas a maior parte das questões também é válida para muitos países. Nele são também discutidos os papéis sociais e as doenças, o excesso de medicação, o envelhecimento, as experiências de diferentes grupos étnicos e econômicos e a "gerontologia contracultural".

Martha Holstein. *Women in later life*: critical perspectives on gender and age. Lanham: Rowman & Littlefield, 2015. Estudiosa do envelhecimento desde uma perspectiva feminista, a autora traz abordagens pessoais, políticas, teóricas e científicas para o exame das muitas questões de gênero associadas ao envelhecimento feminino. Ela examina a imagem corporal e a beleza, os estereótipos, a aposentadoria, o cuidado, a pobreza e a morte. O livro termina indicando a importância do ativismo no enfrentamento do etarismo.

Sarah Lamb. *White saris and sweet mangoes*: aging, gender, and body in North India. Berkeley: University of California Press, 2000. A autora, antropóloga, explora as expectativas e práticas associadas ao envelhecimento e ao gênero na Índia – e, ao fazê-lo, lança luz sobre muitas pressuposições a respeito dos homens e mulheres mais velhos. Por meio de histórias fascinantes de pessoas em Mangaldihi, ela instiga o leitor a examinar questões econômicas, de saúde, separação, viuvez, morte e amor.

Varda Muhlbauer e Joan Chrisler (org.). *Women over 50*: psychological perspectives. Nova York: Springer, 2007. Essa coletânea de dez capítulos examina os desafios e as oportunidades associados ao ingresso das mulheres no período "intermediário" da vida, comumente considerado como uma ponte para a velhice. As questões estão embasadas em pesquisas e vão desde a imagem corporal, amor e sexo, relacionamentos e aposentadoria até o empoderamento feminino.

Epílogo
O futuro do gênero

Em seu livro *The dialectic of sex*[26], Shulamith Firestone (1970) ofereceu de forma incisiva uma análise feminista radical da opressão das mulheres, ao lado de soluções ainda mais radicais. Ela argumentou que a desigualdade entre mulheres e homens estava enraizada na atribuição biológica às mulheres da tarefa de gerar filhos. Firestone imaginou um futuro feminista no qual a reprodução seria dissociada tanto da sexualidade quanto do gênero: a concepção aconteceria por meio de inseminação artificial e a gestação ocorreria não no corpo da mulher, mas em úteros artificiais em ambientes cuidadosamente controlados. Ao separar o ato sexual da procriação e o corpo feminino da gravidez e do parto, ela postulou que a distinção biológica, genital, entre mulheres e homens deixaria de ter importância. O privilégio masculino seria comprometido e o cenário seria preparado para a igualdade cultural entre homens e mulheres.

Como vislumbre do futuro, o cenário de Firestone era surpreendente e controverso. Mais de 45 anos depois, apesar dos avanços na tecnologia reprodutiva que atenuaram significativamente o vínculo entre sexo e gravidez, o mundo por ela imagi-

---

26. Há edição brasileira: *A dialética do sexo*: um manifesto da revolução feminista, publicada pelo Editorial Labor do Brasil em 1976 [N.T.].

nado de reprodução dominada por laboratórios parece ter um apelo limitado. Muitos ainda concordam, todavia, que, ao privilegiar a gravidez, ela apontou uma questão fundamental sobre os obstáculos à igualdade de gênero.

A saúde das mulheres muitas vezes é refém de seu papel como mães. A mortalidade materna e as doenças relacionadas à maternidade afetam enormemente as mulheres. Em regiões do mundo onde há pouca disponibilidade de um bom serviço de saúde, a maternidade é considerada a principal tarefa feminina, e o acesso ao controle sobre a reprodução é, na melhor das hipóteses, incerto. Esse ônus é exacerbado em culturas em que a vida das mulheres vale menos do que a dos homens.

Em países desenvolvidos, a mortalidade materna é menos comum (embora, como vimos no capítulo 8, esteja aumentando nos Estados Unidos), mas a penalidade da maternidade é uma questão econômica importante. Vimos que a maternidade está associada a salários mais baixos e menos oportunidades de progresso para as mulheres com emprego; que a logística de equilibrar cuidados dos filhos e trabalho remunerado continua sendo desafiadora para muitas delas; que as mães, com muito mais frequência que os pais, precisam fazer escolhas impossíveis entre cuidar das responsabilidades familiares e dedicar-se a seus empregos. À diferença dos homens, as mulheres ainda são consideradas as principais responsáveis pelo cuidado das crianças e das famílias; essa premissa enviesa as políticas governamentais e corporativas sobre emprego e pode colocar as mulheres em desvantagem em todas as fases da vida profissional. Além do mais, a associação das mulheres com a maternidade reforça os estereótipos de gênero que privilegiam o cuidado e a "suavidade" em oposição à competência e à determinação esperadas de líderes e trabalhadores de alto nível. (Embora qualquer mãe saiba muito bem que a competência e a capacidade de decisão são aspectos essenciais desse papel.)

É difícil imaginar um cenário no qual as desvantagens da maternidade em termos econômicos, de saúde e de estereótipos sociais pudessem desaparecer completamente sem o fim da necessidade biológica de gerar filhos. Talvez seja por isso que Firestone tenha concentrado sua visão revolucionária na dissociação entre reprodução e sexo e gravidez, e que a escritora de ficção científica Ursula Le Guin (1969) tenha fantasiado um mundo em que não existisse dois sexos, mas um só – onde qualquer pessoa pudesse engravidar. Nenhuma dessas soluções é realista, mas elas nos ajudam a esclarecer como as relações entre homens e mulheres são delineadas pela gravidez e nascimento da prole – e a imaginar talvez um mundo em que seja possível uma maior igualdade de gênero.

Prever o futuro das relações de gênero, em um mundo onde essas relações estão em fluxo, não é senão uma especulação. Contudo, há sinais de que uma definição estrita dos papéis de gênero no âmbito da família e do trabalho erodiu de forma drástica. Em países desenvolvidos, um grande número de mulheres passou a fazer parte da força de trabalho remunerada, muitas vezes tornando-se as principais responsáveis pelo sustento da família (Galinsky; Aumann; Bond, 2008). A definição de família mudou; tanto a parentalidade de pessoas do mesmo sexo quanto as famílias monoparentais exigem mudanças nas expectativas tradicionais sobre maternidade e paternidade (Parke, 2013; Webb; Chonody; Kavanagh, 2017). A presença cada vez maior de mulheres na força de trabalho remunerada impulsionou mudanças nas políticas públicas (licença parental, políticas de cuidados da infância, flexibilização de horários de trabalho) que auxiliam os trabalhadores a equilibrar as responsabilidades familiares e profissionais. Entretanto, apesar de sua presença cada vez maior na força de trabalho, em todo o mundo, as mulheres ainda ganham menos do que os homens por um trabalho semelhante (OCDE, 2017a, 2017c), e o sexismo no local de trabalho provou ser uma barreira desafiadora à sua participação plena, o que se evidencia pelos relatos de mulheres dos setores de tecnologia (cf., por exemplo, Pao, 2017).

Em muitas regiões do mundo, a prioridade da educação para mulheres é ainda baixa; porém, em países onde têm acesso igualitário à educação, elas estão rapidamente se tornando mais instruídas do que os homens. As mulheres ocupam mais cargos de liderança pública do que nunca, embora ainda sejam uma pequena minoria nesses papéis. Nesse sentido, em termos da movimentação feminina para papéis tradicionalmente reservados a homens, há evidências de um impulso que se, por um lado, não é irrefreável, por outro, é improvável revertê-lo com facilidade.

A violência de gênero representa uma barreira a esse impulso, barreira cujas raízes são profundas. Como se viu no capítulo 7, a violência continua sendo um problema sério e persistente, intimamente associado ao preconceito de gênero e às assimetrias de poder entre homens e mulheres. No momento em que escrevo, milhares de pessoas estão marchando no México para protestar contra o assassinato de Mara Fernanda Castilla, de 19 anos, o octogésimo quarto *feminicídio* (ato de violência extrema contra uma mulher) ocorrido em sua cidade em 2017. No Canadá, uma investigação em andamento sobre o desaparecimento e assassinato de cerca de 4 mil mulheres indígenas nas últimas três décadas avança com agonizante ineficiência. Na Índia, algumas mulheres protestaram usando adereços bovinos a fim de dramatizar seu argumento de que há menos indignação diante da violência contra as mulheres do que contra as vacas.

Mesmo diante de ameaças violentas, e em regiões do mundo onde as restrições são mais severas, meninas e mulheres enfrentam barreiras, arriscando muitas vezes suas vidas pelo acesso à educação, à autoexpressão, à assistência médica para elas e suas famílias e à proteção contra a violência sexual. Parece razoável prever que os papéis das mulheres continuarão a se expandir e que essas mudanças produzirão mais igualdade de gênero. A meta de expandir a igualdade foi adotada por muitas organizações mundiais, já que uma série de importantes pesquisas sugerem que uma maior igualdade de gênero está associada a níveis mais baixos de violência sexual, de violência íntima, de mortalidade materna e infantil, assim como a níveis mais altos de prosperidade econômica, de saúde e de felicidade.

E quanto às mudanças nos papéis masculinos? Em certos contextos e dimensões, há incentivos a uma maior flexibilidade feminina no que diz respeito às formas de representar a feminilidade. No entanto, as definições sociais de masculinidade costumam ser mais rígidas, e há fortes pressões sobre os homens para que vivam de acordo com ideais masculinos. Nesse caso, a mudança é mais lenta, provavelmente porque as sociedades tradicionalmente atribuem um *status* inferior a comportamentos femininos estereotipados. Sem embargo, os homens também passaram a ocupar papéis antes restritos ao outro gênero. Há mais homens em profissões tradicionalmente femininas de "cuidado", como enfermagem e serviço social, e até mesmo uma minoria, restrita mas significativa, de homens que são donos de casa em tempo integral. Tanto os homens quanto as mulheres estão menos propensos do que antigamente a insistir em uma divisão tradicional de papéis familiares em que o homem ganha mais dinheiro e a mulher é a principal cuidadora do lar e dos filhos – e as atitudes masculinas mudaram mais do que as femininas no sentido de aceitar a ideia de que as mulheres no mercado de trabalho podem ser boas mães. Para os homens, todavia, a maior mudança pode ser mais sutil do que uma mudança no trabalho ou nos papéis primários. Ao compartilhar ou ceder o papel de principal provedor da família, os homens podem ter de afastar suas fontes de identidade e autoestima da ênfase masculina tradicional (e de maior *status*) na competição bem-sucedida e nas conquistas públicas. Em vez disso, suas contribuições para a criação dos filhos, para o bom funcionamento da casa e para o cultivo de um bom relacionamento com a esposa tornam-se mais importantes. Porém, a baixa autoestima, o sofrimento psicológico e até mesmo a depressão podem afetá-los caso enfrentem dificuldades em se adaptar a essas mudanças (Dunlop; Mletzko, 2011). Em contrapartida, alguns homens consideram essas mudanças libertadoras, estimulantes e significativas (Chabon, 2009; Round, 2006).

E quanto às mudanças na compreensão do próprio gênero? Vimos nos capítulos 1 e 2 que a noção de gênero como um simples binário tem sido desafiada; os avanços na ciência do gênero têm levado muitos a pensar no gênero como um espectro e não como duas categorias discretas (Henig, 2017). Embora muitas pessoas prefiram as categorias tradicionais de feminino e masculino, uma significativa minoria não se identifica confortavelmente com nenhuma delas, e as instituições sociais estão começando a se ajustar a essa realidade. O Facebook permite que os usuários selecionem entre mais de 70 possibilidades, além de uma opção de preenchimento em aberto para aqueles que desejam descrever sua identidade livremente. O Google+ oferece a categoria de gênero "infinita" para pessoas que se sentem limitadas por uma listagem. Alguns países (Austrália, Bangladesh, Canadá, Alemanha, Índia, Nepal, Nova Zelândia, Paquistão) permitem que os cidadãos designem seu sexo como "X" ou "O" em vez de "F" ou "M" em passaportes e outros documentos.

A mudança social é um processo não uniforme e por vezes frustrante, e seus resultados raramente são inequivocamente positivos. Algumas pessoas temem que o borramento das distinções entre os gêneros cause confusão e ameace a estabilidade social. Outras temem que os valores tradicionalmente associados à feminilidade, como o cuidado com os outros, possam perder a proeminência à medida que mais mulheres passem a adotar estilos de vida mais competitivos e individualistas. Outras ainda temem que as sociedades percam sua vantagem competitiva caso reestruturarem as instituições para acomodar as demandas de responsabilidades familiares para todos os seus trabalhadores e incentivarem os homens a compartilhar essas responsabilidades. Não se pode negar que a mudança é inquietante. Parece claro que tanto o cuidado quanto as conquistas profissionais, tanto a empatia quanto a firmeza e resistência, tanto a abertura para a negociação quanto a determinação inabalável, são qualidades muito necessárias para o bom funcionamento de sociedades, instituições, famílias e relacionamentos interpessoais. Mas se todas essas qualidades são úteis, por que insistir em dividi-las entre homens e mulheres? Por que, em particular, atribuir *status* inferior às qualidades "*soft*" ligadas à feminilidade? E por que insistir na conformidade perfeita de cada indivíduo a uma das duas categorias de gênero bem definidas?

Os debates persistem, mas em um contexto de rápido avanço tecnológico e de alcance global dos meios de comunicação, é improvável que a maré de transformações nos papéis de gênero seja revertida. E, porque estamos conectados, porque vivemos e trabalhamos juntos, transformações nos papéis de gênero e nas formas como pensamos sobre as categorias de gênero estão fadadas a extrapolar os círculos mais diretamente afetados – até atingir a todos. À medida que caminhamos em direção a um futuro que parece dinâmico e incerto, haverá uma constante necessidade de questionar pressupostos de longa data e de experimentar novos papéis. Talvez o maior fascínio dessa jornada seja o fato de não sabermos exatamente onde ela nos levará.

Para quem quiser se aprofundar mais

National Geographic, vol. 231, n. 1. Edição especial de janeiro de 2017: The shifting landscape of gender. Essa edição especial aborda questões de gênero de uma perspectiva global e várias outras. A partir de relatos dos próprios entrevistados, fotografias, estatísticas e análises, explora-se a formação da identidade de gênero na infância, a definição social da feminilidade e da masculinidade, a desigualdade entre os gêneros e as transformações dos papéis de gênero.

Fórum Econômico Mundial. *The global gender gap report 2017*. Esse relatório detalha o progresso recente da igualdade de gênero, e mostra, a partir de indicadores de saúde, educação, economia e política, os diferentes ritmos da mudança em todo o mundo. O trabalho aponta as conexões entre a igualdade de gênero e uma variedade de resultados positivos, explora os fatores que tendem a promover ou retardar a mudança na direção de uma maior igualdade entre homens e mulheres e apresenta recomendações de políticas públicas. Conclui que, considerando as tendências atuais, o espaço que separa os gêneros pode ser colmatado em 83 anos, mas as distâncias que os separam nas esferas da economia e da saúde só serão eliminadas daqui a 170 anos.

Glossário

Abordagem cognitiva do desenvolvimento de gênero: teorias que enfatizam o papel da criança como buscadora ativa de maneiras corretas de ser e se comportar como menino ou como menina.

Ação afirmativa: uma constelação de estratégias de intervenção proativa com o objetivo de aumentar a proporção de mulheres e de outros grupos sub-representados no acesso a oportunidades educacionais e de emprego.

Agressão relacional: agressão que fere ou ameaça outra pessoa, prejudicando seus relacionamentos e/ou seu *status* social.

Ameaça de estereótipo: consciência de ser julgado de acordo com estereótipos negativos sobre o próprio grupo.

Androginia: a combinação de qualidades femininas e masculinas.

Autoesquema sexual: a maneira pela qual uma pessoa conceitua a si mesma como um ser sexual.

Bases de poder: recursos (como recompensa, punição, legitimidade, *expertise*) que podem ser usados como suporte a tentativas de exercer o poder.

Cisgênero: indivíduo que se identifica com o gênero ao qual foi designado.

Crime de honra [*honor killings*]: assassinato sancionado de uma esposa ou filha que tenha se comportado de forma "inadequada" para proteger a honra da família.

Cromossomos sexuais: o vigésimo terceiro par de cromossomos em humanos; XX para mulheres e XY para homens.

Duplo critério [*double standard*]: mobilização de critérios diferentes de comportamento sexual aceitável, uns para mulheres e outros para homens.

Duplo vínculo [*double bind*]: no caso de mulheres em cargos de liderança, designa o seguinte dilema: se elas se comportarem de maneira muito feminina, não serão vistas como líderes eficazes, mas se se comportarem de maneira muito masculina, não serão apreciadas e serão menosprezadas.

Efeito de positividade: a tendência encontrada entre pessoas mais velhas de dedicar mais atenção e memória a estímulos positivos do que negativos (cf. tb. teoria da seletividade socioemocional).

Escada rolante de vidro: metáfora usada para descrever uma constelação de mecanismos e pressões sutis que aumentam o avanço dos homens em profissões dominadas por mulheres.

Estereótipos de gênero descritivos: crenças sobre como são os homens e as mulheres típicos.

Estereótipos implícitos: estereótipos que operam automaticamente, abaixo do nível de consciência.

Estereótipos de gênero prescritivos: crenças sobre como os homens e as mulheres devem ser para se adequarem às expectativas da sociedade.

Estilos de influência: abordagens para fazer solicitações ou exigências a outras pessoas (diretas ou indiretas).

Estudos feministas da masculinidade: abordagem teórica das relações de dominação entre homens e as maneiras pelas quais, no interior de categorias como raça e classe, os pontos de vista dos homens e a dominação masculina tendem a prevalecer.

Etarismo (ou idadismo): preconceito contra e/ou estereótipo de indivíduos baseados na sua idade.

Falta de adequação [*fitness*]: a noção de que, devido a uma incompatibilidade entre suas qualidades e os requisitos do trabalho, um determinado tipo de indivíduo não é adequado para um determinado tipo de trabalho. Usada na literatura sobre gênero e trabalho para descrever a suposta incompatibilidade entre mulheres e cargos de gerência.

Feminismo: conjunto de diversas ideologias que se concentram na ideia de que as desigualdades entre homens e mulheres devem ser questionadas.

Feminismo construtivista social: postula que as categorias de gênero são criadas e mantidas por comportamentos e estruturas de organização social que privilegiam a diferença entre duas categorias não sobrepostas: "homem" e "mulher".

Feminismo liberal: postula que a desigualdade de gênero decorre das diferentes oportunidades e escolhas disponíveis para os homens e as mulheres, da diferente socialização de meninos e meninas e da desvalorização das mulheres e de seu trabalho.

Feminismo marxista: vê a desigualdade de gênero como um sintoma do problema maior da desigualdade de classes.

Feminismo multirracial/multiétnico: concentra-se nos efeitos de interseção de várias categorias de identidade, *status* e dominância: gênero, raça, etnia, classe social, sexualidade e outros.

Feminismo pós-moderno: postula que as categorias de gênero, como masculino e feminino, não são reais, mas *performances* modificáveis.

Feminismo socialista: abordagem teórica que enfoca as complexas desigualdades existentes entre pessoas e grupos com diferentes dimensões, como gênero, raça, etnia e classe.

Feminismo transnacional: examina as maneiras pelas quais os movimentos globais de pessoas, de bens e a produção de bens e ideias são classificados por gênero e como isso contribui para a desigualdade de gênero.

Gênero: categoria socialmente construída que envolve uma constelação de estereótipos, normas e papéis para várias formas de masculinidade, feminilidade e androginia.

Gênero/sexo: termo-valise usado tanto para gênero quanto para sexo no sentido de refletir identidades ou lugares sociais em que gênero e sexo estão interligados, não podendo ser separados.

Heteronormativo: incorporação da atitude de que a heterossexualidade é a orientação sexual normal e que as relações sexuais entre mulheres e homens são as únicas expressões normais e naturais da sexualidade.

Identidade de gênero: o senso pessoal de si mesmo como homem ou como mulher, ou como membro de uma terceira categoria de gênero.

Incongruência de papéis: a situação em que dois papéis que um indivíduo está tentando exercer têm requisitos conflitantes. Esse conceito às vezes é invocado para descrever a dificuldade de cumprir requisitos contraditórios do papel feminino e de um papel de liderança.

Interseccionalidade: as maneiras pelas quais diferentes *status* baseados em gênero, raça/etnia e classe operam juntos para produzir vários níveis e tipos de vantagem/desvantagem.

Intersexo: ter marcadores biológicos masculinos e femininos.

Justiça íntima: teoria que enfoca a maneira pela qual as desigualdades sociais e políticas podem afetar as experiências de relacionamentos íntimos de homens e mulheres.

Liderança transacional: um estilo que se concentra em atingir metas estabelecidas, concluir tarefas, atribuir recompensas e punições com base no desempenho e detectar erros.

Liderança transformacional: um estilo de liderança focado em motivar os seguidores a ter um desempenho de alto nível e, nesse processo, desenvolver seu próprio potencial de liderança. O estilo compreende quatro aspectos: estimular os seguidores a pensar de forma inovadora, motivar os seguidores a contribuir para uma visão compartilhada, demonstrar consideração e apoio às preocupações e ao desenvolvimento dos seguidores e modelar os próprios ideais, valores e crenças.

Masculinidade hegemônica: ideal cultural de masculinidade que fundamenta o domínio do homem sobre a mulher e o domínio de alguns homens sobre outros homens.

Misoginia: ódio ou desprezo pelas mulheres.

Modelo do capital humano: um modelo econômico que entende as diferenças nos rendimentos do trabalho como explicáveis pelas diferenças nos investimentos relacionados ao trabalho (por exemplo, educação, tempo de trabalho) feito pelos trabalhadores.

Natureza *versus* criação [*nurture*]: debate sobre as contribuições relativas da biologia e do ambiente para o desenvolvimento humano (e de outros animais).

Neossexismo: uma forma sutil de sexismo que implica a omissão ao apoio a políticas destinadas a promover mudanças orientadas à igualdade nas relações de gênero, o antagonismo em relação às demandas das mulheres por acesso e inclusão e a negação de que a discriminação de gênero ainda exista (também chamado de sexismo moderno).

Orientação sexual: tendência a se sentir atraído sexualmente por membros do próprio sexo ou do outro sexo, ou por ambos.

Otimização seletiva com compensação: teoria sobre o processo pelo qual indivíduos mais velhos se adaptam a perdas de funcionalidades; eles direcionam seus recursos para um conjunto mais restrito de metas e prioridades e compensam quaisquer deficiências por meio de abordagens alternativas.

Papel de gênero: um conjunto de comportamentos culturalmente prescritos para as mulheres ou para os homens.

Patriarcado: um sistema de dominação masculina que envolve figuras de autoridade masculinas, competitividade entre os homens e limitações às mulheres.

Penalidade da maternidade: tendência de as trabalhadoras que são mães sofrerem uma perda de rendimentos de trabalho acumulados.

Performatividade: a ideia de que as categorias de gênero não são essências, mas construídas pelo comportamento (*performances*) das pessoas que se esforçam para se adequar às estruturas culturais de poder e conhecimento que organizam os seres humanos nas categorias binárias do feminino e do masculino.

Prêmio da paternidade: tendência de trabalhadores homens com filho(s) receberem mais do que aqueles que não o(s) têm.

Psicologia evolutiva: abordagem teórica que localiza a origem das diferenças entre o comportamento feminino e o comportamento masculino nas pressões para o sucesso reprodutivo. De acordo com essa teoria, homens e mulheres são diferentes porque diferentes qualidades e estratégias levaram ao sucesso reprodutivo dos dois grupos ao longo de muitas gerações.

Self possível: imagens e fantasias específicas do indivíduo sobre o que poderia ser ou se tornar no futuro.

Sexismo: juízos avaliativos de indivíduos com base no gênero.

Sexismo ambivalente: uma constelação de atitudes composta de crenças e sentimentos negativos e positivos sobre as mulheres ou os homens.

Sexismo antiquado: o endosso aberto de julgamentos estereotipados e o tratamento diferenciado a mulheres e homens.

Sexismo benevolente: atitudes estereotipadas acolhedoras, mas condescendentes, em relação a mulheres ou homens. Engloba atitudes que consideram que cada gênero é naturalmente melhor em determinadas coisas e que as mulheres e os homens precisam uns dos outros para serem completos.

Sexismo hostil: crenças depreciativas sobre as mulheres ou os homens com base em seu gênero.

Sexismo moderno: uma forma sutil de sexismo que implica a omissão ao apoio a políticas destinadas a promover mudanças orientadas para a igualdade nas relações de gênero, o antagonismo em relação às demandas das mulheres por acesso e inclusão e a negação de que a discriminação de gênero ainda exista (também chamado de neossexismo).

Sexo: categoria biológica de homem ou mulher.

Sexo sem compromisso (ou casual) [*hook-up*]: atividade sexual sem expectativa de compromisso.

Socialização: processos usados para ensinar e incentivar os indivíduos a se adequarem às normas e expectativas da sociedade.

Teoria da dominância social: abordagem teórica que postula que, em sociedades com hierarquias, as mulheres são socializadas em direção a valores que atenuam a hierarquia e os homens em direção a valores que aumentam a hierarquia.

Teoria da incorporação [*embodiment*] de estereótipos: teoria que sugere que as pessoas incorporam estereótipos culturais (por exemplo, da fragilidade associada ao envelhecimento) em autodefinições, as quais, por sua vez, afetam o próprio funcionamento físico e a saúde.

Teoria da seletividade socioemocional: teoria segundo a qual, à medida que envelhecem, os adultos percebem que a vida que lhes resta é curta, tendendo, portanto, a reduzir o tempo que dedicam a emoções e experiências negativas (cf. tb. efeito de positividade).

Teoria do esquema de gênero: postula que as crianças desenvolvem uma rede de associações cognitivas (esquema) relativas ao gênero com base no grau de ênfase em uma dicotomia de gênero durante a socialização. Elas usam então esse esquema para organizar as informações recebidas.

Teoria dos papéis sociais: propõe que as mulheres e os homens ocupam papéis diferentes porque se espera que cada gênero tenha as qualidades necessárias para esses papéis, e que o desempenho desses papéis reforça e desenvolve essas qualidades, servindo, assim, de suporte a estereótipos de gênero.

Teoria psicanalítica: abordagem teórica que localiza as diferenças entre os homens e as mulheres nos relacionamentos da primeira infância com os pais.

Teoria social cognitiva: sugere que as crianças que inicialmente aprendem os papéis de gênero por meio de recompensas e punições externas, e que, à medida que amadurecem, começam, contudo, a regular suas próprias ações por meio de recompensas e punições internas.

Teorias interacionistas: teorias baseadas na ideia de que a biologia e o ambiente interagem para influenciar os resultados do desenvolvimento.

Teorias *queer*: desafiam o sistema binário de gênero, argumentando que as dualidades de sexo (mulher-homem), gênero (feminino-masculino) e sexualidade (heterossexualidade-homossexualidade) são borradas, arbitrárias e fluidas.

Teorias socioculturais: teorias que enfatizam o papel das estruturas sociais e das relações de poder na produção de diferenças de comportamento entre grupos (no caso, mulheres e homens).

Teto de vidro: metáfora usada para descrever a situação em que as mulheres parecem encontrar uma barreira invisível quando tentam avançar para níveis mais altos de liderança.

Token de gênero: a única mulher ou homem (entre poucos) em um determinado ambiente ocupacional ou educacional numericamente dominado por membros do outro gênero.

Transgênero (ou *trans*): indivíduo que não se sente confortável com a categoria de gênero à qual foi designado.

Referências

ABELLA, R. S. *Report of the commission on equality in employment*. Ottawa: Minister of Supply and Services Canada, 1984.

ACIERNO, R. *et al.* Prevalence and correlates of emotional, physical, sexual, and financial abuse and potential neglect in the United States: the national elder mistreatment study. *American Journal of Public Health*, [*s. l.*], vol. 100, n. 2, 2010.

ACKER, J. *Class questions*: feminist answers. Lanham: Rowman & Littlefield Publishers, 2006.

ADAMS, T. M.; FULLER, D. B. The words have changed but the ideology remains the same: misogynistic lyrics in rap music. *Journal of Black Studies*, [*s. l.*], vol. 36, n. 6, 2006.

ADMINISTRATION ON AGING; U.S. DEPARTMENT OF HEALTH AND HUMAN SERVICES. A portrait of older Americans 2016. *Grantmakers in aging*, [*s. l.*], 2016. Disponível em: https://www.giaging.org/learn/aging-matters-newsletter. Acesso em: 31 jan. 2025.

AIDA, Y.; FALBO, T. Relationships between marital satisfaction, resources, and power strategies. *Sex Roles*, [*s. l.*], vol. 24, n. 1-2, 1991.

AKUJOBI, R. "Yesterday you were divorced. Today I am a widow": an appraisal of widowhood practices and the effects on the psyche of widows in Africa. *Gender and Behaviour*, [*s. l.*], vol. 7, n. 2, 2009.

ALDERMAN, L. Equal pay for men and women? Iceland wants employers to prove it. *The New York Times*, Nova York, 2017. Disponível em: https://www.nytimes.com/2017/03/28/business/economy/iceland-women-equal-pay.html. Acesso em: 2 jul. 2024.

ALI, S. *et al.* Knowledge, perceptions and myths regarding infertility among selected adult population in Pakistan: a cross-sectional study. *BMC Public Health*, [*s. l.*], vol. 11, n. 1, 2011.

ALKEMA, L. *et al.* Global, regional, and national levels and trends in maternal mortality between 1990 and 2015, with scenario-based projections to 2030: a systematic analysis by the UN Maternal Mortality Estimation Inter-Agency Group. *The Lancet*, [*s. l.*], vol. 387, n. 10017, 2016a.

ALKEMA, L. *et al.* Appendix. Global, regional, and national levels and trends in maternal mortality between 1990 and 2015, with scenario-based projections to 2030: a systematic analysis by the UN Maternal Mortality Estimation Inter-Agency Group. *The Lancet*, [*s. l.*], 2016b. Disponível em: http://www.thelancet.com/pb/assets/raw/Lancet/pdfs/S0140673615008387_appendix.pdf. Acesso em: 25 jan. 2025.

ALKEMA, L. *et al.* National, regional, and global rates and trends in contraceptive prevalence and unmet need for family planning between 1990 and 2015: a systematic and comprehensive analysis. *The Lancet*, [*s. l.*], vol. 381, n. 9878, 2013.

ALLEN, K. R. Feminist theory in family studies: history, reflection, and critique. *Journal of Family Theory & Review*, [*s. l.*], vol. 8, n. 2, 2016.

AMERICAN ASSOCIATION OF MEDICAL COLLEGES. The state of women in academic medicine: the pipeline and pathways to leadership, 2013-2014. *AAMC*, [*s. l.*], 2015. Disponível em: https://www.aamc.org/data-reports/data/2013-2014-state-women-academic-medicine-pipeline-and-pathways-leadership. Acesso em: 2 jul. 2024.

AMERICAN BAR ASSOCIATION. A current glance at women in the law. *American Bar*, [*s. l.*], 2017. Disponível em: https://www.alabar.org/assets/2014/08/Current-Glance-Statistics-January-2017.pdf. Acesso em: 2 jul. 2024.

AMERICAN SOCIETY OF PLASTIC SURGEONS. Plastic surgery statistics report 2016. *Plastic surgery procedural statistics from the American Society of Plastic Surgeons*, [*s. l.*], 2016. Disponível em: https://www.plasticsurgery.org/documents/news/statistics/2016/plastic-surgery-statistics-full-report-2016.pdf. Acesso em: 2 fev. 2025.

ANDERSEN, B. L.; CYRANOWSKI, J. M. Women's sexual self-schema. *Journal of Personality and Social Psychology*, [*s. l.*], vol. 67, n. 6, 1994.

ANDERSEN, B. L.; CYRANOWSKI, J. M.; ESPINDLE, D. Men's sexual self-schema. *Journal of Personality and Social Psychology*, [*s. l.*], vol. 76, n. 4, 1999.

ANDERSON, R. T. *et al.* Breast cancer screening, area deprivation, and later-stage breast cancer in Appalachia: does geography matter? *Health Services Research*, [*s. l.*], vol. 49, n. 2, 2014.

ANDREONI, J.; PETRIE, R. Beauty, gender and stereotypes: evidence from laboratory experiments. *Journal of Economic Psychology*, [*s. l.*], vol. 29, n. 1, 2008.

ANTONUCCI, T. C. *et al.* Differences between men and women in social relations, resource deficits, and depressive symptomatology during later life in four nations. *Journal of Social Issues*, [*s. l.*], vol. 58, n. 4, 2002.

APFELBAUM, E. Norwegian and French women in high leadership positions: the importance of cultural contexts upon gendered relations. *Psychology of Women Quarterly*, [*s. l.*], vol. 17, n. 4, 1993.

ARCHER, J. Sex differences in aggression between heterosexual partners: A meta-analytic review. *Psychological Bulletin*, [*s. l.*], vol. 126, n. 5, 2000.

ARCHER, J. Sex differences in aggression in real-world settings: a meta-analytic review. *Review of General Psychology*, [*s. l.*], vol. 8, n. 4, 2004.

ARDINGTON, C. *et al.* The impact of AIDS on intergenerational support in South Africa: evidence from the Cape Area Panel Study. *Research on Aging*, [*s. l.*], vol. 32, n. 1, 2010.

ARIAS, I.; PAPE, K. T. Psychological abuse: implications for adjustment and commitment to leave violent partners. *In*: MAIURO, R. D. (org.). *Perspectives on verbal and psychological abuse*. Nova York: Springer, 2016. p. 197-209.

ARMSTRONG, E. A.; ENGLAND, P.; FOGARTY, A. C. K. Accounting for women's orgasm and sexual enjoyment in college hookups and relationships. *American Sociological Review*, [*s. l.*], vol. 77, n. 3, 2012.

ARNOLD, E. A voice of their own: women moving into their fifties. *Health Care for Women International*, [*s. l.*], vol. 26, n. 8, 2005.

ARONSON, J. *et al.* When white men can't do math: necessary and sufficient factors in stereotype threat. *Journal of Experimental Social Psychology*, [*s. l.*], vol. 35, n. 1, 1999.

ARUGUETE, M. S. *et al.* Ethnic and gender differences in eating attitudes among black and white college students. *Eating Behaviors*, [*s. l.*], vol. 6, n. 4, 2005.

ASGARI, S.; DASGUPTA, N.; STOUT, J. G. When do counterstereotypic ingroup members inspire versus deflate? The effect of successful professional women on young women's leadership self-concept. *Personality and Social Psychology Bulletin*, [*s. l.*], vol. 38, n. 3, 2012.

AU, B.; DALE-MCGRATH, S.; TIERNEY, M. C. Sex differences in the prevalence and incidence of mild cognitive impairment: a meta-analysis. *Ageing Research Reviews*, [*s. l.*], vol. 35, 2017.

AUSTIN, K. F.; NOBLE, M. D.; MEJIA, M. T. Gendered vulnerabilities to a neglected disease: a comparative investigation of the effect of women's legal economic rights and social status on malaria rates. *International Journal of Comparative Sociology*, [*s. l.*], vol. 55, n. 3, 2014.

AUSTRALIAN HUMAN RIGHTS COMMISSION. Working without fear: results of the sexual harassment national telephone survey. *Australian Human Rights Commission*, [*s. l.*], 2012. Disponível em: https://humanrights.gov.au/sites/default/files/content/sexualharassment/survey/SHSR_2012%20Web%20Version%20Final.pdf. Acesso em: 2 jul. 2024.

AUSTRALIAN INSTITUTE OF HEALTH AND WELFARE. Cancer in Australia 2017. *Australian Institute of Health and Welfare*, [*s. l.*], 2017. Disponível em: https://www.aihw.gov.au/reports/cancer/cancer-in-australia-2017/related-material. Acesso em: 21 jan. 2025.

AUYEUNG, B. *et al.* Fetal testosterone predicts sexually differentiated childhood behavior in girls and in boys. *Psychological Science*, [*s. l.*], vol. 20, n. 2, 2009.

BADGETT, M. V. L.; DURSO, L.; SCHNEEBAUM, A. New patterns of poverty in the lesbian, gay, and bisexual community. *Williams Institute*, [*s. l.*], 2013. Disponível em: https://williamsinstitute.law.ucla.edu/wp-content/uploads/Poverty-LGB-Jun-2013.pdf. Acesso em: 31 jan. 2025.

BAGEMIHL, B. *Biological exuberance*: animal homosexuality and natural diversity. Nova York: St. Martin's Press, 1999.

BAKER, A. H.; WARDLE, J. Sex differences in fruit and vegetable intake in older adults. *Appetite*, [*s. l.*], vol. 40, n. 3, 2003.

BAKER, K. L.; ROBERTSON, N. Coping with caring for someone with dementia: reviewing the literature about men. *Aging & Mental Health*, [*s. l.*], vol. 12, n. 4, 2008.

BAKER, M. D.; MANER, J. K. Male risk-taking as a context-sensitive signaling device. *Journal of Experimental Social Psychology*, [*s. l.*], vol. 45, n. 5, 2009.

BALSAM, K. F.; SZYMANSKI, D. M. Relationship quality and domestic violence in women's same-sex relationships: the role of minority stress. *Psychology of Women Quarterly*, [*s. l.*], vol. 29, n. 3, 2005.

BALTES, P. B.; BALTES, M. M. Psychological perspectives on successful aging: the model of selective optimization with compensation. *In*: BALTES, P. B.; BALTES, M. M. (org.). *Successful aging*: *perspectives from the behavioral sciences*. Cambridge: Cambridge University Press, 1990. p. 1-34.

BANCO MUNDIAL. Labor force participation: databank. *World Bank Open Data*, [*s. l.*], 2016. Disponível em: https://data.worldbank.org/indicator/SL.TLF.CACT.FE.ZS. Acesso em: 22 jun. 2024.

BANCO MUNDIAL. Life expectancy at birth, male (years). *World Bank Open Data*, [*s. l.*], 2017a. Disponível em: https://data.worldbank.org. Acesso em: 29 jan. 2025.

BANCO MUNDIAL. Life expectancy at birth, female (years). *World Bank Open Data*, [*s. l.*], 2017b. Disponível em: https://data.worldbank.org. Acesso em: 29 jan. 2025.

BANDURA, A. *Social foundations of thought and action*: a social cognitive theory. Englewood Cliffs: Prentice-Hall, 1986.

BARR, C. Who are Generation Z? The latest data on today's teens. *The Guardian*, Londres, 2016. Disponível em: https://www.theguardian.com/lifeandstyle/2016/dec/10/generation-z-latest-data-teens. Acesso em: 10 jun. 2024.

BARRETT, A. E.; VON ROHR, C. Gendered perceptions of aging: an examination of college students. *The International Journal of Aging and Human Development*, [*s. l.*], vol. 67, n. 4, 2008.

BASS, B. M.; AVOLIO, B. J. (org.). *Improving organizational effectiveness through transformational leadership*. Thousand Oaks: Sage Publications, 1994.

BATES, L. Young children must be protected from ingrained gender stereotypes. *The Guardian*, Londres, 2015. Disponível em: https://www.theguardian.com/lifeandstyle/womens-blog/2015/feb/23/sexist-assumptions-young-children-gender-stereotypes. Acesso em: 30 maio 2024.

BAUMEISTER, R. F.; CATANESE, K. R.; VOHS, K. D. Is there a gender difference in strength of sex drive? Theoretical views, conceptual distinctions, and a review of relevant evidence. *Personality and Social Psychology Review*, [*s. l.*], vol. 5, n. 3, 2001.

BBC. EU defends women-on-boards plans. *BBC News*, Londres, 2012. Disponível em: https://www.bbc.com/news/business-20322317. Acesso em: 8 ago. 2024.

BBC. Bolivian women battle against culture of harassment. *BBC News*, Londres, 2014. Disponível em: https://www.bbc.com/news/world-latin-america-26446066. Acesso em: 8 ago. 2024.

BEM, S. L. Gender schema theory: a cognitive account of sex typing. *Psychological Review*, [*s. l.*], vol. 88, n. 4, 1981.

BEM, S. L. *The lenses of gender*: transforming the debate on sexual inequality. New Haven: Yale University Press, 1993.

BEM, S. L. *An unconventional family*. New Haven: Yale University Press, 1998.

BENNETT, J. The beauty advantage: how looks affect your work, your career, your life. *Newsweek*, 2010. Disponível em: https://www.newsweek.com/beauty-advantage-how-looks-affect-your-work-your-career-your-life-74313. Acesso em: 8 ago. 2024.

BERENBAUM, S. A.; BELTZ, A. M. How early hormones shape gender development. *Current Opinion in Behavioral Sciences*, [*s. l.*], vol. 7, 2016.

BERENBAUM, S. A.; BLAKEMORE, J. E. O.; BELTZ, A. M. A role for biology in gender-related behavior. *Sex Roles*, [*s. l.*], vol. 64, n. 11-12, 2011.

BERNARD, M. With women in combat, will military finally address epidemic of sexual assault? *Washington Post*, Washington, DC, 2013. Disponível em: https://www.washingtonpost.com/blogs/she-the-people/wp/2013/01/24/with-woman-in-combat-will-military-finally-address-epidemic-of-sexual-assault. Acesso em: 2 set. 2024.

BERTAKIS, K. D. *et al.* Patient gender differences in the diagnosis of depression in primary care. *Journal of Women's Health & Gender-Based Medicine*, [*s. l.*], vol. 10, n. 7, 2001.

BETTIO, F. *et al. Long-term care for the elderly*: provisions and providers in 33 European countries. Luxembourg: Publications Office of the European Union, 2012.

BHAVE, P. D. *et al.* Race- and sex-related differences in care for patients newly diagnosed with atrial fibrillation. *Heart Rhythm*, [*s. l.*], vol. 12, n. 7, 2015.

BIAN, L.; LESLIE, S.-J.; CIMPIAN, A. Gender stereotypes about intellectual ability emerge early and influence children's interests. *Science*, [*s. l.*], vol. 355, n. 6323, 2017.

BIANCHI, S.; FOLBRE, N.; WOLF, D. Unpaid care work. *In*: FOLBRE, N. (org.). *For love and money*: care provision in the United States. Nova York: Russell Sage Foundation, 2012. p. 40-64.

BIKORIMANA, D. Rwanda: the land of gender equality? *Think Africa Press*, [*s. l.*], 2012. Disponível em: https://thinkafricapress.com/women-gender-equality. Acesso em: 8 ago. 2024.

BINGHAM, J. Grandparents sacrificing careers to help with childcare. *The Telegraph*, [*s. l.*], 2014. Disponível em: https://www.telegraph.co.uk/news/politics/10951259/Grandparents-sacrificing-careers-to-help-with-childcare.html. Acesso em: 4 fev. 2025.

BLACK, M. *et al.* The national intimate partner and sexual violence survey: 2010 summary report. *National Center for Injury Prevention and Control, Centers for Disease Control and Prevention*, [*s. l.*], 2011. Disponível em: https://www.nsvrc.org/publications/NISVS-2010-summary-report. Acesso em: 4 set. 2024.

BONEHAM, M. A.; SIXSMITH, J. A. The voices of older women in a disadvantaged community: issues of health and social capital. *Social Science & Medicine*, [*s. l.*], vol. 62, n. 2, 2006.

BONGIORNO, R.; BAIN, P. G.; DAVID, B. If you're going to be a leader, at least act like it! Prejudice towards women who are tentative in leader roles. *British Journal of Social Psychology*, [*s. l.*], vol. 53, n. 2, 2014.

BONSANG, E.; SKIRBEKK, V.; STAUDINGER, U. M. As you sow, so shall you reap: gender-role attitudes and late-life cognition. *Psychological Science*, [*s. l.*], vol. 28, n. 9, 2017.

BORELLI, J. L. *et al.* Gender differences in work-family guilt in parents of young children. *Sex Roles*, [*s. l.*], vol. 76, n. 5-6, 2017.

BORGLIN, G. *et al.* Self-reported health complaints and their prediction of overall and health-related quality of life among elderly people. *International Journal of Nursing Studies*, [*s. l.*], vol. 42, n. 2, 2005.

BOSE, S. The effect of women's status and community on the gender differential in children's nutrition in India. *Journal of Biosocial Science*, [*s. l.*], vol. 43, n. 5, 2011.

BOSSON, J. K. *et al.* Precarious manhood and displays of physical aggression. *Personality and Social Psychology Bulletin*, [*s. l.*], vol. 35, n. 5, 2009.

BOSTWICK, T. D.; DELUCIA, J. L. Effects of gender and specific dating behaviors on perceptions of sex willingness and date rape. *Journal of Social and Clinical Psychology*, [*s. l.*], vol. 11, n. 1, 1992.

BOUCHARD, S. Immigration reform may solve long-term care worker shortage. *Healthcare Finance News*, [*s. l.*], 2013. Disponível em: https://www.healthcarefinancenews.com/news/immigration-reform-may-solve-long-term-care-worker-shortage. Acesso em: 5 fev. 2025.

BOULOS, C.; SALAMEH, P.; BARBERGER-GATEAU, P. The AMEL study, a cross sectional population-based survey on aging and malnutrition in 1200 elderly lebanese living in rural settings: protocol and sample characteristics. *BMC Public Health*, [*s. l.*], vol. 13, n. 1, 2013.

BOWLEG, L. *et al.* "What does it take to be a man? What is a real man?": ideologies of masculinity and HIV sexual risk among black heterosexual men. *Culture, Health & Sexuality*, [*s. l.*], vol. 13, n. 5, 2011.

BOYLE, K. Producing abuse: selling the harms of pornography. *Women's Studies International Forum*, [*s. l.*], vol. 34, n. 6, 2011.

BOYLE, M. H. *et al.* Community influences on intimate partner violence in India: women's education, attitudes towards mistreatment and standards of living. *Social Science & Medicine*, [*s. l.*], vol. 69, n. 5, 2009.

BRADLEY, S. J. *et al.* Experiment of nurture: ablatio penis at 2 months, sex reassignment at 7 months, and a psychosexual follow-up in young adulthood. *Pediatrics*, [*s. l.*], vol. 102, n. 1, 1998.

BRADSHAW, C.; KAHN, A. S.; SAVILLE, B. K. To hook up or date: which gender benefits? *Sex Roles*, [*s. l.*], vol. 62, n. 9-10, 2010.

BRAUN, S.; PEUS, C.; FREY, D. Is beauty beastly?: Gender-specific effects of leader attractiveness and leadership style on followers' trust and loyalty. *Zeitschrift für Psychologie*, [*s. l.*], vol. 220, n. 2, 2012.

BREIDING, M.; CHEN, J.; WALTERS, M. The national intimate partner and sexual violence survey (NISVS); 2010 findings on victimization by sexual orientation. *Center for Disease Control and Prevention (CDC)*. Atlanta: Center for Disease Control and Prevention, 2013.

BRESCOLL, V. L. Who takes the floor and why: gender, power, and volubility in organizations. *Administrative Science Quarterly*, [*s. l.*], vol. 56, n. 4, 2011.

BRESCOLL, V. L. Leading with their hearts? How gender stereotypes of emotion lead to biased evaluations of female leaders. *The Leadership Quarterly*, [*s. l.*], vol. 27, n. 3, 2016.

BRESCOLL, V. L.; UHLMANN, E. L. Can an angry woman get ahead?: Status conferral, gender, and expression of emotion in the workplace. *Psychological Science*, [*s. l.*], vol. 19, n. 3, 2008.

BRESCOLL, V. L. *et al.* Masculinity, status, and subordination: why working for a gender stereotype violator causes men to lose status. *Journal of Experimental Social Psychology*, [*s. l.*], vol. 48, n. 1, 2012.

BREWSTER, V.; COOK, A. Australian crime: facts and figures 2002. *Australian Institute of Criminology*, [*s. l.*], 2002. Disponível em: https://www.aic.gov.au/publications/facts/facts-3. Acesso em: 4 set. 2024.

BRIDGES, A. *et al.* Aggression and sexual behavior in best-selling pornography videos: a content analysis update. *Violence Against Women*, [*s. l.*], vol. 16, n. 10, 2010.

BRINKMAN, B. G.; GARCIA, K.; RICKARD, K. M. "What I wanted to do was…": discrepancies between college women's desired and reported responses to gender prejudice. *Sex Roles*, [*s. l.*], vol. 65, n. 5-6, 2011.

BROOMFIELD, M. Women's March against Donald Trump is the largest day of protests in US history, say political scientists. *The Independent*, [*s. l.*], 2017. Disponível em: https://www.independent.co.uk/news/world/americas/womens-march-anti-donald-trump-womens-rights-largest-protest-demonstration-us-history-political-scientists-a7541081.html. Acesso em: 5 jun. 2024.

BROWN, M. L.; ROUNSLEY, C. A. *True selves*: understanding transsexualism; for families, friends, coworkers, and helping professionals. São Francisco: Jossey-Bass, 1996.

BROWNMILLER, S. *In our time*: memoir of a revolution. Nova York: [*s. n.*], 1999.

BROWNRIDGE, D. A. Violence against women post-separation. *Aggression and Violent Behavior*, [*s. l.*], vol. 11, n. 5, 2006.

BRYANT, T.; LEAVER, C.; DUNN, J. Unmet healthcare need, gender, and health inequalities in Canada. *Health Policy*, [*s. l.*], vol. 91, n. 1, 2009.

BUDIG, M. The fatherhood bonus and the motherhood penalty: parenthood and the gender gap in pay. *Third Way*, [*s. l.*], 2014. Disponível em: https://www.thirdway.org/report/the-fatherhood-bonus-and-the-motherhood-penalty-parenthood-and-the-gender-gap-in-pay. Acesso em: 2 jul. 2024.

BUDIG, M.; ENGLAND, P. The wage penalty for motherhood. *American Sociological Review*, [*s. l.*], vol. 66, n. 2, 2001.

BUDIG, M.; MISRA, J.; BOECKMANN, I. Work-family policy trade-offs for mothers? Unpacking the cross-national variation in motherhood earnings penalties. *Work and Occupations*, [*s. l.*], vol. 43, n. 2, 2016.

BUREAU OF JUSTICE STATISTICS; KLAUS, P. The costs of crime to victims. *Bureau of Justice Statistics (BJS)*, [*s. l.*], 1994. Disponível em: https://bjs.ojp.gov/library/publications/costs-crime-victims. Acesso em: 19 jan. 2025.

BURROWAY, R. Empowering women, strengthening children: a multi-level analysis of gender inequality and child malnutrition in developing countries. *In*: SEGAL, M. T.; DEMOS, V. (org.). *Advances in gender research*. Leeds: Emerald, 2016. p. 117-142.

BURSZTYN, L.; FUJIWARA, T.; PALLAIS, A. Acting wife: marriage market incentives and labor market investments. *American Economic Review*, [*s. l.*], vol. 107, n. 11, 2017.

BUTLER, J. *Gender trouble*: feminism and the subversion of identity. Nova York: Routledge, 1990.

BYAKIKA-TUSIIME, J. Circumcision and HIV infection: assessment of causality. *AIDS and Behavior*, [*s. l.*], vol. 12, n. 6, 2008.

BYERS, E. S.; COHEN, J. N. Validation of the interpersonal exchange model of sexual satisfaction with women in a same-sex relationship. *Psychology of Women Quarterly*, [*s. l.*], vol. 41, n. 1, 2017.

CADIEUX, J.; CHASTEEN, A. L. You gay, bro? Social costs faced by male confronters of antigay prejudice. *Psychology of Sexual Orientation and Gender Diversity*, [*s. l.*], vol. 2, n. 4, 2015.

CALASANTI, T.; KING, N. "Beware of the estrogen assault": ideals of old manhood in anti-aging advertisements. *Journal of Aging Studies*, [*s. l.*], vol. 21, n. 4, 2007.

CAMERON, K. A. *et al.* Gender disparities in health and healthcare use among older adults. *Journal of Women's Health*, [*s. l.*], vol. 19, n. 9, 2010.

CANADIAN CANCER SOCIETY. Canadian cancer statistics 2017. *Canadian Cancer Statistics*, [*s. l.*], 2017. Disponível em: http://www.cancer.ca/canadian-cancer-statistics-2017-en. Acesso em: 21 jan. 2025.

CANCER RESEARCH UK. Lung cancer mortality statistics. *Cancer Research UK*, [*s. l.*], 2016. Disponível em: https://www.cancerresearchuk.org/health-professional/cancer-statistics/statistics-by-cancer-type/lung-cancer/mortality. Acesso em: 21 jan. 2025.

CARD, N. A. *et al.* Direct and indirect aggression during childhood and adolescence: a meta-analytic review of gender differences, intercorrelations, and relations to maladjustment. *Child Development*, [*s. l.*], vol. 79, n. 5, 2008.

CARMON, I.; KNIZHNIK, S. *Notorious RBG*: the life and times of Ruth Bader Ginsburg. Nova York: Dey Street Books, 2015.

CARSTENSEN, L. L.; FUNG, H. H.; CHARLES, S. T. Socioemotional selectivity theory and the regulation of emotion in the second half of life. *Motivation and Emotion*, [*s. l.*], vol. 27, n. 2, 2003.

CARSTENSEN, L. L.; MIKELS, J. A. At the intersection of emotion and cognition: aging and the positivity effect. *Current Directions in Psychological Science*, [*s. l.*], vol. 14, n. 3, 2005.

CARTER, C. Still sucked into the body image thing: the impact of anti-aging and health discourses on women's gendered identities. *Journal of Gender Studies*, [*s. l.*], vol. 25, n. 2, 2016.

CATALYST. Different cultures, similar perceptions: stereotyping of Western European business leaders. *Catalyst*, [*s. l.*], 2006. Disponível em: https://www.catalyst.org/research/different-cultures-similar-perceptions-stereotyping-of-western-european-business-leaders. Acesso em: 8 ago. 2024.

CATALYST. The double-bind dilemma for women in leadership: damned if you do, doomed if you don't. *Catalyst*, [*s. l.*], 2007. Disponível em: https://www.catalyst.org/research/the-double-bind-dilemma-for-women-in-leadership-damned-if-you-do-doomed-if-you-dont. Acesso em: 8 ago. 2024.

CATALYST. Knowledge center. Women on corporate boards globally. *Catalyst*, [*s. l.*], 2016. Disponível em: www. catalyst.org/knowledge/women-corporate-boards-globally. Acesso em: 3 jul. 2024.

CATALYST. Quick take: women on corporate boards globally. *Catalyst*, [*s. l.*], 2017. Disponível em: https://www.catalyst.org/research/women-on-corporate-boards. Acesso em: 8 ago. 2024.

CENTERS FOR DISEASE CONTROL AND PREVENTION. Leading causes of death in females, 2014. *National Vital Statistics Reports*, [*s. l.*], 2014a. Disponível em: https://www.cdc.gov/nchs/data/nvsr/nvsr65/nvsr65_05.pdf. Acesso em: 19 jan. 2025.

CENTERS FOR DISEASE CONTROL AND PREVENTION. Leading causes of death in males, 2014. *National Vital Statistics Reports*, [*s. l.*], 2014b. Disponível em: https://www.cdc.gov/nchs/data/nvsr/nvsr65/nvsr65_05.pdf. Acesso em: 19 jan. 2025.

CENTERS FOR DISEASE CONTROL AND PREVENTION. HIV among incarcerated populations. *Centers for Disease Control and Prevention (CDC)*, [*s. l.*], 2017a.

CENTERS FOR DISEASE CONTROL AND PREVENTION. Pregnancy Mortality Surveillance System. *Centers for Disease Control and Prevention (CDC)*, [*s. l.*], 2017b. Disponível em: https://www.cdc.gov/maternal-mortality/php/pregnancy-mortality-surveillance/index.html. Acesso em: 26 jan. 2025.

CENTERS FOR DISEASE CONTROL AND PREVENTION. Physical Activity: data and statistics. *Centers for Disease Control and Prevention (CDC)*, [*s. l.*], 2014c. Disponível em: https://www.cdc.gov/physical-activity/php/about/index.html. Acesso em: 24 jan. 2025.

CENTERS FOR DISEASE CONTROL AND PREVENTION. Cancer rates by race/ethnicity and sex. *United States cancer statistics: data visualizations*, [*s. l.*], 2017c. Disponível em: https://gis.cdc.gov/grasp/USCS/DataViz.html. Acesso em: 28 jan. 2025.

CENTERS FOR DISEASE CONTROL AND PREVENTION. Ambulatory care use and physician office visits. FastStats. *Centers for Disease Control and Prevention (CDC)*, [*s. l.*], 2017d. Disponível em: https://www.cdc.gov/nchs/fastats/physician-visits.htm. Acesso em: 28 jan. 2025.

CHABON, M. *Manhood for amateurs*: the pleasures and regrets of a husband, father, and son. Londres: Fourth Estate, 2009.

CHAMBERLAIN, A.; JAYARAMAN, J. The pipeline problem: how college majors contribute to the gender pay gap. *Glassdoor Economic Research*, [*s. l.*], 2017. Disponível em: https://www.glassdoor.com/researchpipeline-problem-college-majors-gender-pay-gap. Acesso em: 3 jul. 2024.

CHAN, D. K.-S. *et al.* Examining the job-related, psychological, and physical outcomes of workplace sexual harassment: a meta-analytic review. *Psychology of Women Quarterly*, [*s. l.*], vol. 32, n. 4, 2008.

CHANG, A.; SANDHOFER, C. M.; BROWN, C. S. Gender biases in early number exposure to preschool-aged children. *Journal of Language and Social Psychology*, [*s. l.*], vol. 30, n. 4, 2011.

CHARLES, M. A world of difference: international trends in women's economic status. *Annual Review of Sociology*, [*s. l.*], vol. 37, n. 1, 2011.

CHARLES, S. T.; CARSTENSEN, L. L. Unpleasant situations elicit different emotional responses in younger and older adults. *Psychology and Aging*, [*s. l.*], vol. 23, n. 3, 2008.

CHEMERS, M. M. *An integrative theory of leadership*. Mahwah: Lawrence Erlbaum Associates, 1997.

CHEPNGENO-LANGAT, G. *et al*. Gender differentials on the health consequences of care-giving to people with AIDS-related illness among older informal careers in two slums in Nairobi, Kenya. *AIDS Care*, [*s. l.*], vol. 23, n. 12, 2011.

CHERYAN, S. *et al*. The stereotypical computer scientist: gendered media representations as a barrier to inclusion for women. *Sex Roles*, [*s. l.*], vol. 69, n. 1-2, 2013.

CHESLER, P. Worldwide trends in honor killings. *Middle East Forum*, [*s. l.*], 2010. Disponível em: https://www.meforum.org/middle-east-quarterly/worldwide-trends-in-honor-killings. Acesso em: 17 jan. 2025.

CHIVERS, M. L. *et al*. Agreement of self-reported and genital measures of sexual arousal in men and women: a meta-analysis. *Archives of Sexual Behavior*, [*s. l.*], vol. 39, n. 1, 2010.

CHODOROW, N. J. *The reproduction of mothering*: psychoanalysis and the sociology of gender. Berkeley: University of California Press, 1978.

CHRISLER, J. C.; BARNEY, A.; PALATINO, B. Ageism can be hazardous to women's health: ageism, sexism, and stereotypes of older women in the healthcare system. *Journal of Social Issues*, [*s. l.*], vol. 72, n. 1, 2016.

CIALDINI, R. B.; GRISKEVICIUS, V. Social influence. *In*: BAUMEISTER, R. F.; FINKEL, E. J. (org.). *Advanced social psychology*: the state of the science. Nova York: Oxford University Press, 2010. p. 385-417.

CLARK, K. A.; BIDDLE, A. K.; MARTIN, S. L. A cost-benefit analysis of the violence against Women Act of 1994. *Violence Against Women*, [*s. l.*], vol. 8, n. 4, 2002.

CLARKE, T. *et al*. Early release of selected estimates based on data from 2016 National health interview survey. *CDC Archive Home*, [*s. l.*], 2017. Disponível em: https://archive.cdc.gov/www_cdc_gov/nchs/data/nhis/earlyrelease/EarlyRelease201702.pdf. Acesso em: 2 fev. 2025.

COGNARD-BLACK, A. J. Will they stay, or will they go? Sex-atypical work among token men who teach. *The Sociological Quarterly*, [*s. l.*], vol. 45, n. 1, 2004.

COLAPINTO, J. *As nature made him*: the boy who was raised as a girl. Nova York: Harper Collins, 2000.

COLLINS, R. L. Content analysis of gender roles in media: where are we now and where should we go? *Sex Roles*, [*s. l.*], vol. 64, n. 3-4, 2011.

CONNELL, R. W.; MESSERSCHMIDT, J. W. Hegemonic masculinity: rethinking the concept. *Gender & Society*, [*s. l.*], vol. 19, n. 6, 2005.

COPELAND, L. Michael Kimmel is out to show why feminism is good for men. *Washington Post*, Washington, DC, 2015. Disponível em: https://www.washingtonpost.com/lifestyle/style/michael-kimmel-is--out-to-show-why-feminism-is-good-for-men/2015/03/08/bedd603e--c50f-11e4-9271-610273846239_story.html. Acesso em: 6 jun. 2024.

CORBETT, C.; HILL, C. *Graduating to a pay gap*: the earnings of women and men one year after college graduation. Washington, DC: American Association of University Women, 2012.

CORRELL, S. J. Constraints into preferences: gender, status, and emerging career aspirations. *American Sociological Review*, [*s. l.*], vol. 69, n. 1, 2004.

COUGHLIN, P.; WADE, J. C. Masculinity ideology, income disparity, and romantic relationship quality among men with higher earning female partners. *Sex Roles*, [*s. l.*], vol. 67, n. 5-6, 2012.

COYNE, S. M. *et al.* It's a bird! It's a plane! It's a gender stereotype!: longitudinal associations between superhero viewing and gender stereotyped play. *Sex Roles*, [*s. l.*], vol. 70, n. 9-10, 2014.

CRAIG, L.; MULLAN, K. How mothers and fathers share childcare: a cross-national time-use comparison. *American Sociological Review*, [*s. l.*], vol. 76, n. 6, 2011.

CRAWFORD, M. *Sex trafficking in South Asia*: telling Maya's story. Nova York: Routledge, 2010.

CROFT, A.; SCHMADER, T.; BLOCK, K. An underexamined inequality: cultural and psychological barriers to men's engagement with communal roles. *Personality and Social Psychology Review*, [*s. l.*], vol. 19, n. 4, 2015.

CROSBY, F. J.; IYER, A.; SINCHAROEN, S. Understanding affirmative action. *Annual Review of Psychology*, [*s. l.*], vol. 57, n. 1, 2006.

CUADRADO, I.; GARCÍA-AEL, C.; MOLERO, F. Gender-typing of leadership: evaluations of real and ideal managers. *Scandinavian Journal of Psychology*, [*s. l.*], vol. 56, n. 2, 2015.

CVENCEK, D.; MELTZOFF, A. N.; GREENWALD, A. G. Math-gender stereotypes in elementary school children: gender stereotypes. *Child Development*, [*s. l.*], vol. 82, n. 3, 2011.

CVENCEK, D.; MELTZOFF, A. N.; KAPUR, M. Cognitive consistency and math-gender stereotypes in Singaporean children. *Journal of Experimental Child Psychology*, [*s. l.*], vol. 117, 2014.

CZERENDA, A. J. The meaning of widowhood and health to older middle-class Hindu widows living in a South Indian community. *Journal of Transcultural Nursing*, [*s. l.*], vol. 21, n. 4, 2010.

DABBOUS, Y.; LADLEY, A. A spine of steel and a heart of gold: newspaper coverage of the first female Speaker of the House. *Journal of Gender Studies*, [*s. l.*], vol. 19, n. 2, 2010.

DALY, M. *The church and the second sex*. Boston: Beacon Press, 1968.

DALY, M. What adult worker model? A critical look at recent social policy reform in Europe from a gender and family perspective. *Social Politics: International Studies in Gender, State & Society*, [*s. l.*], vol. 18, n. 1, 2011.

DANIELS, K.; DAUGHERTY, J.; JONES, J. Current contraceptive status among women aged 15-44: United States, 2011-2013. *NCHS Data Brief*, [*s. l.*], vol. 173, 2014.

D'APRANO, Z.; WILLIAMS, K. *Kath Williams*: the Unions and the fight for equal pay. Melbourne: Spinifex, 2001.

DAS, D.; DAS, S. Women health status and health care in rural India: a case study of Barak valley in Assam. *Journal of Social and Economic Policy*, [*s. l.*], vol. 9, n. 1, 2012.

DAVIS, K. C. *et al.* Rape-myth congruent beliefs in women resulting from exposure to violent pornography: effects of alcohol and sexual arousal. *Journal of Interpersonal Violence*, [*s. l.*], vol. 21, n. 9, 2006.

DE VAUS, D.; GRAY, M.; STANTON, D. Measuring the value of unpaid household, caring and voluntary work of older Australians. *The Australian Institute of Family Studies (AIFS)*, [*s. l.*], 2003. Disponível em: https://aifs.gov.au/sites/default/files/publication-documents/RP34_0.pdf. Acesso em: 30 jan. 2025.

DE VISSER, R. O.; MCDONNELL, E. J. "Man points": masculine capital and young men's health. *Health Psychology*, [*s. l.*], vol. 32, n. 1, 2013.

DEL RÍO, M. F.; STRASSER, K. Preschool children's beliefs about gender differences in academic skills. *Sex Roles*, [*s. l.*], vol. 68, n. 3-4, 2013.

DELOITTE. Women in the boardroom: a global perspective. *Deloitte Global. Risk*, [*s. l.*], 2015. Disponível em: https://www.deloitte.com/content/dam/assets-shared/legacy/docs/gx-ccg-women-in-the-boardroom-a-global-perspective4.pdf. Acesso em: 3 jul. 2024.

DEL-PINO-CASADO, R. *et al.* Gender differences regarding informal caregivers of older people. *Journal of Nursing Scholarship*, [*s. l.*], vol. 44, n. 4, 2012.

DEN DULK, L. Workplace work-family arrangements: a study and explanatory framework of differences between organizational provisions in different Welfare states. *In*: POELMANS, S. A. Y. (org.). *Work and family*: an international research perspective. Mahwah: Lawrence Erlbaum Associates, 2005. p. 211-238.

DEPARTMENT FOR WORK AND PENSIONS. Pensioners' incomes series: financial year 2014/15. *Pensions and ageing society. GOV.UK*, Londres, 2016. Disponível em: https://assets.publishing.service.gov.uk/media/5a750e36ed915d5c544652f4/pensioners-incomes-series-2014-15-report.pdf. Acesso em: 30 jan. 2025.

DEUISCH, F. M.; ZALENSKI, C. M.; CLARK, M. E. Is there a double standard of aging? *Journal of Applied Social Psychology*, [*s. l.*], vol. 16, n. 9, 1986.

DEVINE, M. PHI releases data on home care workers and nursing assistants. *PHI (Paraprofessional Healthcare Institute)*, [*s. l.*], 2017. Disponível em: https://www.phinational.org/news/phi-releases-data-on-home-care-workers-and-nursing-assistants. Acesso em: 5 fev. 2025.

DIAMOND, M.; SIGMUNDSON, H. K. Sex reassignment at birth: long-term review and clinical implications. *Archives of Pediatrics & Adolescent Medicine*, [*s. l.*], vol. 151, n. 3, 1997.

DIEKMAN, A. B.; EAGLY, A. H. Stereotypes as dynamic constructs: women and men of the past, present, and future. *Personality and Social Psychology Bulletin*, [*s. l.*], vol. 26, n. 10, 2000.

DIEKMAN, A. B. *et al.* Dynamic stereotypes about women and men in Latin America and the United States. *Journal of Cross-Cultural Psychology*, [*s. l.*], vol. 36, n. 2, 2005.

DIEKMAN, A. B.; JOHNSTON, A. M.; LOESCHER, A. L. Something old, something new: evidence of self-accommodation to gendered social change. *Sex Roles*, [*s. l.*], vol. 68, n. 9-10, 2013.

DINGMAN, S.; MELILLI OTTE, M. E.; FOSTER, C. Cosmetic surgery: feminist perspectives. *Women & Therapy*, [*s. l.*], vol. 35, n. 3-4, 2012.

DONNELLY, L. Women more likely to die following heart attack than men. *The Telegraph*, [*s. l.*], 2015. Disponível em: https://www.telegraph.co.uk/news/health/news/11833480/Women-more-likely-to-die-following-heart-attack-than-men.html. Acesso em: 28 jan. 2025.

DONOHOE, M. War, rape and genocide: from ancient times to the Sudan. Presentation at the annual meeting of the American Public Health Association. *American Public Health Association*, [*s. l.*], 2005. Disponível em: https://apha.confex.com/apha/133am/techprogram/paper_108859.htm. Acesso em: 16 jan. 2025.

DOWNING, N. E.; ROUSH, K. L. From passive acceptance to active commitment: a model of feminist identity development for women. *The Counseling Psychologist*, [*s. l.*], vol. 13, n. 4, 1985.

DUNLOP, B. W.; MLETZKO, T. Will current socioeconomic trends produce a depressing future for men? *British Journal of Psychiatry*, [*s. l.*], vol. 198, n. 3, 2011.

DUTTA, K. Saluting the Vishaka judgment, 20 years on. *Rediff*, [*s. l.*], 2017. Disponível em: https://www.rediff.com/news/column/saluting--the-vishaka-judgment-20-years-on/20170317.htm. Acesso em: 3 jul. 2024.

DYKSTRA, P. A.; DE JONG GIERVELD, J. Gender and marital-history differences in emotional and social loneliness among Dutch older adults. *Canadian Journal on Aging*, [*s. l.*], vol. 23, n. 2, 2004.

EAGLY, A. H. *Sex differences in social behavior*: a social-role interpretation. Hillsdale: L. Erlbaum Associates, 1987.

EAGLY, A. H.; CARLI, L. L. *Through the labyrinth*: the truth about how women become leaders. Boston: Harvard Business School Press, 2007.

EAGLY, A. H.; JOHANNESEN-SCHMIDT, M. C.; VAN ENGEN, M. L. Transformational, transactional, and laissez-faire leadership styles: a meta-analysis comparing women and men. *Psychological Bulletin*, [*s. l.*], vol. 129, n. 4, 2003.

EAGLY, A. H.; KARAU, S. J. Role congruity theory of prejudice toward female leaders. *Psychological Review*, [*s. l.*], vol. 109, n. 3, 2002.

EAGLY, A. H. *et al.* Gender and motivation to manage in hierarchic organizations: a meta-analysis. *The Leadership Quarterly*, [*s. l.*], vol. 5, n. 2, 1994.

EAGLY, A. H.; MLADINIC, A.; OTTO, S. Are women evaluated more favorably than men? An analysis of attitudes, beliefs, and emotions. *Psychology of Women Quarterly*, [*s. l.*], vol. 15, n. 2, 1991.

EAGLY, A. H.; STEFFEN, V. J. Gender and aggressive behavior: a meta-analytic review of the social psychological literature. *Psychological Bulletin*, [*s. l.*], vol. 100, n. 3, 1986.

ECKENWILER, L. Care worker migration, global health equity, and ethical place-making. *Women's Studies International Forum*, [*s. l.*], vol. 47, 2014.

EDWARDS, A. Forced displacement worldwide at its highest in decades. *United Nations High Commissioner for Refugees (UNHCR)*, [*s. l.*], 2017. Disponível em: https://www.unhcr.org/uk/news/stories/forced-displacement-worldwide-its-highest-decades. Acesso em: 28 jan. 2025.

EDWARDS, L. The gender gap in pain. *The New York Times*, Nova York, 2013. Disponível em: https://www.nytimes.com/2013/03/17/opinion/sunday/women-and-the-treatment-of-pain.html. Acesso em: 19 jan. 2025.

EICHSTEDT, J. A. *et al.* Of bears and men: infants' knowledge of conventional and metaphorical gender stereotypes. *Infant Behavior and Development*, [*s. l.*], vol. 25, n. 3, 2002.

EL ANSARI, W. *et al.* Health promoting behaviours and lifestyle characteristics of students at seven universities in the UK. *Central European Journal of Public Health*, [*s. l.*], vol. 19, n. 4, 2011.

ELDER, W. B.; BROOKS, G. R.; MORROW, S. L. Sexual self-schemas of heterosexual men. *Psychology of Men & Masculinity*, [*s. l.*], vol. 13, n. 2, 2012.

ELDER, W. B.; MORROW, S. L.; BROOKS, G. R. Sexual self-schemas of bisexual men: a qualitative investigation. *The Counseling Psychologist*, [*s. l.*], vol. 43, n. 7, 2015.

ELY, R. J.; IBARRA, H.; KOLB, D. M. Taking gender into account: theory and design for women's leadership development programs. *Academy of Management Learning & Education*, [*s. l.*], vol. 10, n. 3, 2011.

EMAN, J. The role of sports in making sense of the process of growing old. *Journal of Aging Studies*, [*s. l.*], vol. 26, n. 4, 2012.

EMMERS-SOMMER, T. M.; ALLEN, M. Variables related to sexual coercion: a path model. *Journal of Social and Personal Relationships*, [*s. l.*], vol. 16, n. 5, 1999.

EMSLIE, C.; HUNT, K.; O'BRIEN, R. Masculinities in older men: a qualitative study in the West of Scotland. *The Journal of Men's Studies*, [*s. l.*], vol. 12, n. 3, 2004.

ENGLISH, T.; CARSTENSEN, L. L. Selective narrowing of social networks across adulthood is associated with improved emotional experience in daily life. *International Journal of Behavioral Development*, [*s. l.*], vol. 38, n. 2, 2014.

EPSTEIN, M. *et al.* "Anything from making out to having sex": men's negotiations of hooking up and friends with benefits scripts. *Journal of Sex Research*, [*s. l.*], vol. 46, n. 5, 2009.

ERCHULL, M. J. *et al.* The feminist identity development model: relevant for young women today? *Sex Roles*, [*s. l.*], vol. 60, n. 11-12, 2009.

EUROPEAN SOCIAL SURVEY. Family work and wellbeing, justice. *European Social Survey (ESS). European Research Infrastructure*, [*s. l.*], 2010. Disponível em: https://ess.sikt.no/en/study/fd0dc7b6-3d5a-42d4-ad46-7a78e44e3963. Acesso em: 30 jan. 2025.

EUROPEAN WOMEN ON BOARDS. Gender diversity on European boards. *Pour la solidarité PLS*, [*s. l.*], 2016. Disponível em: https://diversite-europe.eu/sites/default/files/EWoB-quant-report-WEB-spreads_2.pdf. Acesso em: 8 ago. 2024.

EVANS, O.; STEPTOE, A. The contribution of gender-role orientation, work factors and home stressors to psychological well-being and sickness absence in male- and female-dominated occupational groups. *Social Science & Medicine*, [*s. l.*], vol. 54, n. 4, 2002.

EYRE, S. L. *et al.* Primary relationship scripts among lower-income, African American young adults. *Family Process*, [*s. l.*], vol. 51, n. 2, 2012.

FAMILY CAREGIVER ALLIANCE. Caregiver statistics: demographics. *Family Caregiver Alliance*, [*s. l.*], 2016. Disponível em: https://www.caregiver.org/resource/caregiver-statistics-demographics. Acesso em: 5 fev. 2025.

FAMILY CAREGIVER ALLIANCE; MUTSCHLER, P. Women and caregiving: facts and figures. *Family Caregiver Alliance*, [*s. l.*], 2015.

Disponível em: https://www.caregiver.org/resource/women-and-caregiving-facts-and-figures. Acesso em: 5 fev. 2025.

FAVREAULT, M.; DEY, J. Long-term services and supports for older Americans: risks and financing research brief. *Office of the Assistant Secretary for Planning and Evaluation (ASPE)*, [*s. l.*], 2016. Disponível em: http://aspe.hhs.gov/reports/long-term-services-supports-older-americans-risks-financing-research-brief-0. Acesso em: 4 fev. 2025.

FEDERAL BUREAU OF INVESTIGATION. Uniform crime report crime in the United States: expanded offense data. *Criminal Justice Information Services Division*, [*s. l.*], 2015. Disponível em: https://ucr.fbi.gov/crime-in-the-u.s/2015/crime-in-the-u.s.-2015/offenses-known-to-law-enforcement/expanded-offense/expandedoffensemain_final. Acesso em: 3 set. 2024.

FEDERAL BUREAU OF INVESTIGATION. Hate crime statistics 2015. *Criminal Justice Information Services Division*, [*s. l.*], 2016. Disponível em: https://ucr.fbi.gov/hate-crime/2015. Acesso em: 17 jan. 2025.

FELDMAN, S. Please don't call me "dear": older women's narratives of health care. *Nursing Inquiry*, [*s. l.*], vol. 6, n. 4, 1999.

FIORI, K. L. *et al.* Can positive social exchanges buffer the detrimental effects of negative social exchanges? Age and gender differences. *Gerontology*, [*s. l.*], vol. 59, n. 1, 2013.

FIRESTONE, S. *The dialectic of sex*: the case for feminist revolution. Nova York: Morrow, 1970.

FISHMAN, P. M. Interaction: the work women do. *Social Problems*, [*s. l.*], vol. 25, n. 4, 1978.

FISKE, S. T. *et al.* Social science research on trial: use of sex stereotyping research in Price Waterhouse v. Hopkins. *American Psychologist*, [*s. l.*], vol. 46, n. 10, 1991.

FLOGE, L.; MERRIL, D. M. Tokenism reconsidered: male nurses and female physicians in a hospital setting. *Social Forces*, [*s. l.*], vol. 64, n. 4, 1986.

FORBES, C. E.; SCHMADER, T. Retraining attitudes and stereotypes to affect motivation and cognitive capacity under stereotype threat. *Journal of Personality and Social Psychology*, [*s. l.*], vol. 99, n. 5, 2010.

FORTUNE KNOWLEDGE GROUP. Transforming the C-Suite: developing and advancing women leaders. *Fortune*, [*s. l.*], 2017. Disponível em: https://content.fortune.com/wp-content/uploads/2017/11/rbc-fkg-revised-report-03-02-2017.pdf. Acesso em: 3 jul. 2024.

FOSTER, B. L. Friendship in rural Thailand. *Ethnology*, [*s. l.*], vol. 15, n. 3, 1976.

FÓRUM ECONÔMICO MUNDIAL. The global gender gap report 2016. *World Economic Forum. Publications*, Cologny, 2016. Disponível em: https://www.weforum.org/publications/the-global-gender-gap-report-2016. Acesso em: 7 jul. 2024.

FRASER, S. L. *et al.* Changing rates of suicide ideation and attempts among Inuit youth: a gender-based analysis of risk and protective factors. *Suicide and Life-Threatening Behavior*, [*s. l.*], vol. 45, n. 2, 2015.

FRAZER, R. Sexism in politics: what can we learn so far from media portrayals of Hillary Clinton and Latin American female leaders? *COHA*, [*s. l.*], 2016. Disponível em: https://coha.org/sexism-in-politics-2016-what-can-we-learn-so-far-from-media-portrayals-of-hillary-clinton-and-latin-american-female-leaders. Acesso em: 3 jun. 2024.

FRENCH, J. R.; RAVEN, B. The bases of social power. *In*: CARTWRIGHT, D. (org.). *Studies in social power*. Ann Arbor: University of Michigan, Institute for Social Resources, 1959. p. 151-157.

FREUD, S. *A general introduction to psychoanalysis*. Nova York: Horace Liveright, 1920.

FRIEDMAN, A.; PINES, A. M. Increase in arab women's perceived power in the second half of life. *Sex Roles*, [*s. l.*], vol. 26, n. 1-2, 1992.

FRIEZE, I. H. *Hurting the one you love*: violence in relationships. Belmont: Thomson Wadsworth, 2005.

FRIEZE, I. H. Social policy, feminism, and research on violence in close relationships. *Journal of Social Issues*, [*s. l.*], vol. 64, n. 3, 2008.

FRISBY, C. Sticks 'n' stones may break my bones, but words they hurt like hell: female stereotypes found in popular song lyrics. *Media Report to Women*, [*s. l.*], vol. 38, 2010.

FUNK, L. C.; WERHUN, C. D. "You're such girl!" The psychological drain of the gender-role harassment of men. *Sex Roles*, [*s. l.*], vol. 65, n. 1-2, 2011.

GALINSKY, E.; AUMANN, K.; BOND, J. T. Times are changing: gender and generation at work and at home in the USA. *Families and Work Institute*, [*s. l.*], 2008. Disponível em: https://cdn.sanity.io/files/ow8usu72/production/4aab9c1dbf24e9c1cd1ef528c450846a3da8b36f.pdf. Acesso em: 8 fev. 2025.

GARCIA, J. R.; REIBER, C. Hook-up behavior: a biopsychosocial perspective. *Journal of Social, Evolutionary, and Cultural Psychology*, [*s. l.*], vol. 2, n. 4, 2008.

GARCIA, J. R. *et al.* Sexual hookup culture: a review. *Review of General Psychology*, [*s. l.*], vol. 16, n. 2, 2012.

GARCÍA-MORENO, C. *et al. WHO multi-country study on women's health and domestic violence against women*: initial results on prevalence, health outcomes and women's responses. Genebra: World Health Organization, 2005.

GAVEY, N. *Just sex?* The cultural scaffolding of rape. Nova York: Routledge, 2005.

GEENA DAVIS INSTITUTE. The reel truth: women are not seen or heard. *Geena Davis Institute*, [*s. l.*], 2016. Disponível em: https://geenadavisinstitute.org/research/the-reel-truth-women-arent-seen-or-heard. Acesso em: 10 jun. 2024.

GIANCOLA, P. R. *et al.* The effects of alcohol and provocation on aggressive behavior in men and women. *Journal of Studies on Alcohol*, [*s. l.*], vol. 63, n. 1, 2002.

GILLIGAN, C. *In a different voice*: psychological theory and women's development. Cambridge: Harvard University Press, 1982.

GINSBURG, O. Breast and cervical cancer control in low and middle-income countries: human rights meet sound health policy. *Journal of Cancer Policy*, [*s. l.*], vol. 1, n. 3-4, 2013.

GINSBURG, O. *et al.* The global burden of women's cancers: a grand challenge in global health. *The Lancet*, [*s. l.*], vol. 389, n. 10071, 2017.

GLASER, R. *et al.* Chronic stress modulates the immune response to a pneumococcal pneumonia vaccine. *Psychosomatic Medicine*, [*s. l.*], vol. 62, n. 6, 2000.

GLASS, C. M.; HAAS, S. A.; REITHER, E. N. The skinny on success: body mass, gender and occupational standing across the life course. *Social Forces*, [*s. l.*], vol. 88, n. 4, 2010.

GLAUBER, R. Marriage and the motherhood wage penalty among African Americans, Hispanics, and Whites. *Journal of Marriage and Family*, [*s. l.*], vol. 69, n. 4, 2007.

GLAUBER, R. Race and gender in families and at work: the fatherhood wage premium. *Gender & Society*, [*s. l.*], vol. 22, n. 1, 2008.

GLICK, P. *et al.* Bad but bold: ambivalent attitudes toward men predict gender inequality in 16 nations. *Journal of Personality and Social Psychology*, [*s. l.*], vol. 86, n. 5, 2004.

GLICK, P. *et al.* The two faces of Adam: ambivalent sexism and polarized attitudes toward women. *Personality and Social Psychology Bulletin*, [*s. l.*], vol. 23, n. 12, 1997.

GLICK, P.; FISKE, S. T. The ambivalent sexism inventory: differentiating hostile and benevolent sexism. *Journal of Personality and Social Psychology*, [*s. l.*], vol. 70, n. 3, 1996.

GLICK, P. *et al.* Evaluations of sexy women in low- and high-status jobs. *Psychology of Women Quarterly*, [*s. l.*], vol. 29, n. 4, 2005.

GLOBAL EDUCATION MONITORING REPORT TEAM; UNITED NATIONS GIRLS' EDUCATION INITIATIVE. Education for All (EFA) global monitoring report. Gender and EFA 2000-2015: achievements and challenges. *Unesco Digital Library*, [*s. l.*], 2015. Disponível em: https://unesdoc.unesco.org/ark:/48223/pf0000234809. Acesso em: 4 jul. 2024.

GLOBAL INDUSTRY ANALYSTS. Desire to remain youthful among the middle aged and older adults drives the global anti-aging products market. *Research and Markets. StrategyR*, [*s. l.*], 2016. Disponível em: https://www.strategyr.com/market-report-skin-care-products-forecasts-global-industry-analysts-inc.asp. Acesso em: 1 fev. 2025.

GO, A. S. *et al.* Executive summary: heart disease and stroke statistics 2013 Update: a report from the American Heart Association. *Circulation*, [*s. l.*], vol. 127, n. 1, 2013.

GOITEIN, S. D. Formal friendship in the medieval Near East. *Proceedings of the American Philosophical Society*, [*s. l.*], vol. 115, n. 6, 1971.

GOLDBERG, P. Are women prejudiced against women? *Society*, [*s. l.*], vol. 5, n. 5, 1968.

GOLDIN, C.; ROUSE, C. Orchestrating impartiality: the impact of "blind" auditions on female musicians. *American Economic Review*, [*s. l.*], vol. 90, n. 4, 2000.

GOLDING, J. M. *et al.* The effect of gender in the perception of elder physical abuse in court. *Law and Human Behavior*, [*s. l.*], vol. 29, n. 5, 2005.

GOSSETT, J. L.; BYRNE, S. "Click here": a content analysis of Internet rape sites. *Gender & Society*, [*s. l.*], vol. 16, n. 5, 2002.

GOTTA, G. *et al.* Heterosexual, lesbian, and gay male relationships: a comparison of couples in 1975 and 2000. *Family Process*, [*s. l.*], vol. 50, n. 3, 2011.

GOUIN, J.-P.; HANTSOO, L.; KIECOLT-GLASER, J. K. Immune dysregulation and chronic stress among older adults: a review. *Neuroimmunomodulation*, [*s. l.*], vol. 15, n. 4-6, 2008.

GRANT, J.; MOTTET, L.; TANIS, J. Injustice at every turn: a report of the national transgender discrimination survey. *National LGBTQ Task Force*, [*s. l.*], 2011. Disponível em: https://www.thetaskforce.org/resources/injustice-every-turn-report-national-transgender-discrimination-survey. Acesso em: 3 jul. 2024.

GRANT THORNTON. Women in business: new perspectives on risk and reward. *Grant Thornton International*, [*s. l.*], 2017. Disponível em: https://www.grantthornton.global/en/insights/articles/women-in-business-2017. Acesso em: 3 jul. 2024.

GRIFFITH, J. D. *et al.* Pornography actresses: an assessment of the damaged goods hypothesis. *Journal of Sex Research*, [*s. l.*], vol. 50, n. 7, 2013.

GROL-PROKOPCZYK, H. Sociodemographic disparities in chronic pain, based on 12-year longitudinal data. *Pain*, [*s. l.*], vol. 158, n. 2, 2017.

GU, J. *et al.* What makes affirmative action-based hiring decisions seem (un)fair? A test of an ideological explanation for fairness judgments. *Journal of Organizational Behavior*, [*s. l.*], vol. 35, n. 5, 2014.

HALILA, S. The new female Muslim thinkers or DWEMS (Daring Women as Enlightened Muslim Scholars). *The International Journal of the Humanities: Annual Review*, [*s. l.*], vol. 6, n. 12, 2009.

HALL, D. T. *et al.* Pursuing career success while sustaining personal and family well-being: a study of reduced-load professionals over time. *Journal of Social Issues*, [*s. l.*], vol. 68, n. 4, 2012.

HALLIWELL, E.; DITTMAR, H. A qualitative investigation of women's and men's body image concerns and their attitudes toward aging. *Sex Roles*, [*s. l.*], vol. 49, n. 11-12, 2003.

HALPERN, D. F. *Sex differences in cognitive abilities*. 4. ed. Nova York: Psychology Press, 2012.

HAMILTON, B. *et al.* United States births: provisional data for 2016. NVSS Vital Statistics Rapid Release. *National Vital Statistics System; Centers for Disease Control and Prevention; National Center for Health Statistics*, [*s. l.*], 2017. Disponível em: https://ghdx.healthdata.org/record/united-states-births-provisional-data-2016. Acesso em: 26 jan. 2025.

HAMMOUDEH, D. *et al.* Age of despair or age of hope? Palestinian women's perspectives on midlife health. *Social Science & Medicine*, [*s. l.*], vol. 184, 2017.

HANNAM, J. Women's history, feminist history. *Making History. The changing face of the profession in Britain*, [*s. l.*], 2008. Disponível em: https://archives.history.ac.uk/makinghistory/resources/articles/womens_history.html. Acesso em: 24 maio 2024.

HARDY, S. E. *et al.* Explaining the effect of gender on functional transitions in older persons. *Gerontology*, [*s. l.*], vol. 54, n. 2, 2008.

HAWORTH, A. The day I saw 248 girls suffering genital mutilation. *The Guardian*, Londres, 2012. Disponível em: https://www.theguardian.com/society/2012/nov/18/female-genital-mutilation-circumcision-indonesia. Acesso em: 26 jan. 2025.

HEBERT, L. E. *et al.* Alzheimer disease in the United States (2010-2050) estimated using the 2010 census. *Neurology*, [*s. l.*], vol. 80, n. 19, 2013.

HEILMAN, M. E. Sex bias in work settings: the Lack of Fit model. *Research in Organizational Behavior*, [*s. l.*], vol. 5, 1983.

HEILMAN, M. E.; ALCOTT, V. B. What I think you think of me: women's reactions to being viewed as beneficiaries of preferential selection. *Journal of Applied Psychology*, [*s. l.*], vol. 86, n. 4, 2001.

HEILMAN, M. E.; STOPECK, M. H. Being attractive, advantage or disadvantage? Performance-based evaluations and recommended personnel actions as a function of appearance, sex, and job type. *Organizational Behavior and Human Decision Processes*, [*s. l.*], vol. 35, n. 2, 1985.

HENIG, R. M. Rethinking gender: can science help us navigate the shifting landscape of gender identity? *National Geographic*, [*s. l.*], vol. 231, n. 1, 2017.

HENRY, N. The impossibility of bearing witness: wartime rape and the promise of justice. *Violence Against Women*, [*s. l.*], vol. 16, n. 10, 2010.

HERD, D. Conflicting paradigms on gender and sexuality in rap music: a systematic review. *Sexuality & Culture*, [*s. l.*], vol. 19, n. 3, 2015.

HERRMANN, S. D. *et al.* The effects of a female role model on academic performance and persistence of women in STEM courses. *Basic and Applied Social Psychology*, [*s. l.*], vol. 38, n. 5, 2016.

HICKLIN, A. Beyoncé liberated. Behind the scenes of the world's most powerful brand. *Out.com*, [*s. l.*], 2014. Disponível em: https://www.out.com/entertainment/music/2014/04/08/beyoncé-liberated. Acesso em: 12 jun. 2024.

HIDEG, I.; FERRIS, D. L. The compassionate sexist? How benevolent sexism promotes and undermines gender equality in the workplace. *Journal of Personality and Social Psychology*, [*s. l.*], vol. 111, n. 5, 2016.

HIGGINS, J. A.; HOFFMAN, S.; DWORKIN, S. L. Rethinking gender, heterosexual men, and women's vulnerability to HIV/AIDS. *American Journal of Public Health*, [*s. l.*], vol. 100, n. 3, 2010.

HIGHTOWER, J. Abuse in later life: when and how does gender matter? *In*: GUTMAN, G.; SPENCER, C. (org.). *Aging, ageism and abuse*: moving from awareness to action. San Diego: Elsevier, 2010. p. 17-29.

HILL COLLINS, P. *Black feminist thought*: knowledge, consciousness, and the politics of empowerment. 2. ed. Boston: Unwin Hyman, 2000.

HILL, D. B. Differences and similarities in men's and women's sexual self-schemas. *Journal of Sex Research*, [*s. l.*], vol. 44, n. 2, 2007.

HIMMELSTEIN, M. S.; SANCHEZ, D. T. Masculinity in the doctor's office: masculinity, gendered doctor preference and doctor-patient communication. *Preventive Medicine*, [*s. l.*], vol. 84, 2016.

HIRSI ALI, A. *Infidel*. Nova York: Free Press, 2008.

HODGE, D. R.; LIETZ, C. A. The international sexual trafficking of women and children: a review of the literature. *Affilia*, [*s. l.*], vol. 22, n. 2, 2007.

HODGES, M. J.; BUDIG, M. Who gets the daddy bonus? Organizational hegemonic masculinity and the impact of fatherhood on earnings. *Gender & Society*, [*s. l.*], vol. 24, n. 6, 2010.

HOLWERDA, T. J. *et al.* Feelings of loneliness, but not social isolation, predict dementia onset: results from the Amsterdam Study of the Elderly (AMSTEL). *Journal of Neurology, Neurosurgery & Psychiatry*, [*s. l.*], vol. 85, n. 2, 2014.

HOME, S. *et al.* Look it up under "F": dialogues of emerging and experienced feminists. *Women & Therapy*, [*s. l.*], vol. 23, n. 2, 2001.

HORNEY, K. The flight from womanhood: the masculinity-complex in women, as viewed by men and by women. *The International Journal of Psychoanalysis*, [*s. l.*], vol. 7, 1926.

HOWARD, J. A.; BLUMSTEIN, P.; SCHWARTZ, P. Sex, power, and influence tactics in intimate relationships. *Journal of Personality and Social Psychology*, [*s. l.*], vol. 51, n. 1, 1986.

HOYT, C. L.; SIMON, S. Female leaders: injurious or inspiring role models for women? *Psychology of Women Quarterly*, [*s. l.*], vol. 35, n. 1, 2011.

HRDY, S. B. *The woman that never evolved.* Cambridge: Harvard University Press, 1981.

HUSSEIN, S. Migrants and the state of long-term care in England: opportunities and challenges. Filling the gaps on the impacts of immigration. *Centre on Migration, Policy and Society; Social Care Workforce Research Unit*. Londres: University of Oxford, 2011.

HYDE, J. S. How large are gender differences in aggression? A developmental meta-analysis. *Developmental Psychology*, [*s. l.*], vol. 20, n. 4, 1984.

IMPERATO-MCGINLEY, J. *et al.* Androgens and the evolution of male-gender identity among male pseudohermaphrodites with 5α-reductase deficiency. *New England Journal of Medicine*, [*s. l.*], vol. 300, n. 22, 1979.

IMPLICIT ASSOCIATION TEST EXERCISE. Project Implicit. *Project Implicit*, [*s. l.*], 2011. Disponível em: https://implicit.harvard.edu/implicit/selectatest.html. Acesso em: 7 jun. 2024.

INTER-PARLIAMENTARY UNION. Women in Parliaments: world classification. *Inter-Parliamentary Union*, [*s. l.*], 2018. Disponível em: http://archive.ipu.org/wmn-e/arc/classif010418.htm. Acesso em: 21 ago. 2024.

ITAKURA, H.; TSUI, A. B. M. Gender and conversational dominance in Japanese conversation. *Language in Society*, [*s. l.*], vol. 33, n. 2, 2004.

JAGGAR, A. M.; STRUHL, P. (org.). *Feminist frameworks*: alternative theoretical accounts of the relations between women and men. Nova York: McGraw-Hill Book Company, 1978.

JANSMA, L. L. *et al.* Men's interactions with women after viewing sexually explicit films: does degradation make a difference? *Communication Monographs*, [*s. l.*], vol. 64, n. 1, 1997.

JARMAN, J.; BLACKBURN, R. M.; RACKO, G. The dimensions of occupational gender segregation in industrial countries. *Sociology*, [*s. l.*], vol. 46, n. 6, 2012.

JATLAOUI, T. C. *et al.* Abortion surveillance – United States, 2013. *MMWR. Surveillance Summaries*, [*s. l.*], vol. 65, n. 12, 2016.

JENSEN, R. *The end of patriarchy*: radical feminism for men. North Melbourne, Victoria: Spinifex Press, 2017.

JEWKES, R. Rape perpetration: a review. *Sexual Violence Research Initiative (SVRI)*, [*s. l.*], 2012. Disponível em: https://www.svri.org/sites/default/files/attachments/2016-04-13/RapePerpetration.pdf. Acesso em: 15 jan. 2025.

JOEL, D. *et al.* Queering gender: studying gender identity in "normative" individuals. *Psychology & Sexuality*, [*s. l.*], vol. 5, n. 4, 2014.

JOHNSON, K. *et al.* Association of sexual violence and human rights violations with physical and mental health in territories of the Eastern Democratic Republic of the Congo. *JAMA*, [*s. l.*], vol. 304, n. 5, 2010.

JOHNSON, M. P.; FERRARO, K. J. Research on domestic violence in the 1990s: making distinctions. *Journal of Marriage and Family*, [*s. l.*], vol. 62, n. 4, 2000.

JOHNSON, R.; SCHANER, S. Value of unpaid activities by older Americans tops $160 billion per year. *Urban.org*, [*s. l.*], 2005. Disponível em: https://www.urban.org/sites/default/files/publication/42896/311227-Value-of-Unpaid-Activities-by-Older-Americans-Tops-Billion-Per-Year.PDF. Acesso em: 31 jan. 2025.

JOHNSON, S. K. *et al.* Physical attractiveness biases in ratings of employment suitability: tracking down the "beauty is beastly" effect. *The Journal of Social Psychology*, [*s. l.*], vol. 150, n. 3, 2010.

JOHNSON, T. Maternity leave and employment patterns of first-time mothers: 1961-2003. Report P70-113. *Census.gov. U.S. Census Bureau*, [*s. l.*], 2008. Disponível em: https://www.census.gov/library/publications/2008/demo/p70-113.html. Acesso em: 3 jul. 2024.

JOINT ECONOMIC COMMITTEE UNITED STATES CONGRESS. Gender pay inequality: consequences for women, families and the economy. *Joint Economic Committee Democrats*, [*s. l.*], 2016. Disponível em: https://www.jec.senate.gov/public/_cache/files/0779dc2f-4a4e-4386-b847-9ae919735acc/gender-pay-inequality----us-congress-joint-economic-committee.pdf. Acesso em: 30 jan. 2025.

JUNGE, D.; SCOTT JOHNSON, S. Iron Ladies of Liberia. *Independent Lens - PBS*, [*s. l.*], 2008. Disponível em: https://www.pbs.org/independentlens/documentaries/ironladies. Acesso em: 21 ago. 2024.

KADOYA, Y.; YIN, T. Widow discrimination and family caregiving in India: evidence from microdata collected from six major cities. *Journal of Women & Aging*, [*s. l.*], vol. 27, n. 1, 2015.

KAHN, A. S. *et al.* Calling it rape: differences in experiences of women who do or do not label their sexual assault as rape. *Psychology of Women Quarterly*, [*s. l.*], vol. 27, n. 3, 2003.

KAMINSKI, P. L.; HAYSLIP, B. Gender differences in body esteem among older adults. *Journal of Women & Aging*, [*s. l.*], vol. 18, n. 3, 2006.

KANTER, R. M. *Men and women of the corporation*. Nova York: Basic Books, 1977.

KARIMLI, L.; SSEWAMALA, F. M.; ISMAYILOVA, L. Extended families and perceived caregiver support to AIDS orphans in Rakai district of Uganda. *Children and Youth Services Review*, [*s. l.*], vol. 34, n. 7, 2012.

KASCHAK, E. *Engendered lives*: a new psychology of women's experience. Nova York: Basic Books, 1992.

KAUKINEN, C. Status compatibility, physical violence, and emotional abuse in intimate relationships. *Journal of Marriage and Family*, [*s. l.*], vol. 66, n. 2, 2004.

KHARROUB, T.; WEAVER, A. J. Portrayals of women in transnational Arab television drama series. *Journal of Broadcasting & Electronic Media*, [*s. l.*], vol. 58, n. 2, 2014.

KILLEEN, L. A.; LÓPEZ-ZAFRA, E.; EAGLY, A. H. Envisioning oneself as a leader: comparisons of women and men in Spain and the United States. *Psychology of Women Quarterly*, [*s. l.*], vol. 30, n. 3, 2006.

KILMARTIN, C. *The masculine self*. Nova York: Macmillan Publishing Company, 1994.

KIMBALL, M. M. *Feminist visions of gender similarities and differences*. Binghamton: Haworth Press, 1995.

KIMMEL, M. S.; MOSMILLER, T. E. *Against the tide*: pro-feminist men in the United States, 1776-1990: a documentary history. Boston: Beacon Press, 1992.

KISSAL, A.; BEŞER, A. Elder abuse and neglect in a population offering care by a primary health care center in Izmir, Turkey. *Social Work in Health Care*, [*s. l.*], vol. 50, n. 2, 2011.

KLEIN, A.; GOLUB, S. A. Family rejection as a predictor of suicide attempts and substance misuse among transgender and gender nonconforming adults. *LGBT Health*, [*s. l.*], vol. 3, n. 3, 2016.

KLONOFF, E. A.; LANDRINE, H. The schedule of sexist events: a measure of lifetime and recent sexist discrimination in women's lives. *Psychology of Women Quarterly*, [*s. l.*], vol. 19, n. 4, 1995.

KLONOFF, E. A.; LANDRINE, H.; CAMPBELL, R. Sexist discrimination may account for well-known gender differences in psychiatric symptoms. *Psychology of Women Quarterly*, [*s. l.*], vol. 24, n. 1, 2000.

KOENIG, A. M.; EAGLY, A. H. Stereotype threat in men on a test of social sensitivity. *Sex Roles*, vol. 52, n. 7-8, 2005.

KOENIG, A. M. *et al.* Are leader stereotypes masculine? A meta-analysis of three research paradigms. *Psychological Bulletin*, [*s. l.*], vol. 137, n. 4, 2011.

KOIVUNEN, J.; ROTHAUPT, J.; WOLFGRAM, S. Gender dynamics and role adjustment during the transition to parenthood: current perspectives. *The Family Journal*, [*s. l.*], vol. 17, n. 4, 2009.

KOSBERG, J. (org.). *Abuse of older men*. Binghamton: Haworth Maltreatment & Trauma Press, 2007.

KOSS, M. P.; GIDYCZ, C. A.; WISNIEWSKI, N. The scope of rape: incidence and prevalence of sexual aggression and victimization in a national sample of higher education students. *Journal of Consulting and Clinical Psychology*, [*s. l.*], vol. 55, n. 2, 1987.

KRIENERT, J. L.; WALSH, J. A.; TURNER, M. Elderly in America: a descriptive study of elder abuse examining National Incident-Based Reporting System (NIBRS) data, 2000-2005. *Journal of Elder Abuse & Neglect*, [*s. l.*], vol. 21, n. 4, 2009.

KRIMMEL, J. T.; GORMLEY, P. E. Tokenism and job satisfaction for policewomen. *American Journal of Criminal Justice*, [*s. l.*], vol. 28, n. 1, 2003.

KRISTOF, N. Raped, kidnapped and silenced. *The New York Times*, Nova York, 2005. Disponível em: https://www.nytimes.com/2005/06/14/opinion/raped-kidnapped-and-silenced.html. Acesso em: 17 jan. 2025.

KRISTOF, N. 11 years old, a mom, and pushed to marry her rapist in Florida. *The New York Times*, Nova York, 2017. Disponível em: https://www.nytimes.com/2017/05/26/opinion/sunday/it-was-forced-on-me-child-marriage-in-the-us.html. Acesso em: 16 jan. 2025.

KRUIJVER, F. P. M. *et al.* Male-to-female transsexuals have female neuron numbers in a limbic nucleus. *The Journal of Clinical Endocrinology & Metabolism*, [*s. l.*], vol. 85, n. 5, 2000.

KRUSE, M. *et al.* The health care costs of violence against women. *Journal of Interpersonal Violence*, [*s. l.*], vol. 26, n. 17, 2011.

KUDO, T. I killed people in Afghanistan. Was I right or wrong? *The Washington Post*, Washington, DC, 2013. Disponível em: https://

www.washingtonpost.com/opinions/i-killed-people-in-afghanistan-was-i-right-or-wrong/2013/01/25/c0b0d5a6-60ff-11e2-b05a-605528f6b712_story.html. Acesso em: 13 jan. 2025.

LAI YEUNG, W. T. Gender perspectives on adolescent eating behaviors: a study on the eating attitudes and behaviors of junior secondary students in Hong Kong. *Journal of Nutrition Education and Behavior*, [*s. l.*], vol. 42, n. 4, 2010.

LAMBERT, N. M. *et al.* A love that doesn't last: pornography consumption and weakened commitment to one's romantic partner. *Journal of Social and Clinical Psychology*, [*s. l.*], vol. 31, n. 4, 2012.

LAMOTHE, D. Sexual assault on both men and women in the military is declining, Pentagon survey finds. *Washington Post*, Washington, DC, 2017. Disponível em: https://www.washingtonpost.com/news/checkpoint/wp/2017/05/01/sexual-assault-on-both-men-and-women-in-the-military-is-declining-pentagon-survey-finds. Acesso em: 19 jan. 2025.

LANSFORD, J. E. *et al.* Boys' and girls' relational and physical aggression in nine countries. *Aggressive Behavior*, [*s. l.*], vol. 38, n. 4, 2012.

LATU, I. M. *et al.* Successful female leaders empower women's behavior in leadership tasks. *Journal of Experimental Social Psychology*, [*s. l.*], vol. 49, n. 3, 2013.

LATU, I. M. *et al.* What we "say" and what we "think" about female managers: explicit versus implicit associations of women with success. *Psychology of Women Quarterly*, [*s. l.*], vol. 35, n. 2, 2011.

LAUGHLIN, L. Maternity leave and employment patterns: 2006-2008. Report P70-128. *Census.gov. U.S. Census Bureau*, [*s. l.*], 2011. Disponível em: https://www.census.gov/library/publications/2011/demo/p70-128.html. Acesso em: 3 jul. 2024.

LAVENDER, L. Frank weighs in on "stupid" problems. *HuffPost*, [*s. l.*], 2012. Disponível em: https://www.huffpost.com/entry/barney-frank-retirement-_n_2364927. Acesso em: 25 ago. 2024.

LAVY, V.; SAND, E. On the origins of gender human capital gaps: short and long term consequences of teachers' stereotypical biases. *National Bureau of Economic Research (NBER) Working Papers Series*, [*s. l.*], vol. 20909, 2015.

LAWSON, K. M.; LIPS, H. M. The role of self-perceived agency and job attainability in women's impressions of successful women in masculine occupations. *Journal of Applied Social Psychology*, [*s. l.*], vol. 44, n. 6, 2014.

LE GUIN, U. K. *The left hand of darkness*. Nova York: Ace Books, 1969.

LEE, W. L. *Contemporary feminist theory and activism*: six global issues. Peterborough: Broadview, 2010.

LEGAL INFORMATION INSTITUTE. Case 89-1215. International Union, United Automobile, Aerospace & Agricultural Implement Workers of America, UAW, et al. v. Johnson Controls, Inc. *Cornell Law School*, [*s. l.*], 1991. https://www.law.cornell.edu/supct/html/89-1215.ZS.html. Acesso em: 3 jul. 2024.

LEGLEYE, S. *et al.* Widening inequalities in smoking initiation and cessation patterns: a cohort and gender analysis in France. *Drug and Alcohol Dependence*, [*s. l.*], vol. 117, n. 2-3, 2011.

LEGON, J. Mom, soldier and Hopi Indian: "She fought and died valiantly". *CNN*, [*s. l.*], 2003. Disponível em: http://edition.cnn.com/SPECIALS/2003/iraq/ heroes/piestewa.html. Acesso em: 19 jan. 2025.

LENTON, R. L. Power versus feminist theories of wife abuse. *Canadian Journal of Criminology*, [*s. l.*], vol. 37, n. 3, 1995.

LERNER, G. *The creation of patriarchy*. Nova York: Oxford University Press, 1986.

LEVANON, A.; ENGLAND, P.; ALLISON, P. Occupational feminization and pay: assessing causal dynamics using 1950-2000 U.S. Census data. *Social Forces*, [*s. l.*], vol. 88, n. 2, 2009.

LEVY, B. Stereotype embodiment: a psychosocial approach to aging. *Current Directions in Psychological Science*, [*s. l.*], vol. 18, n. 6, 2009.

LIAW, Y.-P.; HUANG, Y.-C.; LIEN, G.-W. Patterns of lung cancer mortality in 23 countries: application of the Age-Period-Cohort model. *BMC Public Health*, [*s. l.*], vol. 5, n. 1, 2005.

LINOS, N.; KHAWAJA, M.; KAPLAN, R. L. Women's acceptance of spousal abuse in Iraq: prevalence rates and the role of female empowerment characteristics. *Journal of Family Violence*, [*s. l.*], vol. 27, n. 7, 2012.

LIPPMAN, J. R.; CAMPBELL, S. W. Damned if you do, damned if you don't… if you're a girl: relational and normative contexts of adolescent sexting in the United States. *Journal of Children and Media*, [*s. l.*], vol. 8, n. 4, 2014.

LIPS, H. M. College students' visions of power and possibility as moderated by gender. *Psychology of Women Quarterly*, [*s. l.*], vol. 24, n. 1, 2000.

LIPS, H. M. Envisioning positions of leadership: the expectations of university students in Virginia and Puerto Rico. *Journal of Social Issues*, [*s. l.*], vol. 57, n. 4, 2001.

LIPS, H. M. The gender pay gap: challenging the rationalizations. Perceived equity, discrimination, and the limits of human capital models. *Sex Roles*, [*s. l.*], vol. 68, n. 3-4, 2013.

LIPS, H. M.; HASTINGS, S. L. Competing discourses for older women: agency/leadership vs. disengagement/retirement. *Women & Therapy*, [*s. l.*], vol. 35, n. 3-4, 2012.

LISAK, D.; MILLER, P. M. Repeat rape and multiple offending among undetected rapists. *Violence and Victims*, [*s. l.*], vol. 17, n. 1, 2002.

LITTLE, A. Australian Prime Minister schools misogynist in awesome rant. *Ms. Magazine*, [*s. l.*], 2012. Disponível em: https://msmagazine.com/2012/10/10/australian-prime-minister-schools-misogynist-in-awesome-rant. Acesso em: 19 ago. 2024.

LITTLETON, H. L. *et al.* Health risk behavior and sexual assault among ethnically diverse women. *Psychology of Women Quarterly*, [*s. l.*], vol. 37, n. 1, 2013.

LLANOS, B. Ojos que no ven: cobertura mediática y género en las eleccciones latinoamericanas. *The International Institute for Democracy and Electoral Assistance (International IDEA)*, [*s. l.*], 2011. Disponível em: https://www.idea.int/publications/catalogue/ojos-que-no-ven-cobertura-mediatica-y-genero-en-las-eleccciones. Acesso em: 21 ago. 2024.

LLOYD-SHERLOCK, P.; CORSO, B.; MINICUCI, N. Widowhood, socio-economic status, health and wellbeing in low and middle-income countries. *The Journal of Development Studies*, [*s. l.*], vol. 51, n. 10, 2015.

LÖCKENHOFF, C. E. *et al.* Gender stereotypes of personality: universal and accurate? *Journal of Cross-Cultural Psychology*, [*s. l.*], vol. 45, n. 5, 2014.

LOCKWOOD, P. "Someone like me can be successful": do college students need same-gender role models? *Psychology of Women Quarterly*, [*s. l.*], vol. 30, n. 1, 2006.

LOFLIN, D. C.; BARRY, C. T. "You can't sit with us": gender and the differential roles of social intelligence and peer status in adolescent relational aggression. *Personality and Individual Differences*, [*s. l.*], vol. 91, 2016.

LOPEZ-ZAFRA, E.; GARCIA-RETAMERO, R. Do gender stereotypes change? The dynamic of gender stereotypes in Spain. *Journal of Gender Studies*, [*s. l.*], vol. 21, n. 2, 2012.

LORBER, J. *Gender inequality*: feminist theories and politics. Nova York: Oxford University Press, 1998.

LORD, C. G.; SAENZ, D. S. Memory deficits and memory surfeits: differential cognitive consequences of tokenism for tokens and observers. *Journal of Personality and Social Psychology*, [*s. l.*], vol. 49, n. 4, 1985.

LUO, Y. *et al.* Loneliness, health, and mortality in old age: a national longitudinal study. *Social Science & Medicine*, [*s. l.*], vol. 74, n. 6, 2012.

LUY, M.; MINAGAWA, Y. Gender gaps: life expectancy and proportion of life in poor health. *Health Reports*, [*s. l.*], vol. 25, n. 12, 2014.

LYNDON, A. E. *et al.* An introduction to issues of gender in stalking research. *Sex Roles*, [*s. l.*], vol. 66, n. 5-6, 2012.

LYONS, A. *et al.* Growing old as a gay man: how life has changed for the gay liberation generation. *Ageing and Society*, [*s. l.*], vol. 35, n. 10, 2015.

MAASS, A. *et al.* Sexual harassment under social identity threat: the computer harassment paradigm. *Journal of Personality and Social Psychology*, [*s. l.*], vol. 85, n. 5, 2003.

MACDORMAN, M. F. *et al.* Recent increases in the U.S. maternal mortality rate: disentangling trends from measurement issues. *Obstetrics & Gynecology*, [*s. l.*], vol. 128, n. 3, 2016.

MAGNUSSON, E.; MARECEK, J. *Gender and culture in psychology*: theories and practices. Cambridge: Cambridge University Press, 2012.

MAGUIRE, M. "Fade to grey": older women, embodied claims and attributions in English university departments of education. *Women's Studies International Forum*, [*s. l.*], vol. 31, n. 6, 2008.

MALAMUTH, N. M.; HALD, G. M.; KOSS, M. Pornography, individual differences in risk and men's acceptance of violence against women in a representative sample. *Sex Roles*, [*s. l.*], vol. 66, n. 7-8, 2012.

MARCHE, S. What are men to do in the age of Trump? *The Guardian*, Londres, 2017. Disponível em: https://www.theguardian.com/world/2017/feb/03/men-womens-march-feminism-donald-trump. Acesso em: 27 maio 2024.

MARINO, K. Rethinking the causes of wartime rape. *The Clayman Institute for Gender Research*. Stanford: Stanford University, 2011.

MARK, K. P.; GARCIA, J. R.; FISHER, H. E. Perceived emotional and sexual satisfaction across sexual relationship contexts: gender and sexual orientation differences and similarities. *The Canadian Journal of Human Sexuality*, [*s. l.*], vol. 24, n. 2, 2015.

MARKLE, J. G. M. *et al.* Sex differences in the gut microbiome drive hormone-dependent regulation of autoimmunity. *Science*, [*s. l.*], vol. 339, n. 6123, 2013.

MARKUS, H.; NURIUS, P. Possible selves. *American Psychologist*, [*s. l.*], vol. 41, n. 9, 1986.

MARTIN, C. L.; RUBLE, D. Children's search for gender cues: cognitive perspectives on gender development. *Current Directions in Psychological Science*, [*s. l.*], vol. 13, n. 2, 2004.

MARTIN, C. L.; RUBLE, D. N.; SZKRYBALO, J. Cognitive theories of early gender development. *Psychological Bulletin*, [*s. l.*], vol. 128, n. 6, 2002.

MARTINOT, D.; BAGÈS, C.; DÉSERT, M. French children's awareness of gender stereotypes about mathematics and reading: when girls improve their reputation in math. *Sex Roles*, [*s. l.*], vol. 66, n. 3-4, 2012.

MATUD, M. P. Gender differences in stress and coping styles. *Personality and Individual Differences*, [*s. l.*], vol. 37, n. 7, 2004.

MATZUK, M. M. *et al.* Small-molecule inhibition of BRDT for male contraception. *Cell*, [*s. l.*], vol. 150, n. 4, 2012.

MCCAULEY, J. L.; CALHOUN, K. S.; GIDYCZ, C. A. Binge drinking and rape: a prospective examination of college women with a history of previous sexual victimization. *Journal of Interpersonal Violence*, [*s. l.*], vol. 25, n. 9, 2010.

MCCAULEY, J. L. *et al.* Forcible, drug-facilitated, and incapacitated rape in relation to substance use problems: results from a national sample of college women. *Addictive Behaviors*, [*s. l.*], vol. 34, n. 5, 2009.

MCCLAIN, L.; BROWN, S. L. The roles of fathers' involvement and co-parenting in relationship quality among cohabiting and married parents. *Sex Roles*, [*s. l.*], vol. 76, n. 5-6, 2017.

MCCLELLAND, S. I. Intimate justice: a critical analysis of sexual satisfaction. *Social and Personality Psychology Compass*, [*s. l.*], vol. 4, n. 9, 2010.

MCCURRY, J. Nearly a third of Japan's women "sexually harassed at work". *The Guardian*, Londres, 2016. Disponível em: https://www.theguardian.com/world/2016/mar/02/japan-women-sexually-harassed-at-work-report-finds. Acesso em: 6 jul. 2024.

MCHUGH, M. C.; LIVINGSTON, N. A.; FORD, A. A postmodern approach to women's use of violence: developing multiple and complex conceptualizations. *Psychology of Women Quarterly*, [*s. l.*], vol. 29, n. 3, 2005.

MCKINNON, B. *et al.* Adolescent suicidal behaviours in 32 low- and middle-income countries. *Bulletin of the World Health Organization*, [*s. l.*], vol. 94, n. 5, 2016.

MCLAUGHLIN, D. *et al.* Gender differences in social network size and satisfaction in adults in their 70s. *Journal of Health Psychology*, [*s. l.*], vol. 15, n. 5, 2010.

MCLAUGHLIN, K.; NOLEN-HOEKSEMA, S. The role of rumination in promoting and preventing depression in adolescent girls. *In*: STRAUMAN, T.; GARBER, J.; COSTANZO, P. (org.). *Depression in adolescent girls*: science and prevention. Nova York: The Guilford Press, 2011. p. 112-129.

MCNAMARA, C. L.; MARSIL, D. F. The prevalence of stalking among college students: the disparity between researcher- and self-identified victimization. *Journal of American College Health*, [*s. l.*], vol. 60, n. 2, 2012.

MEI, Z.; EALES, J.; FAST, J. Older Canadians are volunteers and charitable donors. *Sage Seniors Association*, [*s. l.*], 2013. Disponível em: https://www.mysage.ca/public/download/documents/4058. Acesso em: 30 jan. 2025.

MELCHIORRE, M. G. *et al.* Social support, socio-economic status, health and abuse among older people in seven European countries. *PLoS ONE*, [*s. l.*], vol. 8, n. 1, 2013.

MERTEN, S. *et al.* Gender determinants of vaccination status in children: evidence from a meta-ethnographic systematic review. *PLoS ONE*, [*s. l.*], vol. 10, n. 8, 2015.

MICHAEL, R. T. *et al. Sex in America*: a definitive survey. Nova York: Warner Books, 1994.

MILLER, D. I.; EAGLY, A. H.; LINN, M. C. Women's representation in science predicts national gender-science stereotypes: evidence from 66 nations. *Journal of Educational Psychology*, [*s. l.*], vol. 107, n. 3, 2015.

MILLER, J. B. *Toward a new psychology of women.* Boston: Beacon Press, 1976.

MILLER, S. L.; MELOY, M. L. Women's use of force: voices of women arrested for domestic violence. *Violence Against Women*, [*s. l.*], vol. 12, n. 1, 2006.

MILLER-PERRIN, C.; WURTELE, S. K. Sex trafficking and the commercial sexual exploitation of children. *Women & Therapy*, [*s. l.*], vol. 40, n. 1-2, 2017.

MINTURN, L.; BOYD, D.; KAPOOR, S. Increased maternal power status: changes in socialization in a restudy of rajput mothers of Khalapur, India. *Journal of Cross-Cultural Psychology*, [*s. l.*], vol. 9, n. 4, 1978.

MISHRA, V. *et al.* HIV infection does not disproportionately affect the poorer in sub-Saharan Africa. *AIDS*, [*s. l.*], vol. 21. Suppl. 7, 2007.

MOAVENI, A. How to work out while Muslim – and female. *Time Magazine*, Nova York, 2009. Disponível em: https://time.com/archive/6689530/how-to-work-out-while-muslim-and-female. Acesso em: 24 jan. 2025.

MONIN, J. K.; SCHULZ, R. Interpersonal effects of suffering in older adult caregiving relationships. *Psychology and Aging*, [*s. l.*], vol. 24, n. 3, 2009.

MORRIS, B. J.; BAILIS, S. A.; WISWELL, T. E. Circumcision rates in the United States: rising or falling? What effect might the new affirmative pediatric policy statement have? *Mayo Clinic Proceedings*, [*s. l.*], vol. 89, n. 5, 2014.

MORRIS, B. J.; HANKINS, C. A. Effect of male circumcision on risk of sexually transmitted infections and cervical cancer in women. *The Lancet Global Health*, [*s. l.*], vol. 5, n. 11, 2017.

MOSS-RACUSIN, C. A. *et al.* Science faculty's subtle gender biases favor male students. *Proceedings of the National Academy of Sciences*, [*s. l.*], vol. 109, n. 41, 2012.

MOSS-RACUSIN, C. A.; PHELAN, J. E.; RUDMAN, L. A. When men break the gender rules: status incongruity and backlash against modest men. *Psychology of Men & Masculinity*, [*s. l.*], vol. 11, n. 2, 2010.

MUDEGE, N. N.; EZEH, A. C. Gender, aging, poverty and health: survival strategies of older men and women in Nairobi slums. *Journal of Aging Studies*, [*s. l.*], vol. 23, n. 4, 2009.

MUMENTHALER, M. *et al.* Gender differences in moderate drinking effects. *Alcohol Research & Health: The Journal of the National Institute on Alcohol Abuse and Alcoholism*, [*s. l.*], vol. 23, n. 1, 1999.

MURRAY, T.; LEWIS, V. Gender-role conflict and men's body satisfaction: the moderating role of age. *Psychology of Men & Masculinity*, [*s. l.*], vol. 15, n. 1, 2014.

MUZZATTI, B.; AGNOLI, F. Gender and mathematics: attitudes and stereotype threat susceptibility in Italian children. *Developmental Psychology*, [*s. l.*], vol. 43, n. 3, 2007.

NATIONAL CANCER INSTITUTE. Cancer of the lung and bronchus. *Surveillance, Epidemiology, and End Results (SEER). Cancer Stat Facts*, [*s. l.*], 2014. Disponível em: https://seer.cancer.gov/statfacts/html/lungb.html; https://seer.cancer.gov/archive/csr/1975_2013/results_meged/sect_15_lung_bronchus.pdf. Acesso em: 21 jan. 2025.

NATIONAL CENTER FOR HEALTH STATISTICS. Health, United States 2016. *National Center for Health Statistics (CDC)*, [*s. l.*], 2017. Disponível em: https://www.cdc.gov/nchs/data/hus/hus16.pdf. Acesso em: 19 jan. 2025.

NATIONAL HEART, LUNG, AND BLOOD INSTITUTE; US DEPARTMENT OF HEALTH AND HUMAN SERVICES. How does heart disease affect women. *National Heart, Lung, and Blood Institute*. Bethesda: NHLBI, 2009.

NATIONAL INSTITUTE OF ALLERGY AND INFECTIOUS DISEASES. Sex and gender-specific health challenges facing women. *National Institute of Allergy and Infectious Diseases (NIAD)*, [*s. l.*], 2016. Disponível em: https://www.niaid.nih.gov/research/sex-specific-womens-health-challenges. Acesso em: 19 jan. 2025.

NBC NEWS. Things are looking up in America's porn industry. *NBC News*, [*s. l.*], 2015. Disponível em: https://www.nbcnews.com/business/business-news/things-are-looking-americas-porn-industry-n289431. Acesso em: 17 jan. 2025.

NELSON, D. Gang rape of Indian woman sparks mass protests. *The Telegraph*, Londres, 2012. Disponível em: https://www.telegraph.co.uk/news/worldnews/asia/india/9755913/Gang-rape-of-Indian-woman-sparks-mass-protests.html. Acesso em: 15 jan. 2025.

NELSON, M. B. *The stronger women get, the more men love football*: sexism and the American culture of sports. Nova York: Avon Books, 1994.

NEW YORK CITY DEPARTMENT OF CONSUMER AFFAIRS. From cradle to cane: the cost of being a female consumer. *The Official Website of the City of New York*, Nova York, 2015. Disponível em: https://www.nyc.gov/assets/dca/downloads/pdf/partners/Study-of-Gender-Pricing-in-NYC.pdf. Acesso em: 6 jul. 2024.

NEYROLLES, O.; QUINTANA-MURCI, L. Sexual inequality in tuberculosis. *PLoS Medicine*, [*s. l.*], vol. 6, n. 12, 2009.

NIEHAUS, I. Gendered endings: narratives of male and female suicides in the South African lowveld. *Culture, Medicine, and Psychiatry*, [*s. l.*], vol. 36, n. 2, 2012.

NISSENBAUM, D.; BARNES, J. Combat ban for women to end. *Wall Street Journal*, [*s. l.*], 2013. Disponível em: http://online.wsj.com/article/SB10001424127887323539804578260123802564276.html. Acesso em: 2 set. 2024.

NKANSAH-AMANKRA, S. *et al.* Correlates of sexual risk behaviors among high school students in Colorado: analysis and implications for school-based HIV/AIDS programs. *Maternal and Child Health Journal*, [*s. l.*], vol. 15, n. 6, 2011.

NOBLE, S. U. Missed connections: what search engines say about women. *Bitch Magazine*, [*s. l.*], 2012.

NOLEN, S. "Not Women Anymore": The Congo's rape survivors face pain, shame and AIDS. *Ms. Magazine*, [*s. l.*], 2005. Disponível em:

https://web.archive.org/web/20161031104703/http://www.msmagazine.com/spring2005/congo.asp. Acesso em: 17 jan. 2025.

NOLEN-HOEKSEMA, S. Gender differences in risk factors and consequences for alcohol use and problems. *Clinical Psychology Review*, [*s. l.*], vol. 24, n. 8, 2004.

NOLEN-HOEKSEMA, S. The etiology of gender differences in depression. *In*: MAZURE, C. M.; KEITA, G. P. (org.). *Understanding depression in women*: applying empirical research to practice and policy. Washington, DC: American Psychological Association, 2006. p. 9-43.

NOLEN-HOEKSEMA, S.; HILT, L. Possible contributors to the gender differences in alcohol use and problems. *The Journal of General Psychology*, [*s. l.*], vol. 133, n. 4, 2006.

NOWINSKI, S. N.; BOWEN, E. Partner violence against heterosexual and gay men: prevalence and correlates. *Aggression and Violent Behavior*, [*s. l.*], vol. 17, n. 1, 2012.

NPR – NATIONAL PUBLIC RADIO. A look at media, gender in "Miss Representation". *All Thing Considered*, [*s. l.*], 2011. Disponível em: https://www.npr.org/2011/11/13/142288599/a-look-at-media-gender-in-miss-representation. Acesso em: 4 jun. 2024.

NYAMBEDHA, E. O.; WANDIBBA, S.; AAGAARD-HANSEN, J. "Retirement lost": the new role of the elderly as caretakers for orphans in Western Kenya. *Journal of Cross-Cultural Gerontology*, [*s. l.*], vol. 18, n. 1, 2003.

OAKLEY, A. *Sex, gender and society*. Burlington: Ashgate, 2015.

OBERMEYER, C. M. Islam, women, and politics: the demography of Arab countries. *Population and Development Review*, [*s. l.*], vol. 18, n. 1, 1992.

OCDE – ORGANIZAÇÃO PARA A COOPERAÇÃO E DESENVOLVIMENTO ECONÔMICO. Education and employment: what are the gender differences? *Education indicators in focus*. Organization for Economic Co-operation and Development (OECD), Paris, 2015a.

OCDE – ORGANIZAÇÃO PARA A COOPERAÇÃO E DESENVOLVIMENTO ECONÔMICO. Pensions at a glance 2015. *OECD. Pensions at a Glance*, Paris, 2015b. Disponível em: https://www.oecd.org/content/dam/oecd/en/publications/reports/2015/12/pensions-at-a-glance-2015_g1g5a8b2/pension_glance-2015-en.pdf. Acesso em: 31 jan. 2025.

OCDE – ORGANIZAÇÃO PARA A COOPERAÇÃO E DESENVOLVIMENTO ECONÔMICO. *Health at a glance 2015*: OECD indicators. Health at a Glance. Paris: OECD Publishing, 2015c.

OCDE – ORGANIZAÇÃO PARA A COOPERAÇÃO E DESENVOLVIMENTO ECONÔMICO. Gender wage gap. *Organization for Economic Co-operation and Development (OECD)*, Paris, 2017a. Disponível em: https://www.oecd.org/en/data/indicators/gender-wage-gap.html. Acesso em: 9 fev. 2025.

OCDE – ORGANIZAÇÃO PARA A COOPERAÇÃO E DESENVOLVIMENTO ECONÔMICO (OCDE). Employment and unemployment by five-year age group and sex. *OECD Data Explorer. Organization for Economic Cooperation and Development*, Paris, 2017b. Disponível em: https://data-explorer.oecd.org/vis?df[ds]=DisseminateFinalDMZ&df[id]=DSD_LFS%40DF_LFS_INDIC&df[ag]=OECD.ELS.SAE&dq=..._T..&pd=2010%2C&to[TIME_PERIOD]=false&ly[cl]=TIME_PERIOD&ly[rs]=LABOUR_FORCE_STATUS%2CMEASURE%2CCOMBINED_UNIT_MEASURE&ly[rw]=REF_AREA%2CAGE&vw=tb. Acesso em: 29 jan. 2025.

OCDE – ORGANIZAÇÃO PARA A COOPERAÇÃO E DESENVOLVIMENTO ECONÔMICO (OCDE). OECD Economic Outlook, Interim Report September 2017. *Organization for Economic Co-operation and Development (OECD)*, Paris, 2017c. Disponível em: https://www.oecd.org/content/dam/oecd/en/publications/reports/2017/09/oecd-economic-outlook-interim-report-september-2017_g1g8362a/eco_outlook-v2017-sup1-en.pdf. Acesso em: 9 fev. 2025.

OFFICE FOR NATIONAL STATISTICS. An overview of hate crime in England and Wales. *ONS. Crime, justice and law. Crime prevention. Official Statistics*, [*s. l.*], 2013. Disponível em: https://www.gov.uk/gov

ernment/statistics/an-overview-of-hate-crime-in-england-and-wales. Acesso em: 15 jan. 2025.

OFFICE FOR NATIONAL STATISTICS. Participation rates in the UK labour market: 2014: reference tables. *ONS. Employment and labour market*, 2015. Disponível em: https://www.ons.gov.uk/employmentandlabourmarket/peopleinwork/employmentandemployeetypes/compendium/participationratesintheuklabourmarket/2015-03-19/participationratesintheuklabourmarket2014referencetables. Acesso em: 21 jun. 2024.

OFFICE FOR NATIONAL STATISTICS. EMP04: Employment by occupation. *ONS. Employment and labour market. People in work. Datasets*, [*s. l.*], 2017. Disponível em: https://www.ons.gov.uk/employmentandlabourmarket/peopleinwork/employmentandemployeetypes/datasets/employmentbyoccupationemp04. Acesso em: 6 mar. 2025.

OFFICE FOR NATIONAL STATISTICS. Statistical Bulletin. Domestic abuse in England and Wales. Year ending March 2016. *ONS. People, population and community. Crime and justice*, [*s. l.*], 2016a. Disponível em: https://www.ons.gov.uk/peoplepopulationandcommunity/crimeandjustice/bulletins/domesticabuseinenglandandwales/yearendingmarch2016#toc. Acesso em: 13 jan. 2025.

OFFICE FOR NATIONAL STATISTICS. Intimate personal violence and partner abuse. *ONS. Focus on Violent Crime and Sexual Offences Data*, [*s. l.*], 2016b. Disponível em: https://www.ons.gov.uk/peoplepopulationandcommunity/crimeandjustice/compendium/focusonviolentcrimeandsexualoffences/yearendingmarch2015/chapter4intimatepersonalviolenceandpartnerabuse#prevalence-of-intimate-violence-extent. Acesso em: 13 jan. 2025.

OFFICE FOR VICTIMS OF CRIME. Responding to transgender victims of sexual assault. *Office of Justice Programs*, [*s. l.*], 2014. Disponível em: https://ovc.ojp.gov/sites/g/files/xyckuh226/files/pubs/forge/index.html. Acesso em: 15 jan. 2025.

OFFICE OF DISEASE PREVENTION AND HEALTH PROMOTION. Lesbian, gay, bisexual, and transgender health workgroup. *Healthy*

People 2030, [*s. l.*], 2017. Disponível em: https://odphp.health.gov/healthypeople/about/workgroups/lesbian-gay-bisexual-and-transgender-health-workgroup. Acesso em: 28 jan. 2025.

OFFICE ON WOMEN'S HEALTH. White paper: opioid use, misuse, and overdose in women. *U.S. Department of Health and Human Services*, [*s. l.*], 2016. Disponível em: https://facesandvoicesofrecovery.org/wp-content/uploads/2019/06/White-Paper-Opioid-Use-Misuse-and-Overdose-in-Women.pdf. Acesso em: 23 jan. 2025.

OIT – ORGANIZAÇÃO INTERNACIONAL DO TRABALHO. Effective protection for domestic workers: a guide to designing labour laws. *International Labour Organization*, Genebra, 2012. Disponível em: https://www.ilo.org/publications/effective-protection-domestic-workers-guide-designing-labour-laws. Acesso em: 3 jul. 2024.

OIT – ORGANIZAÇÃO INTERNACIONAL DO TRABALHO. Profits and poverty: the economics of forced labour. *International Labour Organization*, Genebra, 2014. Disponível em: https://www.ilo.org/sites/default/files/wcmsp5/groups/public/%40ed_norm/%40declaration/documents/publication/wcms_243391.pdf. Acesso em: 18 jan. 2025.

OIT – ORGANIZAÇÃO INTERNACIONAL DO TRABALHO. Women at work trends 2016. *International Labour Organization. Research and publications*, Genebra, 2016. Disponível em: https://www.ilo.org/sites/default/files/wcmsp5/groups/public/%40dgreports/%40dcomm/%40publ/documents/publication/wcms_457317.pdf. Acesso em: 29 jan. 2025.

OKIMOTO, T. G.; BRESCOLL, V. L. The price of power: power seeking and backlash against female politicians. *Personality and Social Psychology Bulletin*, [*s. l.*], vol. 36, n. 7, 2010.

OLOPADE, D. The fairer leaders. *The New York Times*, Nova York, 2012. Disponível em: https://archive.nytimes.com/latitude.blogs.nytimes.com/2012/07/10/african-states-ahead-of-the-west-in-female-political-representation. Acesso em: 21 ago. 2024.

OLOWU, D. Gendered imbalances in AIDS-related burden of care: lessons from Lesotho. *Gender and Behaviour*, [*s. l.*], vol. 10, n. 1, 2012.

OMS – ORGANIZAÇÃO MUNDIAL DA SAÚDE. Gender, health and tobacco. *World Health Organization (WHO). Gender and health*, Genebra, 2003. Disponível em: https://www.tcsg.org/tobacco/minorities/Gender_Tobacco.pdf. Acesso em: 21 jan. 2025.

OMS – ORGANIZAÇÃO MUNDIAL DA SAÚDE. Gender and blindness: eye surgery in Egypt. *World Health Organization (WHO)*, Genebra, 2010. Disponível em: https://www.iapb.org/wp-content/uploads/Gender-and-blindness-eye-surgery-in-Egypt.pdf. Acesso em: 19 jan. 2025.

OMS – ORGANIZAÇÃO MUNDIAL DA SAÚDE. Gender, health, tobacco, and equity. Genebra: World Health Organization, 2011a.

OMS – ORGANIZAÇÃO MUNDIAL DA SAÚDE. European report on preventing elder maltreatment. *World Health Organization (WHO)*, Genebra, 2011b. Disponível em: https://www.who.int/publications/i/item/9789289002370. Acesso em: 4 fev. 2025.

OMS – ORGANIZAÇÃO MUNDIAL DA SAÚDE. Understanding and addressing violence against women: intimate partner violence. *World Health Organization (WHO)*, Genebra, 2012. Disponível em: https://www.who.int/publications/i/item/WHO-RHR-12.36. Acesso em: 13 jan. 2025.

OMS – ORGANIZAÇÃO MUNDIAL DA SAÚDE. Global and regional estimates of violence against women: prevalence and health effects of intimate partner violence and non-partner sexual violence. Genebra: World Health Organization, 2013.

OMS – ORGANIZAÇÃO MUNDIAL DA SAÚDE. Adolescent pregnancy. Fact sheet. *World Health Organization (WHO)*, Genebra, 2014. Disponível em: https://www.who.int/news-room/fact-sheets/detail/adolescent-pregnancy. Acesso em: 26 jan. 2025.

OMS – ORGANIZAÇÃO MUNDIAL DA SAÚDE. World health statistics 2015. Deaths by cause, age, sex, by country and by region, 2000-2015. *World Health Organization (WHO). Global Health Estimates*, Genebra, 2016. Disponível em: https://www.who.int/docs/default-source/

gho-documents/world-health-statistic-reports/world-health-statistics-2015.pdf. Acesso em: 19 jan. 2025.

OMS – ORGANIZAÇÃO MUNDIAL DA SAÚDE. World health statistics 2017: monitoring health for the sustainable development goals (SDG). *World Health Organization (WHO)*, Genebra, 2017a. Disponível em: https://www.who.int/publications/i/item/9789241565486. Acesso em: 19 jan. 2025.

OMS – ORGANIZAÇÃO MUNDIAL DA SAÚDE. Mother-to-child transmission of HIV. *World Health Organization (WHO)*, Genebra, 2017b. Disponível em: https://www.who.int/teams/global-hiv-hepatitis-and-stis-programmes/hiv/prevention/mother-to-child-transmission-of-hiv. Acesso em: 25 jan. 2025.

OMS – ORGANIZAÇÃO MUNDIAL DA SAÚDE. Female genital mutilation. Fact sheet. *World Health Organization (WHO)*, Genebra, 2017c. Disponível em: https://www.who.int/news-room/fact-sheets/detail/female-genital-mutilation. Acesso em: 26 jan. 2025.

OMS – ORGANIZAÇÃO MUNDIAL DA SAÚDE. Suicide rate estimates, age-standardized. Estimates by country. *Global Health Observatory Data Repository (WHO)*, Genebra, 2017d. Disponível em: https://apps.who.int/gho/data/view.main.MHSUICIDEASDRv. Acesso em: 27 jan. 2025.

OMS – ORGANIZAÇÃO MUNDIAL DA SAÚDE. Dementia: number of people affected to triple in next 30 years. *World Health Organization (WHO)*, Genebra, 2017e. Disponível em: https://www.who.int/news/item/07-12-2017-dementia-number-of-people-affected-to-triple-in-next-30-years. Acesso em: 3 fev. 2025.

OMS – ORGANIZAÇÃO MUNDIAL DA SAÚDE; HUMAN REPRODUCTION PROGRAM. Worldwide, an estimated 25 million unsafe abortions occur each year. *World Health Organization (WHO)*, Genebra, 2017. Disponível em: https://www.who.int/news/item/28-09-2017-worldwide-an-estimated-25-million-unsafe-abortions-occur-each-year. Acesso em: 25 jan. 2025.

OMS – ORGANIZAÇÃO MUNDIAL DA SAÚDE; ROLL BACK MALARIA. Gender, health, and malaria. Genebra: World Health Organization, 2007.

ONU – ORGANIZAÇÃO DAS NAÇÕES UNIDAS. Declaration on the elimination of violence against women. *UN Documents*, Genebra, 1993. Disponível em: https://www.unodc.org/documents/data-and-analysis/glotip/2016_Global_Report_on_Trafficking_in_Persons.pdf. Acesso em: 16 jan. 2025.

ONU – ORGANIZAÇÃO DAS NAÇÕES UNIDAS. The world's women 2015: trends and statistics. *United Nations Statistics Division. Department of Economic and Social Affairs*, Genebra, 2015. Disponível em: https://worlds-women-2020-data-undesa.hub.arcgis.com. Acesso em: 29 jan. 2025.

ONU – ORGANIZAÇÃO DAS NAÇÕES UNIDAS. Global report on trafficking in persons 2016. *Office on Drugs and Crime*, Genebra, 2016. Disponível em: //www.unodc.org/unodc/en/data-and-analysis/glotip_2016.html. Acesso em: 18 jan. 2025.

ORTNER, S. B. Too soon for post-feminism: the ongoing life of patriarchy in neoliberal America. *History and Anthropology*, [*s. l.*], vol. 25, n. 4, 2014.

OVERALL, N. C.; SIBLEY, C. G.; TAN, R. The costs and benefits of sexism: resistance to influence during relationship conflict. *Journal of Personality and Social Psychology*, [*s. l.*], vol. 101, n. 2, 2011.

OXFAM. 50 years later: women and social change in Cuba. *Oxfam*, [*s. l.*], 2012. Disponível em: https://perma.cc/L7DG-7K7K. Acesso em: 25 ago. 2024.

O'NEILL, O. A.; O'REILLY, C. A. Reducing the backlash effect: self-monitoring and women's promotions. *Journal of Occupational and Organizational Psychology*, [*s. l.*], vol. 84, n. 4, 2011.

O'REILLY, J. The housewife's moment of truth. *New York Magazine*, Nova York, 1971. Disponível em: https://nymag.com/news/features/46167. Acesso em: 28 maio 2024.

PAEK, H.-J.; NELSON, M. R.; VILELA, A. M. Examination of gender-role portrayals in television advertising across seven countries. *Sex Roles*, [*s. l.*], vol. 64, n. 3-4, 2011.

PALUDI, M. A.; STRAYER, L. A. What's in an author's name? Differential evaluations of performance as a function of author's name. *Sex Roles*, [*s. l.*], vol. 12, n. 3-4, 1985.

PAO, E. *Reset*: my fight for inclusion and lasting change. Nova York: Random House, 2017.

PARKE, R. D. *Future families*: diverse forms, rich possibilities. Chichester: Wiley Blackwell, 2013.

PARKS-STAMM, E. J.; HEILMAN, M. E.; HEARNS, K. A. Motivated to penalize: women's strategic rejection of successful women. *Personality and Social Psychology Bulletin*, [*s. l.*], vol. 34, n. 2, 2008.

PARSONS, T.; BALES, R. F. *Family, socialization and interaction process*. Nova York: Routledge, 1956.

PARUZZOLO, S. *et al.* Targeting poverty and gender inequality to improve maternal health. *Center for Research on Women (ICRW)*, [*s. l.*], 2010. Disponível em: https://www.icrw.org/publications/targeting-poverty-and-gender-inequality-to-improve-maternal-health. Acesso em: 26 jan. 2025.

PEAT, C. M. *et al.* Age and body image in Caucasian men. *Psychology of Men & Masculinity*, [*s. l.*], vol. 12, n. 2, 2011.

PENGPID, S.; PELTZER, K. Gender differences in health risk behaviour among university students: an international study. *Gender and Behaviour*, [*s. l.*], vol. 13, n. 1, 2015.

PERRY, B. L. *et al.* Racial and gender discrimination in the stress process: implications for African American women's health and well-being. *Sociological Perspectives*, [*s. l.*], vol. 56, n. 1, 2013.

PHILLIPS, L. M. *Flirting with danger*: young women's reflections on sexuality and domination. Nova York: New York University Press, 2000.

PICARD, C. Pattern of expanding consciousness in midlife women: creative movement and the narrative as modes of expression. *Nursing Science Quarterly*, [*s. l.*], vol. 13, n. 2, 2000.

PILLEMER, K. *et al.* Elder abuse: global situation, risk factors, and prevention strategies. *The Gerontologist*, [*s. l.*], vol. 56. Suppl. 2, 2016.

PINQUART, M.; SÖRENSEN, S. Differences between caregivers and noncaregivers in psychological health and physical health: a meta-anal ysis. *Psychology and Aging*, [*s. l.*], vol. 18, n. 2, 2003.

PODCASY, J. L.; EPPERSON, C. N. Considering sex and gender in Alzheimer disease and other dementias. *Dialogues in Clinical Neuroscience*, [*s. l.*], vol. 18, n. 4, 2016.

PRATTO, F. Sexual politics: the gender gap in the bedroom, the cupboard, and the cabinet. *In*: BUSS, D. M.; MALAMUTH, N. M. (org.). *Sex, power, conflict*: evolutionary and feminist perspectives. Nova York: Oxford University Press, 1996. p. 179-230.

PRATTO, F.; WALKER, A. The bases of gendered power. *In*: EAGLY, A. H.; BEAL, A. E.; STERNBERG, R. J. (org.). *The psychology of gender*. 2. ed. Nova York: Guilford Press, 2004. p. 242-268.

PRENTICE, D. A.; CARRANZA, E. What women and men should be, shouldn't be, are allowed to be, and don't have to be: the contents of prescriptive gender stereotypes. *Psychology of Women Quarterly*, vol. 26, n. 4, 2002.

PROCTOR, B.; SEMEGA, J.; KOLLAR, M. Income and poverty in the United States: 2015. *Census.gov. U.S. Census Bureau Current Population Reports*, [*s. l.*], 2016. Disponível em: https://www.census.gov/content/dam/Census/library/publications/2016/demo/p60-256.pdf. Acesso em: 31 jan. 2025.

PUHL, R.; BROWNELL, K. D. Bias, discrimination, and obesity. *Obesity Research*, [*s. l.*], vol. 9, n. 12, 2001.

RAGONESE, M. Riot Grrrls castrate "cock rock" in New York. *Off Our Backs*, [*s. l.*], vol. 32, n. 5-6, 2002.

RAVEN, B. H. A power/interaction model of interpersonal influence: French and Raven thirty years later. *Journal of Social Behavior & Personality*, [*s. l.*], vol. 7, n. 2, 1992.

REGGIO, I. The influence of the mother's power on her child's labor in Mexico. *Journal of Development Economics*, [*s. l.*], vol. 96, n. 1, 2011.

REID, P.; FINCHILESCU, G. The disempowering effects of media violence against women on college women. *Psychology of Women Quarterly*, [*s. l.*], vol. 19, n. 3, 1995.

REINER, W. G.; GEARHART, J. P. Discordant sexual identity in some genetic males with cloacal exstrophy assigned to female sex at birth. *New England Journal of Medicine*, [*s. l.*], vol. 350, n. 4, 2004.

RESTREPO-MÉNDEZ, M. C.; VICTORA, C. G. Maternal mortality by age: who is most at risk? *The Lancet Global Health*, [*s. l.*], vol. 2, n. 3, 2014.

REUTER, T. R. *et al.* Intimate partner violence victimization in LGBT young adults: demographic differences and associations with health behaviors. *Psychology of Violence*, [*s. l.*], vol. 7, n. 1, 2017.

REUTERS. Pope says gender theory part of "global war" on marriage, family. *Reuters*, Londres, 2016. Disponível em: https://www.reuters.com/article/idUSKCN1213KG/. Acesso em: 23 maio 2024.

REYNS, B. W.; HENSON, B.; FISHER, B. S. Stalking in the twilight zone: extent of cyberstalking victimization and offending among college students. *Deviant Behavior*, [*s. l.*], vol. 33, n. 1, 2012.

RFI – RADIO FRANCE INTERNATIONALE. Indian women protest sexual violence in Delhi's first SlutWalk. *RFI (Radio France Internationale)*, Paris, 2011. Disponível em: https://www.rfi.fr/en/asia-pacific/20110731-indian-women-protest-sexual-violence-delhis-first-slutwalk. Acesso em: 5 jun. 2024.

RICHARDSON, A. *et al.* Cigarette smoking and mood disorders in U.S. adolescents: sex-specific associations with symptoms, diagnoses, impairment and health services use. *Journal of Psychosomatic Research*, [*s. l.*], vol. 72, n. 4, 2012.

RICHARDSON, D. S. The myth of female passivity: thirty years of revelations about female aggression. *Psychology of Women Quarterly*, [*s. l.*], vol. 29, n. 3, 2005.

RIEKER, P. P.; BIRD, C. E. Rethinking gender differences in health: why we need to integrate social and biological perspectives. *The Journals of Gerontology. Series B. Psychological Sciences and Social Sciences*, [*s. l.*], vol. 60 (Spec. Issue), n. 2, 2005.

RIVAS, J. Half of young people believe gender isn't limited to male and female. *Splinter*, [*s. l.*], 2015. Disponível em: https://www.splinter.com/half-of-young-people-believe-gender-isnt-limited-to-mal-1793844971. Acesso em: 26 fev. 2025.

RODRIGUES, R.; HUBER, M.; LAMURA, G. Facts and figures on healthy ageing and long-term care: Europe and North America. *Occasional Reports Series 8*. Viena: European Centre for Social Welfare Policy and Research, 2012.

ROGERS, A. A. *Power in marriage*: a multidisciplinary and cross-cultural investigation (Tese de doutorado). Carbondale: Southern Illinois University, 2003.

ROKACH, A. *et al.* The effects of gender and marital status on loneliness of the aged. *Social Behavior and Personality*: *An International Journal*, [*s. l.*], vol. 35, n. 2, 2007.

ROS, L.; LATORRE, J. M. Gender and age differences in the recall of affective autobiographical memories using the autobiographical memory test. *Personality and Individual Differences*, [*s. l.*], vol. 49, n. 8, 2010.

ROSE, A. J. *et al.* How girls and boys expect disclosure about problems will make them feel: implications for friendships. *Child Development*, vol. 83, n. 3, 2012.

ROSE, S. M.; ZAND, D. Lesbian dating and courtship from young adulthood to midlife. *Journal of Lesbian Studies*, [*s. l.*], vol. 6, n. 1, 2002.

ROSENBERG, R. *Beyond separate spheres*: intellectual roots of modern feminism. New Haven: Yale University Press, 1982.

ROSENBLATT, P.; NKOSI, B. C. South African Zulu widows in a time of poverty and social change. *Death Studies*, [*s. l.*], vol. 31, n. 1, 2007.

ROTH, L. M. *Selling women short*: gender inequality on Wall Street. Princeton: Princeton University Press, 2006.

ROTHMAN, E. F.; EXNER, D.; BAUGHMAN, A. L. The prevalence of sexual assault against people who identify as gay, lesbian, or bisexual in the United States: a systematic review. *Trauma, Violence, & Abuse*, [*s. l.*], vol. 12, n. 2, 2011.

ROUGHGARDEN, J. *Evolution's rainbow*: diversity, gender, and sexuality in nature and people. Berkeley: University of California Press, 2004.

ROUND, A. The happy house-husbands of Brussels. *The Telegraph*, Londres, 2006. Disponível em: https://www.telegraph.co.uk/expat/4200102/The-happy-house-husbands-of-Brussels.html. Acesso em: 9 fev. 2025.

ROWBOTHAM, S. *Hidden from history*: rediscovering women in history from the 17th century to the present. Nova York: Vintage Books, 1976.

RUBIN, R. The pill: 50 years of birth control changed women's lives. *USA Today*, [*s. l.*], 2010. Disponível em: http://usatoday30.usatoday.com/news/health/2010-05-07-1Apill07_CV_N.htm. Acesso em: 25 jan. 2025.

RUDMAN, L. A.; FAIRCHILD, K. Reactions to counterstereotypic behavior: the role of backlash in cultural stereotype maintenance. *Journal of Personality and Social Psychology*, [*s. l.*], vol. 87, n. 2, 2004.

RUDMAN, L. A.; GLICK, P. Feminized management and backlash toward agentic women: the hidden costs to women of a kinder, gentler image of middle managers. *Journal of Personality and Social Psychology*, [*s. l.*], vol. 77, n. 5, 1999.

RUDMAN, L. A.; GLICK, P. S. *The social psychology of gender*: how power and intimacy shape gender relations. Nova York: The Guilford Press, 2008.

RUDMAN, L. A.; KILIANSKI, S. E. Implicit and explicit attitudes toward female authority. *Personality and Social Psychology Bulletin*, [*s. l.*], vol. 26, n. 11, 2000.

RUDMAN, L. A.; PHELAN, J. E. The effect of priming gender roles on women's implicit gender beliefs and career aspirations. *Social Psychology*, [*s. l.*], vol. 41, n. 3, 2010.

RUFFINI, C. David Obey, "bone tired" to retire from Congress. *CBS News*, [*s. l.*], 2010. Disponível em: https://www.cbsnews.com/news/david-obey-bone-tired-to-retire-from-congress. Acesso em: 2 set. 2024.

RYAN, C. Field of degree and earnings by selected employment characteristics: 2011. *American Community Survey Briefs*, [*s. l.*], 2012. Disponível em: https://www2.census.gov/library/publications/2012/acs/acsbr11-10.pdf. Acesso em: 6 jul. 2024.

RYAN, K. M. *et al.* Exploring the asymmetrical effects of gender tokenism on supervisor-subordinate relationships. *Journal of Applied Social Psychology*, [*s. l.*], vol. 42, n. S1, 2012.

SABIC, P.; PALOMO, L. K. Europe leads U.S. in closing: the CEO gender gap at blue chip companies. *S&P Global. Market Intelligence*, [*s. l.*], 2016. Disponível em: https://www.spglobal.com/marketintelligence/en/news-insights/research/europe-leads-us-in-closing-the-ceo-gen der-gap-at-blue-chip-companies. Acesso em: 24 ago. 2024.

SABIK, N. J.; COLE, E. R. Growing older and staying positive: associations between diverse aging women's perceptions of age and body satisfaction. *Journal of Adult Development*, [*s. l.*], vol. 24, n. 3, 2017.

SAFI, M. Sex with underage wife is rape, Indian supreme court rules. *The Guardian*, Londres, 2017. Disponível em: https://www.theguardian.com/world/2017/oct/11/sex-with-underage-wife-is-indian-supreme-court-rules. Acesso em: 16 jan. 2025.

SAINE, C. Africa's female presidents say they offer different kind of leadership. *Voice of America*, [*s. l.*], 2012. Disponível em: https://www.voanews.com/a/africas-female-presidents-say-they-offer-different-kind-leadership/1206098.html. Acesso em: 28 ago. 2024.

SALK, R. H.; HYDE, J. S.; ABRAMSON, L. Y. Gender differences in depression in representative national samples: meta-analyses of diagnoses and symptoms. *Psychological Bulletin*, [*s. l.*], vol. 143, n. 8, 2017.

SALOMON, K.; BURGESS, K. D.; BOSSON, J. K. Flash fire and slow burn: women's cardiovascular reactivity and recovery following hostile and benevolent sexism. *Journal of Experimental Psychology: General*, [*s. l.*], vol. 144, n. 2, 2015.

SAMETH, M. Is God transgender? *The New York Times*, Nova York, 2016. Disponível em: https://www.nytimes.com/2016/08/13/opinion/is-god-transgender.html. Acesso em: 26 fev. 2025.

SAMPASA-KANYINGA, H.; DUPUIS, L. C.; RAY, R. Prevalence and correlates of suicidal ideation and attempts among children and adolescents. *International Journal of Adolescent Medicine and Health*, [*s. l.*], vol. 29, n. 2, 2017.

SANDAY, P. R. *Female power and male dominance*: on the origins of sexual inequality. Cambridge: Cambridge University Press, 1981.

SCHEIN, V. E. The relationship between sex role stereotypes and requisite management characteristics. *Journal of Applied Psychology*, [*s. l.*], vol. 57, n. 2, 1973.

SCHEIN, V. E. *et al.* Think manager-think male: a global phenomenon? *Journal of Organizational Behavior*, [*s. l.*], vol. 17, n. 1, 1996.

SCHLEHOFER, M. M. *et al.* Navigating public prejudices: the impact of media and attitudes on high-profile female political leaders. *Sex Roles*, [*s. l.*], vol. 65, n. 1-2, 2011.

SCHMID MAST, M. Men are hierarchical, women are egalitarian: an implicit gender stereotype. *Swiss Journal of Psychology*, [*s. l.*], vol. 63, n. 2, 2004.

SCHULMAN, J. A.; KARNEY, B. R. Gender and attitudes toward nutrition in prospective physicians. *American Journal of Health Behavior*, [*s. l.*], vol. 27, n. 6, 2003.

SCHÜZ, B. *et al.* Gender differences in preventive nutrition: an exploratory study addressing meat consumption after livestock epidemics. *The Irish Journal of Psychology*, [*s. l.*], vol. 26, n. 3-4, 2005.

SHAFFER, E. S.; MARX, D. M.; PRISLIN, R. Mind the gap: framing of women's success and representation in STEM affects women's math performance under threat. *Sex Roles*, [*s. l.*], vol. 68, n. 7-8, 2013.

SHARKEY, J. R.; BRANCH, L. G. Gender differences in physical performance, body composition, and dietary intake in homebound elders. *Journal of Women & Aging*, [*s. l.*], vol. 16, n. 3-4, 2004.

SHARMA, N.; CHAKRABARTI, S.; GROVER, S. Gender differences in caregiving among family: caregivers of people with mental illnesses. *World Journal of Psychiatry*, [*s. l.*], vol. 6, n. 1, 2016.

SHERIDAN, L.; LYNDON, A. E. The influence of prior relationship, gender, and fear on the consequences of stalking victimization. *Sex Roles*, [*s. l.*], vol. 66, n. 5-6, 2012.

SHIRANI, F. The spectre of the wheezy dad: masculinity, fatherhood and ageing. *Sociology*, [*s. l.*], vol. 47, n. 6, 2013.

SHOTLAND, R. L.; GOODSTEIN, L. Sexual precedence reduces the perceived legitimacy of sexual refusal: an examination of attributions concerning date rape and consensual sex. *Personality and Social Psychology Bulletin*, [*s. l.*], vol. 18, n. 6, 1992.

SIGLE-RUSHTON, W.; WALDFOGEL, J. Motherhood and women's earnings in Anglo-American, Continental European, and Nordic Countries. *Feminist Economics*, [*s. l.*], vol. 13, n. 2, 2007.

SIMON, W.; GAGNON, J. A sexual scripts approach. *In*: GEER, J. H.; O'DONOHUE, W. T. (org.). *Theories of human sexuality*: perspectives in sexuality. Nova York: Plenum Press, 1987. p. 363-383.

SIMONS, M. The politics of calling women ugly. *Chicago Tribune*, Chicago, 2017. Disponível em: https://digitaledition.chicagotribune.com/tribune/article_popover.aspx?guid=a59d5a82-11da-4f3b-a89e-c90c00016faf. Acesso em: 4 jun. 2024.

SINNOTT, J. D.; SHIFREN, K. Gender and aging: gender differences and gender roles. *In*: BIRREN, J.; SCHAIE, K. W. (org.). *Handbook of the psychology of aging*. 5. ed. San Diego: Academic Press, 2001. p. 454-476.

SIVAKUMARAN, S. Sexual violence against men in armed conflict. *European Journal of International Law*, [*s. l.*], vol. 18, n. 2, 2007.

SLAUGHTER, A.-M. Why women still can't have it all. *The Atlantic*, Boston, 2012. Disponível em: https://www.theatlantic.com/magazine/archive/2012/07/why-women-still-cant-have-it-all/309020/. Acesso em: 21 jun. 2024.

SMALE, A.; MILLER, C. C. Germany sets gender quota in boardrooms. *The New York Times*, Nova York, 2015. Disponível em: https://www.nytimes.com/2015/03/07/world/europe/german-law-requires-more-women-on-corporate-boards.html. Acesso em: 6 jul. 2024.

SMEDING, A. Women in science, technology, engineering, and mathematics (STEM): an investigation of their implicit gender stereotypes and stereotypes' connectedness to math performance. *Sex Roles*, [*s. l.*], vol. 67, n. 11-12, 2012.

SMITH, E. S. *et al.* The transsexual brain: a review of findings on the neural basis of transsexualism. *Neuroscience & Biobehavioral Reviews*, [*s. l.*], vol. 59, 2015.

SMITH, J.; BALTES, M. M. The role of gender in very old age: profiles of functioning and everyday life patterns. *Psychology and Aging*, [*s. l.*], vol. 13, n. 4, 1998.

SMITH, J. L.; PAUL, D.; PAUL, R. No place for a woman: evidence for gender bias in evaluations of presidential candidates. *Basic and Applied Social Psychology*, [*s. l.*], vol. 29, n. 3, 2007.

SMITH, L. C. *et al. The importance of women's status for child nutrition in developing countries*. Research report. International Food Policy Research Institute. Washington, DC: International Food Policy Research Institute, 2003.

SMITH, S. G. *et al.* National intimate partner and sexual violence survey (NISVS) : 2010-2012 state report. *National Center for Injury Prevention and Control. Division of Violence Prevention*, [*s. l.*], 2017.

SMITH, S. L. *et al.* Gender roles and occupations: look at character attributes and job-related aspirations in film and television. *Geena Davis Institute*, [*s. l.*], 2013. Disponível em: https://geenadavisinstitute.org/research/gender-roles-occupations-a-look-at-character-attributes-and-job-related-aspirations-in-film-and-television. Acesso em: 29 maio 2024.

SMITH, S. L. *et al.* Gender inequality in 500 popular films: examining on-screen portrayals and behind-the-scenes employment patterns in motion pictures released between 2007-2012. *Annenberg School of Communication*, [*s. l.*], 2013. Disponível em: https://annenberg.usc.edu/sites/default/files/2015/04/28/Gender%20Inequality%20in%20500%20Popular%20Films.pdf. Acesso em: 10 jun. 2024.

SMITH, S. L. *et al.* Assessing gender-related portrayals in top-grossing G-rated films. *Sex Roles*, [*s. l.*], vol. 62, n. 11-12, 2010.

SNYDER, H. M. *et al.* Sex biology contributions to vulnerability to Alzheimer's disease: a think tank convened by the Women's Alzheimer's Research Initiative. *Alzheimer's & Dementia*, [*s. l.*], vol. 12, n. 11, 2016.

SOBIRAJ, S. *et al.* When male norms don't fit: do traditional attitudes of female colleagues challenge men in non-traditional occupations? *Sex Roles*, [*s. l.*], vol. 65, n. 11-12, 2011.

SOTOMAYOR, S. *My beloved world*: a memoir. Nova York: Vintage Books, 2013.

SPENCER, S. J.; STEELE, C. M.; QUINN, D. M. Stereotype threat and women's math performance. *Journal of Experimental Social Psychology*, [*s. l.*], vol. 35, n. 1, 1999.

SPENDER, D. *The writing or the sex?* or why you don't have to read women's writing to know it's no good. Nova York: Pergamon Press, 1989.

SREERUPA; RAJAN, S. I. Gender and widowhood: disparity in health status and health care utilization among the aged in India. *Journal of Ethnic and Cultural Diversity in Social Work*, [*s. l.*], vol. 19, n. 4, 2010.

STATISTA. UK people living alone in 2016, by age and gender. *Statista. Society, Demographics*, [*s. l.*], 2016. Disponível em: https://www.statista.com/statistics/281616/people-living-alone-uk-by-gender. Acesso em: 4 fev. 2025.

STATISTICS CANADA; GOVERNMENT OF CANADA. Labour market participation of immigrant and Canadian-born wives, 2006 to 2014. Table 1: Mean age-adjusted earnings of men and women, by field of study, 2010. *Statistics Canada. Economic Insights*, [*s. l.*], 2016. Disponível em: https://www150.statcan.gc.ca/n1/pub/11-626-x/2016056/tbl/tbl01-eng.htm. Acesso em: 4 jul. 2024.

STATISTICS ICELAND. Women's income from work was less than 30% of men's in 2015. *Statistics Iceland*, [*s. l.*], 2016. Disponível em: https://statice.is/publications/news-archive/wages-and-income/unadjusted-gpg-2015. Acesso em: 4 jul. 2024.

STEELE, C. M. A threat in the air: how stereotypes shape intellectual identity and performance. *American Psychologist*, [*s. l.*], vol. 52, n. 6, 1997.

STEMPEL, C. *et al.* Gendered sources of distress and resilience among Afghan refugees in northern California: a cross-sectional study. *International Journal of Environmental Research and Public Health*, [*s. l.*], vol. 14, n. 1, 2016.

STEPLER, R. Well-being of older adults living alone. *Pew Research Center*, [*s. l.*], 2016. Disponível em: https://www.pewresearch.org/social-trends/2016/02/18/3-well-being-of-older-adults-living-alone. Acesso em: 6 fev. 2025.

STEPTOE, A. *et al.* Social isolation, loneliness, and all-cause mortality in older men and women. *Proceedings of the National Academy of Sciences*, [*s. l.*], vol. 110, n. 15, 2013.

STERMER, S. P.; BURKLEY, M. SeX-Box: exposure to sexist video games predicts benevolent sexism. *Psychology of Popular Media Culture*, [*s. l.*], vol. 4, n. 1, 2015.

STEWART, A. J.; OSTROVE, J.; HELSON, R. Middle aging in women: patterns of personality change from the 30s to the 50s. *Journal of Adult Development*, [*s. l.*], vol. 8, n. 1, 2001.

STONE, L. B. *et al.* Co-rumination predicts the onset of depressive disorders during adolescence. *Journal of Abnormal Psychology*, [*s. l.*], vol. 120, n. 3, 2011.

STORR, W. The rape of men: the darkest secret of war. *The Guardian*, Londres, 2011. Disponível em: https://www.theguardian.com/society/2011/jul/17/the-rape-of-men. Acesso em: 17 jan. 2025.

STROEBE, M.; STROEBE, W.; SCHUT, H. Gender differences in adjustment to bereavement: an empirical and theoretical review. *Review of General Psychology*, [*s. l.*], vol. 5, n. 1, 2001.

SUGARMAN, D. E.; DEMARTINI, K. S.; CAREY, K. B. Are women at greater risk? An examination of alcohol-related consequences and gender. *The American Journal on Addictions*, [*s. l.*], vol. 18, n. 3, 2009.

SUGIHARA, Y.; KATSURADA, E. Masculinity and femininity in Japanese culture: a pilot study. *Sex Roles*, [*s. l.*], vol. 40, n. 7, 1999.

SUGIHARA, Y.; KATSURADA, E. Gender role development in Japanese culture: diminishing gender role differences in a contemporary society. *Sex Roles*, [*s. l.*], vol. 47, n. 9, 2002.

SWIM, J. K. Perceived versus meta-analytic effect sizes: an assessment of the accuracy of gender stereotypes. *Journal of Personality and Social Psychology*, [*s. l.*], vol. 66, n. 1, 1994.

SWIM, J. K. *et al.* A. Sexism and racism: old-fashioned and modern prejudices. *Journal of Personality and Social Psychology*, [*s. l.*], vol. 68, n. 2, 1995.

SWIM, J. K. *et al.* Joan McKay versus John McKay: do gender stereotypes bias evaluations? *Psychological Bulletin*, [*s. l.*], vol. 105, n. 3, 1989.

SWIM, J. K.; HYERS, L. L. Excuse me – what did you just say?!: women's public and private responses to sexist remarks. *Journal of Experimental Social Psychology*, [*s. l.*], vol. 35, n. 1, 1999.

TABAR, P. *"Habiibs"* in Australia: language, identity and masculinity. *Journal of Intercultural Studies*, [*s. l.*], vol. 28, n. 2, 2007.

TABUE TEGUO, M. *et al.* Feelings of loneliness and living alone as predictors of mortality in the elderly: the PAQUID study. *Psychosomatic Medicine*, [*s. l.*], vol. 78, n. 8, 2016.

TAYLOR, C. J. Occupational sex composition and the gendered availability of workplace support. *Gender & Society*, [*s. l.*], vol. 24, n. 2, 2010.

TÉLLEZ SANTAYA, P. O.; WALTERS, A. S. Intimate partner violence within gay male couples: dimensionalizing partner violence among Cuban gay men. *Sexuality & Culture*, [*s. l.*], vol. 15, n. 2, 2011.

THE HUFFINGTON POST. Hillary Clinton on life after being secretary of state: "I hope to get to sleep in". *HuffPost*, [*s. l.*], 2013. Disponível em: https://www.huffpost.com/entry/hillary-clinton-sleep-deprivation_n_2581005. Acesso em: 8 ago. 2024.

THOMPSON, E. H.; LANGENDOERFER, K. B. Older men's blueprint for "being a man". *Men and Masculinities*, [*s. l.*], vol. 19, n. 2, 2016.

TICHENOR, V. Maintaining men's dominance: negotiating identity and power when she earns more. *Sex Roles*, [*s. l.*], vol. 53, n. 3-4, 2005.

TIGGEMANN, M. Body image across the adult life span: stability and change. *Body Image*, [*s. l.*], vol. 1, n. 1, 2004.

TIGGEMANN, M.; MARTINS, Y.; KIRKBRIDE, A. Oh to be lean and muscular: body image ideals in gay and heterosexual men. *Psychology of Men & Masculinity*, [*s. l.*], vol. 8, n. 1, 2007.

TOMASULA, J. L. *et al.* The association between sexual assault and suicidal activity in a national sample. *School Psychology Quarterly*, [*s. l.*], vol. 27, n. 2, 2012.

TOP, T. J. Sex bias in the evaluation of performance in the scientific, artistic, and literary professions: a review. *Sex Roles*, [*s. l.*], vol. 24, n. 1-2, 1991.

TORREGROSA, L. L. Cuba may be the most feminist country in Latin America. *The New York Times. IHT Rendezvous*, Nova York, 2012. Disponível em: https://archive.nytimes.com/rendezvous.blogs.nytimes.com/2012/05/01/cuba-may-be-the-most-feminist-country-in-latin-america. Acesso em: 22 ago. 2024.

TOUGAS, F. *et al.* Neosexism: plus ça change, plus c'est pareil. *Personality and Social Psychology Bulletin*, [*s. l.*], vol. 21, n. 8, 1995.

TRACY, J. L.; BEALL, A. T. Happy guys finish last: the impact of emotion expressions on sexual attraction. *Emotion*, [*s. l.*], vol. 11, n. 6, 2011.

TRADES UNION CONGRESS. Still just a bit of banter? Sexual harassment in the workplace in 2016. *Trades Union Congress (TUC)*, [*s. l.*], 2016. Disponível em: https://www.tuc.org.uk/sites/default/files/SexualHarassmentreport2016.pdf. Acesso em: 4 jul. 2024.

TRAVIS, C. B.; MELTZER, A. L.; HOWERTON, D. M. Gender and health-care utilization. *In*: CHRISLER, J. C.; MCCREARY, D. R. (org.). *Handbook of gender research in psychology*. Nova York: Springer, 2010. Vol. 2. p. 517-540.

TSAI, J. *et al.* Patterns and average volume of alcohol use among women of childbearing age. *Maternal and Child Health Journal*, [*s. l.*], vol. 11, n. 5, 2007.

TURCHIK, J. A. Sexual victimization among male college students: assault severity, sexual functioning, and health risk behaviors. *Psychology of Men & Masculinity*, [*s. l.*], vol. 13, n. 3, 2012.

TWENGE, J. M. Changes in masculine and feminine traits over time: a meta-analysis. *Sex Roles*, [*s. l.*], vol. 36, n. 5, 1997.

TYLER, M. "Now, that's pornography!": violence and domination in adult video news. *In*: BOYLE, K. (org.). *Everyday pornography*. Nova York: Routledge, 2010. p. 50-62.

UNAIDS. AIDS by the numbers 2015. *UNAIDS Documents*, Genebra, 2015. Disponível em: https://www.unaids.org/en/resources/documents/2015/AIDS_by_the_numbers_2015. Acesso em: 25 jan. 2025.

UNGER, R. K. Toward a redefinition of sex and gender. *American Psychologist*, [*s. l.*], vol. 34, n. 11, 1979.

UNITED NATIONS POPULATION FUND. State of world population 2000. *United Nations Fund for Population Activities (UNFPA)*, Genebra, 2000. Disponível em: https://www.unfpa.org/publications/state-world-population-2000. Acesso em: 20 jun. 2024.

UNITED NATIONS POPULATION FUND. Ageing in the twenty-first century: a celebration and a challenge. *United Nations Fund for Population Activities (UNFPA)*, Genebra, 2012. Disponível em: https://www.unfpa.org/publications/ageing-twenty-first-century. Acesso em: 29 jan. 2025.

UN WOMEN. Overview and workplace sexual harassment as a crime. *The Virtual Knowledge Centre to End Violence Against Women and Girls*, Genebra, 2011. Disponível em: https://www.endvawnow.org/en/articles/530-overview-and-workplace-sexualharassment-as-a-crime.html. Acesso em: 4 jul. 2024.

UN WOMEN. Bolivia. Gender-based political violence. Advancing gender equality: promising practices. Case studies. *UN Women. Millennium Development Goals (MDG) Achievement Fund*, Genebra, 2013. Disponível em: http://www.mdgfund.org/sites/default/files/MDG-F_Case-Studies_front.pdf. Acesso em: 22 ago. 2024.

U.S. BUREAU OF LABOR STATISTICS. Women in the labor force: a databook. *BLS Reports 1059*, [*s. l.*], 2015a. Disponível em: https://www.bls.gov/opub/reports/womens-databook/archive/women-in-the-labor-force-a-databook-2015.pdf. Acesso em: 21 jun. 2024.

U.S. BUREAU OF LABOR STATISTICS. American time use survey. *U.S. Bureau of Labor Statistics. American Time Use Survey (ATUS)*, [*s. l.*], 2015b. Disponível em: https://www.bls.gov/tus. Acesso em: 4 jul. 2024.

U.S. BUREAU OF LABOR STATISTICS. Employment projections. Civilian labor force participation rate by age, sex, race, and ethnicity. *U.S. Bureau of Labor Statistics. Employment Projections (Data)*, [*s. l.*], 2015c. Disponível em: https://www.bls.gov/emp/tables/civilian-labor-force-participation-rate.htm. Acesso em: 29 jan. 2025.

U.S. BUREAU OF LABOR STATISTICS. News release, June 24, 2016. *American Time Use Survey (ATUS). Economic News Release*, [*s. l.*], 2016. Disponível em: https://www.bls.gov/news.release/archives/atus_06242016.htm. Acesso em: 22 mar. 2025.

U.S. BUREAU OF LABOR STATISTICS. Women in the labor force: a databook. *BLS Reports 1071*, [*s. l.*], 2017a. Disponível em: https://www.bls.gov/opub/reports/womens-databook/2017/home.htm. Acesso em: 21 jun. 2024.

U.S. BUREAU OF LABOR STATISTICS. Labor force statistics. Annual Averages. Employed persons by detailed occupation, sex, race, and Hispanic or Latino ethnicity, 2017. *Labor Force Statistics from the Current Population Survey*, [*s. l.*], 2017b. Disponível em: https://www.bls.gov/cps/aa2017/cpsaat11.htm. Acesso em: 8 jul. 2024.

U.S. BUREAU OF LABOR STATISTICS. 2017 annual averages. Household data. Tables from employment and earnings. *Labor Force Statistics from the Current Population Survey*, [*s. l.*], 2017c. Disponível em: https://www.bls.gov/cps/cps_aa2017.htm. Acesso em: 29 jan. 2025.

U.S. BUREAU OF LABOR STATISTICS. Highlights of women's earnings in 2016. *BLS Reports 1069*, [*s. l.*], 2017d. Disponível em: https://www.bls.gov/opub/reports/womens-earnings/2016. Acesso em: 29 jan. 2025.

U.S. CENSUS BUREAU. Full-time, year-round workers and median earning in the past 12 months by sex and detail occupation, 2015. *U.S. Census Bureau. American Community Survey*, [*s. l.*], 2015. Disponível em: https://www2.census.gov/programs-surveys/demo/tables/industry-occupation/time-series/median-earnings-2015-final.xlsx. Acesso em: 7 jul. 2024.

U.S. CENSUS BUREAU. International database (IDB). World population by age and sex. *Census.gov. U.S. Census Bureau*, [*s. l.*], 2017a. Disponível em: https://www.census.gov/data-tools/demo/idb/#/pop?dashboard_page=country&COUNTRY_YR_ANIM=2025&CCODE=**&popPages=BYAGE&menu=popViz&POP_YEARS=2017&ageGroup=1Y&show_countries=n. Acesso em: 29 jan. 2025.

U.S. CENSUS BUREAU. International database (IDB). *Census.gov. U.S. Census Bureau*, [*s. l.*], 2017b. Disponível em: https://www.census.gov/data-tools/demo/idb/#/pop?menu=popViz. Acesso em: 29 jan. 2025.

U.S. DEPARTMENT OF LABOR; BUREAU OF LABOR STATISTICS. Employment experience of youths. America's young adults at 29: labor market activity, education and partner status: Results from a longitudinal study. *BLS. Economic News Release*, [*s. l.*], 2016. Disponível em: https://www.bls.gov/news.release/archives/nlsyth_04082016.htm. Acesso em: 6 jul. 2024.

U.S. DEPARTMENT OF LABOR; WOMEN'S BUREAU. Highlights of women's earnings in 2014. *BLS Reports 1058*, [*s. l.*], 2014. Disponível em: https://www.bls.gov/opub/reports/womens-earnings/archive/highlights-of-womens-earnings-in-2014.pdf. Acesso em: 7 jul. 2024.

U.S. EQUAL EMPLOYMENT OPPORTUNITY COMMISSION. Carrols Corp. to pay $2.5 million to settle EEOC (Equal Employment Opportunity Commission) sexual harassment and retaliation lawsuit. *U.S. Equal Employment Opportunity Commission (EEOC). Newsroom*, [*s. l.*], 2013. Disponível em: https://www.eeoc.gov/newsroom/carrols-corp-pay-25-million-settle-eeoc-sexual-harassment-and-retaliation-lawsuit. Acesso em: 8 jul. 2024.

U.S. GOVERNMENT ACCOUNTABILITY OFFICE. Retirement security: women still face challenges. *GAO Reports & Testimonies 12-699*, [*s. l.*], 2012. Disponível em: https://www.gao.gov/products/gao-12-699. Acesso em: 31 jan. 2025.

VAGIANOS, A. One in three women has been sexually harassed at work. *HuffPost*, [*s. l.*], 2015. Disponível em: https://www.huffpost.com/entry/1-in-3-women-sexually-harassed-work-cosmopolitan_n_6713814. Acesso em: 8 jul. 2024.

VANDIVIER, L. Politics. *Portrayal of Women in the Media*, [*s. l.*], 2011. Disponível em: https://mediarepresentation.wordpress.com/womenmediapolitics. Acesso em: 31 jan. 2025.

VAN ANDERS, S. M. Beyond sexual orientation: integrating gender/sex and diverse sexualities via sexual configurations theory. *Archives of Sexual Behavior*, [*s. l.*], vol. 44, n. 5, 2015.

VAN GELDER, B. *et al*. Physical activity in relation to cognitive decline in elderly men: the FINE study. *Neurology*, [*s. l.*], vol. 63, n. 12, 2004.

VEGA, V.; MALAMUTH, N. M. Predicting sexual aggression: the role of pornography in the context of general and specific risk factors. *Aggressive Behavior*, [*s. l.*], vol. 33, n. 2, 2007.

VELKOFF, V. A.; KINSELLA, K. Gender stereotypes: data needs for ageing research. *Ageing International*, [*s. l.*], vol. 24, n. 4, 1998.

VIAL, A. C.; NAPIER, J. L.; BRESCOLL, V. L. A bed of thorns: female leaders and the self-reinforcing cycle of illegitimacy. *The Leadership Quarterly*, [*s. l.*], vol. 27, n. 3, 2016.

VIJAYAKUMAR, L. Altruistic suicide in India. *Archives of Suicide Research*, [*s. l.*], vol. 8, n. 1, 2004.

VILLEREAL, G. L.; CAVAZOS, A. Shifting identity: process and change in identity of aging Mexican-American males. *The Journal of Sociology & Social Welfare*, [*s. l.*], vol. 32, n. 1, 2005.

VINKENBURG, C. J. *et al.* An exploration of stereotypical beliefs about leadership styles: Is transformational leadership a route to women's promotion? *The Leadership Quarterly*, [*s. l.*], vol. 22, n. 1, 2011.

VIOLENCE POLICY CENTER. American roulette: murder-suicide in the United States. *The Violence Policy Center (VPC). Press Release Archive*, [*s. l.*], 2012. Disponível em: https://vpc.org/press/press-release-archive/more-than-1300-murder-suicide-deaths-occurred-in-2011-new-study-estimates. Acesso em: 28 jan. 2025.

VITALIANO, P. P.; ZHANG, J.; SCANLAN, J. M. Is caregiving hazardous to one's physical health? A meta-analysis. *Psychological Bulletin*, [*s. l.*], vol. 129, n. 6, 2003.

VON HIPPEL, C. *et al.* Stereotype threat: antecedents and consequences for working women. *European Journal of Social Psychology*, [*s. l.*], vol. 41, n. 2, 2011.

VOSKUHL, R. Sex differences in autoimmune diseases. *Biology of Sex Differences*, [*s. l.*], vol. 2, n. 1, 2011.

VRANGALOVA, Z. Does casual sex harm college students' well-being? A longitudinal investigation of the role of motivation. *Archives of Sexual Behavior*, [*s. l.*], vol. 44, n. 4, 2015.

WALDO, C. R.; BERDAHL, J. L.; FITZGERALD, L. F. Are men sexually harassed? If so, by whom? *Law and Human Behavior*, [*s. l.*], vol. 22, n. 1, 1998.

WALKER, L.; BUTLAND, D.; CONNELL, R. W. Boys on the road: masculinities, car culture, and road safety education. *The Journal of Men's Studies*, [*s. l.*], vol. 8, n. 2, 2000.

WALTERS, M. L. Straighten up and act like a lady: a qualitative study of lesbian survivors of intimate partner violence. *Journal of Gay & Lesbian Social Services*, [*s. l.*], vol. 23, n. 2, 2011.

WANG, M.; KELAN, E. The gender quota and female leadership: effects of the Norwegian gender quota on board chairs and CEOs. *Journal of Business Ethics*, [*s. l.*], vol. 117, n. 3, 2013.

WARNER, D. F.; BROWN, T. H. Understanding how race/ethnicity and gender define age-trajectories of disability: an intersectionality approach. *Social Science & Medicine*, [*s. l.*], vol. 72, n. 8, 2011.

WATERS, H. *et al.* The economic dimensions of interpersonal violence. *WHO Monograph*. Geneva: Department of Injuries and Violence Prevention. World Health Organization, Genebra, 2004.

WEBB, S. N.; CHONODY, J. M.; KAVANAGH, P. S. Attitudes toward same-sex parenting: an effect of gender. *Journal of Homosexuality*, [*s. l.*], vol. 64, n. 11, 2017.

WEIGEL, D. J.; BENNETT, K. K.; BALLARD-REISCH, D. S. Influence strategies in marriage: self and partner links between equity, strategy use, and marital satisfaction and commitment. *Journal of Family Communication*, [*s. l.*], vol. 6, n. 1, 2006.

WEISS, W. Cigarette smoking and lung cancer trends. *Chest*, [*s. l.*], vol. 111, n. 5, 1997.

WEISSTEIN, N. Psychology constructs the female; or the fantasy life of the male psychologist (with some attention to the fantasies of his friends, the male biologist and the male anthropologist). *Journal of Social Education*, [*s. l.*], vol. 35, 1971.

WESTWOOD, S. "We see it as being heterosexualised, being put into a care home": gender, sexuality and housing/care preferences among older LGB individuals in the UK. *Health & Social Care in the Community*, [*s. l.*], vol. 24, n. 6, 2016.

WHITE, A. M.; JAMIESON-DRAKE, D. W.; SWARTZWELDER, H. S. Prevalence and correlates of alcohol-induced blackouts among college students: results of an e-mail survey. *Journal of American College Health*, [*s. l.*], vol. 51, n. 3, 2002.

WHITE, J. W.; KOWALSKI, R. M. Deconstructing the myth of the nonaggressive woman: a feminist analysis. *Psychology of Women Quarterly*, [*s. l.*], vol. 18, n. 4, 1994.

WHITE, M. J.; WHITE, G. B. Implicit and explicit occupational gender stereotypes. *Sex Roles*, [*s. l.*], vol. 55, n. 3-4, 2006.

WILDE, A.; DIEKMAN, A. B. Cross-cultural similarities and differences in dynamic stereotypes: a comparison between Germany and the United States. *Psychology of Women Quarterly*, [*s. l.*], vol. 29, n. 2, 2005.

WILKERSON, J. M.; BROOKS, A. K.; ROSS, M. W. Sociosexual identity development and sexual risk taking of acculturating collegiate gay and bisexual men. *Journal of College Student Development*, [*s. l.*], vol. 51, n. 3, 2010.

WILLIAMS, C. L. The glass escalator: hidden advantages for men in the "female" professions. *Social Problems*, [*s. l.*], vol. 39, n. 3, 1992.

WILLIAMS, J. E.; BEST, D. L. *Sex and psyche*: gender and self viewed cross-culturally. Newbury Park: Sage, 1990.

WILLIAMS, S. L.; FRIEZE, I. H. Patterns of violent relationships, psychological distress, and marital satisfaction in a national sample of men and women. *Sex Roles*, [*s. l.*], vol. 52, n. 11-12, 2005.

WILSNACK, R. W. *et al.* Gender and alcohol consumption: patterns from the multinational GENACIS project. *Addiction*, [*s. l.*], vol. 104, n. 9, 2009.

WINGFIELD, A. H. Racializing the glass escalator: reconsidering men's experiences with women's work. *Gender & Society*, [*s. l.*], vol. 23, n. 1, 2009.

WINTER, D. G. The power motive in women – and men. *Journal of Personality and Social Psychology*, [*s. l.*], vol. 54, n. 3, 1988.

WITKOWSKA, E.; GÅDIN, K. G. Have you been sexually harassed in school? What female high school students regard as harassment. *International Journal of Adolescent Medicine and Health*, [*s. l.*], vol. 17, n. 4, 2005.

WITTE, T. K. *et al.* Stoicism and sensation seeking: male vulnerabilities for the acquired capability for suicide. *Journal of Research in Personality*, [*s. l.*], vol. 46, n. 4, 2012.

WOMEN'S ISLAMIC INITIATIVE IN SPIRITUALITY AND EQUALITY. Sports. *WISE Muslim Women*, [*s. l.*], 2010. Disponível em: https://www.wisemuslimwomen.org/sports. Acesso em: 24 jan. 2025.

WOOD, J. L. *et al.* Morphology of the ventral frontal cortex: relationship to femininity and social cognition. *Cerebral Cortex*, [*s. l.*], vol. 18, n. 3, 2008.

WOOD, J. L.; MURKO, V.; NOPOULOS, P. Ventral frontal cortex in children: morphology, social cognition and femininity/masculinity. *Social Cognitive and Affective Neuroscience*, [*s. l.*], vol. 3, n. 2, 2008.

WRIGHT, P. J.; TOKUNAGA, R. S. Men's objectifying media consumption, objectification of women, and attitudes supportive of violence against women. *Archives of Sexual Behavior*, [*s. l.*], vol. 45, n. 4, 2016.

WRIGHT, V. J.; PERRICELLI, B. C. Age-related rates of decline in performance among elite senior athletes. *The American Journal of Sports Medicine*, [*s. l.*], vol. 36, n. 3, 2008.

YAFFE, K. *et al.* A prospective study of physical activity and cognitive decline in elderly women: women who walk. *Archives of Internal Medicine*, [*s. l.*], vol. 161, n. 14, 2001.

YAFFE, M. J. *et al.* Detection and prevalence of abuse of older males: perspectives from family practice. *Journal of Elder Abuse & Neglect*, [*s. l.*], vol. 19, n. 1-2, 2007.

YERKE, A. F.; DEFEO, J. Redefining intimate partner violence beyond the binary to include transgender people. *Journal of Family Violence*, [*s. l.*], vol. 31, n. 8, 2016.

YODER, J. D.; SINNETT, L. M. Is it all in the numbers? A case study of tokenism. *Psychology of Women Quarterly*, [*s. l.*], vol. 9, n. 3, 1985.

YONG, V.; SAITO, Y.; CHAN, A. Gender differences in health and health expectancies of older adults in Singapore: an examination of diseases, impairments, and functional disabilities. *Journal of Cross-Cultural Gerontology*, [*s. l.*], vol. 26, n. 2, 2011.

YOON, E.; STILLER FUNK, R.; KROPF, N. P. Sexual harassment experiences and their psychological correlates among a diverse sample of college women. *Affilia*, [*s. l.*], vol. 25, n. 1, 2010.

YOSHIDA, R. Japan census report shows surge in elderly population, many living alone. *The Japan Times*, [*s. l.*], 2016. Disponível em: https://www.japantimes.co.jp/news/2016/06/29/national/japan-census-report-shows-surge-elderly-population-many-living-alone. Acesso em: 5 fev. 2025.

ZACH, S. *et al.* Adolescents' physical activity habits: results from a national health survey. *Child: Care, Health and Development*, [*s. l.*], vol. 39, n. 1, 2013.

ZANELLA, G. How does grandparent childcare affect labor supply? *IZA World of Labor*, [*s. l.*], vol. 337, 2017.

ZARYA, V. There is literally no facial expression Hillary Clinton can make to please male pundits. *Fortune*, [*s. l.*], 2016. Disponível em: https://fortune.com/2016/09/27/hillary-clinton-smiling-debate. Acesso em: 4 jun. 2024.

ZILLMAN, C. Yes, pregnancy discrimination at work is still a huge problem. *Fortune*, [*s. l.*], 2014. Disponível em: https://fortune.com/2014/07/15/pregnancy-discrimination. Acesso em: 8 jul. 2024.

ZILLMANN, D.; WEAVER, J. Pornography and men's sexual callousness toward women. *In*: ZILLMAN, D.; BRYANT, J. (org.). *Pornography*: research advances and policy considerations. Hillsdale: Lawrence Erlbaum Associates, 1989. p. 95-125.

ZIMMERMAN, C. *et al. Stolen smiles*: the physical and psychological health consequences of women and adolescents trafficked in Europe. Londres: London School of Hygiene & Tropical Medicine, 2006.

Índice remissivo

F

G

H

I

J

K

L

M

N

O

P

Q

R

S

T

V

W

Conecte-se conosco:

facebook.com/editoravozes

@editoravozes

@editora_vozes

youtube.com/editoravozes

+55 24 2233-9033

www.vozes.com.br

Conheça nossas lojas:

www.livrariavozes.com.br

Belo Horizonte – Brasília – Campinas – Cuiabá – Curitiba
Fortaleza – Juiz de Fora – Petrópolis – Recife – São Paulo

EDITORA VOZES

VOZES NOBILIS

Vozes de Bolso

Vozes Acadêmica

EDITORA VOZES LTDA.
Rua Frei Luís, 100 – Centro – Cep 25689-900 – Petrópolis, RJ
Tel.: (24) 2233-9000 – E-mail: vendas@vozes.com.br